Practical Jurisprudence

Right, Power, and Faquanism

实践法理学

权利、权力与法权说

童之伟　著

中国社会科学出版社

图书在版编目（CIP）数据

实践法理学：权利、权力与法权说／童之伟著. —北京：中国社会科学出版社，
2024.4

ISBN 978 – 7 – 5227 – 3261 – 9

Ⅰ.①实… Ⅱ.①童… Ⅲ.①法理学—研究—中国 Ⅳ.①D920.0

中国国家版本馆 CIP 数据核字（2024）第 053872 号

出 版 人	赵剑英
责任编辑	许 琳
责任校对	苏 颖
责任印制	郝美娜

出　　版	中国社会科学出版社
社　　址	北京鼓楼西大街甲 158 号
邮　　编	100720
网　　址	http://www.csspw.cn
发 行 部	010 – 84083685
门 市 部	010 – 84029450
经　　销	新华书店及其他书店

印刷装订	北京君升印刷有限公司
版　　次	2024 年 4 月第 1 版
印　　次	2024 年 4 月第 1 次印刷

开　　本	710 × 1000　1/16
印　　张	27.5
插　　页	2
字　　数	451 千字
定　　价	158.00 元

序

一

《实践法理学》的目标是基于现代世界的法律生活，特别是现代汉语法律文本、法律体系及其实施情况形成的法的一般理论的框架，法权说是这一框架的学术性基础。法权说的基本范畴群由"权利""权力""法权""剩余权""权""义务"和"法（或法律）"七个基本概念构成，以"法权"为核心。其中，"法权""剩余权""权"完全是基于汉语和当代法律实践在中国本土形成的法学基本范畴，"权利""权力""义务"和"法（或法律）"都以"法权""剩余权""权"为基准做了重新定义、重新解说。本书所说的中国法律实践，包括中国现代法律体系及其实施过程，但不包括不符合宪法的规定和精神，最终证明是不适当的一些行为。为准确认定这些基本概念反映的对象，本书常常把"公共权力"作为参照基点。本书任何一页所论及的"公共权力"，都是指恩格斯说的"每一个国家里都存在"的公共强制力，"构成这种权力的，不仅有武装的人，而且还有物质的附属物，如监狱和各种强制设施"，它是"需要公民缴纳费用——捐税"才得以维持的。①

现代汉语法学是否已经有自己的一般理论，这在今天的汉语法学界仍然是一个看法截然不同的问题。有学者倾向于认为，现代汉语法学不仅有一般理论，而且形成了我国自己的学派。他写道："把'权利义务'确立为中国法学的基本范畴，是中国法理学寻找学术研究逻辑起点最成功的范例，是中国法学历史上的重大突破。"在这个基础上形成的"权利本位的

---

① ［德］恩格斯：《家庭、私有制和国家的起源》，《马克思恩格斯选集》第4卷，人民出版社2012年版，第187、188页。

理论既深化了对法的本质的认识，也解释了法的历史类型演进的规律，同时也推动了权利义务辩证关系认识的深化。它也是法理学从阶级斗争法学中摆脱出来的学术标志。""权利本位的理论还催生了中国权利学派，这是中国法理学四十年发展中唯一可按立场、观点、方法划分而形成的理论学派。"① 从持此论者的角度观之，既然有权利学派，当然已经有权利法学。

相反，否认"权利本位的理论"正当性从而在逻辑上也否认权利法学的意见也很多，且有较大代表性。第一种意见从"权利义务"看起来是在私法领域讨论问题，范围不能覆盖公法和"权力"这个情况说起："一般地说，在私法中，以私权利和义务为主；在公法中，以公权利、权力以及职责等为主，但总的来说，不论哪种法律，都不可避免地会规定离不开相应的权利、义务或权力等。"而且，"本位论思想在思维方法上明显失误，这种绝对性思维方法必然导致僵化，本位论者按照自己的理解，在权利和义务之间确定了矛盾的主要方面，然而却把它固定化和静止化，在剥削阶级已被消灭，人民当家作主的社会主义制度下，仍然宣扬权利本位或义务本位思想都是不合时宜的，只有强调权利与义务一致，才符合时代精神"。② 否认"权利本位的理论"的正当性从而也否认权利法学的第二种意见是：在20世纪80年代，权利本位"这一观点当时确实影响了一些人，但人们通过认真思考，特别是通过法律实践，认为这一观点是不当的"。"因此，绝大多数人对'权利本位'持反对观点。""当然，这仅是思想认识的问题，但及时加以否定是非常必要的。我们认为'权利本位'至少在四个方面存在失误甚至错误。"作者接着在四个方面做了具体申论。③ "权利本位的理论"是相应理论的核心内容，它站不住，当然也就谈不上有作为法的一般理论的权利法学。

我对于以"权利义务"为基本范畴的权利本位的理论是否合理的看法，可类比于英美法裁判文书中的"协同意见"（concurrence, concurring opinion）。具体地说就是，我赞同多数学者的结论性意见，否认"权利本位的理论"的合理性，否认当代汉语法学有自己的法的一般理论，但所持的理由与多数学者不同。我这样看待这些问题的理由或根据，可概括为以

---

① 徐显明：《中国法理学进步的阶梯》，《中国社会科学》2018年第11期。
② 沈宗灵主编：《法理学》，北京大学出版社2014年版，第68页。
③ 参见李龙《中国法理学发展史》，武汉大学出版社2019年版，第276—277页。

下三个方面。①

1. 上述被认定为法学基本范畴的"权利义务"和"权利本位的理论"中的"权利",实际上是原本指称范围不包括任何公共权力的汉语的"权利"一词（为表达方便,必要时本书简称"汉语权利"）传入日语法学后发生类似生物学基因变异的改变后形成的指称范围包括各种公共权力的和制汉词"權利"（或権利;为表达方便,必要时本书简称"和化权利"）,不适合直接作为现代汉语法学的"权利"一词使用。现代汉语的"权利"一词源于 1864 年的《万国公法》,次年随该书传播到日语法学领域。"汉语权利"在日语法学中一度居主流地位,它在日语法学中变异为"和化权利"是 19 世纪末 20 世纪初的事情。"汉语权利"区分于"和化权利"一词的最明显特征,是前者的指称范围不包括任何公共权力,而和制汉语中的"权利"一词的指称范围包括各种公共权力,它们是两个同形异义的不同概念。和化的"權利"作为一个实体发生变异后未及时改变其名称、仍然沿用原来的名称,于是有了"和化权利"（指和制汉语的"权利"一词,下同）。"和化权利"本身是大和民族（やまとみんぞく）本土生产的法学元素,"汉语权利"（指汉语原初意义"权利"一词,指称范围不包括任何公共权力）是中华民族本土生产的法学元素。只是因为它们同用"權利"两个汉字做文字载体,才造成汉语法学群体一百多年来总体上疏于辨识而产生的种种不良后果。

2. "和化權利"和以其为重心的"權利義務"自清末、民国基础性法学教科书全面承袭过来之后,事实上长期是以法学入门型教科书为标志的汉语基础性法学的基本范畴、核心范畴（虽然从前一般没有用"范畴"一词描述它们）,直到 21 世纪情况才有局部改变。易言之,最近三十多年来汉语法学中被一部分学者视为基本范畴的"权利""权利义务"和"权利本位"理论本身,特别是其中指称范围包括各种公共权力的"权利"概念,都不是汉语法学自身发展的产物。因此,退一步说,即使当今汉语法

---

① 对以下三方面的情况,我用了近五年的时间才得以查明,可参阅以下四篇论文为主的法学文献：童之伟：《中文法学中的"权利"概念：起源、传播和外延确认》,《中外法学》2021 年第 5 期；《中文法学之"权力"源流考论》,《清华法学》2021 年第 6 期；《法学基本研究对象与核心范畴再思考——基于宪法视角的研究》,《法学》2022 年第 9 期；《"汉语权利"向"和化权利"的变异和回归》,《学术界》2023 年第 11 期。

学有一种可称为权利法学的一般理论，它也是翻译、引进的。20 世纪后期改革开放后，人们只是在不明就里的情况下忙中出错抓住了它、不自觉地做了它的尾巴。守持和化的"权利""权利义务"基本范畴和"权利本位"理论的学者们甚至长期没有搞清这种"权利"的来源、身世和含义，说不清道不明它的指称对象是否包括各种公共权力，直到近年来才有文章大体清理出这种"权利"不同于"汉语权利"的基本面目。

3. 当代汉语法学中被相关学者视为基本范畴的"权利""权利义务"概念和"权利本位的理论"，都发源于 19 世纪末、20 世纪初的日语法学，后来又由民国时期的汉语法学全面承继。我们只要大致找全并浏览一下清末、民国时期的汉译日语《法学通论》、中国学者自己编撰的《法学通论》和其他法学基础性出版物，就能看到基于和化的"权利""权利义务"和"权利本位"展开的为数甚多且绵延半个世纪以上的大量论述。它们都不是我国改革开放 40 多年来汉语法学自创的新东西。以指称范围包括各种公共权力的"权利"为基础形成的"权利义务"基本范畴和权利本位的理论，只是将"和化权利"及相应学理构造应用于系统解释当代中国法现象并形成法的一般理论的一种尝试，而且并不成功，主要靠非学术因素维持。

或许，相关法理学者很难接受这种评估，但这些都是难以否认的客观历史事实。直面以上情况，忠实还原历史，是汉语法学形成民族的和现代的一般理论须具备的主观要件之一。汉语法学缺乏民族的、有自主知识产权的一般理论，集中表现在缺乏我们民族基于现代汉语法律体系和汉语文化自主抽象出的、可自立于世界法学之林的核心范畴、基本范畴和相应的基础性命题。

这里我特别想强调，牢记"汉语权利"（指称范围不包括任何公共权力的"权利"概念）与"和化权利"（指称范围包括各种公共权力的"权利"概念）的区别，明辨这两个同形异义名词，是理解现代汉语法学几乎全部理论问题和是是非非的钥匙。

二

我从仅关注法的一般理论到投入法的一般理论问题的研究，有一个只属于自己的故事。我是 1991 年从政治学教学、研究职位上以读宪法学博士学位为契机转而进入法学学习、研究领域的。进入后立马就感到法学一般理论层次使用的"权利"一词很不着边际：它的指称范围或外延不确定，最突出的问题是时而包括公共权力，时而排斥公共权力；即使是知名的学者，使用"权利"一词时也像是变戏法似的，在范围包括各种公共权力的"权利"与范围不包括任何公共权力的"权利"这两个含义根本不一样的"权利"之间蹦来蹦去，随意做解释；这种"权利"不是现代汉语使用的"权利"一词，也不是我国宪法、法律文本使用的"权利"，与中国当代社会生活和法律体系都脱节。当我把这类问题提出来向法学圈的师友请教时，得到的答案通常都是这样的："法学就是这样"；"法学一直是这样，别多想"；"从来如此，莫把时间浪费在琢磨这些事情上"，等等。我如果是一个高中毕业直接进法律院校的本科生，也许我就跟着"潮流"走下去了。但实际上并非如此。在那个年代，我是同龄人中受过最好理论、逻辑教育的人之一，已获硕士学位，在武汉大学法学院政治学系任教逾四年，早有独立思考能力，不可能简单、无保留地接受新进入的法学中地位有如"权利"这样重要的基础性关键概念。所以，我几乎是从步入法学之门的第一天起，就严重怀疑其"权利"概念的正当性、合理性、合逻辑性，并力图明确、稳定它的指称范围，确认它的实质（或本质、内容），而且愈到后来愈是这样。

不过，我最初只是想理顺法学的基本概念，并没有更新法的一般理论的想法，但我从武汉大学到中南财经政法大学任法理学教授和法理学学科带头人后，觉得既然专门做法理学了，不妨在这个方面下一番工夫。所以，从 1997 年到 2002 年的几年中，我的研究和发表的学术成果，主要集中在三个方面，它们体现了我寻求民族的、现代的法的一般理论的最初努力：（1）证明指称范围包括各种公共权力的但在现代汉语和当代中国法律体系中并不指称权力的"权利"和相应的"权利义务"都是承袭自清末、民国时期的概念，"法学是权利之学""法学是权利义务之学"和"法以权利为本位"都是 1949 年前汉语法学的通说。它们都不是改革开放后汉语法学的创造发明；（2）以指称范围暗含各种公共权力但在现代汉语和当代中国法律体系中并不指称权力的和化的"权利"一词和相应的"权利义务"做汉语法学的核心范畴，按现代汉语的字面含义，它们在适用范围上只能覆盖民商法学，覆盖不住宪法学、公法学。（3）证明法的权利和权力表面上看虽有种种差别，但从根本上是一个可称之为"法权"的统一体。

社会主义法如果一定要确定一个核心或中心，那就应该是法权。（4）提出和初步论述了用黑格尔提出、马克思加以唯物化改造的"绝对方法"形成法学的"5＋1＋1"基本范畴体系。其中，"5"分别指"权利""权力""法权""剩余权""权"五个基本概念，两个"1"分别指"义务"和"法（或法律）"。

从 2002 年起，因为受聘机构和工作任务的改变，我的研究重点一度回到了宪法学领域，直到 2010 年左右才恢复在法的一般理论领域的探索。我恢复法的一般理论研究后，恰逢英语法学界的著名中国法学者陈建福（Jianfu Chen）教授受博睿学术出版社委托，① 组织出版一套中国法丛书。陈教授表示对我在 20 世纪与 21 世纪之交那几年发表的系列论文有兴趣，问我可否将其整理成书，作为他主编的丛书的第一本在英语法学界推出。这当然是我十分愿意做的事情。于是，我将此前发表的同专题系列法理学论文汇总、修订，形成了标题为《权利、权力和法权说：当代中国的实践法理》的书稿。然后，我又探询老朋友、纽约城市大学的徐平教授，看他是否乐意抽时间将其译为英文。徐教授读了书稿，痛快答应了我的请求并很快拿出了准确优雅的译稿。

然后就是过海外的同行评审关，幸好文稿受到一致好评。其中出版社反馈的一份外国专家的评审结论颇让我感到意外。该评审意见写道："迄今为止，法理学一直是由'西方'人物主导的。从 H. L. A. 哈特到 K. 卢埃林，从 H. 格老秀斯到 H. 凯尔森，所有的法哲学家都带有'西方'姓氏。此书作者很可能是一位中国人，而且可能是资深学者。这是法理学史上第一种、也是唯一一种名副其实由中国学者创造的、可称为'theory'的法的一般理论。"评审者认为，该书稿结束了西方学术界对法的一般理论的垄断。其中，"法权的概念完全是原创的——事实上不存在可以用西方语言表达的、与其对等的概念。这个概念以及围绕它建立的理论颠覆了我们所理解的法律概念，使法律更接近现实。"评审者认为，法权说"为欧洲大陆哲学家无法解决的有关法律和例外的哲学难题提供了基础性答案；弥合了'西方'和'东方'法律哲学之间的差距；产生了一种

---

① 陈建福（Jianfu Chen）教授，现任澳大利亚墨尔本大学法学院名誉教授、澳大利亚法律科学院（FAAL）和澳大利亚人文学院（FAHA）院士。

替代'西方'法律哲学中现有法律理论的理论，这是所有严肃的法律哲学家都必须考虑的"。它还"在较为有限的中国研究领域内，证明了中国法学者的法律观念仍然可以得到显著的提高"。当然，同行评议中也有批评，最实质的批评是作者选择用形容词"中国"来限定自己的理论，因而没有包括也不能包括各国市场上可供中国法研究用的书籍，研究领域显得比较狭窄。① 我以为，仅就这一本书稿而言，该评审意见中的肯定性话语或许有过誉之嫌，但若考虑进书稿作者紧随其后在相同主题上的系列出版或发表，这些肯定性评价应该不算太夸张。作为该书的作者，我把它视为外国同行期待看到的一种独立于西语法理学的汉语法理学发展倾向。

本书的英文文本已于2018年9月在博睿学术出版社出版，荷兰莱顿、美国波士顿同时发行。② 美国国会图书馆和欧美亚太众多著名法学教育学术机构的图书馆都有收藏或上架了此书。

我感到，国外法学界对显然是冷门的汉语实践法理学和法权说（faquanism）表现出的兴趣比我期待的要浓一些。记得仅在2018年8—10月我在芝加哥大学访学期间，就有四所名校请我去就刚出版的这本书中的相关话题做演讲或专题学术报告：9月25日应时任纽约大学亚美法中心主任孔杰荣（Jerome Alan Cohen）教授邀请在该中心做"为什么法权中心说对于中国法理学特别有必要"（"Why Is Faquanism Especially Necessary in Chinese Jurisprudence"）；9月26日应李本（Benjiamin Liebman）教授邀请在哥伦比亚大学做题为"法权说相对于权利义务法理学的比较优势"（"Faquanism and Its Comparative Advantage for Right-duty Jurispudence"）的午餐时间讲座；9月28日应白轲（Larry Cata Backer）教授邀请在宾州州立大学法学院和公共事务学院做"从权利—权力研究到法权说"（"From Right-power Research to Faquanism"）的专题学术报告；10月4日应芝加哥大学法学院国际联络部和汤姆·金斯伯格（Tom Ginsburg）教授邀请做标题为"An Economic Interpretation of Faquanism"（"法权说的经济解释"）

---

① 这份评审意见是博睿学术出版社通过本书英文版所在的中国法系列丛书的主编陈建福（Jianfu Chen）教授转发给我的。

② See TONG Zhiwei, *Right*, *Power*, *and Faquanism*, *A Practical Legal Theory from Contemporary China*, trans. XU Ping, Leiden, Boston, Brill, 2018.

的午餐时间讲座。此后，在包括香港三所大学法学院在内的国内外二十多所大学的法学院也做了阐释性讲座，以接受挑战和征询批评意见。我所获得的回应是令人鼓舞的，这更加坚定了我推进以法权说为重心的实践法理学现象解释体系的信心。

不过，正如人们可以想象的那样，不懂汉语的西语法学人士很难理解汉语法学的"权""法权""剩余权"这三个名词。因为，西语一没有与"权"（英译为"quan"）相对应的、可在一般意义上同时指称各种权利和权力的名词；二没有与"法权"（英译为"faquan"）相对应的、可在法的意义上同时指称各种权利、权力的名词；三没有与"剩余权"（英译为"residual quan"）相对应的指称法外规则意义上的各种权利、权力的名词。但这绝对不是坏事，纯属正常情况，做适当处理就会成为好事。这三个名词，尤其是其中的"权""法权"，正是我们应该高度珍视的民族的、本土的宝贵语言资源。在对外关系中珍视它们的方式之一，是直译它们，而不是像过去那样，每当在日常话语和法律文本上出现"权"这个单汉字名词时，就先评估与它对应的西语名词，然后再把它译为西语，如果是英语，那势必是时而译为"right"或"privilege"，时而译为"power"或"authority"，还有更多选项，但就是没有原本客观上是自在自为的"权"本身。如此这般，汉语法学哪里还谈得上民族性、本土性和主体地位！在翻译、编辑出版《权利、权力和法权说：当代中国的实践法理》一书英文版涉及底本中的汉语名词"权""法权""剩余权"的英译时，身在多国的多位华裔教授曾经严肃讨论数小时，开始时意见不一，有的主张用汉语拼音，有的主张用拉丁文组合、新造，但经过争论最终一致认为，"权""法权"应该用汉语拼音音译为"quan""faquan"。在西语出版界久负盛名的博睿学术出版社（Brill Academic Publishers）完全认同用汉语拼音音译的选项，后来无论是正式的三个审级的编辑，还是聘请的英语母语审读专家，都没有对译者将"权""法权"音译为"quan""faquan"表达任何异议。我以为，这体现了他们对汉语法学民族性、本土性和主体地位应有的尊重。有人说，这样译，西方学者读不懂。确有这个问题，但我相信如果真想弄懂时，他们肯定有自己的办法，这方面我们没必要过于为他们操心。

需要说明的是，本书并不是对应英文版底本的简单编辑出版，而是吸收最新研究成果、做了大量修订的产物，因而其整体学术水准明显高于相应的英文版。

三

马克思说："已经发育的身体比身体的细胞容易研究些。"①基于同样道理，我们可以说法律、法律体系、法律制度、法系比构成它们的法的细胞形式的单元更容易研究些。但是，法学的基础性研究必须从构成法的细胞形式的单元开始，就像马克思研究资本主义经济学只能选择从劳动产品的商品形式，或者商品的价值形式开始一样。

实践法理学从内容上认定的法的一般理论研究面对的法的细胞形式的单元是权利、权力、剩余权、义务，其中的重点是权利、权力。这是因为，剩余权是法外的东西，对法学来说相对次要，而义务是权利、权力、剩余权共同的负面形式，相对于前三者来说，也是第二性的，处于次要一些的地位。至于权、法权、法，尽管从所指称的实体和最终所占据的地位看，它们很重要，有的甚至比权利、权力更重要，但它们要么不是法的细胞形式的单元，只是从细胞形式的单元"发育"出来的组织体（如法权、权），要么不是内容，只是承载内容的形式（即法或法律）。实践法理学将法权及其具体存在形式权利、权力两者认定为最基本的法现象，并将从权利、权力中抽象出的上位概念"法权"认定为法学的核心范畴。所谓法权，与之初接触者可将其理解为纳入法中之权，视为"法定之权"的简称。法权概念之所以处在如此关键的位置，是因为它在法的层面体现权利权力统一体，这个统一体后面是法承认、保护的全部利益，以及作为它物质支撑的归属已定的全部财产。正因为如此，本书的核心命题才设定为：权利、权力在现象层面有种种差别，但归根结底是一个可称之为法权的统一体或共同体；法的目的应该是形成一种平衡的法权结构，以促进法权最大限度地保存和持续增殖。法权说乃系统阐释这个道理的要素组合，其中的主体部分是由权利、权力、法权、剩余权、权、义务、法（或法律）七个概念组成的基本范畴群，以及相关的基础性命题，它们一起构成实践法理学一般理论的核心内容。

---

① ［德］马克思：《资本论》第 1 版序言，《马克思恩格斯文集》第 5 卷，人民出版社 2009 年版，第 8 页。

汉语实践法理学属于本质主义法学。汉语法学的本质主义属性，主要是由两种情况决定的。一是与中国现行制定法制度和它悠久的传统相联系。很显然，在世界范围内，与判例法制度相联系的法学主要是经验主义法学，与制定法制度相联系的主要是本质主义或理性主义的法学。二是与我国宪法肯定的国家指导理论相联系。马克思主义哲学和在其引领下的社会科学本身是强调通过把握事物的本质来认识事物本身的。这点从马克思研究政治经济学的根本性方法上可以一目了然。马克思说："分析经济形式，既不能用显微镜，也不能用化学试剂。二者都必须用抽象力来代替。"① 在认识法现象方面，经验主义方法也运用抽象力，但它从根本上说更看重感觉，重视看得见、听得见、闻得到、摸得着；本质主义也重视感觉，但它更信任、更倚重人的大脑的抽象力。马克思发现剩余价值，是典型的运用抽象力的结果。另外，本质主义还表现在构建社会科学学科的范畴体系的方法方面，如马克思将黑格尔的"绝对方法"做唯物主义改造之后用于构建《资本论》的范畴体系。汉语实践法理学构建法的一般理论也顺理成章采用了"绝对方法"。② 对此，本书做了初步的交代。

本书以作者于20世纪与21世纪之交在一些最有影响力的汉语法学期刊上发表的相关论文为主体，吸收十多年来的法学基础性研究新成果，按密切结合中国实际和基本概念明晰、内容贯通统一的要求细心修订的结果。从内容构成看，其中的基本概念、基本命题都是在世纪之交提出和证明的，充实、完善和体系化则是近几年的事情。

这本书稿的中文版原本应该在2018年前后面世，但因为当时相关的国家社科重大课题尚未结项和编辑加工时间不好安排等原因，没能及时出版。今天出版此书，按理似乎以当时的中文书稿交付出版社就可以了，但实际上事情远不是那么简单。其中首要的原因，是该书英文版出版发行以来，我又在相同领域十分投入地做了五年多研究，有不少新发现，这些新发现相应调整了五年多前的文字表述，今天应该做必要修订。其次，本书

① ［德］马克思：《资本论》第1版序言，《马克思恩格斯文集》第5卷，人民出版社2009年版，第8页。
② 参见童之伟《法学基本研究对象与核心范畴再思考——基于宪法视角的研究》，《法学》2022年第9期。

交付英译的底稿所援引的英文论著都是原著。为尽可能统一风格和忠于原文计，我选择重新翻译了所援引的英文论著的句子并尽可能以英文原著为基准对本书做引注。在这个过程中，我也尽可能多地参考了已有的相关汉语译本的对应部分。

社会生活一般应该求同，不求同很难见容于人群、见容于社会。但学术是不能求同的，求同就没有自我、没有进步、没有创新。在学术上如果没有求异、创新的决心和勇气，一个人就没有必要把自己的一生投入其中。学术是一种职业，学者要过两种生活，即学术的生涯与世俗的生活，因而难免会有角色冲突，有时甚至很激烈。我个人是愿意在两种生活中努力寻求妥协的，但如果无法实现妥协，我会把学术利益放在优先一些的位置。这样处理，涉及对自己认定的人身价值和意义的维护。在通常情况下，学者最重要的学术利益应该是充分表达独到的专业性见解。

在本序接近收尾的时候，我要向读者郑重交代自己展开本书所依托的三个"据点和定向点"，相信这对于读者理解本书的各个章节是十分必要的。列宁在读黑格尔的逻辑学著作的概念、范畴部分时，摘录了其中这样一句话"'在这面网上，到处有牢固的纽结，这些纽结是它的'［精神或主体的］'生活和意识的据点和定向点……'"。然后他设问："如何理解这一点呢？"列宁的理解是："在人面前的是自然现象之网"，相关范畴或概念"是帮助我们认识和掌握自然现象之网的网上纽结"。[1] 本书在理论、逻辑上依托的三个"据点和定向点"分别是：

1. "汉语权利"（指汉语的"权利"）。它指 19 世纪 60 年代诞生、起源于中国本土，创造者初衷是刻意用以与公共权力相区隔的"权利"这一名词、概念。[2] "汉语权利"也是区分于德语 recht、法语 droit、俄语 право、英语 rights 等西语名词和它们被翻译成汉语后形成的"权利"一词，其区分点在于：汉语的"权利"的指称范围任何时候和任何场合不包括公共权力，而德语 recht、法语 droit、俄语 право、英语 right 等西语名词和与它们对应的汉译名词"权利"有些时候和有些场合包括一种或一种以

---

① ［俄］列宁：《哲学笔记》，《列宁全集》第 55 卷，人民出版社 2017 年版，第 78 页。

② 详见童之伟《中文法学中的"权利"概念：起源、传播与外延》，《中外法学》2021 年第 5 期。

上公共权力。①

2. "汉语权力"（指汉语的"权力"概念）。它是与"汉语权利"平行、对称的"权力"一词或概念，指的是"每一个国家里都存在"的公共强制力，"构成这种权力的，不仅有武装的人，而且还有物质的附属物，如监狱和各种强制设施"。"为了维持这种公共权力，就需要公民缴纳费用——捐税。"② 这种公共权力之所以被本书称为"汉语权力"，是因为它与通常被认为与之对应的所有外语法学名词（如日语法学的"權力"或"権力"、德语法学的 macht 或 gewalt，法语法学的 pouvoir，俄语法学的 власт，英语法学的 power 或 authority 等）和由它们翻译过来的"权力"一词的含义，严格说来，都是有所区别的。"汉语权力"在任何时候任何情况下与"汉语权利"在法律层面都是区分开来的，前者或其任一具体表现形式都不在后者的指称范围内。③

3. "和化权利"（指和制汉语的"權利"一词）。它指"汉语权利"在 20 世纪 60 年代进入日语法学后，或德语 recht、法语 droit、英语 rights 等西语法学名词被日译为"權利"（或"権利"）后，"權利"一词的词形保持原样，但其"基因"发生变异后形成的同形异义的"權利"（或"権利"）这一新概念。"和化权利"在指称范围上与"汉语权利"和德语 recht、法语 droit、俄语 право、英语 rights 等西语法学名词最大的差异，是它的指称范围稳定地包括各种公共权力，实指个人（自然人、法人）权利和公共权力组成的共同体。因而，和化的"权利"是 19 世纪末和 20 世纪上半叶日语法学特有的名词、概念。同一时期和之后汉语法学使用的"和化权利"，均直接、间接承继自日语法学。④ 日语法学在 1947 年日本宪法施行后逐步放弃了和化的"权利"一词。

在本书中，"汉语权利""汉语权力"通常简称法的权利、权力，但在必要时也会不时用全称，而使用和化的"权利"会始终不省略前置的相应名词或形容词。"汉语权利""汉语权力"指汉语法学一般理论中的权利、

---

① 本书中的"公共权力"，全程在恩格斯所著《家庭、私有制和国家的起源》里"公共权力"一词的意义上使用。

② ［德］恩格斯：《家庭、私有制和国家的起源》，《马克思恩格斯选集》第 4 卷，人民出版社 2012 年版，第 187、188 页。

③ 详见童之伟《中文法学之"权力"源流考论》，《清华法学》2021 年第6 期。

④ 详见童之伟《汉语"权利"向和化"权利"的变异和回归》，《法学界》2023 年第10 期。

权力概念，而"和化权利"或和化的"权利义务"是 19 世纪末和 20 世纪上半叶日语法学一般理论的核心范畴。如此区分和说明显得有些繁琐，但它们是做较为精密的法学分析所绝对不可或缺的。只有认准"汉语权利"（或汉语的"权利"）、"汉语权力"（或汉语的"权力"）、"和化权利"（或和化的"权利"）这三个名词并以其为"据点和定向点"，才能准确阐明权力、权利、剩余权、法权、权、义务和法（或法律），以及实践法理学的各个基础性命题。

本书主要是以 20 世纪与 21 世纪之交的那些年中发表的法的一般理论论文或文章为主结集、修订而成的，难免带有实践法理学萌芽生长初期的幼稚性。本书虽然分为五章，但章标题只是标示一个内容的大致范围，基本的单位实际上是用章之下的次级标题标示的，每个次级标题下面的文字，原本都是一篇独立论文或文章的内容。正因为如此，各个基本单位对共同涉及的基础性概念或资料，往往都不得不有所提及，这就难免有时显得有点儿重复。但我相信，这比以注释代替重复部分、让读者去看前面某页或某几页，对读者来说会更方便些。

本书讨论法的一般理论问题，基本限于国内法，相关原理适用到国际法需要做相应转换。这种转换包括将国家从国内法上的权力主体转换为国际法上的权利主体，同时将某些全球性、区域性权威机构（如联合国安理会、欧洲理事会、欧洲议会）认定为权力主体，将国内法的法权概念转换为国际法的法权概念，等等。这在理论上并不是特别困难的事情。

考虑到由本书牵头引领出的实际上是共由三本书承载的一种新的法的一般理论的较完整框架，故根据中国人民大学法学院法理学科侯猛教授的建议，将本书原英文版的副标题修订调整为主标题，同时将原来的主标题相应降至副标题的位置。特此说明。

童之伟
2024 年 1 月 6 日于广州

英文版原序

　　法权是权利与权力的矛盾统一体，而法权中心说则是关于这个统一体来龙去脉及其分配、运用和最终归属的一套学说。

　　1993年我在武汉大学法学院的政治学系任教并撰写宪法学博士学位论文的时候，已形成了各种法的权利和权力归根结底是一个统一体的猜想，并于1994年在《法学研究》上发表了基于这一猜想讨论宪法学体系重构的论文。随后，赵世义博士和邹平学博士合作发表论文，对我的相关论点进行了有力质疑和批判，批判的重点是我只有权利与权力是一个整体的论断却没能提出证据予以证明。在那之后，有大半年时间我都为无法合理证明法的权利和权力归根结底是一个统一体而苦恼。在尝试各种证明方法的过程中，我注意到黑格尔的"绝对方法"，以及马克思对"绝对方法"加以唯物主义改造后形成的先从感性具体到抽象，再从抽象上升到理性具体的方法。马克思的上述研究方法在其《资本论》一书中有生动的展示，而"资本论研究"恰好是我20世纪80年代中期在读研究生时下过较大功夫学习的必修课。

　　依据卡尔·马克思的上述方法，作为逻辑过程，我先把研究对象确定为千差万别的"权"，然后把权利确认为以个人为主体的法的权利（jural right）、自由（freedom 和 liberty），正当个人特权（legitimate personal privilege），个人豁免（personal immunity）等法现象的完整表象，同时把权力确认为以公共机关为主体的法的权力（jural power，或 public function，authority），正当公职特权（due official privilege），正当公职豁免（due official immunity）等法现象的完整表象，然后分三步展开我的论证：（1）证明权利和权力都体现着法律承认和保护的利益，在利益层面是无差别的存在；（2）证明权利和权力归根结底都是归属已定之财产的法律存在形式，在这个层次上也是无差别的存在；（3）将从权利、权力的完整表象中提取的共同利益属性和财产属性放在经历许多曲折最后选定的一个名词中，形成权这个最抽象概念；然后从权出发，上升到法权、剩余权、权利、权力以及其他次级概念等这类反映客观现象的理性具体，并借以展开法理学的范畴体系。这样，我就合乎逻辑地证明了权利和权力表面上有这样那样的差异和矛盾，但从根本上看是一个统一的法的实体的论点。

提出和证明权利权力统一体即法权的存在，对我来说是一次非常艰难的思想跨越。在此之后，我感到法学的道路显得不再那么崎岖了，因为，一旦确立了法权概念并将其作为法学核心范畴后，由此形成的法现象解释体系，能够以前所未有的准确度反映客观的法现象世界的特性及其内部联系和外部联系。

法权说出现在 20 世纪的最后十余年间，那时中国法学研究的背景和格局相对来说并不复杂。1949 年前的中国虽留下了一些法学教材和著作，但到 20 世纪 90 年代已经不容易找到。改革开放后影印或翻译出版了不少欧美法学著作，但因它们与中国的法文化传统和主流政治意识形态不大合拍，故实质性影响不大。真正影响较大的，还是 20 世纪 50 年代和 20 世纪八九十年代翻译引进中国的一些俄语法学作品。① 其中有代表性的是用马克思主义观点和方法论述国家与法的教材，其内容主要是：国家与法的概念、起源、作用，国家与法律体系的历史变迁，当代世界法律体系，国家体制，国家职能，国家机关，权力配置原则，法与其他社会规范体系，法的渊源，法律创制，法律体系，法律规范，法律关系，法的实现，法的解释，法律行为，法律责任，等等。

从 1956 年到 1978 年，中国由于国家立法活动停滞，法学院校绝大多数被撤销和停止正常招生，以及政治运动持续不断等原因，中国法学教育的内容极其贫乏，除原有的少许法学概念外，就是一些关于阶级斗争、无产阶级专政条件下继续革命的政治意识形态。中国高等法学院校恢复招生和法学教学，是 1977 年之后的事情，到 20 世纪 90 年代末，从当时教材展现的内容看，那时中国的法理学，实际上是 1949 年前的汉语法学、苏联法

---

① 2018 年秋至 2023 年秋搜集的近现代汉语和日语法学文献资料显示，我此前低估了 19 世纪末和 20 世纪上半叶日语法学对汉语法学的决定性影响，同时也高估了 1949 年后俄语法学的影响。

学和当代欧美法学中一些基本元素的综合体，其中起黏合作用的是经中国宪法确认的国家指导思想。本书称这个综合体为权利义务法理学，是因为它的基本命题，还是 20 世纪上半叶汉语法学界已广为流行的以"权利义务"或"权利"（这种"权利"的指称范围包括各种公共权力）为中心的理论。

本书主张的法权说主要是在评论权利义务法理学的过程中提出和证成的。权利义务法理学阵营有学者出面发表过很有力度的商榷文章，我及时做了比较充分的回应。我和许多读者一样，期待权利义务法理学阵营有学者出面对这些评论做系统性回应，但可惜一直没能出现更多的回应文章。这种状况无疑阻滞了法权说的发展广度和深度。

2001 年，我的学术活动中心从武汉转移到了上海，研究重心开始从法理学转向宪法学，但我真正的学术兴趣仍然是完善和推广法权说，很想基于我已经发表的论文写一本系统阐释法权说的专著。真正给我这项规划注入了推动力的是以法权说为核心内容的研究课题有幸在 2014 年获国家社科基金重大项目立项，并于 2016 年秋完成了本书的初稿，但可惜后来因项目未能及时结项，相关出版机构没有继续推进这项出版计划。

不过，幸运的是，英语法学界著名中国法专家、澳大利亚拉筹伯大学的陈建福（Jianfu Chen）教授此时与我联系，使我得以将这个选题纳入由他编辑的博睿学术出版社中国法系列丛书的建议。陈教授是澳大利亚人文科学院和澳大利亚法律科学院院士，在法哲学领域极具洞察力和创造力。在本书准备出版的整个过程中，从选题、出版社协调、校对、定稿等方面，我都得到了他毫不懈怠的帮助。本书最关键的一步是拿出对应英文译本。在此，我又有幸获纽约城市大学徐平教授支持，他同意做本书的英译者。三十多年前，我们都在武汉大学任教，是邻居，也是挚友。我们在本书英文文本的形成过程中密切协调，中英两种文本的内容衔接之好，可谓天衣无缝。徐教授精通汉语和英语无须多言，而真正令人钦佩的是，许多年来，他对中国的民主法治建设以及美国的政治体制机制始终保持着浓厚的兴趣，并且对相关法律文件、术语和理论背景十分熟悉。就我自己而言，虽缺乏语言天赋，但毕竟早年花了很多时间学习英语，因此能够理解和欣赏高质量的英语法学文本。在翻译过程中，徐教授不仅翻译出了高保真、准确、优雅的英文文本，而且还提出了许多与法律研究相关的宝贵建议。同时，在法律内容的专业化英语表达方面，我也是尽可能多地与他一起讨论。

尤其令我感动的是，英语世界德高望重的中国法专家孔杰荣（Jerome A. Cohen）教授在百忙之中抽出时间通读了本书全文，并热情地为之做序，充分肯定了本书的内容和作者的学术追求。记得我是在 2002 年通过我的同学和好友虞平（Daniel Yu）博士认识孔杰荣教授的，此后他在学术上给过我不少支持和帮助。但正如孔子所言，"君子和而不同"。我和孔杰荣教授在看待中国法问题的立场和方法上存在明显分歧，但我们都希望中国早日实现法治。在此我还要告诉他，从 2018 年春天开始，经过充分协商，中国相关出版机构已与我恢复合作，希望此书能尽快出版简体汉语版。

本书的出版还得益于我的研究助理孙平博士的全力支持。原稿中引用了大量西方著作的汉译本，他是帮我一一找到原文相应出处，并让我得以用原文引注替换中文引注的人，这项工作很耗时。我的博士生赵海军本科的专业是英语，他对照中文原稿认真校对英文译稿，并提出了许多高质量的建议。我的硕士生周承建协助制作了该书索引。

我的同学陆德山博士现在是一名颇有名气的律师，他在本书的写作过程中曾给予了我有力的支持。

我的同事和朋友张礼洪教授在拉丁文术语的使用和新发现的法律实体的命名方面，给了我宝贵的帮助。我还要感谢拉筹伯大学法学院的斯蒂芬妮·法克勒（Stephanie Falconer）女士对稿件的最后校对。

就内容而言，这本书看起来好像纯粹是哲学思辨的产物。其实不然，它在很大程度上也是一个法学研究者立足本国实际、适应本国基本情况并睁眼看世界形成的感觉的综合。所以，回忆其形成过程，我还应该提到我学习或工作过的中国武汉大学和中南财经政法大学法学院，还有我先后做访问学者的哥伦比亚大学中国法研究中心、巴黎政治学院、华盛顿大学（圣路易）法学院和哈佛大学东亚法研究中心，以及所有这些机构的图书馆。在这些大学学习或工作期间，我先是提出并初步论证了书中的一些假设，继而深化和丰富了原有的研究，在更广阔的视野下重新审视、修正或确认了原有的研究结论。

衷心感谢促成本书得以面世的以上所有师长、同事、朋友和机构。

童之伟

2018 年 2 月 3 日于华东政法大学

目　　录

Contents

引　　论^①

【导读】

在法学基本研究对象、核心范畴和相关基本命题方面，清末和民国时期的汉语法学实际上类同当年日语法学的缩影。在很大程度上可以说，20世纪上半叶的汉语法学范畴架构是西语法学话语以日语法学为中介向汉语法学的延伸。但日语法学在尽可能全盘接受西方法学范畴架构的同时也生产出了一些有自己特色的东西，其中之一是指称范围包括各种权力（即各种公共权力，近现代日语法学具体表述为公共机构的"大權""權力""職權""權限"等）的和化的"權利"和相应的"權利義務"概念。和化的"权利"概念，源于19世纪末20世纪初日语法学家对汉译西语对应名词的理解，其中包含不少主观成分，以致最后使之发生了变异。实际上，近现代西语法学中并没有当年日语法学"创造"的那种包括各种公共权力在内的"权利"。和化的"权利"概念（以下一般简称"和化权利"）与中国在19世纪60年代产生并在随后定型的汉语的"权利"一词的指称范围有根本的不同：19世纪末20世纪上半叶，和化的"权利"的指称范围包括各种公共权力，它虽然对20世纪的汉语法学影响巨大，但没有被我国现行法律体系采用。我国当今实际法律体系也好，现代汉语也好，都不使用和化的"权利"一词。中国19世纪60年代形成的权利概念是特意为了与"权力"相区别而在英译汉的过程中创造的，范围不包括任何公共权力。我国现行法律体系所采用的正是这种不包括任何公共权力的权利概念。

---

① 本引论在原书英文版出版后，发表在《法律科学》2019年第4期，标题是《中国实践法理学的话语体系构想》，纳入本书时融汇进那时以来新的研究成果并做了大幅度删减、修订。

本书旨在从认定基本的法现象入手，解决当代汉语法学中法的一般理论与中国现行法律体系和法律实践的协调、契合问题。基本的法现象是与确定法学基本范畴相对应的，因为，对基本的法现象的认识成果，必然凝聚为法学基本概念或基本范畴。

法现象数以百千甚至万计，推进法的一般理论研究，得先辨识和抓住全部法现象中基本的、基础性的乃至最重要的那几个。认定基本的法现象决定法的一般理论研究的后续走向，对法学来说是根本的、全局性的问题。这就像一个人旅行，跨出门槛时决定径直走还是决定左拐、右拐，走下去能到达的地方一定是截然不同的。基本的法现象与法学基本范畴及其中的核心范畴之间的关系，性质上属于"实"与"名"、实体与对应名称之间的关系。所以，选定法学基本范畴，尤其是其中的核心范畴，表面上似乎是学者可以充分发挥想象力、创造力的空间，但实际上并非如此。因为，法现象或实体，都是法律实践中的存在，法学的"名"或概念及其学科地位，归根结底取决于对应的"实"或实体在客观法律世界的实际地位。

哪些是基本的法现象？如果追问下去，负责任的学者会结合与其对应的基本概念（或基本范畴）的认识来回答这个问题。20世纪末，我曾一度投入较多力量，主要围绕法的重心和在这个中心课题内展开研究，相继发表了若干篇论文或文章。[①] 那阶段我的研究重点，是对近现代汉语法学的一般理论做清理并希望在此基础上推动法学一般理论的更新。那些方面当时研究的深度、广度和持续时间都很不够，但还是值得做些概括、归纳。这里以21世纪20年代中期以来，我再次投入较多时间研究当代基本的法现象和与之对应的法学基本范畴时获得的一些新资料和新认识为依托，谈些经过修正的认识，作为本书的引论。

此处有必要重申，本引论和随后的全部文字，都是以"序"中确认的汉语"权利"、汉语"权力"、和化"权利"三个概念为前进基地和定向点的；唯有以它们为基地和定向点，其他基本概念和相关基础性命题才能得到较准确的阐述。

---

① 其中有代表性的是《论法理学的更新》《再论法理学的更新》，分别参见《法学研究》1998年第6期和1999年第2期，以及《法律关系的内容重估和概念重整》《法权中心的猜想和证明》，分别载于《中国法学》1999年第6期、2001年第6期。

一　近现代的"汉语权利""权力"与"和化权利"

近现代汉语法学并不是中国本土内生的,即不是由中国学者面对本国和世界的基本的法现象,通过自己对它们的认识形成自己的概念、范畴发展起来的,而是一开始就主要面向国外既有的概念、范畴等主观世界的东西,采用"拿来主义"的结果。所以,19世纪末和20世纪上半叶,从基础性范畴、核心范畴到一些基础性命题,汉语法学总体说来可谓外语法学、尤其是日语法学的投影。20世纪上半叶的汉语法学在不小程度上是西语法学通过日语法学向中国的延伸,虽然汉语法学对日语法学也有少许影响。但是,日语法学在学习西语法学的过程中,形成了一些自己特有的东西,其中包括在接纳指称范围不包括任何公共权力的汉语"权利"一词并用以翻译西语的 recht、droit 或 rights 等对应名词后,通过变异形成了指称范围包括全部各种公共权力的和化的"权利"概念和以其为依托的和化的"权利义务"概念组合。从主流方面看,不仅清末和民国时期,而且对于汉语法学至关重要的20世纪80年代以来的这四十余年,汉语法学实际上也在不小程度上继受了以和化"权利"为中心的"权利义务"这对基础性范畴组合。①

在进入20世纪前,汉语法学并无以"权利""权力""义务"等为基础性范畴的法的一般理论。所以,这类法学理论是在西学东渐大潮中,于19世纪末、20世纪上半叶从日本逐渐传入的。其中首先和主要的,就是以和化"权利"为中心的"权利义务"基础性范畴组合,其中通常包括法律、公权、私权等配套概念以及法学是权利(或权利义务)之学、法以权利为本位等基础性命题等。要真正理解这一点,关键是要知晓,汉语"权利"一词在19世纪末和20世纪初的日本发生了可谓基因层次的变异:(1)1864年形成于丁韪良所译和在中国刊印的《万国公法》一书、并使用80余次的汉语的"权利"一词,② 是1865年随该书进入日本和日语法学的。进入日语法学的"权利"一词,原本是汉译者为了与当时指称范围包括公共权力的"权"字相区别而特意创造的。当年他的说法是:《万国

---

① 参见童之伟《"汉语权利"向"和化权利"的变异和回归》,《学术界》2023年第10期。
② 使用"权利"一词的次数系做汉语文本转换后电脑统计的得数,所依托的文本为:〔美〕惠顿:《万国公法》,〔美〕丁韪良译,何勤华点校,中国政法大学出版社2003年版。

公法》英文"原文内偶有汉文所难达之意，因之用字往往似觉勉强。即如一权字，书内不独指有司所操之权，亦指凡人理所应得之分，有时增一利字，如谓庶人本有之权利云云"。① 早年日本学者使用的"权利"一词，都是在汉语的"权利"意义上使用的，其指称范围不包括任何公共权力。②（2）"权利""权力"在近代西方法律体系中一直是区别开来并分别平行使用的，如在 1789 年生效的美国宪法中。但西语法学确实并未严格区分权利、权力，因而不时有人把一些按现代汉语的标准应归类于权力的现象放在"权利"概念的指称范围内，或把一些按同样标准应该称为权利的现象称为"权力"。但从主流上看，西语法学从来没有形成包括全部各种公共权力的"权利"概念。可是，在各种西语的对应名词（如德语名词 recht，法语名词 droit，俄语名词 право 和英语名词 right）被译为日语"權利"之后（亦可谓引入汉语的"权利"一词后），日语法学在 19 世纪末 20 世纪初逐步形成了一种范围包括各种公共权力的"权利"概念，而且其指称范围与汉语的"权利"和西语被译的原有对应名词都不相同。③ 我在前引自己的论文中把日语法学这种经变异形成的特有的"权利"概念称之为"和化权利"，它实际上是和制汉语的一部分，即和制的"权利"一词，严格地说属于与汉语"权利"同形异义的日语名词。④ 和化权利是日语法学的特产，一度占据过日语法学的主流地位，虽然它在当代已基本从日语法学中消失了。回首整个 20 世纪，汉语法学的一大遗憾是将和化的"權利"与汉语的"权利"这两个同形异义名词错误地理解成了同形同义名词。

清末汉译日语法学入门型教科书将和化权利和以其为基础的权利义务核心范畴组合带进了民国时期的法学入门型教科书，它们因而事实上也成了民国时期汉语法学范畴架构的核心范畴或基础性范畴。该体系的根本特点是以和化权利或相关权利义务为最重要法现象和法学核心范畴，并以这种权利义务为定义项关键词来定义法学其他所有的基本概念。这些根本特

---

① ［美］吴尔玺：《公法便览》，［美］丁韪良译，北京同文馆 1877 年刊印本之影印本，见丁韪良在"自序"之外所写"凡例"，第 2 页。

② 如加藤弘藏『立憲政體略』，東京谷三樓，1868，眾議院図書館影印本，10—11 页；津田真一郎（又名津田真道）『泰西國法論』卷一，東京開成所，1868，2b、20a、20b 页。

③ 童之伟：《中文法学中的"权利"概念：起源、传播和外延》，《中外法学》2021 年第 5 期；《中文法学之"权力"源流考论》，《清华法学》2021 年第 6 期。

④ 关于和制汉语，参见韩筱雅《"和制汉语"与中文扩容》，《读书》2023 年第 1 期。

点反映在清末以来直到当代汉语法学使用的绝大多数入门型教科书（名称通常是《法学基础理论》或《法理学》）中。在以和化的"权利""权利义务"为核心范畴的法学教材体系中，当年有代表性的基础性命题是："法律现象，其本位即是权利"；①"以法律为权利之规定，法律学为权利之学，乃现代学者间之通说"；②"法律之任务，即在于规定权利义务，故现代一般通说，皆以法学为权利义务之学也"③。这个体系的学理之根在18—19世纪的欧美，它直接影响了日语法学。从汉语法学角度看，日语法学所起的历史作用很大程度上主要是在西语法学和汉语法学之间做中介。但是，今天的读者也应该看到，其中和化的"权利"概念形式上承接自西语法学，但实际上其指称范围已经做了大幅度的改变，其中包含着日语法学自己的"私货"。这里的"私货"，不仅有西语法学史书所说的私法里的某些"权力"或偶尔被冠以"权利"之名的某种公共权力，而是全部各种公共权力。这里须特别留意，在以当代中国法律制度、法律实践为根据的现代汉语法学背景下，指称"全部各种公共权力"的法学名称只能是"权力"。

"和化权利"的出现，本身包含一些学术进步成分，但可惜它只是日语法学界很多人无意识的学术行为汇集成的后果，缺乏体系化的规划，未具备真正实现学术进步的必要条件。其中，"学术进步成分"指把汉语指称的"权利"与"权力"两种实体作为一个整体看待，在一定程度上反映了对权利与权力特殊关系的认识。④ 而"实现学术进步的必要条件"有两个：一是正视各种公共权力、从中抽象出"权力"概念，以区别于汉语"权利"；二是给予由汉语指称的"权利"与"权力"整合成的统一体或共同体一个适当名称，从而形成区别于"权利""权力"的另一独立的名词、概念。但是，日语法学界没有通过自己的研究满足这两个条件中的任何一个。所以，和化的"权利"与当时（19世纪末20世纪上半叶）的日语法学和受其决定性影响的20世纪初以来汉语法学的主流范畴架构在理

---

① 张知本：《社会法律学》，上海法学编译社1931年版，第54页。

② 欧阳谿：《法学通论》，上海会文堂新记书局1947年版，第241页。

③ 龚钺：《比较法学概要》，商务印书馆1947年版，第164页。

④ 指法的权利与法的权力虽然在法律生活中确实是两种不同现象，但两者从归属已定财产和法定利益层次看其实是一个共同体或统一体。详见本书第三章的相关证明文字。

论、逻辑和法律实践上始终不能兼容。

以上两方面不能兼容的具体表现，大体可概括为这样几点：（1）对于汉语"权利"与和化"权利"是同形异义名词、概念的事实，始终缺乏认识，因而也从来没有确认两者是指称两个不同实体的名词、概念。何以如此呢？原因主要在于它们同形，同时从指称范围看，汉语的"权利"是和化的"权利"的一部分，在必要时和化"权利"可以指称汉语的"权利"，虽然此时指称汉语"权利"的，所用的"身份"是作为权利与权力之统一体的和化"权利"，不是汉语的"权利"一词。（2）将各种公共权力隐藏在和化的"权利"的旗号下，致使前者不能名正言顺地获得它们应有的逻辑形式（即"权力"概念），即各种公共权力不能作为其自身独立地、正常地进入法学思维。这种情况在公共权力体量较小、在许多国家的法权中占比例很小的18—19世纪，不太引人注目，但在公共权力体量很大并在法权中占比例很大的20世纪中叶之后，显得特别不合理。（3）和化"权利"是从汉语"权利"变异而成的，完成变异后理所当然应该有自己的名称或对应的名词、概念。但是，由于历史上的日语法学和追随它的汉语法学者们对构建词形足以区别于汉语"权利"的，表述汉语指称的"权利""权力"共同体的名词、概念的必要性缺乏足够认识，因而和化"权利"与汉语"权利"一直异义但同形，没有属于自己专用的载体。（4）个人（包括自然人和法人）各种权利与公共权力是中外今古各国法律生活中两类最基本的现象和事实，这一点现当代比此前任何时代都更加不言而喻、不证自明。但是，以和化的"权利"为核心的法学范畴架构中既没有专门用以表述个人各种权利（除法的权利外，还有个人的自由、正当个人特权和个人豁免）的"权利"一词或概念，也没有专门用以表述各种公共权力（除表现为法律笼统规定为"权力"的内容外，还包括公共权力的其他表现形式，如公共机构的职权、权限、正当公职特权和公职豁免）的"权力"一词或概念。结果，在法学思维中留下的只有一个既包括权利又包括权力，但自身又不是权利或权力的、被称为"权利"的权利权力综合体。对于汉语"权利"来说，这种综合体只是一个与其同名称的、严重扰乱它在主观世界身份定位的异类。

和化的"权利"与汉语的"权利"同形异义、与其所在范畴架构和相应法律体系难以兼容的诸种情况，让现当代汉语法学处于一种两难境况。

一方面，如果人们基于现行法律制度、按现代汉语"权利"的指称范围来理解和化的权利义务范畴架构，必然会得出这种体系过于片面、无法覆盖宪法和公法规定的权力及其各种存在形式的结论。① 易言之，基于现行法律制度、按现代汉语"权利"来理解这个体系，以"权利"为核心的范畴架构明显无法合理解释当代中国和各国的常见法现象。另一方面，如果人们把自己限制在和化的"权利""权利义务"的概念和框架中，以当代中国为例，他们遭遇的是这样一些情况：（1）缺乏让宪法、法律规定的国家的"一切权力""国家权力"及其具体表现（公共机构的"权力""职权""权限""公权力"等）进入法学思维的逻辑形式。简单地说，就是没有"权力"概念。缺乏权力概念并不等于完全不使用"权力"这个名词，而是没有对"权力"指称范围、实质以及它与"权利"之区别和联系等方面的基础性论述。在诸如19世纪那样的自由资本主义时期，权力现象的实际地位比较卑微，故那时即使基于汉语"权利"来理解和化的权利义务法现象解释体系，其轻忽"权力"的缺憾也并不特别引人注目，但在国家作用扩大、权力体量较从前增长数倍乃至十数倍的情况下②，法学忽视"权力"的脱离法律生活实际的情形就再也难以被人们接受了。（2）事实上没有以宪法、法律上确认和保障的个人权利为实体的"权利"这一名词，即没有汉语"权利"概念。在以和化的"权利"或"权利义务"为核心范畴的范畴架构中，可用以指称汉语"权利"的，实际上是和化"权利"，并非汉语的"权利"一词。此时，和化"权利"是以表述权利、权力共同体的名词的"身份"指称其中包含的个人权利，而不是以表述个人权利这一实体的汉语"权利"来指称个人权利。在这里，两者之间有微妙但十分重要的理论的和逻辑的差别。（3）与汉语权利权力共同体之"实"对应的"名"，其词形原本应该有别于"权利"和"权力"，但和化"权利""权利义务"论者却沿用"权利"这个名词指称权利权力共同体。其结果是，和化"权利"的词形，只能罩住权利权力共同体中的"权利"部分，罩不

---

① 我非常不赞成把一国全部有效的法律做公法和私法二元划分的做法，因为这种划分忽视了宪法的最高法律地位。如果一定要把一国的法律做出某种划分，我主张采用三分法：根本法、私法、公法。其中根本法仅指宪法，单独作为一类。

② 这是基于公共财产转化为公共权力原理做的判断。关于现代国家公共预算收支规模相当于19世纪末的倍数，可参见童之伟《当代公共财产生成权力的机理——结合若干国家公共预算收支状况的考察》，《湖北社会科学》2024年第1期。

住"权力"部分，从而使得整个基本范畴架构指代关系明显失之混乱。

20 世纪 80 年代以来，"和化权利"和以其为重心的"权利义务"组合在中国法学界得到了继受，同时也获得了一些改善、发展。从汉语和西语意义上说，"整个'权利义务'只是罗马法中以债这个术语来规定的多种对人关系之一。更具体地说，这种关系被认为是由侵权行为而产生的义务"。① 因此，不论从汉语和西语角度看，还是基于我国现行法律体系的用语来看，以权利、权利义务为核心的范畴架构的法现象解释效用，主要局限于私法领域，难以用来解释宪法和公法领域的现象及其内部和外部联系。在法学研究领域，当代汉语法学使用的范畴架构，基本上与现代汉语、西语和中国当代法律体系中的用语是融通的，只有汉语法学教学使用的范畴架构是例外。四十余年来汉语法学基础理论教材使用的范畴架构的核心，基本上还是和化的"权利"或"权利义务"，其明显标志，是这种"权利"中包括各种公共权力。这是和化"权利"最明显的特征。

范围包括各种公共权力的和化的"权利"概念的出现，造成了汉语的"权利"一词不得不在学理上与之并存和竞争的格局。在 20 世纪初即已形成的这种格局下，汉语权利、和化权利两个不同概念共用"权利"这同一个汉字名词做载体的状况为后来的汉语法学话语的核心范畴含义混乱和一些法学入门型教材沿袭清末和民国时期法学范畴架构中的和化的"权利""权利义务"为核心范畴提供了空间和机会。

其实，作为日语法学的翻译引进对象，德语法学的 recht（权利）、法语法学的 droit（权利）、俄语法学的 право（权利）和英语法学的 rights（权利）本身都没有包括权力（德语 macht 或 gewalt、法语 pouvoir、俄语为 власть、英语 power 或 authority）的意思，现有法学资料也没有显示出任何西语国家学者系统性使用范围包括各种公共权力的"权利"概念。所以，和化的"权利"仅仅是日语法学在引进西语法学过程中发生"基因"变异的产物。但是，无论如何，和化的"权利"随留日法科学生回国和汉译日语法学著作、教科书一起引进到中国并为汉语法学的很多学者所接受，是个客观事实。

---

① Wesley N. Hohfeld, "Fundamental Legal Conceptions as Applied in Judicial Reasoning", 26 *Yale Law Journal*, 1917, 710 - 770（752）.

20 世纪中叶以后，日语法学开始逐渐放弃和化的"权利"一词，当代日语法学论著中已经很难再找到它的踪影。① 但汉语法学入门型教科书体系已使用和化的"权利"概念百年以上，它现在还是汉语法学主流的教学范畴架构的核心，因为，在这个范畴架构中，权利义务概念地位最显要，而其中指称范围覆盖各种公共权力的"权利"又一直被认为是第一性的，地位高于义务。这些事实与汉语法学教学范畴架构的关系特别密切，故这里有必要单独提出。

二　参照对应名词看西语法学的"权利""权力"

近现代西语法学流派纷呈，论著丰富多样，我无意系统梳理它们与汉语法学的关系，只想基于有限阅读的体验，以汉语"权利"为基准来看看较常见西语法学中的"权利"和"权力"的指称范围。

法学史料表明，中华人民共和国成立前被汉语法学接纳的核心范畴和相关基础性命题虽从根本上看都来自德语、法语或英语法学，但它们多数情况下是以留日回国法学者和汉译日语法学论著或教材为中介传递的，西语法学家和法学论著在汉语法学范畴架构里直接留下长久印记的情况极少。如前引关于法学为权利之学、法学为权利义务之学、法以权利义务为核心内容、法以权利为本位或法以义务为本位等等根源于西语法学的基础性命题，在中国最初都是见之于汉译日语法学读物的，并不是汉语法学直接译自西语法学原著。与这种情况相对应，20 世纪上半叶被介绍到中国的著名西语法学家，如法国提倡社会连带主义法学的狄骥、美国推动社会学法学的庞德等，他们虽有著作汉译出版并广受关注，② 其中庞德还受聘做过民国时期南京政府教育部的顾问，但他们的话语没能进入中国法学范畴架构的核心部分。

20 世纪 80 年代以降的四十多年间，西语法学主要流派的著作在中国都有较系统的汉译出版，大体分为欧洲大陆的和英美的，其中英美的主要有分析实证主义法学、正义论法学、权利论法学和经济分析法学等等。这

---

① 参见童之伟《法学基本研究对象与核心范畴再思考——基于宪法视角的研究》，《法学》2022 年第 9 期。

② 如［法］狄骥：《公法的变迁》，徐砥平译，商务印书馆 1933 年版；［美］滂特（即 Roscoe Pound——引者）：《社会法理学论略》，陆鼎揆译，商务印书馆 1926 年版。

些流派著作的翻译引进对当今汉语法学范畴架构的形成都是有所贡献的，但它们做贡献的形式，或许可以概括为丰富、充实汉语法学范畴架构的外层、中层，并影响其核心层，其中这些"层"，也就是汉语法学范畴架构中的普通范畴、基本范畴和核心范畴。汉语法学范畴架构的核心范畴，在自 20 世纪 80 年代以来的四十多年间，可从两方面做评说：（1）从法学研究的角度看，若将我主张的法权说存而不论，主要可概括为三种选择倾向，即前述汉语"权利—权力"组合、汉语"权利—权力—义务"组合、和化的"权利—义务"组合。其中前两者明显居优，其相对优势是这两种组合中的"权利"是汉语"权利"，与中国法律体系、法律实践和现代汉语中的"权利"一词指称范围相同或基本相同，能进入法学研究的实用环节。（2）第三种组合（即"权利—义务"）中的"权利"，是源于日语法学、经民国时期汉语法学承袭下来的和化的"权利"概念，与当代中国以宪法为根本的法律制度、法律实践和现代汉语中的"权利"一词，在含义、指称范围方面，都处于大幅度错位状态，且无法给公共权力提供进入法学思维的形式。因此，从现代汉语角度看，和化的"权利"或"权利—义务"为核心的法学范畴架构的覆盖范围在法学研究方面基本限于民商法学领域，宪法学和公法学领域无法运用它们。

但是，从汉语法的一般理论教学和教材的角度看，当代我国的基础性法学范畴架构主要表现为和化的"权利—义务"组合和汉语"权利—权力—义务"组合两种核心范畴选择倾向。其中，和化的"权利—义务"组合借助从清末和民国时期法学入门型教科书范畴架构向当代汉语法学运行形成的巨大历史惯性，迄今仍然居优势地位；而汉语权利—权力—义务组合因为有当代中国以宪法为根本的法律体系、法律实践和现代汉语的"权利"一词做依托，事实上非常强有力。如果排除行政性安排的因素，相信汉语权利—权力—义务组合相对于和化"权利—义务"组合在汉语法学的核心范畴选择方面的优势很快就会显示出来。以法权为核心范畴的法学入门型教材还没有出现，这种入门型教材一旦产生，应该会让人感受到其更强的法现象解释力。

近现代西语法学流派众多，泛泛讨论它们与当代汉语法学范畴架构的关系没有太多实际意义，且不是一本书的引论能交代清楚的。所以，这里只能以前文已有的论述为基础，以在整个西语法学中声名比较显赫的分析实证法学为例来看看它们与汉语法学范畴架构的关系。至于其他影响也很大但不是最具代表性的流派，如理查德·A.波斯纳的经济分析法学等，就只好舍弃了。在世界范围内，分析法学可区分为受日常语言分析哲学影响、以日常语言为对象的分析法学和以法律文本和裁判文书（尤其是判例法下的判例，它是"实证"的首要表现）为主要研究对象的分析实证主义法学。①

　　我们不妨具体看看英美分析实证主义法学与当代汉语法学各层次范畴的关系。本书把这方面的文字简化为以下几个判断。

　　1. 处于分析实证主义法学祖鼻地位的19世纪英国法学家约翰·奥斯丁的著作，实际上有助于形成以汉语权利—权力、汉语权利—权力—义务组合为核心的法学范畴架构而不利于形成以和化"权利—义务"组合为核心的法学范畴架构。奥斯丁受边沁功利主义价值观影响很深，他的分析实证主义法学的独特性首先体现在其选定的研究对象上，同和化"权利—义务"范畴架构没有什么关系。奥斯丁的"实证"主要指实在的法律规则，包括今古各种实在的行为规则及其不同形式和内容，如法、神法、实在法、宪法、习惯法、自然法、国际法、罗马法、原始契约、市民法、万民法、惯例、道德、社会道德规则、主权、最高权力、命令、义务、责任、制裁、强制、服从、法的本质、命令的本质、国家、政府立法权、行政权、法庭、权力限制等等。这个特点可从他的代表作《法理学的范围》的引言、第一讲和索引中明显看出来。② 那么什么是分析实证主义的"分析"呢？"分析"就是结合实在的法律制度的运行对各种法规则的含义做辨识。奥斯丁代表作的第二章，集中体现了"分析"的这一特征。③ 在奥斯丁的分析实证主义法学中，权力（power, might）是主权、主权权力、主权者、议会、立法机关的体现者，权利是被权力授予的。④

---

　　① 在我阅读所及范围内，没有感到第一种分析法学与汉语法学范畴架构有多少关联，有关联的是主要流行于英美法系国家的分析实证主义法学。

　　② John Austin, *The Province of Jurisprudence Determined and the Uses of the Study of Jurisprudence*, Weidenfeld and Nicolson, 1954, pp. 1–9；9–33；394–396.

　　③ John Austin, *The Province of Jurisprudence Determined and the Uses of the Study of Jurisprudence*, Weidenfeld and Nicolson, 1954, pp. 118–191.

　　④ John Austin, *Lectures on Jurisprudence*, Or, *The Philosophy of Positive Law*, edited by Robert Campbell, John Murray, 1885, pp. 233–262, 280–290.

因为权力与主权联结，所以，其政治定位优于权利，但在法律上，权利与权力是平等的。所以，奥斯丁分析实证主义法学，十分接近以汉语权利—权力、权利—权力—义务组合为核心的范畴架构，能为后两者提供学理支撑。同时，它同 20 世纪汉语法学继受的以和化"权利—义务"组合为核心的范畴架构，在理论逻辑上是有所对立的。

2. 20 世纪初的美国分析实证主义法学家 W. N. 霍菲尔德的法律概念学说的核心范畴选择倾向似乎接近和化"权利—义务"组合，好像与汉语权利—权力或权利—权力—义务组合很不一样，但实际情况它们三者间没有多少共性。从英文原文发表时间看，霍菲尔德的两篇标题几乎相同的论文先后于 1913 年、1917 年发表时，以"和化权利"为核心的范畴架构在日本早已成形，而且正在兴旺发展中。W. N. 霍菲尔德的相关论文是分析实证主义法学的重要代表作，但在它们发表后的相当长时期内，对以"和化权利"为核心的法学范畴架构实际上没有什么影响。他的论著在中国产生影响，主要是在沈宗灵先生对其做评介之后，时间是 20 世纪末。①

W. N. 霍菲尔德论文的主要意义在于理顺、归并了当时英语法学话语的"同类项"（同义或近义名词），减少了分析变量，整理和确定了八个基本的法学概念并成对地分析了它们的相互关系。霍菲尔德注意到从罗马法意义的权利义务出发解释法现象的做法的普遍性及其隐含的弊端。霍菲尔德说，"对法律问题做清晰理解的最大妨碍之一，精辟的言辞和真正的解决方案，都常常起因于明示的或心照不宣的假定，即所有法律关系都可简化为'权利'和'义务'，并且这些分类足以满足分析最复杂的法律利益之所需，包括信托、期权、托管，'未来'利益、法人利益等等"。② 所以，他认为这种做法不适当、意义含混难以行得通，需改进。怎么办呢？霍菲尔德提出了自己的替代办法。他认为，有 8 个法律词语构成两种关系。一种是互为法律上的反义词：权利（rights）—无权利（no-rights）；特权（privilege）③ —

---

① 沈宗灵：《对霍菲尔德法律概念学说的比较研究》，《中国社会科学》1990 年第 1 期。

② Wesley N. Hohfeld, "Some Fundamental Legal Conceptions as applied in Judicial Reasoning", 23 *Yale Law Journal*, 1913, p. 28.

③ 在英美法和英语法学中，Privilege 主要指通过获取证照或官方许可而得到从事某种活动的资格。中国法学界通常把 privilege 一词译为"特权"，但"特权"一词在汉语中带有贬义，并不是真正与 privilege 一词本来的法律含义最接近的名词。与 privilege 最接近的名词应该是"特惠"或"正当特权"。

义务（duty）；权力（power）—无权能（disability）；豁免（immunity）—责任（liability）；另一种是互为法律上的对应词：权利（right）—义务（duty）；正当特权（privilege）—无权利（no-right），权力（power）—责任（liability）；豁免（immunity）—无资格（disability）。但是，这套话语涉及的同义词太多，得合并同类项。以 right 为例，他说，"'权利'这个术语往往被宽泛地用来在特定情况下表达特权、权力和豁免等意思，并不是最严格地在权利意义上使用；这种宽泛意义上的运用有时也获得官方的认可"。他还援引一个判例中法官的判词进一步论证："'权利'一词的含义是词典编纂者定义的，其中包括财产、利益、权力、特惠（prerogative）、豁免、特权等意思。在法律上，它最常被应用于在有限的范围内指称财产，但它也经常被用来表述权力、特惠和特权"等。①

在经历一番类似于合并同类项的梳理后，霍菲尔德实际上将自由（包括 freedom 和 liberty）、职责（包括 obligation 和 responsibility）、权威（authority）、能力（ability）和无权力（no-power）等词语按其含义分别吸收到权利（right）、义务（duty）、特惠（prerogative）、正当特权（privilege）、无权利（no-right）、权力（power）、责任（liability）、豁免（immunity）和无资格（disability）等 8 个名词中。下面几个句子在一定程度上反映出了用一个名词吸收或归并其他同义名词的线索："义务或法律职责指一个人应当或不应做某事。'义务'和'权利'是对应的术语。当一项权利被侵犯时，一项义务就被违反了"；"这项自由是法律承认的权利"；"因此，当所有情况都表明某人有开枪自由时，就可以说他有充分的权利开枪"；"法律权利（当然，要与脑力和体能区别开来）是与相应行为能力对称的名词，同时也是法律责任的关联词。"② 霍菲尔德的结论是："如果允许做普通隐喻的话，那么可说这八个概念——权利和义务、特惠与无权利、权力与责任、豁免和无资格——似乎就是'法律中最小公分母'"。③ 显然，这就减少了法学研究的分析变量，让复杂的术语体系得到

---

① Wesley N. Hohfeld, "Some Fundamental Legal Conceptions as applied in Judicial Reasoning", 23 *Yale Law Journal*, 1913, p. 30.

② Wesley N. Hohfeld, "Some Fundamental Legal Conceptions as applied in Judicial Reasoning", 23 *Yale Law Journal*, 1913, pp. 32, 36, 42, 44.

③ Wesley N. Hohfeld, "Some Fundamental Legal Conceptions as applied in Judicial Reasoning", 23 *Yale Law Journal*, 1913, p. 58.

了简化，这一点值得充分肯定，其价值对用英文表达的人们和用汉语表达的人们来说是相同，但具体词语不可能对等。

霍菲尔德另一篇几乎与前文相同标题的论文中，采用了诸如对人权利法律关系和对物权利法律关系之类的表达方式，因而实际上或逻辑上产生了这样一系列词组：对人权利（或要求）、对物权利（或要求）；对人特权、对物特权；对人权力、对物权力；对人豁免、对物豁免；还有对人义务、对物义务，对人程序、对物程序，以及对人裁判和对物裁判等等。①这看起来像是循罗马法对人权利（rights *in personam*）和对物权利"rights *in rem*"的传统分类方式进行的演绎推广。霍菲尔德还用前置形容词"paucital"（"对极少数人的"）取代置于名词后的"*in personam*"（对特定人的），同时用前置形容词"multital"（对多数人的）取代置于名词后的"*in rem*"（对不特定多数人的），从而形成了下面这样的系列表达方式，如对特定少数人的权利（paucital rights），对不特定多数人的权利（multital rights，构词法后同）；对特定少数人的特惠，对不特定多数人的特惠；对特定少数人的权力，对不特定多数人的权力；对特定少数人的义务，对不特定多数人的义务；如此等等。

自从沈宗灵先生1990年发表了前引对霍菲尔德法律概念学说做比较研究的论文后，汉语法学出现了过度评价和高估这种概念学说对汉语法学的借鉴意义的倾向，这种倾向可以从汉语法学论著对霍菲尔德学说做正面援引的数量上看出来。霍菲尔德20世纪初发表的那两篇论文对于理顺那个时代的美国法学范畴架构无疑有意义，但他两篇论文对于构建当代汉语法学范畴架构，参考价值并不大。我做这个评价，主要基于如下理由：

1. 确实，霍菲尔德的概念学说的核心是权利或权利义务，就这点而言，似乎与以"和化权利"为核心的范畴架构不谋而合，但实际上完全不是这样。因为，霍菲尔德学说中的权利、权利义务，是承继罗马法的权利、权利义务，所以，他的"权利"概念，未明显包括任何公共权力，更

---

① 原文分别为：jural relations *in personam*，jural relations *in rem*；rights（or claim）*in personam*，rights（or claim）*in rem*；privileges *in personam*，privileges *in rem*；powers *in personam*，powers *in rem*；immunities *in personam*，immunities *in rem*；duties *in personam*，duties *in rem*；procedings *in personam*，proceedings *in rem*；judgments *in personam*，judgments *in rem*.

逞论像"和化权利"那样包括全部各种公共权力。① 霍菲尔德的论著表明，他学说中的权利一词的指称范围不仅近乎未包括任何公共权力，甚至未能把应该包括进去的权利现象（如种种"私权力"）包括进去，因而它的外延从逻辑上看大约只有"和化权利"的一半。因为，"和化权利"的指称范围除一国法律体系中的全部各种权利外，还包括各种公共权力，而霍菲尔德的"权利"不仅近乎不包括公共权力，还将相当一部分民商事权利"奉献"了出去，交给了"权力"。此类做法使得他的权力概念的指称范围不仅覆盖全部公共权力，还覆盖了一部分民商事权利。因此，按霍菲尔德的标准，他的权力概念的指称范围比以宪法为根本的当代中国法律体系中的"国家权力""权力""公权力""职权""权限"、正当公职特权、公职豁免统统归总构成的范围还要大。

2. 霍菲尔德的概念学说在很大程度上是脱离其本国以宪法为根本的法律体系的，尽管它们在细节和技术上有许多可圈可点的地方。我用手工结合电脑统计，得知包括全部修正案在内的美国宪法总共 15 次提及"right"，它们全都是在对称于政府 power 的意义上、在个人权利或公民权利的意义上使用的，尽管其主体有时用的是"people"（这种情况下应译为"人们"而不是"人民"）这个集合名词，② 其范围自然不包括权力。同时，美国宪法还总共 36 次提及"power"，其中 35 次用于指称各级各类国家机关的权力，1 次指称外国（a foreign Power，首字母大写），③ 都是在与"right"对称、对等、平行的意义上使用的。非常清楚，霍菲尔德的概念学说虽有利于解决一些法言法语中的枝节问题，但背离了美国宪法的范畴架构，而与他同时代的英语法学界的其他学者使用的范畴架构却看不出有这类大弊端。

3. 霍菲尔德的概念学说的论述范围基本在私法领域，他运用的"pow-

---

① 这个结论是我对照他那两篇有代表性论文反复逐句核查后得出的，相信可经得起有兴趣核查原文的读者复核。

② "the right of the people peaceably to assemble, and to petition", quoted from Erwin Chemerinsky, *Constitutional Law: Principles and Policies* (*2nd Edition*), Aspen Law & Business, 2002, p. 1229.

③ "No State shall, without the Consent of Congress, lay any Duty of Tonnage, keep Troops, or Ships of War in time of Peace, enter into any Agreement or Compact with another State, or with a foreign Power, or engage in War", quoted from Erwin Chemerinsky, *Constitutional Law: Principles and Policies* (*2nd Edition*), Aspen Law & Business, 2002, p. 1225.

er（s）"，绝大多数指的是所谓"私权力"，所以，他的法概念学说基本只能适用于私法，并不适用于法的一般理论。电脑统计兼人工核查可知：在霍菲尔德先后发表的两篇论文中，包括正文和注释，第一篇全文使用"power"89次，使用"right"109次，第二篇使用"power"62次，使用"right"323次；按现代汉语和中国当代法律体系的标准衡量，其中所有432个"right"都是民事权利，其中没有任何一个像"和化权利"那样指称范围包括各种公共权力；两篇论文使用"权力"一词总共151次，经我初步逐一辨识，其中大约15个指称公共权力，相当于现代中国法律体系中的权力的含义，① 约占10%，而约90%的"权力"实际上不是汉语的权力，而是汉语的权利。私"权力"实际上是当代汉语法学所说的民商事权利的一部分，因为"私权力即权利"。②

　　认清上述道理的关键，是较具体地把握霍菲尔德概念学说中的"权力"到底是指什么。霍菲尔德在他第一篇有代表性论文的"权力与责任"部分相对集中地对其概念学说中的"权力"做了论述。他说，法的权力不同于精神运动或物质的力量，是与无能力（disability）相反而与法律责任相关的。但这种"法的权力的本质何在呢"？他认为：造成现有法律关系的变更的原因之一，是出现某人或某些人的意志能支配的某一或某些事实。而这就可称其意志居于首要支配地位的那人或那群人握有改变此法律关系的权力；与法的权力最接近的同义词是法律上的能力（ability）。为说明这一点，他引用了一个判例的判词："权力是一种做事的能力（ability）。"③ 这些话从根本上表明，霍菲尔德学说中的权力概念，强调的是改变法律关系的能力，结合他其后的论述看，这种能力主要表现为能获得法律（包括判例法和制定法）认可、支持的资格或强行性。这相当于说，只

---

　　① 它们主要是：《田纳西州宪法》（1834）第9条中规定的州立法机关"无权力"（no power）做某事；"郡治安官的权力"（sheriff's power，4次）；"官员的权力"（power of the officer）；法官有权力（has power）政府课税的权力（power of taxation，2次）；"衡平法院的权力"（power of a court，3次）等。See Wesley N. Hohfeld, "Some Fundamental Legal Conceptions as applied in Judicial Reasoning", *Yale Law Journal*, Nov., 1913, Vol. 23, No. 1, pp. 31, 42, 56; Wesley N. Hohfeld, "Fundamental Legal Conceptions as Applied in Judicial Reasoning", *Yale Law Journal*, Jun., 1917, Vol. 26, No. 8, pp. 757, 759, 760, 764, 575, 576.

　　② 沈宗灵主编：《法理学》，北京大学出版社2014年版，第61页。

　　③ Wesley N. Hohfeld, "Some Fundamental Legal Conceptions as applied in Judicial Reasoning", *Yale Law Journal*, Nov., 1913, Vol. 23, No. 1, pp. 43 - 44.

要获得了这种能力并能加以贯彻，就是有了权力，不管是否处在平等主体之间的民商事法律关系中的权利。事实上，霍菲尔德所处的是一个小政府的时代，公共权力的体量相对于当代可谓很小，这集中表现为广义政府预算支出占 GDP 的比例很少。以霍菲尔德时代的美国为例：美国联邦政府预算支出占同年度 GDP 的比例，按财年算 1850—1899 年平均 4%，1900—1909 年平均 3%，1910—1919 年平均 8%（包括参加第一次世界大战的军费），而 2020—2021 年则是 37%。① 在这个大背景下，霍菲尔德对"权力"给了上述泛化的定义，以至于他范畴架构中的"权力"经逐一核查下来绝大部分指称的是当今中国法学界公认的民商事权利。他的权利、权力概念表明，在近代英语法学中，一般认为，只有古典自然法学派论著中那种与生俱来的权利和公法上的民权（liberty）才算权利，民商事权利都属于"权力"，只不过是"私权力"而已。这种"权利""权力"概念与汉语的权利、权力两个名词在外延乃至内容方面的差别是很大的，与"和化权利"也不好相提并论。

　　正是在将民商事权利泛化为权力的意义上，霍菲尔德说"法的权力的例子可谓随处可见"：如"以有形物为对象的普通个人财产所有者放弃自己权利、权力、特权等合法利益的权力"；相应地为他人创设有关被放弃物的"权力"；"通过占有而取得该物所有权的权力"；某人将其利益让与他人的"权力"；"出售和处理财产的绝对权力"；某人"创设各种合同之债的权力"；创设代理关系、授予代理人的法律"权力"；X 为 Y 创设代理权的"权力"和转让 X 财产的"权力"；免除某人债务的"权力"；接受财产让其归属某人的"权力"；"一件物品中的财产权利涉及到权力"。较典型说法是：丈夫无"权利"出售财产，而"'权利'用在此处的含义是'权力'"；"在索赔意义上，法定数量实际上是一种权力而不是权利"；要约对受要约人创设相关"权力"，只是"权力"存续期间相对较短而已，等等。② 电脑统计加人工核查，我获知在该文讨论权力的前引关键 12 页的正文和注释中，霍菲尔德使用了 71 次"权力"（power），其中未见明显有

---

　　① Government Spending in Historical Context，https：//www. ntu. org/foundation/tax-page/govern ment-spending-in-historical-context，2022 年 6 月 25 日访问。

　　② See Wesley N. Hohfeld，"Some Fundamental Legal Conceptions as applied in Judicial Reasoning"，*Yale Law Journal*，Nov.，1913，Vol. 23，No. 1，pp. 44 – 55.

在公共权力或汉语"权力"意义上使用的情况。最保守地说，这71个"power"中至少65个指的是当今中国法学界公认的民商事权利，超过91%。

以上细节表明，霍菲尔德学说中的权利、权力概念与和化"权利—义务"、汉语权利—权力、汉语权利—权力—义务三种核心范畴组合中的权利、权力概念都大相径庭。因此，霍菲尔德的法律概念学说不可能对这三种核心范畴组合中任何一个造成实质性影响。因为，它的权利、权力概念外延与其他三种核心范畴组合中的权利、权力概念的外延差距太大了，难以在互动中弥合。这都是不能以今人的意志为转移的它们四者之间关系的状况。

3. 20世纪30年代以来的英美分析实证主义法学话语，对汉语以权利—权力、权利—权力—义务组合为核心的范畴架构是能起一定促进作用的，但与以和化的"权利"、"权利义务"为核心的范畴组合则相去甚远。这里，首先要论及的是汉斯·凯尔森的纯粹法学。这种法学范畴架构与和化"权利—义务"组合有一些相似性，但与汉语权利—权力、权利—权力—义务组合的亲和力更大。凯尔森大体上可算分析实证主义法学在自由资本主义向国家较大规模干预经济生活的体制过渡时期的代表人物。凯尔森像奥斯丁和霍菲尔德一样，研究问题注重结合判例、制定法做实证分析。凯尔森的纯粹法学较严格区分了权利与权力，而且其权力概念继受了约翰·奥斯丁将其与主权相联系的定位。因此，他虽然确认权利、权力法律上平等，但在政治占位上权力比权利高。在观察凯尔森使用的基本概念的时候，读者应留意，他是在很大程度上继承了奥斯汀的主权、主权者观念的，因而他实际上认为权利是权力通过创制法规范授予的。凯尔森将权力视为构成国家的三大要素之一，另外两要素是领土和人民。他还把权力等同于法律秩序的效力。① 他的整个理论强调法律规范，而权力创制规范、授予权利、保障规范实施。在凯尔森那里，尽管权力那么重要，但权力与权利在法律规范面前是平等的，这两个概念在他的理论体系中的地位也是大体平行的。

不过，一个学派的话语有时也是不那么统一的。从凯尔森著作在一些

---

① See Hans Kelsen, *Pure Theory of Law*, trans. Max Knight, The Lawbook Exchange, Ltd., 2005, pp. 287, 290.

关键环节的论述看，他似乎有时表现出将公共权力视为权利之一部分的认识倾向，但并没有包括各种公共权力、常态化使用的权利概念。他确实说过，"根据我们的标准来说，国家的义务和权利，就是被认为是组成国家机关的人的权利义务，即执行法律秩序所决定的特定的人的义务和权利。这一职能或者是义务的内容或者是权利的内容"。① 其中国家机关的"权利"和"职能"（function）依他所在的美国的宪法，原本应理解为权力的多种存在形式之一。按美国宪法，国家、国家机关在国内法意义上没有"权利"，只有"权力"。一般来说，国家在国际法意义上可以是权利主体，在国内法上只能是权力主体。按中国宪法也只能得出这样结论，包括国家财产所有权中由政府直接行使的权能，也应该理解为权力而非权利的表现形式。当然，对国家财产所有权的法学定性，中国法学界还只有初步共识，这是另一个问题，不妨存而不论。

另外，凯尔森在讨论权利义务时把权利放在更重要地位的态度非常明显："相对于'义务'概念，把'权利'概念放在优先地位是通常的安排。在法律的范围内，我们说'权利和义务'，不说'义务和权利'，而在道德领域则把重点放在义务上，在这个领域我们所说的权利与法律领域的权利是不同的东西。"② "如果权利是法律权利，它就必定是对某个别人的行为、对别人在法律上负有义务的那种行为的权利。法律权利预示了某个别人的法律义务"；"法人是表述实在法时所使用并且同法义务和法权利密切联系着的另一个一般概念。法人的概念——根据定义，是法定义务和法定权利的主体——适应了想象的权利和义务承担者的需要。"③

牛津大学法学教授 H. A. 哈特也是分析实证主义法学在 20 世纪的代表人物之一，他的法学范畴架构的核心部分继承了约翰·奥斯丁的主要特征，同时在权力概念外延确认方面与霍菲尔德十分接近。我理解，哈特与约翰·奥斯丁相同的方面主要表现为，按自己的标准严格区分了权利与权力，认为主权者创制规则授予权利、权力，而权力与权利在规则面前平

---

① Hans Kelsen, *General Theory of Law and State*, trans. Anders Wedberg, Harvard University Press, 1945, p. 199.

② Hans Kelsen, *Pure Theory of Law*, trans. Max Knight, The Lawbook Exchange, Ltd., 2005, p. 125.

③ Hans Kelsen, *General Theory of Law and State*, trans. Anders Wedberg, Harvard University Press, 1945, pp. 75, 93.

等。哈特的范畴架构与霍菲尔德接近的主要表现，是他的权力概念包括"私权力"，即当今汉语法学界公认的民商事权利。他在"公权力"与"私权力"区分的基础上，把后者即法律规定的民商事权利基本都划归"私权力"的范围，以至于"权利"实际上差不多只剩下自然法学派理论中"与生俱来的权利"（如生命、自由、人身安全等）和公法权利（liberty），总体可以理解为《世界人权宣言》记载的各项权利和自由。

哈特关于法学范畴架构的比较有代表性的说法是："如果我们仔细研究赋予私人法的权力的各种法律规则，我们会发现这些规则本身可分为几种。因此，在订立遗嘱或合同的权力背后，是有关行使权力者必须具备的能力或最低个人资格（如成年或神志正常）的规则。其他规则详细规定了行使权力的方式和形式，并规定遗嘱或合同可以口头或书面订立，如果采用书面形式，则有书面形式和证据。其他规则规定了个人可能通过这种法律行为创立的权利和义务结构的种类，最长或最短持续期限等。"① 从当代汉语法学角度看，这些显然都是典型的民商事权利。他说，在其他情况下，可考虑另一类法律："它们也赋予法的权力，但与刚才讨论的那些不同，这些权力是公共的或官方的，而不是私人的。这样的例子可以在司法、立法和行政这三个部门中找到"，② 显然，这才是现代汉语的权力，即公共权力。哈特还做小结说："法律的第一类规则设立义务，法律的第二类规则授予公权力或私权力。"③

有意思的是，哈特研究法学问题不仅注重对判例、制定法的实证分析，也注重语义分析，故不像凯尔森那么"纯粹"。他写道，"本书的核心主题之一是，如果不理解两种不同类型陈述至关紧要的差别，我们就既不能理解法律，也不能理解其他任何形式的社会结构。这两种不同的陈述，也就是我们所说的'内在的'陈述和'外在的'陈述，它们是人们不论何时观察各种社会规则时都会做出的"。④ 哈特还进一步讲到了分析法学的特点和意义。他说："通过考察相关表达的标准用法以及相应表达依存于社

---

① H. L. A. Hart, *The Concept of Law*, Third Edition, Oxford University Press, 2012, p. 28.

② H. L. A. Hart, *The Concept of Law*, Third Edition, Oxford University Press, 2012, p. 28.

③ H. L. A. Hart, *The Concept of Law*, Third Edition, Oxford University Press, 2012, p. 79.

④ H. L. A. Hart, *The Concept of Law*, Third Edition, Oxford University Press, 2012, Preface, p. vi.

会背景本身的方式，可以最好地揭示社会情境或关系类型之间的许多重要区别，这些区别本身经常是有待说明的。在这个研究领域中，确如J. L. Austin 教授所言，我们可以使用'对文字的敏锐认知来提高我们对感知现象的敏锐性。"① 可是，"文字"是前人认识现象的成果的记录，难道考察研究前人的认识成果比考察研究现象本身更能提升对现象的认识？这个问题值得进一步研究。

至于新分析实证主义的代表人物约瑟夫·拉兹，他看重权利概念，但更看重权力概念，即使是谈论义务，他也是明确针对权利、权力两者的。这方面他有代表性的说法是："如主权者不能拥有权利，那没有权利并不能限制他的权力。他根本就不是一个可以通过赋予他权利而赋予他权力的人，也不能通过剥夺他的权利而剥夺他的权力。""法的权力是指通过行为改变法律状态的能力，主权者可以通过立法改变法律。但他的合法权力并不是法律权利，因为它不是法律赋予的。"② 拉兹晚年强调"基本权力"并提出了"规范性权力"的概念，这使得他的法学范畴架构中的权力概念大大接近了英美法国家的实在法体系。③ 就拉兹对法的权力的现实地位的正视态度和他使用权力概念的频率而言，他的学说与20 世纪30 年代以来世界各主要国家的经济政治情势变化是比较契合的，值得汉语法学在选择范畴架构的过程中给予关注。关于拉兹的权力话语之大意，我已发表的论文中已有所论述，④ 这里从略。

三　俄语法学的"权利""权力"与汉语法学范畴架构

中华人民共和国成立之后，汉译俄语法学出版物确认的研究对象、核心范畴和相关基础性命题一度主导了汉语法学的基础性研究和教学。进入20 世纪60 年代后这种影响趋于式微，但在改革开放后随一些俄语法学一

---

① H. L. A. Hart, *The Concept of Law*, Third Edition, Oxford University Press, 2012, Preface, p. vi.

② Joseph. Raz, *The Concept of a Legal System*, *An Introduction to the Theory of Legal System*, Second edition, Oxford University Press, 1980, p. 29.

③ *See* Joseph Raz, *The Roots of Normativity*, Edited by Ulrike Heuer, Oxford University Press, 2022, pp. 162 – 178.

④ 参见童之伟《法学基本研究对象与核心范畴再思考——基于宪法视角的研究》，《法学》2022 年第9 期，或本书第三章相关部分。

般理论著作的汉译引进，俄语法学对汉语法学范畴架构的影响力有所回升。

我们所知的现代俄语法学，实际是苏俄以后的、在马克思主义引导下发展的法学。这种法学不大可能忽视与国家、法律必不可分的公共权力，后者在法学思维中的呈现形式就是"权力"概念。早年俄语法学有代表性的著作其实是权利权力并重并且把权力看得比权利更重要的。这方面帕舒卡尼斯的著作有代表性。他写道：某位法学家声称"国家，即政治权力具有优先性。他转而研究罗马法的历史，并认为他已经证明了所有的私法都曾是国家法。按照他的理论，罗马私法的主要制度都产生于统治阶级的特权和对公法的偏好，私法之所以产生，旨在巩固得胜集团手中的权力"。对此，他评价道："这一理论的说服力不容置疑，因为它强调阶级斗争的元素，结束了私有财产和国家权力起源的田园诗般的想象。"而且，"古罗马万民法最重要的制度——财产、家庭、继承顺序——是统治阶级为了巩固他们的权力创造的"。① 特别是，帕舒卡尼斯的这本著作还从"经济形式"、从"公共生活和私人生活之间的矛盾"入手，较系统讨论了"法的权力理论的基础"。但是，他在讨论"法律关系"时只论及了权利义务，没有直接谈到权力，并且倾向于将"权力关系"排除在法律关系之外。②

但是，20世纪50年代汉译引进的俄语法学著作或基础性法学教材，通常都表现出两种相互矛盾的倾向：一方面全书重点论述国家、国家权力机关、法的权力、职权、权限这些权力的外在形式，同时给予权利的笔墨也不多。这种安排表明，作者重视权力的程度远超权利。但另一方面，作者在讨论"法律关系"时，又展现出忽视权力、把全部权力都视为权利之一部分的倾向。于是，苏联、加盟共和国、自治共和国、各级国家权力机关和其他各级各类国家机关，就都成了"权利"主体，法的权力、职权、权限也都成了"权利"的构成要素。③ 上述两方面的话语存在着严重冲突，

---

① ［俄］帕舒卡尼斯：《法的一般理论与马克思主义》，杨昂等译，中国法制出版社2008年版，第48页。

② 参见［俄］帕舒卡尼斯《法的一般理论与马克思主义》，杨昂等译，中国法制出版社2008年版，第88—100页；第49—50、145页。

③ 参见［俄］卡列娃等《国家和法的理论》，李嘉恩译，中国人民大学出版社1956年版，第445—447页。

不论是内在逻辑还是表面形式。

20 世纪 80 年代中期汉译引进的一本有代表性的俄语法学 "一般理论" 著作，在形式上缓和了上述冲突，但它的做法是减少国家、国家机关和权力的论述，将整个理论和范畴架构朝更彻底地将权力融入权利的方向推进。但其结果，则是更加脱离当时事实上权力主导、权力相对于权利居压倒性优势的苏联的法律实践。下面这句话是比较典型的说法："法律关系的最重要的社会与法律意义在于，根据法律事实它们确定了权利与义务的进一步的具体化"；① "作为权利主体的国家机关（和国家机关工作人员）的法律地位形成所谓国家机关的职权"，"例如，一位检察官对一名犯罪进行刑事诉讼的权利也是他的法律义务。"② 在这里，实在法中规定的权力被超逻辑、超学术地扭曲成了 "权利"，检察官行使的国家权力也成了 "权利"。这种安排几乎与和化的 "权利" 义务的陈述异曲同工，但它显然与前引同一作者前面的相关论述处于自相矛盾状态。我的理解是，俄语法学在讨论法律关系使用权利义务概念时，使用了将公共权力视为 "权利" 之构成部分的说法，它在这个方面与和化的 "权利" 很可能系出同源，这点下面还会谈到。

从 1999 年出版的一本汉译俄语法学教材看，当代俄语法学继受了苏联时期的范畴架构。一本俄罗斯高等教育管理机构推荐出版的法理学教材完全接受了苏联时期以权利义务概念为中心解说法律关系之内容的传统。其 "法律关系" 章虽然将法律关系做了广义和狭义的划分，但它们的主体、客体和内容都是基于权利义务概念加以定义的，没有说到权力，实际上是把权力看成权利的一部分内容。③ 在这里，实在法中规定的权力被超逻辑、超学术地扭曲成了 "权利"，检察官行使的国家权力也成了 "权利"。做这种扭曲的唯一目的是把法律体系中的各级各类国家机关的权力放进陈旧过时的以 "权利义务" 为核心范畴的范畴架构。相对于帕舒卡尼斯的著作，20 世纪 50 年代以来的这类俄语法学概念在学术上是很大的倒退。不过，

---

① 〔俄〕雅维茨：《法的一般理论——哲学和社会问题》，朱景文译，辽宁人民出版社 1986 年版，第 151 页、175 页。

② 〔俄〕雅维茨：《法的一般理论——哲学和社会问题》，朱景文译，辽宁人民出版社 1986 年版，第 166—167 页。

③ 参见〔俄〕B. B. 拉扎列夫主编《法与国家的一般理论》，王哲等译，法律出版社 1999 年版，第 167—190 页。

它们对汉语法学的影响在 20 世纪 80 年代末之前比较直接，此后就日渐式微了。这种法学理论和范畴架构，在 20 世纪 50 年代是以基础性法学经典教科书的地位和名义在中国高等法学院校推广的，到 20 世纪 90 年代后只是一般教学参考读物。

正像前文已说到、后文还要专题论述的那样，早在 20 世纪 30 年代，汉语法学已普遍继受了和化的"权利"概念，并在此基础上将法学视为权利义务之学或权利之学。当代汉语法学在内容认定方面，从 20 世纪 50 年代起，在继受和化权利概念的同时又受到苏俄法学一部分相同学说的强化。有心的读者或许会注意到，以和化的"权利"或"权利—义务"核心范畴选择倾向与俄语法学话语"法律关系"中的权利义务概念高度相似。从现有资料看，它们极可能有基于欧洲法学史上的同源性。19 世纪末曾留学法国的日本法学家特别指出，日语法学的"法律關係"概念及其内容方面的权利义务论说源于法语法学，是从法语法学引进的。① 传统上，西语文化中，对俄语文化影响最大的不是英、德语文化而是法语文化，法学方面很可能也是如此。据此，我猜测在法律关系及其权利义务论说方面，日语俄语法学有都根源于法语法学的可能。但无论如何，俄语法学似乎并没有一个像"和化权利"那样指称范围包括各种公共权力、贯穿整个一般理论的"право"（权利）概念。退一步或几步说，即使俄语法学有一个包括各种公共权力的"право"概念，它与汉语法学的联系也比较疏松，我们完全不必对之特别介意。对于人文学科意义上的"真"，作为社会科学的法学是没有必要花太多时间去"求"的。

四 百余年来现身汉语法学的"权利""权力"

我评说这个话题，仅仅基于汉语实践法学和法权说的视角，对象是汉语法学论著和教材，包括少许深刻影响了汉语法学的汉译外语法学出版物。

法学范畴架构的基础是它的核心范畴和以其为中心的少数几个基础性范畴，不一定是完整的基本范畴群。通俗地说，就是法学范畴架构得有足以体现自身特点并与其他范畴架构区分开来的几个高度专业化的名词做基

---

① 参见［日］梅谦次郎《法學通論》，陈进第编辑，上海丙午社等 1912 年版，第 124—125 页。

础，其中每一个都应该是法学话语有机体的细胞。一个时代的法学基础性范畴往往是法学家继受自前人，或在继受前人的基础上结合本国本时代的基本情况有所改进的结果。我们可在中外几乎所有影响面广泛的近现代法学范畴架构中找到一些共用的基本范畴，如权利、权力、义务、法（或法律），不管这些名词用何种语言表述。大体上说，它们构成法制文明比较发达的近现代国家法学话语共同的基础性要素。当然，它们只会是各种法学范畴架构的一部分。

近现代适应于判例法制度的往往是经验主义法学话语，适应于制定法制度的往往是哲理法学话语。前者特别重视对法现象的直观感受，不强调理性和系统性，后者特别重视通过把握法现象后面起决定性作用的要素（本质、内容）来认识法现象本身，强调抽象思维的作用和系统性。就主流而言，当代汉语法学属于哲理法学，这是由中国实行制定法制度和宪定的国家指导思想这两个因素共同决定的。对于哲理法学范畴架构而言，其中的核心范畴和以其为核心形成的基础性范畴群是整个范畴架构的基础，具有很高程度的独立性和稳定性。作为具体的个体，基础性范畴群的构成细胞（单一名词、概念）在法学范畴架构中往往上百年、数百年都没有"生死"问题，只有定义、相对地位和组合对象等方面的变化。

从19世纪末以降的一百多年来，汉语法学不同范畴架构共有的基础性范畴从文字载体看大体上有权利、权力、义务、法（或法律）共四个，但若从实际情况看应该是五个。因为，百年来的汉语的"权利"与和化的"权利"实际上是两个不同概念，它们是同形异义的词。不能因为它们词形一样，就把它们视为一个概念。所以，百年来汉语法学的基础性范畴主要可概括为两种组合：（1）汉语权利、权力、义务、法（或法律）四基础性范畴组合，其中没有单一核心范畴，如果一定要说有，那就是权利、权力双核心范畴。清末采用这种范畴架构的法学代表人物是杨廷栋和他的《法律学》一书。① 这种基础性范畴选择倾向在20世纪上半叶汉语法学中处于绝对劣势，但在21世纪汉语法学研究领域实际上已经处于主流地位，只是在汉语基础性法学教学领域依然处于相对劣势。（2）和化的权利、义

---

① 参见杨廷栋《法律学》，中国图书公司1908年版。

务、法（或法律）三基础性范畴组合，其中"权利"处于核心地位。在这种范畴组合中，各种公共权力被隐藏在"权利"中，没有得以进入法学思维的逻辑形式，而这种逻辑形式原本应该是"权力"这个概念。此种三基础性范畴组合在当代汉语法学研究领域百年来一直没有多少影响，在当代更是如此，但它在汉语基础性法学教学领域依然处在主流地位。[①] 在某种程度上可以说，两种不同的汉语法学教学基础性范畴选择倾向在事实上处于对立和竞争状态。

作为构成法学话语有机体的细胞，核心范畴和构成基本范畴群的名词、概念必须是单纯性的，因为，像生物学一样，法学话语的"遗传信息"归根结底只能存在于单个的"细胞"中，而不是由细胞组合成的组织体中。所以，创新必须要么创造或发现新的细胞，要么改变细胞的遗传信息，简单重组、拼凑原有细胞是再简单不过的事情，但这类做法绝对实现不了汉语法学范畴架构创新。在法学领域，重组、拼凑原有名词、概念，从逻辑上看虽可以形成复合名词、复合概念、复合范畴，但这种走"复合"的路形成的新东西只是形式上的新，不可能有内容的新，只会在法学领域形成一些新的口号式产品。

当代汉语法学现有范畴架构的长处和短处，必须结合对外语法学的发展状况考察才能看清。原因很简单，中国百年来、特别是改革开放以来法现象解释体系中的专业性内容，是在相关外语法学流派的基本概念、方法和理论的影响下展现的。这是一种学术产品的引进，此举让汉语法学在某种程度上有了可与外语法学中对应法现象解释路数对比的可能。单纯的汉译著作，至少在它或它们在汉译出版的初期，在内容上基本是外在于中国已有的法学思想的。但经过相当长的时期，学界广泛熟悉和接受后，它们的内容或多或少会成为汉语法学的组成部分。

在近现代，权利（包括汉语的权利、和化的"权利"）、权力、义务、法（或法律）这些基础性范畴总体上促成了汉语法学从律学到现代法学的转变，这是意义重大的进步。它们反映了汉语法学对与其相对应的法现象的认识，但我们是如何选定这些现象作为我们的基础性研究对象的呢？可以说，汉语法学没有展现过选择的过程、方式和理由。客观上说，法学史

---

① 参见童之伟《论变迁中的当代中国法学核心范畴》，《法学评论》2020 年第 2 期。

上中国学者都是被动接受这些概念的，带有很大的盲目性。如从内容方面看，汉语法学为什么要研究权利、权力、义务，那并不是因为当时的汉语法学家觉得必须研究这些，然后他们再展开研究，而是我国到外国留学的学生学的是这些，当时翻译引进者接触的法学教材、论著上的主要内容就这些。其实汉语法学家早该提出诸如此类的问题：选择权利、权力、义务、法做基础性研究对象的根据、理由何在，有没有过多或过少的问题？退一步说，就算选择它们做基础性研究对象是合理的，研究成效如何呢？今天回顾和评价过去百年的基础性研究，能够有意义做回答的只有其中第二个问题，其中第一个问题只能针对现在和未来。我们不妨先以上述对象中的主体部分"权利""权力"为重点对我们所处的研究阶段做些评估，然后再结合第一个问题讨论当今和此后的研究重点选择。

1. 虽然有些著述试图区分权利与权力，但包括汉译外语法学著作在内的汉语出版物始终没有找到在学术上合理可行的区分标准，[①] 这是妨碍各国法学进步、尤其是妨碍中国法学进步的一个大问题。传统的权利权力分类有两个未经论证但却在相关学术群体中心照不宣地遵循的标准，只是，这两个标准贯彻下去的结果难以被人接受。两个标准之一，是看相关法律行为强制力的有无，有强制力的是权力，没有强制力的是权利。运用这种分类标准，对于典型的国家权力（如立法权、行政权、军事领导权、司法权等）和典型的个人权利（如多数人身权利、财产权利、政治权利等等）做权利权力识别很少有争议，但对于一些处于较典型的权利与较典型权力之间的区域，就无法令人信服地做区分了。如历史上的家父权、夫权，现代各种法人组织内设机构的权能，还有普通人正当的特权、豁免，公共权力范围的正当公职特权和豁免等等。此时按强制力标准要么无法统一做出区分，要么区分结果与相关的其他原理、逻辑相冲突。因为，"强制力"之有无是一种主观感受，理解和运用起来有很大的弹性，必然因人而异，五花八门。如一本很有影响的汉语版英美法辞典写道："在最一般的意义上，权利既包括以某种方式作为或不作为的自由（为

---

① 法学所说的权利与权力，都是由法确认和分配的权利、权力，与政治学、社会学意义上的权利、权力概念有较严格的界限。由于中外法学界对此基本有共识，故本书不专门讨论。

法律所保护者），也包括迫使特定的人为或不为某一行为的权力（为法律所强制者）。"① 这里的问题在于，"迫使"一词涉及的范围太宽泛、笼统，不可能成为区分权利与权力的合理判断标准。例如，即使在现代，父母对子女的监护行为，就包含相当程度的"迫使"成分，难道我们可以因为这个成分就把监护行为定性为权力，把它与国家机关的权力相提并论？这显然混淆了公法行为和私法行为的性质。下面会谈到的英国著名法律学者梅因写到罗马法上父亲对其子女的父权（jus vitae necisque）的情形，似乎遵循的就是这种逻辑。另一个权利权力区分标准，是有些英美法国家历史上形成的，按这种标准，国家机构的公共权力属于权力，通过民商事立法赋予个人的权利也划归"权力"范围。运用这个标准的糟糕后果，也是造成一定程度的公共权力与民商事权利性质混淆。

始终没有找到合理可行区分权利权力标准的缺憾，使得区分它们的结果在汉语法学体系中莫衷一是。这方面一度引人注目的表现，是在我国《民法典》包括第七十一条至第八十一条关于法人"清算组职权""权力机构""法人章程规定的其他职权"用词到底是否妥当的争议，就反映了没有合理可行的权利与权力区分标准造成的困扰。② 作为普通民事主体的法人，内部组织称"权力机构"、其权能像国家机关一样称"职权"，从宪法角度看是不大合适的。因为，我国宪法规定的国家的"一切权力"都是公共权力，而在前引恩格斯的经典论述中，公共权力是靠政府征收的"捐税"支撑的，但非国有企业法人内部组织机构的任何"权"，都不可能靠政府公共财政来支撑，因而不可能是权力。

2. 由于没有合理的区分标准，汉译外语法学和汉语法学著述都存在大面积权利权力无法辨识的灰色地带。在这个地带中，某种相关现象到底是权利还是权力，众说纷纭，甚至同一位学者在同一部著作中的说法也前后不一。这种情况在英语法学范畴架构中有大量实例。如19世纪英国的一部汉译英语法史学名著的不少论述表明，其中权利与权力含混不清、交替使用的情况很常见。例如，其作者在谈到罗马法上的"家父权"（patria potestas）的具体内容时，他时而都将其各项具体内容（包括显然的监护权这种民事权

① *English-Chinese Dictionary of Anglo-american Law*, by Xue Bo and Pan Handian, Law Press, Beijing, 2003, p. 1200.

② 参见童之伟《宪法与民法典关系的四个理论问题》，《政治与法律》2020 年第 5 期。

利）称为权力（*power*），但在随后的评论中却又将其表述为权利（*rights*）。①
以致这本书的中文译者在此处只好将这段话中的 power 和 right 都译为"权利"："后来在帝政时期，我们还可以发现所有这些权利（原文为 power——引者）的遗迹，但已经缩小到极狭小的范围内。家内惩罚的无限制的权利（原文为 right——引者）已经变成把家庭犯罪移归民事高级官吏审判的权利（原文为 right——引者）"。②

我们不妨在同一本书中再看权利与权力含混不清、交替使用的另一个例子："当时的法学家很普遍地认为'立遗嘱'（Testation）权力的本身是来自'自然法'的权力，是由'自然法'所赋予的一种权利。他们的学说虽然并不是所有的人都能立即看到其联系的，但实质上，这些学说确在后来为这些人所沿用，他们主张：指定或控制死亡后财产处分的权利是财产所有权本身的一种必然的或自然的结果。"③ "testation" 按今日几乎无论哪国法律都是一项权利（right），可作者在这里先是将其认定为"power"，后来又将其归类于"right"。作者当时或许确有这样安排的理由，但至少从现代汉语和中国法律的逻辑看，这明显是概念混淆的表现。这本书中出现 right、power 交替使用的情况是比较多的，并非作者和译者的笔误。作为例证，读者可对照参看上面那段汉语的英文底本。④ 在英美法学话语中，right、power 含义飘忽的状况到现在似乎还是一样。当今有代表性的英美法辞书确认"right"有六种含义，其中第三项含义是"a power, privilege or immunity secured to a person by law"（法律保障的个人权力、特权或豁免），给的例子是"the right to dispose of one's estate"（一个人处理自己房地产的

---

① 读者可对比参看原文："Late in the Imperial period we find vestiges of all these powers, but they are reduced within very narrow limits. The unqualified right of demostic chastisement has become a right of bringing demostic offences under the cognizance of the civil magistrate". See Henry Sumner Maine, *Ancient Law*, Cambridge University Press 1901, p. 133.

② ［英］梅因：《古代法》，沈景一译，商务印书馆 1959 年版，第 79 页。

③ ［英］梅因：《古代法》，沈景一译，商务印书馆 1959 年版，第 100 页。

④ 读者可对比看参如下原文："The jurists of that period very commonly assert that the power of Testation itself is of Natrual Law, that it is a right conferred by the Law of Nature. Their teaching though all persons may not at once see the connexion, is in substance followed by those who affirm that the right of dictating or controlling he posthumous disposalof property is a necessary or natural consequence of the proprietary rights themselves." Henry Sumner Maine, *Ancient Law*, Cambridge University Press, 1901, pp. 133, 170.

权利）。① 从现代汉语和汉语实践法学的角度看，这个例句中"dispose"（处理）行为的主体如果是公民个人，它就是一项权利，不是权力；即使英文写成了"power"，将其翻译成现代汉语的时候也应该译为"权利"。

本土汉语法学著述中也有这种情况。如我国一种很有影响的教材用"权利、权力与法律调整"之专章，节和目的标题包括："权利和权力的概念""权利与权力的区别""作为法律调整重心的权利与权力""权利—权力关系是法律调整对象的重心""权利与权力的相互依存关系""权力对权利的作用""权利与权力的冲突关系"等。② 显然，这里把权利与权力作为相互独立、平行独立的两个概念在看待，不存在包容与被包容关系。但另一方面，这部教材又在"权利的分类"部分写道："对于权利的种类可以从不同角度进行划分。（1）以权利主体为标准，可分为公民的权利和国家机关及其工作人员的职权。""国家机关及其工作人员的职权。是指国家机关及其工作人员依其机关性质、地位和职位的性质而由法律赋予的执行公务的权力和责任。职权是权力和责任的统一，是一种公共权力。"在这里，权力被表述为权利的一个构成部分。而更大的弊端在于，中国宪法和法律体系中并没有这样一种包括各级各类国家机关职权的"权利"。其实，这种和制汉语的"权利"是20世纪80年代从清末汉译日语法学入门型教材和民国汉语法学入门型教材中沿用而来的，③ 在法学教学领域为各个汉语法学范畴架构普遍采用。

对于以上情况，读者应能看到，如果我们承认有一种包含公共权力的"广义权利"，还有一种不包含公共权力的"狭义权利"，④ 那么我们就面对着三个确定的研究对象："广义权利"；权力；"狭义权利"（即"广义权利"减去权力后的余数）。其中，既然"广义权利"、"狭义权利"是不同的现象，那为什么不把它们各自的内容、范围调查研究清楚并把人们对它们的认识成果记录下来，分别给它们正式命名并形成两个独立的法学概念呢？如此形成两个独立法学概念，是形式逻辑和顺利展开相关研究的基础性要求，但遗憾的是，中外法学界长期无人做此尝试。

---

① Bryan A. Garner, *Black's Law Dictionary*, West Publishing Co., 2004, p. 1347.

② 公丕祥主编：《法理学》，复旦大学出版社2002年版，第195—215页。

③ 童之伟：《中文法学中的"权利"概念：起源、传播和外延》，《中外法学》2021年第5期。

④ 实际上，"广义权利"即和化权利，"狭义权利"即汉语权利。详见童之伟《"汉语权利"向"和化权利"的变异和回归》，《学术界》2023年第10期。

3．所使用的权利、权力概念脱离本国以宪法为根本的法律体系。中外都有一些法学范畴架构主要基于法学名词的传统地位、通常含义、使用频率等因素来确定包括权利、权力在内的法学基本范畴，不大考虑这些范畴是否能与本国现行法律体系相衔接、契合。一种法学范畴架构需要解释法律的现象世界，但首先应该能够合理解释本国本时代的法现象世界，要做到这一点，就得与本国法律体系和法律实践相衔接、相契合，不可与本国宪法、法律文本或裁判文书错位。以宪法文本为例，从官方公布的英文本看，中国宪法一般用权利（少数情况下用自由等）表达个人、私人的利益，用个人义务表达个人、私人"不利益"。中国宪法文本对国家或其他公共组织的利益一般用权力做概括性表达，但通常用职权做具体表达，在有些语境下还偶然用权限一词。比较有趣的是，中国宪法对于国家等行使公权力的组织的不利益，许多处使用"义务"，有时还用"责任"，但这两个词语在这种具体语境下的真实内容，有时却更接近权力。所以，中国法学界有这样一种说法：对国家等公共机构而言，权力即义务，义务即权力，此说不无道理。从美国、法国、德国宪法的英译本看，它们对个人与国家等公共组织的利益，在做概括性表达时用语呈现出这样的倾向：个人利益在多数场合用 right，少数场合用 freedom、liberty 表述；对国家或其他公共组织的利益，一般用 power 表述；至于 privilege and immunity，则既用于个人利益的表述，也用于公共利益的表述。对"不利益"（即利益的负值），这些宪法基本都采用具体列举的方式，难以见到用"duty"等用语进行概括性描述。以美国宪法文本为例，其中尽管也能找到 duty、obligation、liability 等词语，但都不是在政府 responsibility（责任）意义上使用的，而是指的关税和债务。

当代汉语法学和汉译外语法学著述使用的基础性范畴架构中较常见的一大弊端，是核心范畴、基本范畴脱离本国以宪法为根本的法律体系，而法律学者们不能正视和克服这个弊端。汉语法学基础性范畴脱离本国以宪法为根本的法律体系最显著的例子，在当今主要表现在法学教学话语中，典型的例证有两个：（1）缺乏从国家机关等公共机构的职权、权限、正当公职特权、公职豁免中抽象出来，反映当代对这些同质现象的范围和实质的认识的权力概念。这方面的表现比较复杂：有的法学教学话语中完全没有权力概念，即既没有关于权力一词的定义，也没有关于它的指称范围、实质（或内容）的论说;① 有的出现了权力概念，但却把它解说为"权利"的一种存在形式。② 这两种做法，前者脱离中国以宪法为根本的法律体系，后者与这一法律体系的各种相关规定和精神不相符。无论如何，在中国法律体系和汉语中，权利和权力是对称、平行的，都没有做个人或私法人享有权力的安排，也没有做国家等公共机关享有权利的安排。③（2）大都是沿用汉译日语法学和受其影响在 20 世纪三四十年代形成的和化的"权利"概念，其基本特点是指称范围包括国家权力、各级各类国家机关等公共机构的各种职权、权限、公权力等等。但中国以宪法为根本的法律体系中并不存在这种"权利"，也不可能从中抽象或概括出这种无所不包、外延和内容与实践法学中的法权概念的范围完全相同的"权利"。

至于外语法学范畴架构的基本概念或基本范畴脱离本国以宪法为根本的法律体系的情况，上文在谈论霍菲尔德、哈特等人范畴架构时已多有论述，这里不再赘述。

法律体系是一种客观存在，是发展变化的。以原有法律体系为依托的法学范畴架构，在法律体系较大幅度改变后，应与时俱进地随时加以改进、完善，而不应用旧的范畴架构要求、解说新的法律体系和相应法律实践。即使是阅读和运用过去的法学文献，也应记住它们是与过去的那个时代的法律生活相适应的。这是非常简单的道理，但可惜太多法学者在做法学范畴架构建设时往往做不到。

4. 在世界范围内，19 世纪末、20 世纪初以降的一百多年间，权利、权力各自的体量、在法权结构中所占的比例都发生了根本性变化，外语和汉语法学范畴架构总体来说未能及时反映这种变化，不同程度上显现出明显的落后性。在归根结底的意义上说，权利的物质载体是个人财产，权力的物质载体是由国家或政府拥有、运用的公共财产。从 18 世纪末到 20 世纪 30 年代的世界各主要国家大体处在资本主义初期，其每个财年公共预算占 GDP 的比例，相对于当代而言是极低的。以 1880 财年为例，那个财年

---

① 如《法理学》编写组：《法理学》，人民出版社和高等教育出版社 2020 年版，第 1—385 页；张文显主编：《法理学》，高等教育出版社、北京大学出版社 2007 年版，第 1—429 页。

② 如公丕祥主编：《法理学》，复旦大学出版社 2002 年版，第 199—201 页。

③ 不过，这并不妨碍具体国家机关等公共组织以相应 right 主体的资格进入市场，也不妨碍一国在国际法意义上相对于其他国家或国家集团享有权利主体地位。

以下国家广义政府预算支出占同年 GDP 的比例是：澳大利亚 1.17%，美国 3.04%，加拿大 8.34%，瑞士 4.04%（1899 年），比利时 7.26%，瑞典 7.51%，瑞士 4.04（1899 财年）英国 8.47%，印度 8.14%，日本 1.08%①，德国、西班牙、意大利、俄罗斯、法国等国高一点儿，但也都介于 10.0%—16.75% 之间。② 如果按预算收入算，这个比例还要低一些，因为各国往往都或多或少有些财政赤字。这表明，至少从流量上看，那时以上国家公产占本国全部财产的比例是很少的，平均不足 10%，90% 都是个人财产。按我提出和论证过的"公共财产转化为权力""个人财产转化为权利"假说，③ 那时法权结构是权力体量不足 10%，权利体量超 90%。但是，发达、较发达国家 2021 财政年度广义政府总支出占 GDP 的百分比是：介于 33.94%—38.13% 的国家有韩国等 6 个；介于 40.85%—49.43% 的国家有日本、美国、英国等 18 个；介于 50.62%—59.05% 的国家有德国、法国等 9 个。④ 虽然国家以福利国家、政府调控经济事务的名义大幅增加的政府预算并未全部转化为权力，但当代国家的权力与权利之比或权利、权力在法权结构中所占的比例，确实今非昔比：在权利、权力体量分别增加很多倍乃至数十倍的基础上，权力在法权结构中的比例大幅提高，权利比重相应降低。这是经济和法律生活条件的历史性巨变，转变历程中的里程碑式事件有上世纪初社会主义国家的出现，其后资本主义世界经济大萧条激起的体制性反应（最有代表性的情况是美国推行的"新政"，以及第二次世界大战后普遍实行的福利国家政策。）

　　任何概念、名称术语的内容和指代范围，都不是固有的，而是人们认识客观对象的成果的记录，都属于主观世界的东西。客观的法现象是生长变化的，它们不会停留在我们已有认识的水平上，这就注定了人们对它们的认识及对认识成果的记录，即使确实准确无误，也必然落后于法现象的

---

① See *Government Spending*, by Esteban Ortiz-Ospina and Max Roser, https://ourworldindata.org/government-spending # government-spending-in-early-industrialised-countries-grew-remarkably-during-the-last-century.

② See *IMF Fiscal Affairs Departmental* Data, based on Mauro et al. （2015）, OurWorldInData.org/government-spending・CCBY.

③ 参见童之伟《法权说之应用》，中国社会科学出版社 2022 年版，第 1—37 页。

④ See OECD （2023）, *General Government Spending* （indicator）, doi：10.1787/a31cbf4d-en （Accessed on Jan.2, 2023）.

发展变化本身。在权利、权力概念问题上，汉语和外语法学都面临一个如何适应经济和法律生活条件历史性巨变的课题。其中第一个子课题是回答变还是不变的问题：若选择不变，那就抱持历史性巨变之前产生的近代法学经典和其中的核心概念，它的基本特点之一是强调权利和对应的义务，轻视乃至根本忽视权力（表现为无权力概念）和与其相对应的义务；若选择变，那就要基于新的经济和法律生活条件形成新的权利、权力概念和观念，包括按照新的经济和法律生活实际重新认识权利、权力并刷新原有权利、权力概念和观念，还有必然随之发生变化的义务概念和观念。

我国近几十年汉译介绍到中国的西语法学论著，实际上大多数是经济和法律生活条件发生历史性巨变之前的学者写的（如商务印书馆出版的汉译古典法学名著系列），重权利轻权力的观念是与当时的经济、法律生活相适应的。至于何以日语法学出现包括全部公共权力的外延复合型"权利"概念、"权力"完全被"权利"吞没或遮蔽，我只能用19世纪末、20世纪初支撑权力的公共预算支出在当时以财年计算的财富流量中占比例特别小、小到近乎可以加以忽略的事实来解释。资料显示，从1880年到1920年，日本若干逢0逢5财政年度广义政府预算支出占同年GDP的比例分别是：1880年1.08%，1885年0.87%，1890年0.91%，1895年1.62%，1900年1.11%，1910年2.26%，1920年2.04%。[1] 按"公共财产转化为权力"原理，那个时候日本社会的权力，某些情况下确实可以忽略。但在当代，情形就大不一样了。最近三个年份的统计数表明，日本广义政府预算支出占同年GDP的比例，2019年是38.9%，2020年是47.2%，2021年是44.5%。[2] 权力体量和在日本法权结构中的比重，由此可见全貌。可以说，并非偶然，日本战后宪法不仅记载了"权力"，而且处在分量特别重的条款中。当今日语法学话语已基本放弃了外延涵盖全部权力的复合型权利概念，抽象出了全新的、独立于权利且与之平行的权力概念。

汉语法学的研究性范畴架构跟上时代，基本确立了汉语权利—权力组合或权利—权力—义务组合的核心范畴地位，但汉语法学的教学范畴架构

① See Esteban Ortiz-Ospina and Max Roser, *Government Spending*, https://ourworldindata.org/government-spending.

② *General government spending*, https://data.oecd.org/gga/general-government-spending.htm.

仍然是以继承自清末的汉译日语法学和民国时期法学入门型教材所讲授的，以外延覆盖权力的"和化权利"概念和相应"权利义务"为核心的范畴架构，很大程度脱离了中国以宪法为根本的法律体系和法律实践。

5. 相对漠视权力，总体说来，尚未下工夫像研究权利一样研究公共权力，而这种情况又反过来对权利研究造成了负面影响。前述经济和法律生活条件的"历史性巨变"不过是 20 世纪下半叶才完成的过程。因此，中外法学虽早已随之发生适应性变化，加强了对权力的研究，但在研究权力方面的人力物力投入、实际达到的研究深度和研究成效，还远远不能与对权利的研究相比。其重要表现，是中外法学结合当代法律生活实际对法的权力做一般理论研究的论著都很少（研究"权力"的政治学、社会学论著很多），权利研究仍处强势、权力研究仍处弱势，甚至有轻视权力概念和权力研究的倾向。其实，法的权利和权力从根本上是一个统一体或共同体，在现象层面它们相互区分，但在根本上它们是连在一起的，就像南极一座有两个山峰，中间部分凹进海水中的冰山。所以，对权利和权力的研究是不能分割的，它们只能同时得到合理解释或定义，试图撇开其中一个讲清另一个，几乎是不可能的。

法的权利与权力，或社会与国家，从来都是相互对立、相互依存的平行关系，虽然双方的体量或比例一直处在变化中。讲清楚法的权利，必须以严格区分人民之权与法的权利为前提，不可将两者混为一谈。从本源上或政治起源上说，人民的"权利"（或主权、实为人民之权）高于法的权力，后者只是前者的一部分。但在制定宪法之后，个人通过选举把一部分权利委托给国家机构，形成法的权力后，其自己保留的部分因而也成为个人的法的权利。其中由宪法强调或确认、国家承担保障义务的部分叫做基本权利。所以，在立宪社会或国家，权利的各种存在形式与权力的各种存在形式在法律上是平等、平行的。结合实际来解说，中国宪法第二章确认的公民各项基本权利与中国宪法第三章授予国家机构的各种具体权力（职权，权限）的宪法地位是平等的，不能相互侵越，应该动态地维持平衡。其他国家也一样，以美国为例，其宪法授予联邦政府和让各州政府保留的权力不少，联邦宪法和各州宪法为了降低权力的强度，保障权利不受权力侵害和让权利足以平衡权力，还设计了权力分立、不同权力相互制约的防范制度。至于实行生产资料公有制、主要是国有制的社会主义国家，权力体量之大和相对强度之大，是西语国家通常难以比肩的。在这些国家，理论上漠视权力，将权力看作权利的后果之一，是造成"权利"的体量虚增，"权力"真实巨大的体量被遮蔽，而且不能进入法学思维。这都很不利于权利对权力的平衡和权力之间的相互监督、制约。我们强调把权力关进制度的笼子，认识以上道理很重要。

或许有人说，权力是基于权利的运用派生的，所以特别强调权利，不那么重视权力。这种说法没有道理，因为它混淆了本源性的人民之权与法的权利。从历史上看，法的权利的产生并不先于法的权力，先于权力的至多是原始权力。只有有了民主事实之后的立宪社会，才有经由选举的权利和被选举的权利的运用形成权力。现实的法律生活过程是另一码事，在这里，包括在法学上，我们面对的有代表性的现象实际上是法的权利和法的权力，虽然我通常省略"法的"这个形容词。与政治上不同，在正常的立宪国家或法治社会，法律上的权利与权力地位应平等，范围有既定边际，两者在法律框架内制动和达至某种平衡。至于在未形成宪法秩序，未实现法治的国家，权力与权利的范围，往往在很大程度上是由两方面的体量、强度对比决定的，那种情况另当别论。

6. 迄今为止，外语法学和汉语法学研究权利、权力等基本的法现象，都是基于对法律文本、法学论著的名词、概念做分析，没有深挖相关名词、概念后面的具体物质内容，因而对它们的认识或辨识，始终缺乏可靠的根据和足够的确定性。其实，对于权利、权力乃至义务这样的抽象法学概念及其具体存在形式，往往只有抛开词语的通常含义，深入观察其背后的利益属性和物质内容，才能从根本上认识这些现象本身。以"privilege"（特权）为例，如果它属于普通公民个人，它理应是个人利益的表现，应意译为"正当个人特权"，归根结底有个人财产的保存属性，因而实质上是"right"的具体存在形式之一；而如果"privilege"是国家机关或国家官员享有的，它就应该意译为"正当公职特权"，是公共利益的表现、以公共机关拥有的财产为其物质承担体，因而实质上是"power"的具体存在形式之一。"immunity"（豁免）一词的使用也是这样，当它由普通公民、臣民享有时，体现的是个人利益内容、个人财产内容时，属于权利范围，是权利的存在形式之一。反之，当它体现的是公共利益内容、公共财产内容、由公职人员享有时，它就是权力的具体存在形式之一。

又如 duty，obligation（义务或责任）这两个词，若在特定的背景下说出口，区分不同情况它们完全可以有"power"或"right"的真实含义：当父母对未成年子女强调他们有 duty 或 obligation 管束子女处置人身或财产的行为时，此时它们的真实含义其实就成了通常的 right；当一个国家的统治者试图违反权力受限制政府原则进一步剥夺臣民、个人的权利和自由时，它完全可用宣称自己对臣民、个人负有无限义务或责任的话语来实现其目的，但此时他口中的负有义务或责任的真实含义实际上成了享有权力。诸如此类分别处于私法和公法领域的两类名实脱节情况在实际生活和历史记载中都不罕见。

五　"和化权利""汉语权利"的竞争和影响力消长

"'汉语权利'指的是在中国本土形成并融入现代汉语、指称范围不包括任何公共权力的'权利'一词。'和化权利'指汉语的'权利'一词进入日语法学后发生变异、指称范围包括各种公共权力的'權利'一词，后者严格地说属于未经翻译的日语。'汉语权利'诞生于 19 世纪 60 年代的中国，随后进入日语法学并保持了二十余年的主流地位。'和化权利'出现于日语法学的时间大体在 19 世纪 90 年代，经过与'汉语权利'的竞争，到 20 世纪初完成了定型化，同时开始返流中国"。① "和化权利"返流汉语法学后，在相当长一个时期对"汉语权利"处于压倒优势地位，占据了汉语法学核心范畴的位置。但到了 20 世纪末 21 世纪初，"汉语权利"在学术合理性、科学性方面事实上展开了同"和化权利"的竞争。竞争内容表现为一方使用指称范围不包括任何公权力的"权利"概念以及与之平行、指称范围为公共权力的"权力"概念，往往"权利权力"或"权利权力义务"并举；另一方使用指称范围既包括各种权利又包括各种公共权力的"权利"概念，并以其为重心的"权利义务"并举。虽然这种竞争的两个方面长期以来面目比较模糊，但随着"汉语权利""和化权利"两个称谓的出现，面目终于清晰起来。

从实与名关系角度看，应该是基本的法现象在根本上决定法学的基本范畴，后者应是在不同层次上记录法律学者对前者的认识的成果。但是，

---

① 童之伟：《"汉语权利"向"和化权利"的变异和回归》，《学术界》2023 年第10 期。

法律学者不可能生活在"根本上",只能生活在过程中。因此,他们从进入法律学习、研究领域那一刻起,就会面对客观的法现象世界和主观的概念(或范畴)世界。他们必须面对和回答这样两个问题:(1)人们对现实的法现象世界或其中基本的法现象是否有新认识,有哪些最新认识?这方面最容易出现的情况,是人们对现实的法现象世界缺乏新认识,已有的认识还停留在二十年前、三四十年前甚至百年前。(2)如果人们对包括基本现象在内的法现象世界已经获得了新认识,这些认识是否已经较及时准确地反映到了主观的法学概念世界中?是否作为新增法学知识存量记载在作为代际知识传播工具的法学辞书、法学基础性教材中?在这方面,有一个新增知识存量是否能够正常进入法学辞书、法学基础性教科书体系的问题。这方面的一大危险,是当下人们使用的包括核心概念、基本概念在内的法学概念体系,所记录、反映的还是二十年、四十年前甚至百年前的相对应法现象的状况。

事实上,法学学习、研究者进入法学领域,首先面对的是法学的主观世界,即以本国语言记录的有史以来人们认识包括基本的法现象在内的法现象世界的知识存量。从这个角度看,现代汉语法学受日语法学影响最大。今天能读到的历史上由中国人编写的第一种基础性法学教材出版物,从内容看基本上是日语同类出版物的翻版,所以自谓"编译"。这部清末由留日归国学者牵头编写的法学出版物写道:"德国奈布尼都曰,法律学者,权利学也。西洋诸国法律权利大抵用同一之语,盖法律为权利之外表,权利为法律之内容。就主观而言谓之权利,就客观而言谓之法律。二者虽有内外之别而其本质则一也。故权利为法律之精髓,无权利即无法律。"这里已清楚表达出将法的权利、法的权力都放在超越它们二者的"权利"一词的指称范围覆盖之下的名实关系选择,使用的是典型的"和化权利"。此书将国家统治权和各级各类国家机关掌握、运用的公共权力,都放在了"权利"一词的指称范围内。① 该书的整个范畴体系,完全是以"和化权利"为核心、以和化的"权利义务"为基础性范畴同其他配套范畴的组合。②

———————————

① 戢翼翚、章宗祥、马岛渡、宫地贯道编译:《新编法学通论》,上海作新社1903年初版,第45页,第168—246页。

② 戢翼翚、章宗祥、马岛渡、宫地贯道编译:《新编法学通论》,上海作新社1903年初版,目录第1—13页,第45—168页。

　　清末另一位留日回国的学者孟森编写的法学通论，可算是中国人最早编写的法学基础性教材之一，其全盘接受"和化权利"和以其为重心的"权利义务"的表现很典型。他写道："实体法，又名原则法，所以规定权利义务之本体，及其发生消灭之法律。""形式法，一名手续法，所以规定行使权利履行义务之手续之法律、行使权利之手续。"在他这本法学通论中，所有的公共权力都放在"权利"一词的指称范围内，公共权力没有得以进入法学思维所需的逻辑形式（即权力概念）。① 那个时期，曾有试图坚守"汉语权利"，严格区分权利与权力，认为"权利为个人所均有，权力则为国家所独有"的学者，但是声音很微弱且被迅速淹没在和化的"权利""权利义务"的洪流中。② 没见作者有持续的论述，也没有后继者。

　　到民国时期，汉语法学全面承袭了"和化权利"为核心的"权利义务"概念组合，整个三十多年的汉语法学都处于"和化权利""权利义务"范畴的阴影下。那个阶段的典型主张或认识是："法学者，权利之学也"；"法律学为权利之学，乃现代学者间之通说。"；"现代一般通说，皆以法学为权利义务之学也"。③ 所谓"通说"，其实就是随汉译日语《法学通论》之类法学入门型教材和留日归国法科学生进入汉语法学的日语法学学说。这些日语法学理论有源于西语法学的成分，也有从域外进入日语法学后发生变异的内容，其中最突出的是指称范围完全不包括任何公共权力的"汉语权利"概念，变异成了指称范围包括各种公共权力的"和化权利"概念。

　　了解以上背景，对那时论及"权利"的一些说法，才能较准确地理解。如那时的著名法律学者夏勤同他人或由其本人编撰的朝阳大学法学通论教科书，从 20 世纪 10 年代末至 40 年代后期的多种，实际上都处于一种前后自相矛盾状态，多个版本都是如此。以 1919 年版本为例，其中一方面，在国家论、法律论部分强调"权力"的重要性，实际上十分认同"公

---

　　① 孟森：《新编法学通论》，商务印书馆 1910 年版。见《孟森政法著译辑刊》（中），中华书局 2008 年版，直接引语见第 430、431 页；总体描述见第 434—448 页。

　　② 杨廷栋：《法律学》，中国图书公司 1908 年版，直接引语见第 9 页，其他参见第 49—78 页。

　　③ 胡育庆：《法学通论》：上海太平洋书店 1933 年版，第 124 页；欧阳谿：《法学通论》，上海法学编译社 1935 年版，第 241 页；何任清：《法学通论》1946 年商务印书馆年版，第 119 页。

法者规定权力关系之法律也，私法者规定权利义务关系之法律也"的论断，其中的"权利"一词显然是汉语的"权利"，不包括公共权力；另一方面，到了权利论部分，他们又掉进了和化的"权利"的坑里，使用起和化的"权利"来。① 直到 1946 年，夏勤独撰的教材，还是一方面认定"国家最重要者，权力是也"，甚至把权力置于法律之前，当然也在权利之前，但到了专论"权利"附"义务"部分，却又使用和化的"权利"概念，把各种权力（即各种公共权力）都说成"权利"，立法、行政、司法等五种典型的公共权力都被放进了"权利"一词的指称范围。②

甚至在同一句话中，也包含着"汉语权利"与"和化权利"并用造成的不和谐和由此带来的理解问题。如前引夏勤编撰的教材写道："自德意志学者唱法律为权利之学以来，法学观念之以正义为中心者，一变而以权利为中心，各人之权利思想，因以发达，而昔日法律之以正义为本位者，遂进而以权利为本位，及至今日，又有转于义务本位之趋势矣。"③ 其实，这里边德国学者主张的"法律为权利之学"中的"权利"，原本是外延不包括各种公共权力的"权利"概念（德语法学中没有这种"权利"），但夏勤的"权利""权利义务"论述中所说的"权利"，却成了包括各种公共权力的和化"权利"，这点可从他随后将立法权等五权都放进了"权利"一词的指称范围这一安排中看出来。

中华人民共和国成立后，汉语法学教学和研究经历了较长时间的低潮乃至荒废，到 20 世纪 80 年代才逐渐步入正轨。20 世纪 80 年代以来，汉语法学由于来不及建构自己特有的核心范畴、基础性范畴，实际上只好在不自觉的情况下接受了 20 世纪上半叶汉语法学的核心范畴、基础性范畴，即和化的"权利"和以其为中心的"权利义务"基础性范畴组合。和化的"权利"的最突出特征，是指称范围包括各种公共权力。而这种"权利"是与我国当代以宪法为根本的法律体系、现代汉语和权威性政法文献都错位、都不能兼容的。能够代表一个历史时期法学认识水平的，主要是法

---

① 夏勤、郁嶷编纂：《法学通论——朝阳大学法律科讲义》，朝阳大学出版部 1919 年版，第 39、83—88 页。

② 夏勤：《法学通论》，正中书局 1946 年版，见《夏勤法学文集》，程波等点校，法律出版社 2015 年再版，直接引语见第 96—98 页；间接引语见第 159—161 页。

③ 夏勤：《法学通论》，正中书局 1946 年版；见《夏勤法学文集》，程波等点校，法律出版社 2015 年再版，第 156 页。

学辞书和常用法学教科书。我们不妨结合这两种载体从三个方面看看20世纪 80 年代以来汉语法学接受的以"权利"为重心的"权利义务"基础性范畴组合的"和化"属性，或者说它们与清末、民国时期法学入门型教科书中和化的"权利""权利义务"的指称范围、含义近乎完全相同的情况：

　　1. 在法学教育步入正轨的初期阶段，"权利"和"权利义务"中的"权利"很快被相关学者的著述放到了和制汉语"权利"一词的位置，同清末民国时期汉译日语法学和汉语法学入门型教科书中"权利"一词的指称范围完全一样。那个时期比较典型的提法是："每个法的部门都分别确定一组人们的法定权利义务，并有机地结合在一起而形成为整个社会的法定权利义务体系，亦即法的体系"；"不宜于把法学称为权利之学""还是称法学是权利义务之学恰当一些"。① "应当以权利和义务这对基本范畴重构我国的法学理论"；"权利和义务作为法的核心内容，贯串于法的一切部门和全部运行过程。"作为国家根本大法和总章程的宪法"规定了公民的基本权利和义务，划分了各种国家机构之间的权利（职权）和义务（职责）。行政法规定着国家行政机关在国家日常管理活动中的权利（职权）和义务（职责）"；"诉讼法则规定着诉讼过程中当事人及其代理人、国家审判机关、检察机关及其他有关国家机关的权利和义务。"② 法理学界部分学者 1988 年夏以和化的"权利"为基础和根据，"达成了'法学应该是权利之学''以权利义务为基本范畴对法学进行重构'等共识"。③ 其中，"法学应该是权利之学"是清末和民国时期汉译日语法学、汉语法学的通说。这些话语中所有的"权利"，都是包括各种公共权力（即法的权力）的和化"权利"概念。

　　2. 一些常用法学辞书通常将"权利"作为指称范围包括各种公共权力的和化的"权利"概念加以解说。按照这种解说，权利"依照权利主体的不同，可分为公民的权利、国家的权利、国家机关企事业组织和社会团体

　　① 张光博：《法论》，吉林大学出版社 1986 年版，第 4、35 页；《权利义务要论》，吉林大学出版社 1989 年版，序，第 7 页。
　　② 张文显：《改革和发展呼唤着法学更新》，《现代法学》1988 年第 5 期。
　　③ 郭晔：《追寻和感悟中国法学的历史逻辑："法学范畴与法理研究"学术研讨会述评》，《法制与社会发展》2018 年第 5 期。

的权利。""国家的权利是指国家作为法律关系的主体所享有的各种权利。"① 20 世纪末另一部大型法学辞书在"权利分类"条目中也是如此解说的。它写道：权利"通常的分类有：（1）按公法、私法把权利划分为公权与私权。""公权又分为国家的公权和人民的公权。前者如命令权、强制权、形成权、公法上的物权等"；"（2）按照权利的重要程度可分为基本权利和一般权利。基本权利通常由宪法性法律确认，其内容是有关政治、经济、文化等社会生活的基本方面，如宪法规定的公民基本权利、国家机关和公职人员的职权等"。② 这些句子中的"权利"，像 20 世纪上半叶的汉语法学一样，都是指称范围包括各种公共权力的和化的"权利"。其中，"权力作为法律关系内容的构成要素涵盖在权利之内，但它是一种特殊的权利"。③ 显然，如果这些"权利"是汉语的"权利"，那就无异于声称"法学＝民商法学＝私法学"，相关论者显然不是这个意思。这里的根本问题是：论者凭什么说有一种涵盖权力的"权利"？这种"权利"是由谁、在什么时候、从哪些现象中抽象出来的？

3. 相关主流的法理学教科书通过对法律体系、法学和法的解说，事实上在不同程度上重新将指称范围包括各种公共权力的和化的"权利""权利义务"放在了核心范畴、基础性范畴的位置。这方面有代表性的表述有："法是通过规定人们的权利和义务，以权利和义务为机制，影响人们的行为动机，指引人们行为，调整社会关系的。"④ "法所规定的权利和义务不仅指个人、组织（法人）及国家（作为普通法律主体）的权利和义务，而且包括国家机关及其公职人员在依法执行公务时所行使的职权和职责。"⑤ 其中，"法是通过规定人们的权利""法所规定的权利"之类描述，反映了教科书编写者思维受和化的"权利"主导而对中国法律制度形成了较严重误解或做了较明显扭曲。因为，我国以宪法为根本的法律

① 孙国华主编：《中华法学大辞典·法理学卷》，中国检察出版社 1997 年版，第 346 页。
② 曾庆敏主编：《法学大辞典》，上海辞书出版社 1998 年版 461 页。
③ 曾庆敏主编：《法学大辞典》，上海辞书出版社 1998 年版 460 页。
④ 张文显主编《法理学》，高等教育出版社、北京大学出版社 2007 年版，第 77 页；本书编写组：《法理学》，人民出版社、高等教育出版社 2010 年版，第 36 页；《法理学》编写组：《法理学》，人民出版社、高等教育出版社 2020 年版，第 42 页。
⑤ 本书编写组：《法理学》，人民出版社、高等教育出版社 2010 年版，第 36 页；《法理学》编写组：《法理学》，人民出版社、高等教育出版社 2020 年版，第 42 页。

体系中没有任何条款"规定"指称范围包括"国家机关及其公职人员"的"职权和职责"的"权利"。我国宪法、法律没规定这种和化的"权利"，此乃简单的事实问题，不涉及任何学理性争议。

上述三个层次的法学出版物将我国宪法规定的这"一切权力""国家权力"解说为20世纪上半叶和化的"权利"概念的一部分，不仅学理上完全站不住脚，也在不同程度上背离了我国宪法法律的相关规定和精神，是不正确的。我国《宪法》第二条规定："中华人民共和国的一切权力属于人民。人民行使国家权力的机关是全国人民代表大会和地方各级人民代表大会。"其中的"一切权力""国家权力"具体表现为宪法第五十七条至第一百四十条规定的各级各类国家机关的具体"职权""权限"以及宪法相关法更加具体的规定，如"权力""公权力"等等。

我们再粗线条地梳理一下清末以来汉语法学中守持"汉语权利"或不接受"和化权利"的有代表性的学者和著述。

在清末的汉语法学入门型教科书或同类出版物中，汉译日语法学类居多，中国学者编撰的较少。总体来说其中使用"和化权利"是大潮流，但汉语法学领域还是有学者坚持使用"汉语权利"的。如果总体上做综合评估，从较明显区分权利与权力角度看，梁启超应该算坚持使用"汉语权利"的学者之一。但由于梁氏著述甚丰，在这方面不同时期的言论体现的选择倾向并非完全统一，评价起来比较困难，且可能有争议，故最好暂时存而不论。我以为，从清末穿越民国时期到当代，明显守持"汉语权利"或不接受"和化权利"的有代表性的学者和著述主要有以下这些。

从清末情况看，那时期毫无疑义地守持"汉语权利"的学者和著述，或许只有杨廷栋和他的《法律学》。杨廷栋（1878—1950）南洋公学中院、日本早稻田大学法政科毕业，曾任江苏谘议局议员、南京临时参议院参议员、北京临时参议院参议员等职务，"百度百科"将其定位于"中国近代革命家"。杨廷栋虽然受的是典型日语法学教育，但从其所撰《法律学》一书的内容看，却始终守持"汉语权利"，完全不接受"和化权利"，法学思想非常有特点。从这个角度看，这本书不是简单地概括和传播既有法学知识的教材，而应该算是一本有创建的法的一般理论方面的著作。《法律学》守持"汉语权利"观念、系统地使用"汉语权利"概念，认为"权利为个人所均有，权力则为国家所独有"。他虽从中将权利区分为公权私权，但他完全将公共权力排除在公权一词指称的法现象之外。①

民国时期出版了包括汉译作品在内的诸多学者的汉语法学基础性读物或教材。就我阅读到的而言，其中明白无误守持"汉语权利"、不认同"和化权利"，只有胡庆育和他编撰的那本篇幅达 500 页的《法学通论》。胡庆育（1905—1970），燕京大学法学系毕业，曾任国民政府外交部条法司司长，其所编著之《法学通论》守持"汉语权利"的基本方式是：在"国家""主权"章节中讨论"权力""国家之权力"，把主权视为国家"固有的、最高的、绝对的及不可分的权力"；代表主权者做明示默示的公共机关的行为是权力，法是行使权力的产物；权利可分为公权与私权，公权包括国民个人的国家行为请求权（如诉权、行政行为请求权）、自由权和参政权（如选举权、被选举权、复决权、创制权、罢免权等），不包括其他学者用以与"和化权利"配套的"国家对个人之公权"；在国内法上，国家、国家机关不是权利主体，但国家在国际公法上是权利主体；孙中山宪法思想中的"政权"表现为权利，"治权"表现为立法、行政等权力。②

另外，张映南在民国时期编撰、出版的《法学通论》，可谓基本守持"汉语权利"、不采用"和化权利"，但又不愿在标志性问题上亮明选择倾向的一个例证。张映南（1892—1959）在中国受过高等法学教育，也曾留学日本，先后在东京法政大学和早稻田大学学习法律，毕业回国后在中国好几所著名大学任法学教授。他处理"汉语权利"与"和化权利"关系的做法与胡庆育很相似，即使用"汉语权利"，不使用"和化权利"，但也有个别与全书其他文字不太兼容的句子，如"公权云者，甲国家及其他公共团体对于乙国家及其他公共团体或私人之权利。"这句话中的"权利"包括了不同公共主体之间的公共权力关系。另外，在"公权"是否包括"国家对个人之公权"这个标志性问题上，该书选择了回避，理由是"公权故为种种之分类，但不甚重要，兹从略。"③

---

① 杨廷栋：《法律学》，中国图书公司 1908 年版，直接引语见第 9 页，其他参见第 1—78 页。

② 参见胡庆育编著《法学通论》，上海太平洋书店，1933 年版；关于主权、权力、法，参见该书第 19 页、第 62—63 页；关于公权私权和公权范围，参见第 136—154 页；关于权利主体，参见第 173—175 页、第 445—449 页；关于"政权""治权"，参见第 219—245 页。

③ 张映南编著：《法学通论》，上海大东书局，1933 年版，引文见第 218 页，另参照第 217—218 页。

　　中华人民共和国成立后，在法学教学和研究于 20 世纪 80 年代步入正轨以来的四十多年里，"汉语权利"在研究领域逐渐取得了稳固的主导地位。从 20 世纪 80 年代的权威法学辞书的"权利"词条看，它已经不再像中华人民共和国成立前那样被解说为包括各种公共权力的"和化权利"，但还是多少有一些包含公共权力的意味，因为其中有"财政机关有依法收税的权利"的句子，① 而收税是典型的公共权力。不过，这种情况在 21 世纪 10 年代发生了改变。到这个阶段出版的常用法学辞书中，权利一词的指称范围已不包括任何公共权力。权利被定义为"公民按照宪法和社律的规定，可作或不作某种行为也可要求国家和其他公民作或者不作某种行为"；同时，"权力"也不再被解说为"权利"的一部分。② "权利人""法律关系""权利义务的一致性"等条目，也大体配合着"和化权利"向"汉语权利"的这种转变。随后，权威的法学辞书也较全面确立了"汉语权利"的主导地位，尽管这个过程可能是编写者不自觉地完成的，其中相关词条显示的特点是：确认"在中国现代汉语词汇和法律规定中，权利和权力，特别是公民权利和国家权力，是有严格区分的，国家权力或者是指人民代表大会的名称（权力机关），或者是指国家、国家机关行使的职权、权限。"相应地，"权利"指称范围不再包括公共权力，法律关系也重新表述为"权利—义务关系""权力—义务关系"，等等。③

　　从清末、民国到当代，法学入门型教科书一直是"和化权利"的大本营，但四十余年来"汉语权利"也开始进入，而且影响日益扩大。改革开放后第一种在全国范围广泛使用的法学基础理论教材，在很大程度上采用了"汉语权利"，其主要表现是"权利""权力"概念平行、并用，做了区别，且"权力"进入节标题；总体看"权利"指称范围不包括公共权力，只在"法律关系"部分较抽象地偶尔将公共权力纳入"权利义务"中"权利"的指称范围。④ 这

---

① 参见《中国大百科全书》（法学），中国大百科全书出版社 1985 年版，第 485 页。

② 参见《中华法学大辞典》（简明本）编委会编：《中华法学大辞典》（简明本），中国检察出版社 2003 年版，第 536—537 页。

③ 参见中国大百科全书总编辑委员会《中国大百科全书》（法学卷），中国大百科全书出版社 2006 年版，第 413 页、第 414 页、第 75 页。

④ 参见孙国华主编《法学基础理论》，法律出版社 1982 年版，第 78—80 页、第 301—310 页。

种类型的做法到 21 世纪进一步向严格区分权利权力、分别定义权利权力和分别论述权利—权力、权利—权利、权力—权力三种关系的趋向发展，"权利"一词显然已从"和化权利"回归到"汉语权利"，只有讨论法律关系时有些拘泥于"和化权利"的倾向。[①] 与此同时甚至更早，汉语法学终于有主流的法理学教科书完全放弃"和化权利"，全面回到了"汉语权利"的论述上来，包括"法律关系"部分。在这里，法的内容实际上被集中到三种现象，即权利、权力、义务，法律关系前所未有地被表述为"权利义务"关系和"权力义务"关系。[②]

作为一个学术产品，"和化权利"本身是有其一定合理性的，它最值得肯定之处，是它反映了权利和权力具有的特殊关系，从根本上两者是一个共同体的法学潜意识或下意识。而在这个方面，正如上世纪末在汉语法学中得到证明的，尽管权利和权力在法律层面有种种差别，但归根结底是一个可称为法权的统一体。[③] 但是，尽管"和化权利"有这个优点，但对于当代汉语来说，其缺陷也十分明显：（1）它是日语法学认识相应法现象的产物，与汉语的"权利"一词同形异义，以致无论在汉语法学中还是在日语法学中，都造成了表述个人权利的名词与表述"个人权力＋公共权力"的实体所用汉字不加区分的后果；（2）在表述指称范围不包括任何公共权力的汉语的"权利"一词已经出现和使用数十年之后，日语法学本应在"权利"之外另造名词表述权利权力共同体；日语法学违背这个逻辑要求造成的后果之一，是各种公共权力无法取得进入法学思维的逻辑形式（如"权力"概念），从而无形中在逻辑层面将公共权力排除到了法的一般理论的研究范围之外。（3）从 20 世纪上半叶以来，法律世界有日益强大的公共权力之实而法学无反映、指称它之"名"（即权力），这就势必造成法的一般理论严重脱离法律生活实际的状况。在当代汉语法学中，以沈宗灵先生的著述和主编的法理学教材为代表的法学出版物从内容上强调权利、权力、义务，实际上就是要克服仅仅强调以权利义务为核心范畴、以

———————————

① 参见公丕祥主编之《法理学》，复旦大学出版社 2002 年版，第 195—217 页；第 443—463 页。

② 参见沈宗灵主编《法理学》，北京大学出版社 2000 年版、2003 年版和 2014 年版，其中如 2003 年版第 69—81 页，第 345—355 页，2014 年版第 60—71 页，第 325—334 页。

③ 参见童之伟《法权中心的猜想与证明》，《中国法学》2001 年第 6 期。

权利为本位和忽视权力的片面性。（4）现代汉语不是日语，以汉语为母语的读者只能基于"汉语权利"来理解和化的"权利义务"，因而不可能从这种"权利"中读出各种公共权力的含义；而且，即使读出其包含的各种公共权力含义，但由于没有独立的"权力"概念，也不可能在技术层面正视公共权力，推进后续的研究。

所以，当代汉语法学要形成能够面向现代、面向未来的，民族的和大众的法的一般理论，必须先走出和化的"权利""权利义务"这个学术深坑。然后，汉语法学才能更进一步，立足当代世界和中国的实际情况，立足中国法律体系和法律实践，立足古今汉语，重新认定包括最重要法现象在内的基本的法现象，并据此抽象出核心范畴、基本范畴，形成相关的基础性命题。

六　基本的法现象的范围

社会科学的一个学科选择最基本的研究对象，要靠相关学者集全部的理论修养、社会生活体验、研究经验于一体来把握。马克思的三卷本巨著《资本论》正文用第一句话、也仅仅是这一句话来确认他的政治经济学最基本研究对象："资本主义生产方式占统治地位的社会的财富，表现为'庞大的商品堆积'，单个的商品表现为这种财富的元素形式。因此，我们的研究就从分析商品开始。"[①] 在这么大的问题上，他只用一句话说理由。显然，没有必要多说，这不是旁征博引长篇大论能解决好的问题。在法学认定最基本研究对象方面，我愿意仿效马克思做出这样一个判断：现代社会居主导地位的法现象，是处于法的范围中的各种权，权表现为法现象的元素形式。权具体表现为法的权利、法的权力、剩余权；其中，法的权利、法的权力一起构成进入法中之权，简称法权。实践法理学的研究总体说来从权开始，具体从法的权利（简称权利）、法的权力（简称权力）、剩余权开始。

这里还有上述三者列举和研究顺序的问题需要做适当说明。恩格斯说过："大体说来，经济范畴出现的顺序同它们在逻辑发展中的顺序也是一

---

① ［德］马克思：《资本论》，《马克思恩格斯文集》第 5 卷，人民出版社 2009 年版，第 47 页。

样的。""逻辑的方式是唯一适用的方式。但是，实际上这种方式无非是历史的方式，不过摆脱了历史的形式以及起扰乱作用的偶然性而已。历史从哪里开始，思想进程也应当从哪里开始，而思想进程的进一步发展不过是历史过程在抽象的、理论上前后一贯的形式上的反映；这种反映是经过修正的，然而是按照现实的历史过程本身的规律修正的，这时，每一个要素可以在它完全成熟而具有典型性的发展点上加以考察。"① 原始社会处在权利权力不分、权利义务不分、权力义务（责任）不分的混沌状态。进入文明社会（或曰政治社会）后，从处在混沌状态的权中首先分离出来的是权力，然后才有了政权组织和经其制定或认可的法，法确认已经存在的权力并给予个人一些权利保障。所以，按出现的历史顺序，法的权力是先于法的权利的，原始权利和西语法学假定的自然权利不在法的权利范围内。所以，在研究法现象的时候，本书把权力放在权利之前，先考察权力后考察权利。但是，在陈述法学基本范畴的时候，本书按照我国宪法结构确认的权利保障章节优位的精神，把权利调整到了权力之前。

把握、确定基本的法现象进而法学基本范畴是否正确或大体正确是有标准可衡量的。首先有个逻辑展开和理论论证问题，得看由此形成的理论体系能否深入、合理地解释相关现象本身和它们之间实际的内部、外部联系。通俗地说就是须自圆其说，不能前后矛盾，不能明显与可观察体验到的现象背离而又不能合理解释。进一步说，还要看相关理论能否被人们用以预测、把握现象世界的发展进程并指引人们从事有目的的活动。对社会科学的某种理论，能经得起第一个标准经验是通常的、起码的要求，这一关通不过，谈不上接受更根本的标准的检验。

作为实践法理学研究起点的权利、权力是指客观世界的权利、权力现象还是主观世界的权利、权力概念呢？答案是，两个世界的权利、权力都是实践法理学的研究对象，但归根结底是现象世界的权利、权力。实践法理学要以人们认识权利、权力的既有成果（即权利、权力概念）为基础重新认识现实的权利、权力现象，并将最新的对这两种现象的认识成果记录到权利、权力概念中。但是，权利、权力不是孤立的，我们必须基于它们

---

① ［德］恩格斯：《卡尔·马克思〈政治经济学批判〉第一分册》，《马克思恩格斯文集》第2卷，人民出版社2009年版，第603页。

在自己所处法律体系中的位置来把握它们。基于唯物史观，立足当代法律制度和社会生活实际，我选择从利益、归根结底是从财产的角度来理解权利、权力所属的系列。这样一来，如果暂时不考虑国际法，展现在我们面前的就会是就其体现的内容而言聚合在一起可穷尽今古中外各种利益和各种财产的三种基础性法现象。

1. 权力现象，即各种公共机构、准公共机构依法享有和行使的公共权力，在不同时代不同国家有不同具体存在形式。在我国当代法律体系下，权力的具体存在形式主要有：宪法规定的"权力"，如"中华人民共和国的一切权力属于人民""国家权力""国家的权力""职权"（function and powers）、"权限"（limits of powers），法律规定的"公权力"，还有正当公职特权、公职豁免，其中最后两项不是法律用语，虽然外交官享有的外交特权和外交豁免也属于这个范围。不少国家的法律规定了公共机构官员、军人、警察的公职特权，① 也规定了少量公职豁免，较典型的是国民代议机关的代议士的言论免责权。② 公职特权、公职豁免属于权力范围的现象这个情况，汉语法学此前不明确。

在最一般的意义上，权力可区分为实体性权力和程序性权力，它们体现的公共利益也区分为实体性公共利益与程序性公共利益。所有公共利益都以公共财产为其物质载体。权力的公共利益、公共财产内容有直接和间接之分，实体性权力的公共利益、公共财产内容是直接的，程序性权力只有间接的公共利益、公共财产内容。权力的具体存在形式在不同的国家和同一个国家的不同时期是有差别的。在当代中国，执政党的各级组织机构

---

① 《中华人民共和国宪法》第五条中有"任何组织或者个人都不得有超越宪法和法律的特权"的规定，这种"特权"显然是不合法、不正当的。但从与国际接轨的视角和标准看，中国法律制度中同时也存在不少合法正当的公职特权，如现行《人民警察法》第十三条的下列规定即法律赋予公职特权以及限制公职特权的实例："公安机关的人民警察因履行职责的紧急需要，经出示相应证件，可以优先乘坐公共交通工具，遇交通阻碍时，优先通行。公安机关因侦查犯罪的需要，必要时，按照国家有关规定，可以优先使用机关、团体、企业事业组织和个人的交通工具、通信工具、场地和建筑物，用后应当及时归还，并支付适当费用；造成损失的，应当赔偿。"外交官依法享有的外交特权是较典型的公职特权。

② 我国《全国人民代表大会和地方各级人民代表大会代表法》第三十一条"代表在人民代表大会各种会议上的发言和表决，不受法律追究"的规定和第三十二条关于"县级以上的各级人民代表大会代表，非经本级人民代表大会主席团许可，在本级人民代表大会闭会期间，非经本级人民代表大会常务委员会许可，不受逮捕或者刑事审判"的规定，都属于公职豁免范畴，其性质与职权一样，也是权力的表现形式。外交官享有的外交豁免也是较典型的公职豁免。

在领导方面的权能理应算作权力的现实存在形式之一。

2. 权利现象，以个人（自然人、法人）为主体，不同时代不同国家的具体存在形式很不一样，在当代的具体存在形式主要表现为法确认、保障的、社会实际生活中的"权利"（rights）"自由"（freedom 和 liberty），个人正当特权（privilege），个人豁免（immunity）。其中，"个人正当特权"不是法律用语，而是对于一些依法需要获得某种证照或行政部门许可才能从事的职业、活动的资格的描述；① 个人豁免指个人从事某种通常应负法律责任的行为依法得到的责任减免，可分为宪法的、刑法民法行政法的等等。② 个人正当特权和个人豁免作为权利的存在形式，汉语法学此前不明确，至少是被轻忽的。

在最一般的意义上，权利可区分为实体性权利和程序性权利，它们体现的个人利益也区分为实体性个人利益与程序性个人利益。权利的个人财产内容有直接和间接之分，实体性权利的个人财产内容是直接的，程序性权利的个人财产内容是间接的。权利的具体存在形式因国家的不同、时代的不同而形成种种差别。

3. 剩余权现象，即未纳入法直接分配的范围、由道德等其他规范分配、规范的那部分"权"，如道义（或道德，后同）权利、道义权力等等。剩余权，如果是道义权利，一般以个人为主体。如某甲一生如果曾经给某乙巨大物质帮助，后来某乙陷入困窘，他就有获得某甲少许帮助的道义权利，等等。至于道义权力，一般是以公共机关为主体的。如某种公共机关或某个官员特别有诚信和公信力，有时他们没有法的权力，但他们提倡、

---

① 西文法学一般把国民、公民、臣民与生俱来的法定资格称为 rights（权利），把通过考试取得执照等证书或经向相应公共机构申请后获得许可取得的资格称为特权（privilege）。中国法律制度或法律生活中有大量应该用个人特权这一词组描述的内容或法现象。中文法学对上述两者明显有差异的资格都称为权利，未做进一步的区分，实际上是专业化程度欠高的表现，不利于精确表达意思和精确描述法现象。着眼于中文法学与外文法学接轨、交流的需要，本书将其定位于个人特权，其中所谓个人，包括法律地位相当于个人的机构或组织。

② 个人豁免较普遍存在于民法、行政法、刑法三个法律部门，其特征是个人某些行为原本构成侵权、违法甚至犯罪，但在法定特殊情况下可以全部或部分免除法律责任。如现行中国刑法第十七条至第十九条的以下规定：已满75周岁的人故意犯罪的，可以从轻或者减轻处罚；过失犯罪的，应当从轻或者减轻处罚；精神病人在不能辨认或者不能控制自己行为的时候造成危害结果，经法定程序鉴定确认的，不负刑事责任；又聋又哑的人或者盲人犯罪，可以从轻、减轻或者免除处罚。

号召一下，民众直觉服从、跟随，我们就可以说，这个公共机关运用了它的道义权力。不过。剩余权在现代社会很多情况下表现为社团组织的成员依社团章程享有的权利和其领导机构依章程享有的职权等等。剩余权可理解为从权中减去法权之后的余数，也可理解为权减去法的权利、权力之后的余额。剩余权可以转化为法的权力、权利；反之亦然。剩余权的实质是剩余利益和归属未定之财产。

法权与剩余权的适当比例和界线划分，是一国法制建设须处理好的重要的理论和实践课题。剩余权在法律生活中的地位和在权中所占比例，是随社会发展水平的变化而变化的，在国家刚出现的时候以及在将来国家接近消亡的时候，剩余权的社会功能和在权中所占比例，应该是大于、高于法权的，但在当代，则显然远不如法的权利、权力来得重要。

以上三种基础性法现象还可组合为两种只能以汉语或汉字名词表述的复合型法现象，"权"和"法权"。这两种复合型法现象也应该算作基本的法现象，下面不妨延续以上序号，将它们列为第四、第五种基本的法现象。

4. 法权现象，即进入法律体系中之各种"权"。法权是以汉字为载体的法文件和法学论著才得以展示的特有法现象。结合中国法律体系，法权现象可概括地分为三类。第一类是各种法律文本中以"权"的面目出现、指称权力，即公共机构、准公共机构及其官员行使的法的权力，包括中国宪法规定的"中华人民共和国的一切权力""国家权力""职权""权限"和法律规定的"权力"（《立法法》）"公权力"（《监察法》），以及上文提到的正当公职特权、公职豁免等现象。第二类是各种法律文本中以"权"的面目出现，指称的各种权利，即个人依法享有的各种"权利""自由"、正当个人特权、个人豁免。权利与权力是两种不同的法现象，它们之所以能成为被称为法权的统一体或共同体，是因为它们都是法承认和保护的利益、都以归属已定财产为物质依托，客观上是一个在法的层面有差别但在根本上连接在一起的统一体。第三类是在法律体系中直接体现权利权力统一体的权现象，如"个人和国家机关都无权"这个判断中的"权"。法权的全部内容为一定时期内一国或一社会法定的各种个人利益和公共利益之总和，以相应时空内归属已定之全部财产为其物质承担者。① 汉语法学在

---

① 见本书第三章第二部分"法权中心主张之核心内容"。

历史上由于受外语法学特别是西语法学中心主义的影响，理论上忽视民族的、本土的法律资源，对本国法律体系和汉语中获广泛表述的"权"现象，几乎忽视到了熟视无睹的程度。

由于法权现象极其重要，是本书着重研究的对象，且看重法权与否，是实践法理学与其他法的一般理论区分开来的关键外在标准。所以，这里只结构性纳入和一般性解说到法权现象，随后会对法权现象做额外的、单独的论述。

5. 权现象，其社会化表现是现代汉语称为"权"的一切东西，可分为进入法中、由法分配和规范其运用行为之权（即法权）与法可能提及但不具体分配、不具体规范其运用行为的各种权两个构成部分，其中第一部分是法权，第二部分是往往与道德等行为规范相联系的剩余权。权现象的范围在不同国家的不同时期或同一时期的不同国家往往是不一样的。在中国，它在古代仅表现为权势，到19世纪中后期才逐步进入法的权利、权力和未进入法中的剩余权三者的复合存在形式或组合体。因为权的主要构成要素至少三分之二在法的范围内，故从法学角度看也应该视为基本的法现象。权＝权利＋权力＋剩余权，或权＝法权＋剩余权，它是一国或一社会全部各种利益、各种财产在社会各种规范（可分为法和法外规范）中的表现形式的总和。不是任何两种或几种社会现象都可以相加的，只有质相同的社会现象才能相加，构成新的、复合型的社会现象。权利、权力、剩余权之所以能相加，之所以能在现代汉语中以"权"加以统称，是因为三者有同质性，即都是利益、财产的在人的行为规范体系中的表现，不分法还是法之外的行为规范、规则、准则。①

权利、权力、剩余权、法权、权，都是行为规范（或规则、准则）体现的正值利益内容、正值财产内容，但法学还应该关注与它们相对应的负值利益内容、负值财产内容的表现形式，这种表现就是义务。权利、权力、剩余权、法权、权和与它们相应的义务都是内容，只不过前者是正值后者是负值。但无论正值内容负值内容，都需要有从总体上承载它们的形式或"筐子"，这种形式或"筐子"就是法（或法律）。因此，还必须有顺序排第六、第七的两种法现象：

---

① 童之伟：《"权"字向中文法学基础性范畴的跨越》，《法学》2021年第11期。

6. 义务现象，它是总体上同时也与权利、权力、剩余权、法权、权一一对应的法的负值利益内容、负值财产内容。它们的具体对应方式是：权—义务，（法的）权利—个人义务，（法的）权力—公职义务，法权—法义务，剩余权—法外义务，但它们在不同时代不同国家具体名称往往不同。现代法律设定义务的方式，除规定某人某机构有"义务"、有"责任"、有职责之外，更多的是以写明相关法关系主体"应当""不得""无权"等方式加以规定。有学者这样描述义务与和化的"权利"在内容上相反的情况："义务与权利之二观念，若比较言之，则权利为依法律所赋与之可能力，以特定之利益为其内容；反之义务为法律所课与之束缚，以不利益为内容，即一为享受利益一为负担不利益，此义务与权利之对立。"按他们的意见，"责任"不同于"义务"，认为"以义务为'法律上之责任'者，是与责任混为一谈，夫责任为义务所生之结果，义务为责任之因，此故不同之二物也。"① 其实这恰好说明，"责任"是从行为结果角度看的义务。义务与权利、权力的区分，严格地说是不能以法律文本、法律文书、法学论著用的是哪个名词为基准来做判断的。在这方面，我历来主张采用实质辨识法来区别、辨识义务与权利、权力，即看实际的相关行为是相关行为主体争取的利益、收入还是欲尽可能免除的不利益、支出，前者应视为权利或权力，后者应视为义务。

7. 法（或法律）现象，它是守护或分配上述所有正负值利益内容、正负值财产内容并规范其运用程序的、有公共强制力支持的社会规则体系。法在不同时代不同国家表现形式不同，常见的有制定法、判例法、习惯法等等。在当代中国，法主要表现为宪法、法律、行政法规，但按《立法法》，地方性法规、各种行政规章、司法解释等，也处在法的范围内。就实际规范作用而言，执政党有些现行有效的党内法规，也处于法的地位和范围。逻辑上看，剩余权、剩余义务不在法（或法律）的"筐子"中，但法须划分剩余权、剩余义务与法权、法义务的边界，而且，剩余权、剩余义务在法律生活中的地位实际上也需要法默认。因此，认定剩余权、剩余义务处于法的"筐子"中，能说得过去。

至此，本书实际上已经初步交代了实践法理学选定的七种基本的法现

---

① 李景禧、刘子松：《法学通论》，商务印书馆1935年版，第257页。

象（权利、权力、剩余权、权、法权、义务、法或法律）的指称范围，也在一定程度上触及了它们的内容（或实质、内涵），即它们的利益内容、财产内容。认定这七种基本现象为实践法理学对中外今古各种法现象及其内部、外部联系做利益、财产分析奠定了学理基础。本书将法权视为核心范畴，是基于它的指称范围和实质内容在国家、社会和法律体系中的中心地位：权利权力的有机统一体；法律承认、保护的全部利益，即国民利益；归属已确定的全部财产即国民财产或国民财富。把法权放在中心位置，就是主张努力兼顾、平衡国家利益与个人利益、公共财产与个人财产、权利与权力等诸如此类矛盾统一体中的两个完全正当的方面，从根本上避免片面性，但不妨碍必要时有一定程度的侧重。

反映、记录对以上七种基本的法现象之认识成果的名词、概念自然就是法学基本概念（或基本范畴）。所谓认识成果，首先是记录它们中每一种现象的覆盖范围，表现为相应名词的具体的指称对象有哪些。这是最基本的，如果这个问题没有解决好，特别是其中权利、权力这样的基础性概念的指称范围模糊不清，那么，法学就基本上无法做有实际意义的研究、讨论。至于基本的法现象的实质或内容，也只能在确定概念指称范围的基础上才能真正探寻到。对这些方面，后文会继续讨论。

第一章
对传统核心范畴和相关基础性命题的省思

【导读】

本章由四节构成，前三节原本是三篇独立但内容连贯的文章，第四节是为使本书的结构和逻辑更完整而新增写的。本章首先简要回顾了 20 世纪初以来汉语法学一般理论出版物中"权利""权利义务"的地位及"权利义务"关系的学说史，对传统观念提出了质疑并相应表达了不同看法。20世纪 90 年代以来法本位研究和相应的权利本位、义务本位主张在汉语法学影响很大，但可惜几乎一直无人提及这个论题与 19 世纪末，日语法学和20 世纪上半叶汉语法学出版物通行的法本位学说和权利本位说、义务本位说的联系，使得整个讨论实际上陷入了低层次重复状态。第二节回顾和评说了 20 世纪上半叶的法本位研究之得失，意在促使法学界对已有的法本位学说做出合理的评估。第三节详细论说了以和化的"权利""权利义务"为核心范畴、基本范畴和以它们为基础形成的法学见解与当代中国法律体系、法律生活脱节的缺憾，进而主张对这种法的一般理论做脱胎换骨的改造。第四节基于中国法律体系和汉语，具体认定了汉语法学包括核心范畴在内的七个新的基本范畴，并讲述了汉语实践法理学形成完整范畴体系的"绝对方法"和具体路径。本章对"权利"一词的定位，始终保持与当代中国法律体系和现代汉语的协调一致和相互契合。

第一节　对权利与义务地位和相互关系的重新审视[①]

权利和义务在当今我国的法理学中所占的位置是如此重要，以至于将

---

① 本节原载《法商研究》1998 年第 6 期，标题是《对权利与义务关系的不同看法》，融入本书时按原理、术语统一和与其他部分整合为一体的标准做了修订。

今天居于主流地位的法理学称之为权利义务法理学，也决不会显得过分。但是，由于种种原因，迄今为止，人们对权利与义务关系的认识并不深入。因此，概括这些认识的理论观点也往往在很大程度上经不起认真推敲，其中有的根据不足，有的停留在归纳现象层面，有的似是而非，有的明显错误。为深化对权利与义务之间关系的认识，本节拟对我国法学界长期通行的关于权利与义务关系的基本观点作些具体分析，然后正面谈谈一管之见。

本节的立论，建立在严格区分"汉语权利"与"和化权利"的基础上。"和化权利"实为权利与权力之和，即我早已进行过较深入考察并用法权一词加以标志的那种法现象或法学分析单元。[①] 由于现有法学理论既没有研究过汉语权利一词的"和化"，也未接受在指称范围与"和化权利"相同的法权概念，而对象要确定、概念要明确对于科研工作者又是最起码的要求，故这一章只讨论汉语的权利与义务的关系，一般不涉及"和化权利"与义务的关系。

一　现有理论的基本观点及其逻辑前提

对于权利和义务的关系，半个多世纪以来我国法学界多有论述，近十年间则更趋系统化，其基本理论观点可概括如下：

（一）权利与义务不可分割。资料表明，这种观点在我国最早出现于20世纪30年代，当时的提法是："权利义务，如影之随形，响之随声，在法律上具有相互之关系，故权利之所在，即义务之所在，义务之所在，亦为权利之所在。"[②] 到20世纪40年代，话就说得更明白了一些。有学者引用了西方学者波洛克所说的"权利与义务不可分离，有如机械之有主动与反动"（作用与反作用）一语来证明"同一法律规则，创造权利，亦即产生义务。创造义务，亦即产生权利"。[③] 这些文字表明，权利义务不可分的观点在我国至迟形成于20世纪三四十年代，而且很可能是转述的西方法学家的观点。无论如何，权利义务不可分的观点不是当代中国法学的首创，这点应该是可以肯定的。当今我国法理学对这个问题有代表性的提法是：

---

①　参见童之伟《法权说对各种"权"的基础性定位》，《学术界》2021年第2期。

②　欧阳谿：《法学通论》，上海会文堂新记书局1933年版，第290—291页。

③　龚钺：《比较法学概要》，商务印书馆1947年版，第164页。

"权利和义务不可分割，没有（不应当有）无义务的权利，也没有（不应当有）无权利的义务"。① 在这句话中，"权利和义务不可分割"重新肯定了我国 20 世纪三四十年代在相同问题上的观点，其余部分则源于 1864 年马克思为国际工人协会写的宣言和临时章程中应其他会员要求写的那句话，即"没有无义务的权利，也没有无权利的义务。"②

（二）权利与义务对立统一。③ 按这种许多学者反复申述过的、法学界众所周知的观点，"权利和义务是对立统一的一对范畴"，"权利和义务相互依存"，"可以互相转化"；④ "权利和义务是互相关联的，即对立统一的"。⑤ 从对立统一角度来说明权利和义务的关系，这是 20 世纪中叶后中国法理学的新做法。

（三）"一个社会的权利总量和义务总量是相等的。在一个社会，无论权利和义务怎样分配，不管每个社会成员具体享有的权利和承担的义务怎样不等，也不管规定权利和规定义务的法条是否相等，在数量关系上，权利和义务总是等值或等额的。"⑥ 只是，对权利、义务是不可能直接做量的检测的，因为没有实体供检测。间接检测是可能的，但这有赖于法学家找到支撑权利、义务的客观物质实体。

（四）法以权利为本位，不以义务为本位。关于法的本位问题，早在清末、民国，汉译日语法学、汉语法学入门型教材已多有论述。当时有学者指出，是德国学者最早"倡导法学是权利之学"，"倡导权利本位说"；⑦ 还有人认为，与以义务为本位的个人不自觉时代不同，"个人自觉时代，

---

① 张文显：《法哲学范畴研究》，中国政法大学出版社 2001 年版，第 351 页。
② ［德］马克思：《国际工人协会章程和条例》，《马克思恩格斯全集》第 16 卷，人民出版社 1964 年版，第 600 页。
③ 对立统一学说，又称矛盾学说，被视为构成唯物辩证法的基本内容之一。对对立统一学说的主要内容的解说只能从矛盾开始：矛盾是事物内部或事物之间的对立统一关系；同一性与斗争性是矛盾的两种基本属性；矛盾的同一性指矛盾着的对立面相互依存、相互吸引、相互转化的性质；矛盾的斗争性指矛盾着的对立面相互限制、相互排斥、相互否定的属性；事物的发展是矛盾同一性和斗争性相互作用的结果；矛盾的同一性是相对的，斗争性是绝对的；矛盾无处不在，但却各不相同；矛盾的同一性和斗争性是相互联结在一起的；矛盾分主要矛盾和次要矛盾；矛盾的斗争性导致矛盾双方相互关系不断变化；矛盾统一体破裂又使旧事物消灭新事物产生。
④ 张光博：《权利义务要论》，吉林大学出版社 1989 年版，第 28—31 页。
⑤ 张文显：《法哲学范畴研究》，中国政法大学出版社 2001 年版，第 338 页。
⑥ 张文显：《法哲学范畴研究》，中国政法大学出版社 2001 年版，第 340 页。
⑦ 朱采真：《法律学通论》，世界书局 1930 年版，第 185 页。

法律之观念，以权利为本位"，① 等等。当今法理学界有代表性的提法是："在商品经济和民主政治发达的现代社会，法是以权利为本位的"；② "对权利和义务而言，或者是义务本位（以义务为主导方面的权利义务统一性），或者是权利本位（以权利为主导方面的权利义务统一性）。权利义务无本位或权利义务二元本位是不存在的"。③

要正确评估这些基本观点，还必须明了它们据以提出的两个理论前提。

认为权利和义务是最重要法现象，权利和义务是法关系的核心甚至全部内容，权利与义务的矛盾是社会法律生活中最基本的矛盾——这是现有的关于权利与义务的关系的基本观点据以提出的首要理论前提。在这些方面，中华人民共和国成立前的中国法学、中华人民共和国成立之后中国台湾地区的法学以及苏联法学，相关论著表达的观点十分接近，没有原则的区别。

中华人民共和国成立前，汉语法学"最普遍的观点以为法律乃建立于权利并义务两者之上"；④ 而中国台湾地区法学界一贯的看法则是"法律关系之核心为权利义务……权利与义务虽不能概括法律关系之全部，然实占法律关系之主要部分"；⑤ 苏联学者则认为，"法律关系即是法律对某些人所确认的权利与义务的特种综合"。⑥

中国大陆 20 世纪 80 年代以来兴起的权利义务法理学借鉴和演绎了以上各家的观点，提出："权利和义务是法律规范的基本粒子，是对法律现象最简单的抽象和规定"；"权利与义务的对立统一使法律规范蕴涵法律现象内部一切矛盾和胚芽"；"法律领域的一切矛盾、冲突、纠纷、斗争皆导源于权利和义务的对立"；"从法律实践看，全部法律行为和活动都是围绕权利和义务而进行的。权利和义务通贯法律运行和操作的全部过程。"⑦

---

① 欧阳谿：《法学通论》，上海会文堂新记书局 1933 年版，第 242 页。
② 张光博、张文显：《以权利和义务为基本范畴重构法学理论》，《求是》1989 年第 10 期，引文出自 24 页。
③ 张文显：《法哲学范畴研究》，中国政法大学出版社 2001 年版，第 354 页。
④ 龚钺：《比较法学概要》，商务印书馆 1947 年版，第 164 页。
⑤ 刘日安：《法学绪论》，台湾三民书局 1966 年版，第 136 页。
⑥ ［苏联］杰尼索夫：《国家与法律的理论》下册，方德厚译，中华书局 1951 年版，第 438 页。
⑦ 张文显：《法哲学范畴研究》，中国政法大学出版社 2001 年版，第 327 页。

认为法学是权利义务之学——这是现有的关于权利与义务的关系的各个基本观点据以提出的另一个理论前提。这种说法在中华人民共和国成立前已相当流行。早在30年代，一本汉译法学著作就写道："法律常作二人以上之结合，使一方具有一定之意欲，一定之行动之权利者，他方负有照应于各种权利之义务者，两相关联。"①

　　稍后，当年的中国学者说得更明白："权利与义务，为法学上之最重要观点，故亦构成其主要内容"；② "法律之任务，即在于规定权利义务，故现代一般通说，皆以法学为权利义务之学"。③ 20世纪80年代以来逐步兴起的权利义务法理学继承了这方面的思想，认为"称法学是权利义务之学恰当一些"，"任何法规范都以权利和义务为核心，从无例外"。④

二　现有理论的主要缺陷

　　现有权利与义务关系理论的主要缺陷，都反映在它的基本观点中，下面逐一做剖析。

　　（一）权利与义务不可分割的观点不能成立

　　权利与义务不可分割（或分离）的观点在我国今天的法学界是被普遍接受、经常被重复的基本观点之一，但它实际上是一种不正确的观点。这种观点在社会法律生活的实践和法学理论上造成了很多的误解，必须努力加以澄清。要理解权利与义务不可分割的观点的谬误，先得确认三个事实。（1）权利与义务能否分割同权利与义务应否相适应是两个不同的理论问题。前者涉及的是权利与义务客观上能不能分离、分开的问题；后者是在肯定存在权利与义务不相适应的状况的前提下，讨论在一个公正的社会中权利配置与义务配置应当怎样协调起来的问题。一方面，这两个问题不应混淆；另一方面，即使混淆在一起，也只会增加理论分析的难度，不可能对于证明权利与义务不可分割的观点有任何助益。因为，在后一种情况下，权利与义务不相适应这种迄今为止经常存在的事实本身就否定了权利与义务不可分割的观点，不管这种事实出现在哪种历史类型的国家，也不

① ［日］高柳贤三：《法律哲学原理》，汪翰章译，上海大东书局1932年版，第234页。
② 胡育庆：《法学通论》，上海太平洋书店1933年版，第124页。
③ 何任清：《法学通论》，商务印书馆1946年版，第119页。
④ 张光博：《权利义务要论》，吉林大学出版社1989年版，"序言"第7页；第82页。

论普遍性之大小。（2）权利和权力是两种不同的东西。"权"在法的眼里分为权利与权力两部分。其中，权利是公民、法人（这里不包括国家）和其他社会经济组织等社会个体享有和运用的"权"；权力是由以国家为代表的公共机关及其官员掌握和运用的"权"，两者不是一回事。近代以来，最有影响的政治法律文件，从美国《独立宣言》、法国《人权宣言》、1787年美国宪法、1791年法国宪法，到我国现行宪法，都充分显示和反映出了这种差别。（3）义务不仅与权利相对应，也与权力相对应。所以，每有一种权力，必有一种与之相对应的义务，表现为法定职责、责任、无权力（no-power）等。

在确认了这三个事实之后，我们从社会法律生活的角度很容易看清权利与义务可以分割、分离，而且常常分割、分离的情形。首先，在全部义务中，有一部分是与权利相对应的，另一部分则与权力相对应，与权力相对应的这部分义务并不与权利相对应，因而就是与权利分离的义务。这部分义务名副其实地是无权利的义务，亦可称为有权力的义务。其次，恩格斯说到阶级对立社会的权利义务分配不公正时，批评这种社会"几乎把一切权利赋予一个阶级，另方面却几乎把一切义务推给另一个阶级"。①

但这种不公正现象的存在也正好说明了权利与义务在社会法律生活中是可以分离的。因为这表明，当与一定量义务相对应的权利已被从义务主体那里拿走而由另一部分人享有时，这些义务本身已同相对应的权利分离开来并被加诸于另一部分人了。这种情形在前社会主义时期的各种类型国家是一种常态，在社会主义条件下也还会在一定程度上存在。这都是事实。

说到这里，有一个问题难免会被提出来：权利与义务可以分离的观点是否直接否定了马克思关于"没有无义务的权利，也没有无权利的义务"的论断？我以为，权利与义务能够分割的观点与马克思的这个论点一点儿也不矛盾。

看看原著我们就知道，这是1864年马克思为国际工人协会写的《协会临时章程》中的一句话，1871年他在其所写的《国际工人协会共同章

---

① ［德］恩格斯：《家庭、私有制和国家的起源》，《马克思恩格斯选集》第4卷，人民出版社2012年版，第194页。

程》中又强调了这句话。这句话所提倡或规定的只是一个具体的社会团体内部应然的权利和义务分配原则，只是在要求权利的分配状况应当同义务的分配状况相平衡、相适应，不涉及权利与义务客观上是否能分开的问题。而我们现在的一些法学论著抛开这句话产生的时间、地点等具体历史条件，将其当做法学一般原理来看待并进行发挥，扭曲了马克思写这句话的原意。

须知，一个具体社会团体的章程规定的内部应然的权利义务分配原则是不能也不应当作为法学一般原理来看待的。因为，在前一种情况下，只须考虑有关社会团体各个成员和各级组织之间的权利义务分配状况是否合理；在后一种情况下，作为法的一般原理则必须适用于法的全部领域，必须考虑法律领域中权力这个基本要素的存在；在前一种情况下，这句话只是提出一个具体要求、确立一项行为准则，在后一种情况下，它应当正确反映历史的和现实的客观状态。

从逻辑上看，当我们讨论权利与义务的关系时，它们就已经被分开了。权利之所以叫做权利而没有被叫做义务，就是因为人们认识到它同义务的不同，用权利这个语言符号将其与义务分割开来了。反过来看也一样。而且，如果权利与义务不是分离的，或不是能分割、能区分的，它们之间也就无所谓关系可言。

退一步说，即使权利与义务从法律生活的角度看真的是很难分开或可能根本分不开的，法学作为一门科学，也必须千方百计使它们分开，一代法学家做不到这一点，下一代应当接着干。为什么要有科学？不管是自然科学还是人文社会科学，目的都是要了解迄今为止人们还不了解的东西、解决迄今为止人们还没有解决好的问题。

而要做到人们一直想做而没有做到的事情，其中最重要的内容之一就是要将很难分开、甚至看起来根本不能分开的东西分开。早在两千多年前，庄子就提出了对物体进行分割，"一尺之棰，日取其半，万世不竭"的思想，而物理学的发展也是在将物质分割到分子、原子水平后，又将分割的进程推进到了基本粒子水平。近些年来人们又提出基本粒子不基本的观点，还要将对物质的分割进一步推进到顶夸克水平。在这个过程中，有些国家曾拟花上百亿美元，建造轨道长达数十公里的环形加速器（欧洲核子研究中心），用若干亿电子伏特的能量轰击粒子，以促使其

"分"。所以，"权利与义务不可分割"可以说是违反科学精神的法学观点。

（二）权利与义务对立统一的正确提法掩盖着一系列不正确的认识

任何两个矛盾的方面，都可以说是对立统一的。从这个意义上说，权利与义务对立统一的命题无疑是正确的。但是，对于包括法学在内的任何一个学科领域的科研活动而言，将大学公共政治课教材中的对立统一原理套在作为科研对象的对立双方身上，是一件再轻松不过的事情。

所以，面对权利和义务这两种法现象，真正有价值的工作在于实事求是地评估或弄清楚由它们构成的这一对矛盾在整个法现象体系中的地位，它们之间对立统一关系蕴涵的深层次的社会经济内容，它们与其他重要法现象之间生动具体的关系等等。而恰恰在这些方面，现有理论没有提供答案或提供的答案并无多少意义。例如，在谈论权利与义务的对立统一时，说到了权利体现利益，义务体现负担的对立属性，同时它们又相互依存，相互贯通，可以相互转化。①但是，谁也没有说清楚这样一些关键的问题：权利体现的是法律承认和保护的全部利益中的哪一部分，与权力体现的利益是什么关系？义务体现的负担是既同权利又同权力相对应的负担还是仅仅与权利相对应的负担？如果这里所说的利益和负担都只同权利有关系而不涉及权力，就只是在私法的范围内讨论问题，那么又怎么可能像有关学者所宣称的那样，把包括公法问题在内的全部法律问题都归结为权利和义务呢？权利与权力、权力与义务同权利与义务一样，也分别是法这一事物中两个分离的、相反的成分和因素，也是两个互相排斥的对立面，而且这三对矛盾是紧密联系在一起的，它们之间的关系怎样理顺、这三对法现象的矛盾反映了什么样的利益内容和财产内容？等等。

概括地说，现有的法理学对权利义务对立统一关系的论述有以下问题。

1. 错误估计了权利与义务这对矛盾在社会法律生活中的地位，把非基本的、局部的矛盾看成了基本的、全局性矛盾。与社会和国家这两种法律生活的最基本事实相联系的分别是权利和权力，因此，法律生活中最基本的矛盾是权利与权力的矛盾，最基本的对立统一关系是权利与权力的对立

---

① 参见张光博《权利义务要论》，吉林大学出版社 1989 年版，第 28—31 页。

统一关系。其次是权利内部因各种差别而形成的矛盾和对立统一关系，以及权力内部因各种差别而形成的矛盾和对立统一关系。其中，在理论上，权利与权力的关系可概括为法权关系；在法律上，权利与权利的矛盾和对立统一关系表现为权利与义务的关系，权力与权力的关系则表现为权力与义务的关系。

现有的权利义务关系理论受国内外长期以来将一切法律问题都归结为权利和义务概念的习惯力量的限制，看不到社会法律生活中权利与权力矛盾的基础性地位，也忽视了权力与权力矛盾的重要性，因而颠倒了顺序，不适当地将仅反映社会内部权利—权利对立的权利义务关系及其矛盾提高到了全部法律关系及法律生活基本矛盾的地位。

2. 从对权利与义务关系本身的论述来看，现有的权利义务对立统一论没有看到权利和义务后面确切、具体的社会内容，更不明白它们的具体的财产属性，以致有关的论述流于空洞，给人以在法学领域简单化地演绎辩证唯物主义教材中有关对立统一规律的论述的感觉。这类法学作品，在讲到权利与义务相互依存，相互贯通，互为条件，相互转化时，几乎都是如此。就说互为条件吧，按已有的说法，权利和义务的"存在和发展都必须以另一方的存在和发展为条件"①。

这不就是一方面说义务先发展了，权利才有可能发展，另一方面又说权利先发展了，义务才有可能发展吗！若果真如此，那岂不是权利与义务都没法发展了！

真实的情况应当是权利产生于社会的生产过程，准确地说是在生产过程中形成或增殖的财富归属于公民等社会个体后在法律上的表现。义务只是伴随着权利而来的附属现象，并不是权利产生和发展的前提性条件。又如相互转化，哲学上指的是对立双方经过斗争在一定的条件下走向自己的反面，转化有很多形式，有前进的和倒退的，有实质的和形式的等等。权利和义务之间没有质的同一性，它们之间的所谓相互转化，通常只不过是空间上的换位或人们视角的转换而带来的相对位置的变化，同权利与权力之间在一定条件下的相互转化有根本的不同，因为权利和权力都是法律承认和保护的利益，都有财富做它们的物质承担者。对诸

---

①　张文显：《法哲学范畴研究》，中国政法大学出版社2001年版，第339页。

如此类有实质意义的具体内容，现有的权利义务对立统一论也没有作必要的分析。

3. 现有的权利义务对立统一论所谈论的是全部权利同部分义务的对立统一，同时对于这部分义务同其他义务及全部义务的关系，又毫无论述，因而这种理论是片面的、缺乏必要周延性的，说明不了多少问题。在全部法律义务中，有同权利相对应的义务和同权力相对应的义务之分。现有的权利义务对立统一论所论及的只是与权利相对应的那一部分义务，与权力相对应的那一部分义务同权利没有直接关系，没有理由也不可能将其拿过来与权利"对立统一"。

有关学者似乎完全没意识到这一点，没有想到必须区分与权利相对应的义务和与权力相对应的义务，不明白自己所谈论的这个对象的哪怕是大致的边界。仅仅这个事实，就足以决定现有的权利义务的对立统一论没有多少合理性，不可能正确反映权利与义务的真实关系。

（三）权利总量与义务总量并不相等，即使真的相等，其等量关系用现有方法也不可能予以揭示

在数量关系上，一个社会的全部权利与全部义务在绝对量不可能是等值或等额的。严格地说，权利总量应当小于义务总量。道理十分简单，一个社会的全部义务分为与权利相对应的和与权力相对应的义务两部分，即使完全按照权利与义务关系的现有理论，权利的总量也只能同与它本身相对应的义务的总量相等，不可能同与权利相对应的义务和与权力相对应的义务之总和绝对值相等。

退一步说，即使权利和义务两者的总量在客观上、事实上是相等的，按现有的即权利义务法理学迄今为止所采用的这种分析权利与义务相互关系的方法，人们也不可能揭示或证明两者相等，至多只能进行一些猜测。原因主要有两个。

一个原因是对权利和义务的认识过于模糊、肤浅。模糊的表现是：在法现象层面，划不清权利与权力的界限，因而也划不清与权利相对应的义务和与权力相对应的义务的界限；在社会内容层面，虽然认识到权利是利益，义务是与利益相反的东西，是"不利益"，但从来搞不清权利具体体现哪种利益，法律承认和保护的全部利益或仅仅是其中的一部分，如果只是其中的一部分，那么确切地说到底是哪一部分等等，不清楚。同时，利

益也好，"不利益"也好，都是抽象的，须通过人与人的关系才能体现出来的社会内容，在理论上、实践上都根本不可能定量。对于义务来说也是如此。所谓肤浅，主要是指没有揭示出与权利和义务相对应的物质内容，特别是财产内容。

第二个原因，是在对权利和义务的量的关系下断语之前，没有探寻也不明白应该探寻能够直接间接对它们进行数量测评的统一衡量标准和计量单位。实际上，在将对权利和义务的研究从模糊的利益、"不利益"层面推进到正值或负值的财产内容这个层面之前，要想得到这种统一衡量标准和计量单位是不可能的。到了财产正值或负值层面，货币及其计量单位才能够成为间接地衡量权利或义务总量的统一标准。

（四）权利本位的提法理论上站不住脚、实践上行不通

也许，当代的我国正像某一本书的书名所预示的，正处在一个"走向权利的时代"。正因为这个原因，权利本位主张的重新提出才在当今法学界赢得了众多的喝彩，似乎法以权利为本位已成了时代的真理。但是，权利的时代是汉语的"权利"的时代还是和化的"权利"的时代？权利本位是汉语的"权利"本位还是和化的"权利"的本位？不清楚。与此相联系，在汉语法学的背景下，权利本位之重新赢得喝彩，到底是因为它包含了丰富的真理的成分，还是它在"汉语权利"的意义上满足了人们热切的权利期求，给了人们以心理慰藉呢？看来原因主要还是后者。真理是不媚俗的，认识真理也决不能搞少数服从多数。

权利本位的提法在学理上是错误的，在实践中行不通。应当看到，人们通常所说的"权利"实际上分为两个层次，第一个层次是本源性的、宏观政治理论意义上的权，其最典型的用法应该是"人民之权"。在权没有成为法学概念之前，"人民之权"往往被不恰当地被表述为"人民权利"。实践法理学特别注重表达的准确性，故须特别说明：它用"人民之权"取代"人民权利"。人民之权，历史地看先于政治社会、先于法律和国家，现实地看它是一种按政治逻辑推定的存在，主体是全体国民，其地位高于法律和国家。

这种本源性的、宏观政治理论意义上的人民之权，人们凭直觉是看不到的，通常需要用理论的、抽象思维的"眼睛"才能感知。尽管如此，它在某些特殊时期，也会在一定程度上以直观的形象在人们面前"偶尔露峥

嵘"，如法国大革命时代革命的人民和他们的代表行使之权，① 中华人民共和国成立时中国人民及其事实上的代表（指中国人民政治协商会议第一届全体会议）行使之权。通常，人民之权只会现身于社会的革命转变时期，正常时期现身和起作用的都是法的权利、法的权力和剩余权。

人们通常说的第二个层次的"权利"是法的权利，即法承认和保护的权利，主体是公民等个人，属一种制度性存在。第一层次的，即本源性的人民之权从逻辑上看包含着全部法的权利、法的权力和剩余权（人民的本源性之权减去法的权利和权力后的余数），因此，法的权利只是人民之权的一部分，或者说是其中一部分的法律存在形式。

在这两个层次的权中，权利本位的提法中所说的权利如果指的是本源性的人民之权，从政治学理论上看是有道理的，能站得住脚；如果指的是法的权利即现实社会的公民等个人权利，那就是片面、错误和站不住脚的。但是，从当代中国法学里权利本位这一提法的内容看，它所说的权利恰恰是、或恰恰只能理解为法的权利而不是人民之权。因为，当代中国法律体系、现代汉语中的权利一词的指称范围，是不包括任何公共权力的。法学上所讨论的权利，如果不加以特别的说明，它所指称的具体对象就是法的权利，这是约定俗成的用法。权利本位中的权利一词，在当代汉语法学中多数时候是在这种语境中使用或被理解的，这点在现有的法学作品中一目了然，特别当一些学者说权利相对于权力也是本位的时候。

其次，与本源性的人民之权相对应的是法的权利、法的权力、剩余权，与法的权利对称或对立的是法的权力、法的义务。如果权利本位论者所说的本位是指人民之权，那么这种本位存在于人民之权分别同法的权利、法的权力、剩余权的关系中。当权利本位论者所说的本位是指法的权利时，这种本位应当表现在法的权利分别同人民之权、法的权力、法的义务、剩余权的四重关系中，如果不考虑人民之权、剩余权这两种并非法定的内容，那就只有两重关系了。这两重关系就是今天法学上所说的法的权利与对应的法的义务、法的权利与法的权力的关系。在这两重关系中，至少法的权利不能是、也确实不是法的权力的本位，因为它们两者在宪法、

---

① 后者指 1789 年 6 月 17 日法国第三等级代表自行宣布成立的国民议会，同年 7 月 9 日改称制宪议会。

法律面前的地位是平等的。

当代的权利本位论者认为："权利本位概括地表达了'法是或应当是以权利为本位'的观念，是'发生或应当是以权利为本位'这一命题的简明的格言。"一直强调"在权利本位范式中，权力源于权利，权力服从于权利，权力应以权利为界限，权力必须由权利制约。"认为权利本位存在于权利与义务和权利与权力的关系中，同时主张"在权利与权力的关系中，主张权利本位，反对权力本位，意在把权利从权力的束缚或压抑下解放出来，即人们常说的'松绑'，以实现政治与经济、政府与企业、国家与市民社会的相对分离"。① 所以可以肯定，他们所说的权利本位，是指法的权利本位而不是政治学上的人民之权本位，政治上人民的权利指的是主权，包括权力（一切权力属于人民），它没有与权力对立的问题。

为什么说在法的权利的意义上讲权利本位是错误的呢？主要理由如下：

第一，从法律上看，真正与权利对立的是权力，而义务只是权利内部对立和权力内部对立的一种表现形式。所以，在这个意义上讲权利本位，首先和主要的应当是针对权力，而不应当是针对义务。而且，即使针对义务，它也只能具体针对与权利对应的那部分义务。针对包括与权力对应的义务在内的全部法的义务讲权利本位，是逻辑混乱的表现，因为，权利并不同与权力相对应的那部分义务相对应，没有理由将它们扯到一起。

第二，在法治国家，法律承认和保护的权利和权力的地位应该是平等的，它们只从属和服从于应当集中反映人民意志的法律，至于它们彼此之间的关系，一切以法律的规定为转移，谁也不必然无条件从属和服从谁。由于从法的权利的角度看待法的本位的说法是极片面且站不住脚的，能够作为法律体系起点、核心和主导的只能是人民之权，而不能是法的权利。关于权利与权力关系的排比句，听起来很舒坦，但细想问题就来了：从根本上说权力源于权利吗？在有了民主事实、制定宪法实现了民主的制度化的条件下，说权力源于权利有符合实际情况的一面，但在起源上、在根本上，情况恰恰相反。关于人类历史上法的权利的起源，恩格斯的《家庭、私有制和国家的起源》讲得很清楚。资本主义的、社会主义的法的权利，

---

① 　张文显：《法哲学范畴研究》，中国政法大学出版社 2001 年版，第 345、396、398 页。

无不都是革命的社会集团先夺取权力，再制定宪法、法律分配法权，形成法的权利和法的权力。

第三，仅仅片面强调"权力源于权利，权力服从于权利，权力应以权利为界限，权力必须由权利制约"更是片面的、有害的。"权力服从于权利"，只是一个方面，更常见的情况难道不是行使权利得服从权力的规范、监督吗？是的，"权力应以权利为界限"，但难道权利不是也应该以权力为界限吗？"权力必须由权利制约"，对的，但权利难道不是也必须受权力约束、管理？显然，为了落实体现在法律体系中的权利和权力配置方案，权利要监督权力，权力也要规范权利的行使，制止和惩罚滥用权利的行为。片面宣告以上一对对关系两个方面中的一个侧面，完全不提另一个侧面，不仅不必要、没有意义，也是不正确的。

在法律上，权力必须依法约束权利，在一般意义上不存在把权利从权力中解放出来、给权利"松绑"的问题。当然，如果权力对权利的约束超过了必要限度或法定限度，"绑"得过紧，不利于权利与权力在相对平衡、协调的状态下充分实现，情况就不同了。但即使在这种情况下，也只能通过修宪、立法或修改法律把约束权利的规则相对放松一些。对权利绝对不可能完全放任，让其不受权力约束，否则就不需要法律了，也用不着讨论任何法学问题。

法学是科学，不能因为读者想听什么我们就说什么。在市场经济社会，权力应当较此前有较大幅度的收缩，权利应当相应扩充，特别是经济生活领域的权利、自由，对此谁也不否认，但相应的提法要真正合乎法理，要实事求是、兼顾法的权利和法的权力这两个同样重要的方面。

第四，在法律上，法的权利从来不是、也不可能相对于法的权力处在本位的地位。按照权利本位的基本主张，从逻辑上看，如果权利与权力发生冲突，权力应当退缩和顺从权利。但这种情况绝对不能发生，否则必然导致无政府状态。所以，即使在奉行一切权力属于人民或人民主权原则的法制健全的法治国家，即使政府的存在完全以保障人权为宗旨，权利与权力发生冲突时的解决之道也不是权力向权利让步，而是依照法律的规定解决它们之间的冲突，没有什么相对于权力的权利本位可言。权利中与权力关系最密切的是选举权，选举权主体与权力主体之间，有委托与被委托关系。但选举权的行使过程、委托范围也是应严格受宪法、法律限制的，其本身受到各种权力主体的监督、控制，绝对不是权利主体可以单方面为所欲为的领域，不论在哪种民主类型的国家。至于权利同与之相对应的那部分义务的关系，只不过是法学在引入义务一词后对权利与权利相互交换、相互作用关系的一种表述方式。既然权利义务关系实质上是对权利与权利的关系的表述方式，那么，权利本位的提法在这个方面也就什么问题也说明不了。这个道理，我们不妨以简单的购销合同甲乙双方的货物与货币交换关系来做演示：这里就是以货物为载体的财产权利与以一般等价物货币为载体的两种不同财产权利之间的交换关系，引进义务一词后，被表述为权利义务关系。这里讲权利本位与讲义务本位，从社会、法律的角度看，实际上完全是一回事。一百多年来，外语法学和汉语法学的权利本位论者从来没有通过任何实例说明过权利本位在社会法律生活中有实际意义的具体表现，故权利本位始终停留在不切实际的口号层面。我想，没有实际价值，很可能是日语法学在 19 世纪末最先提出"权利本位"论，但在一二十年后就完全放弃了这个提法的主要原因。

三　我对权利义务关系的初步看法

要把权利与义务的关系说清楚，得大致确定一下权利和义务的范围和特征。权利是一个指称个人（包括自然人、法人）享有的法的权利和自由等好处的法学范畴，它以公民等个人的利益为社会内容，以属于个人所有的财产为其物质承担者。所谓义务，则是一个指称法的义务、法的责任、无资格等且同时与法权即法的权利、权力现象相对应的法学范畴。义务所体现的社会内容同法权所体现的利益正相反，它的物质内容是同法权所体现的财富价格总量相等但本身为负数的东西。从理论上看，权利和义务归根结底都可以用一定货币量表示，尽管只能是间接的，且需要解决许多技术性问题。

根据上述思路，本书要特别强调的是，权利只与部分义务相对应，即只同相对于权利本身的义务相对应，而不同与权力相对应的那另一部分义务相对应。所以，明显应该得出的结论是，所谓权利与义务的关系，实际上只能直接涉及权利与其自身相对应的那部分义务的关系。至于权利同与权力相对应的那部分义务之间，则并没有直接的联系。传统法学试图将与权力相对应的这部分义务放在权利与义务关系模式中进行讨论，本身就犯了简单化的错误，在理论上背离了具体问题具体分析的原则。

当然，权利同与权力相对应的那部分义务也是有关系的，但那是间接的。从研究程序上说，得先弄清楚权利同与其自身相对应的义务间的直接关系，然后才有条件认识权利同与权力相对应的那部分义务之间的间接关系。这里先集中讨论权利同与其自身对立的义务间的关系，这也是下文研究的重点。根据法律生活的事实，吸收法学有关分支学科研究权利和义务的有价值的成果，本书主张将权利同与其相对应的义务（以下简称对应义务）的关系在理论上作如下几点概括：

1. 权利与对应义务的关系实为权利与权利的关系的表现形式。任何形式的权利与对应义务的关系，都是权利内部或不同的权利之间以交换、协调、对立等方式形成的。契约关系是典型的权利与对应义务的关系，但契约关系通常也是典型的以一种权利与另一种权利相交换的关系。例如，产品购销合同的内容是以货币体现的权利同以商品体现的权利的交换，技术转让合同的内容是以货币体现的权利与以技术体现的权利的交换，如此等等。法定义务也不例外。根据宪法形成的基本权利与对应的基本义务的关系，同样是个人的一种权利与另一种权利、一个人的权利同其他人的权利对立、协调和平衡的表现。这种情况决定了根据普通法律形成的权利与对应义务的关系，也应从权利与权利的关系入手去理解。

2. 权利与对应义务的关系只是全部法律关系的一部分，而且不是其中最重要的部分。全部法律关系就内容而言都是法权关系，它包括权利与权力的关系，权利与权利的关系，权力与权力的关系三大块。在权利与权力相区分的背景下，无论是按照法律生活的实际还是根据任何现有理论规则，"权利与相应义务的关系"都只能是权利与权利的关系的反映或表现，不可能反映或表现权利与权力的关系和权力与权力的关系。

在引进义务做中介后，权利与权力的关系可表述为权利—义务关系和权力—义务关系，但也有缺点，那就是不能反映这种关系后面深层次的统一的社会内容和物质属性，故我一直主张将其直接表述为法权关系。这种关系以法律承认和保护的全部利益为其统一的社会内容，以所有权归属已定之财富为其统一的物质内容。至于权力与权力的关系，在引进义务概念后，通常具体表述为权力与对应义务的关系，就像权利与权利的关系可表述为权利与对应义务的关系一样的道理。

3. 权利与对应义务的关系的实质是公民等社会个体之间的利益关系。对于权利体现的是利益，义务体现的是负担或不利益这一点，数百年来法学者已多有论述。应当说，这种看法大体上符合实际，但其不足之处有二：其一是没有确定与权利相对应的具体是哪一部分利益；其二是误以为与权利相对应的义务就是法律生活中的全部义务。本书上述命题针对以上不足，明确将权利所体现的利益同以权力体现的利益区分开来。具体地说就是将权利定位于法律承认和保护的社会个体的利益，其中主要是公民利益和直接由这种利益派生的其他个体的利益，从而将由权利体现的利益同由权力体现的利益以及法律承认和保护的全部利益作为不同分析单位区分开来。同理，本书也相应地将与权利对应的义务同与权力对应的义务以及全部法的义务作为不同的分析单位区分了开来。

弄清了传统理论的这两点不足，今天的结论就是明确的：权利体现法承认和保护的个人的利益，对应于权利的义务体现同个人利益直接对应的负担或不利益。考虑到权利与对应义务的关系实际上是权利与权利的关系，因而可以说，权利意味着有关主体得到、取得、收获相应的利益，对应义务意味着有关主体失去、支出、付出、牺牲相应的利益，权利与对应义务的关系实质上为获得、取得一种利益而付出、支出、牺牲另一种利益的关系，也可以说是用属于自己的一种利益换取属于别人的一种利益的关系，如此等等。由于法承认和保护的社会个体的利益归根结底是物质利益，都必须有相应的财产作为其物质承担者，所以，权利与对应义务的关系最终将表现为有关主体之间的财产关系，是付出、支出、牺牲一种财产而获得另一种财产的关系，或用自己的一种财产换取属于他人的另一种财产的关系，如此等等。当然，这里说的是实体性义务，程序性义务只有间接的财产内容。

4. 权利与对应义务性质相反，但绝对值相等。所谓性质相反，指的是从社会内容看，权利体现利益，其对应义务体现负担或不利益；从财产属性看，权利归根到底体现财产收入，对应义务则体现财产的付出或丧失。有了前文的铺垫，这很容易理解。比较难以理解的是权利和对应义务绝对值相等这个判断。权利与对应义务绝对值相等的情况，在法理学现有的研究水准上是不可能得到证明的。这不仅是由于法理学现有研究成果尚没有揭示出与权利对应的义务具体是全部法定义务中的哪一部分，更重要的是，因为没有把对权利和对应义务的研究推进到它们所体现的物质内容的层次。法学现在接触到的只是权利与对应义务在法律层次和利益层次的表现，但毕竟法的权利与对应的义务等现象是无法直接度量的，而利益也是一种通过人与人之间的关系体现出来的不可能用具体数量标准检测的因素。

的确，不少学者都已谈到了权利和义务的数量，但这种谈论纯粹是猜想，因为迄今为止谁都没有在理论上证明它们的可测量性，也没能说明如何以及用什么单位对它们的数量进行计量。正因为是猜想，所以发生了明显的错误往往也不能自知。认为一个社会的全部权利同全部义务的数量相等就是这方面的一个例子。在这个例子中，有关学者实际上认为权利的总量等于同权利对应的义务加上同权力对应的义务之总和。这即使按现行理论也是说不通的。

只有将对权利和对应义务的研究推进到财产内容的层面，用货币单位对它们进行具体衡量，它们两者性质相反总量相等的关系才是明明白白的。

大而言之，由于属公民等社会个体所有之财产是权利的统一的物质基础，这部分财产与权利之间是转化—还原关系，所以，一个社会法的权利的总量与属于该社会个人所有的财产的总量是对应的，而这种财富本身又是能够用货币单位衡量、用货币数量表示的，于是权利总量进而对应义务的总量就能够通过货币量得到间接的标示，所不同的只是标示权利总量的是正数、标示对应义务总量的是绝对值相同的负数。

小而言之，例如按购销合同，订约双方一方有交付价值 100 万元货物的义务同时有收取 100 万元货款的权利，另一方则与此相反。那么此例中权利的数量是 100 万元，义务的数量也是 100 万元，只不过前者是正数，后者是负数而已。当然，很多权利和对应义务之间看不出直接的财产内容，如实体性权利中的人格权、政治权利，全部程序性权利，以及与它们对应的义务等等。但看不出直接的财产内容决不等于没有财产内容。事实上，不同权利与私有财产的关系，其联系的外显性程度差别很大，其中有些是直观的，人们可一目了然，有些却只能借助法律生活中的蛛丝马迹作为已知项，运用思维能力来把握。

5. 权利与对应义务在法律生活中可以分离，在可以预见的将来也很难完全不分离；从学术研究的要求看则必须将它们分割开来。从法律生活的角度讨论权利与义务是否可以分割或分离，要得出正确的结论必须有一个前提，那就是必须将权利与对应义务应不应该分开的问题同这两种法现象能不能分开的问题毫不含糊地区别开来。其中，应不应该分开严格地说是从道义角度、在伦理学意义上讨论的，涉及的是按某种主观标准应当怎样做以及怎样做才符合正义的问题；而能不能分开则是对一种事实、一种状态客观上是否存在的判断问题。根据这种区分，本书在这里显然讨论的是后一个问题。在这方面，正如很多文章都已经指出的，权利与对应的义务分离是极度不公正的社会经济制度下法律生活的基本特征之一。仅仅这个公认的事实就足以证明权利与对应义务是可以分离的。

即使在社会主义条件下，法律也努力贯彻权利与义务相适应的原则，但由于复杂的历史和现实的原因，权利与对应义务分离的现象客观上也还是存在的。例如，很多工商户或外来务工人员在大城市经商，每年依法向当地纳税，但只因户口不在当地，其子女就不能获准在当地上学——这些人履行了纳税义务却没有享受到本地纳税人都能享受的权利，对于他们来说，有关权利同相应义务不是分离了吗。这类实例可以举出很多。

从学术研究的要求看，权利与对应的义务不仅应该分离开，而且必须分离开。理解这一点得先将法律生活同学术活动区分开来。从法律生活的角度看，权利义务难以分开（注意，不是不可分割）的说法并无不妥；从学术研究的角度看，如果说权利义务不可分割，就大谬不然了，因为那意味着放弃相关的研究和探索。因为，从根本上说，研究某个对象就是要尽可能细致地分析该对象、分解该对象，直到实在无法继续下去才暂且停下来。不设法分析、分解对象，就不能深化对于对象的认识。亚里士多德在谈到政治学研究时就表达过对这种一般规律的认识，提出"恰好像在其他学术方面一样，应该分析一个组合物为非组合的单纯元素——这就得把它分析到无可再分析的最小分子"。[1] 恩格斯也曾谈到，自然界、人类历史或人的精神活动在人们面前因种种联系和相互作用无穷无尽地交织成一个总的画面，其中一切都是在变动着的，"但是，这种观点虽然正确地把握了现象的总画面的一般性质，却不足以说明构成这幅总画面的各个细节；而

---

① ［古希腊］亚里士多德：《政治学》，商务印书馆 1965 年版，第 4 页。

我们要是不知道这些细节，就看不清总画面。为了认识这些细节，我们不得不把它们从自然的或历史的联系中抽出来，从它们的特性、它们的特殊的原因和结果等等方面来分别加以研究"。① 也就是说，科学研究要求把那些从生活的观点看是无法分开的对象从与他物的联系中分割、分离出来。

在同样的方面，列宁说得更直接，他说："如果不把不间断的东西割断，不使活生生的东西简单化、粗陋化，不加以划分，不使之僵化，那么我们就不能想象、表达、测量、描述运动。思想对运动的描述，总是粗陋化、僵化。不仅思想是这样，而且感觉也是这样，不仅对运动是这样，而且对任何概念也都是这样。这就是辩证法的实质。对立面的统一、同一这个公式正是表现这个实质。"② 所以，要认识权利和对应义务，绝对不可以不将它们分开。那种为显示权利和义务不可分割，刻意让权利概念和义务概念形影不离，时时处处尽可能将它们成双成对地摆在一起的做法，从学术上看是十分幼稚的。

6. 如果一定要谈论法的本位问题，那就既不应是权利本位，也不应是义务本位，更不能是权力本位，而应当是人民之权本位或法权本位。具体地说，从政治学角度看，人民之权本位的提法较合理，从法律和法学的观点看，则持法权中心说更为顺理成章。我主张采用法权中心的提法，主要理由是，这种提法以法律为基准，将权利和权力放在平等的位置，同时将它们的统一体放在中心位置，完全符合法律生活的实际，也符合法治社会兼顾权利与权力、个人利益与公共利益、个人财产与公共财产的客观要求。特别要注意的是，这里所说的是法权就是人民之权的法律表现。所以这种提法实际上是以另一种语言确认人民之权相对于法的权利和法的权力的中心地位。法的权利和法的权力的平衡是实现或落实人民之权的一种方式、一种必备条件。

提倡法权中心，实际上是主张在立法、执法和司法过程中，把法承认和保护的整体利益作为一个整体放在各种利益的首位、放在基准的位置，既不偏重权利体现的个人利益，也不偏重权力体现的公共利益，而是将它们平等看待，一切按体现整体利益要求的法律的规定办，谁也不无条件服

---

① ［德］恩格斯：《社会主义从空想到科学的发展》，《马克思恩格斯选集》第 3 卷，人民出版社 2012 年版，第 790 页。

② ［俄］列宁：《哲学笔记》，《列宁全集》第 55 卷，人民出版社 2017 年版，第 219 页。

从谁。从财产内容看，这就是主张平等看待和保护一切合法财产，不论它们是公有的还是私有的。平等保护各种主体的合法财产反映了发展社会主义市场经济的客观要求。

最后，在本节权利与义务关系的大标题下，还有一个权利同与权力相对应的那部分义务的关系问题。这种关系是一种间接关系。在逻辑上，它同权利之间要以权力为中介才能建立起联系。所以，这部分义务同权利的关系属于权利与权力关系的讨论范围。因主题所限，本节对此不作进一步论述。

第二节　20 世纪上半叶通行的法本位说和权利本位说①

法本位问题在逻辑上构成系统的法学理论的一个不可或缺的环节，所以，确立合理的法本位或法重心观念，对于我国法学的进步乃至法治状态的形成和完善，都会有促进作用。我国的法本位研究的历史，至少可追溯至清朝末年。到 20 世纪三四十年代，法本位已是汉语法学领域大都关注的话题，有关论著产生过相当大的影响。有必要为进一步研究法本位问题作必要铺垫，同时也让关心这个问题但又不想就此作专题研究的人们对该问题的历史有一概略的了解。

一　20 世纪上半叶法本位研究之基本情况和主要观点

从通常能见到的资料看，我国法学史上最早提到法本位乃至权利本位、义务本位等概念的学者是梁启超。梁氏 1904 年谈论法本位的这段话很值得我们玩味："我国法律界最不幸者，则私法部分全付阙如之一事也。罗马法所以能依被千祀，擅世界一流法系之名誉者，其优秀之点不一，而最有价值者，则私法之完备是也（其中债权法尤极完备，今世各国殆全体继受之）。故当今世之初，所谓文学复兴时代者，罗马法之研究，自其时始启端绪，而近世之文明，即于兹导源焉，其影响之大如此。近世各国法

　　①　本节原载《法商研究》2000 年第 6 期，标题是《20 世纪上半叶法本位研究之得失》，融入本书时按原理、术语统一和与其他部分整合为一体的标准做了修订。

律不取义务本位说，而取权利本位说，实罗马法之感化力致之。夫既以权利为法律之本位，则法律者，非徒以限制人民权利之用，而实以为保障人民权利之用。"① 在20世纪中叶前的中国法律和法学文献中，"人民权利"与公民权利两名词通用，而且通常用于指称后者。这段话表明，梁氏所谓法律之本位也好，所谓权利本位、义务本位也好，谈论的范围原本限于私法领域，是与罗马私法的历史相联系的。但从梁启超的论述看，他那时已接受了将私法本位推而广之作为全部法的本位看待的做法。实际上，这种做法是没有根据的，可是其影响却相当深远。

我在20世纪末所见到的最早较全面讨论法本位问题的文字出自1930年出版的朱采真的著作，其中写道："国家组织一日日强固起来，才有以正义的法为基础的法律观念，这种法律却是以义务为本位……近世权利的法律思想十分发达，须要归功于德国学者，因为他们首创法学是权利之学，像《权利争斗论》，倡权利本位说，说是权利的目的在平和，权利的手段在斗争。"② 他这里所说的德国学者，显然指的是耶林（Rudolf von Jhring，1818－1892），所谓《权利争斗论》则指的是耶林那本当今译为《为权利而斗争》的书。③ 确实，在立足于民法立场写的这本书中，作者把权利抬高到了法律王国中最高的位置。他说："不管是国民的权利，还是个人的权利，大凡一切权利的前提就在于时刻都准备着去主张权利"；"无论个人权利，还是民族的权利，大凡一切权利都面临着被侵害、被抑制的危险——因为权利人主张的利益常常与否定其利益主张的人的利益对抗——显而易见，这一斗争下自私法，上至公法和国际法，在法的全部领域周而复始"；"主张权利是对社会的义务"；"为权利而斗争就是为法律而斗争"，等等。④

稍后，当时著名法学家张知本对法本位问题作了相当全面的论述。首先，他就法与权利两重意思在西方语言中的特殊联系，试图说明权利本位这个提法的根据。他写道："在法德意诸国，所谓法律一语，同时又是表

---

① 梁启超：《论中国成文法编制之沿革得失》，《饮冰室合集·文集第6册》，中华书局2015年版，第1146—1147页。

② 朱采真：《法律学通论》，世界书局1930年版，第185页。

③ See Jhering, *Esprit du droit romain Eraduit par Meulenaere*, 1877, IV, 326.

④ ［德］耶林：《为权利而斗争》，胡海宝译，载梁慧星主编《民商法论丛》第2卷，法律出版社1994年版，第12—59页。

示权利之意义，而现代一般通说，亦均以为从客观上观察法律时，则为法律，从主观上观察法律时则为权利，换言之，即以为法律与权利同时存在，而法律现象，其本位即是权利。"① 这种说法的依据显然是欧洲不少国家法律和权利两含义共用一词形的现象。

其次，张知本分析了法本位变化的趋势及相应的社会经济原因。他认为，权利本位体现出权利观念的发达，而"法律上权利观念之发达，是随近世纪工商业发达之结果而来。在近世纪以前，法律是以义务为本位，人类处于封建专制政治之下，奉征调，供赋役，优游岁月，以衣以食，只知有义务，并不知有所谓权利。迨至工商业逐渐发达，封建式的义务本位之法律，已觉不适于人类之实际生活，于是'天赋人权'之思想，因之发生，而权利之观念，即已入于一般人类之脑海中矣"②。于是就产生了权利本位的法。

再次，张知本还讲到了义务本位、社会本位的内容和法本位发展更替之规律。他说："封建时代义务本位之法律，其所谓义务者，是多数人尽忠于少数人之义务，而与现代所谓义务本位之意义各有不同耳。现代所谓义务本位者，其义务乃系履行社会职责之义务，故又可称之为社会本位，而权利本位，即称之为个人本位。由义务本位进于权利本位，再由权利本位复返于义务本位，乃是循着社会进化之阶段而向前发展，惟其是向前发展，故今日之义务本位，虽形式上是复返于昔日之义务本位，而内容上则今昔悬殊也。"③

最后，张知本也表明了他反对权利本位，主张义务本位之态度及其所持的理由。他认为，"法律是社会规范，是以拥护社会利益为主要之任务，所有权利本位之法律思想，只是拥护个人之法律，而非拥护社会之法律，此种法律，实是抛弃其本来之使命矣。虽然在反抗封建权力之际，所谓'人权'思想，比之封建式的义务本位之法律观念较为进步，能将人类从专制政治中解放出来。但此思想，既与法律本来之使命相抵触，则以人权反抗'王权'，而营其消极的作用则可，若以人权巩固人权（积极的作用），使成为万古不易之定律，势必于人权之中，酝酿出许多矛盾。若以

① 张知本：《社会法律学》，上海法学编译社 1931 年版，第 54 页。
② 张知本：《社会法律学》，上海法学编译社 1931 年版，第 54 页。
③ 张知本：《社会法律学》，上海法学编译社 1931 年版，第 63 页。

法律拥护个人权利之极端，而不顾及社会之利益，则所谓人权者，结果，即只有少数人之人权，而多数人之权，必为此少数人之人权所剥夺。"① 张知本是赞成狄骥的权利否定说的，但他又补充说，"吾人所谓法律上之权利否定者，并非谓法律绝对不应规定权利。不过在规定权利之中，须以义务为本位，不当以权利为本位。换言之，即法律所应保护之权利，是为履行社会义务而行使权利之权利，不是为扩张个人利益而行使权利之权利。"②

1932 年，周邦式编著出版的一本书对法本位起源的看法也作了论说，意思与张知本的有相似之处，但论说更为具体些。他在该书中写道："古代法律，类皆以义务为本位，中西各国，如出一辙。18 世纪以后，因工商业发达，封建制度解体，天赋人权之说，甚嚣尘上，于是法律之上权利观念，亦随而勃兴。其最先表现于公法方面者，则有 1789 年法国大革命时之人权宣言；其最先表现于私法方面者，亦有 1804 年之法兰西民法。风声所播，举世从同，权利本位，遂取义务本位而代之。"③

1933 年出版的法学作品论及法本位问题的也比较多。其中欧阳谿著作中的论述较引人注目。他首先界定了法本位的含义，认为"当研究权利义务之先，对于法律立脚点之重心观念，不可不特别论及，即所谓法律之本位是也"。④ 他还指出："法律本位之普遍观念为权利。故以法律为权利之规定，法律学为权利之学，乃现代学者间之通说。"⑤

欧阳谿阐述了义务相对于法律产生和权利形成的先在性，以及义务本位向权利本位转变的原因。他说，"由人类社会之进化程度观之，其于团体凝固现象之前而第一发生者，厥唯义务观念。社会之重心力，即因此义务之强要而发生法律。故义务先法律而存在，法律乃后义务而发生者也。其最初发生之义务，对于社会具有最高权力者，厥唯服从。因服从之结果，遂对于同团体之他人，为法律上义务之确定。因此种确定义务之结果，而权利观念，乃渐次发生。更因个人之发展充实，由个人与最高权力对抗之结果，而确定发达，于是法律观念，遂由义务本位而入于权利本位焉。"⑥

---

① 张知本：《社会法律学》，上海法学编译社 1931 年版，第 55 页。
② 张知本：《社会法律学》，上海法学编译社 1931 年版，第 63 页。
③ 周邦式编：《法律学概要》，蓝田新中国书局 1932 年版，第 130 页。
④ 欧阳谿：《法学通论》，上海会文堂新记书局 1947 年版，241 页。
⑤ 欧阳谿：《法学通论》，上海会文堂新记书局 1947 年版，第 241 页。
⑥ 欧阳谿：《法学通论》，上海会文堂新记书局 1947 年版，第 242 页。

此外，欧阳谿还论述了个人和社会的发展水平与法本位变化的对应性以及向社会本位转变的趋势："权利本位，既由义务本位进化而来，从理想上推测之，法律之重心，当不必以权利为唯一之本位。以权利之拥护，系原于义务之强行，即因义务之强行而拥护权利，尚非法律终局之目的。其终局之目的，在于促进社会生活之共同利益，以谋人类之安全，是法律之重心，将移于社会，而必以社会为本位，可断言也。故当个人不自觉时代，法律之观念，以义务为本位，及个人自觉时代，法律之观念，以权利为本位。今渐入社会自觉时代，而法律之观念，遂不能不注重社会之公益而以社会为本位云。"①

　　同一年，张映南编著的法学作品从另一个角度谈论了法本位问题，他的看法的基调与张知本、欧阳谿近似，但具体说法有其自己的特点。作者写道："法的观念与权利之观念有不可分离者，因自客观的一般的抽象的以为言，则谓之法，若自主观的特殊的具体的以为言，则谓之为权利，有谓法学为权利之学者，即此意也。法与权利虽同其存在之时，而究其观念发达之顺序，则古代之法，皆以义务为本位，迨至 18 世纪以来，法之本位，始由义务而进于权利，最近又转而为义务本位之趋向，以其进而为社会本位也。又有一派权利否认学者之所主张，谓法须以社会连带为其基础，欲达此连带之目的，即不可不以义务为其基础，故主张权力权利说者，皆非确当之论也。夫既承认社会连带之存在，则其所谓义务者，即社会之权力与权利。"②

　　这里特别值得注意的是最后那句话。这句话显然指的是法国学者狄骥的言论。狄骥既否定个人权利又否定国家主权，只强调尽社会连带关系的义务，所以，在这种背景下，所谓义务本位，其实际上差不多就是权力与权利双重本位的意思。

　　在法本位学说上，20 世纪 40 年代的法学没有显著发展，但权利义务并重的意思比 20 世纪 30 年代突出。从著作中看，20 世纪 40 年代后期除重印的欧阳谿等人的 20 世纪 30 年代初的著作外，另有些作品谈法本位问题，讲得很简短。例如，龚钺在《比较法学概要》一书中说："法律以权

　　①　欧阳谿：《法学通论》，上海会文堂新记书局 1947 年版，第 242 页。
　　②　张映南编：《法学通论》，上海大东书局 1933 年版，第 211 页。

利为本位，抑以义务为本位？亦属讨论法律之先决问题"；"最普遍的观念，以为法律乃建立于权利并义务两者之上。同一法律规则，创造权利，亦即产生义务，创造义务，亦即产生权利。"① 在相似的意义上，何任清也表达了这样的观点："权利义务之观念在法学上甚属重要，盖法律之任务，即在于规定权利与义务，现代一般通说，皆以法律为权利义务之学也。"② 这里表达的是权利义务相一致或权利义务并重的观念。

由于手边资料有限，前引文字肯定不能全面反映当时法本位研究的方方面面。但由于所依据的资料是很普及的、常见的法学读物，故有关文字应该能够大体上反映那个年代法本位研究的基本情况。

二 20 世纪上半叶法本位研究的学术贡献与理论缺失

差不多一个世纪过去了，回过头来看 20 世纪上半叶的学者们关于法本位的论述，我们仍能感受到那个时代学者作出的贡献。现试将这一时期法本位研究的主要贡献概括如下。

1. 恢复了法本位这个论题或讨论领域。在法学中，法本位这个论题，我原来倾向于认为它是由梁启超在 1904 年提出来的，但后来新阅读到的资料表明并非如此。实际上，这个论题是日本法学家穗积陈重于 1890 年在其所著之《法典論》讨论"法典の本位"时提出来的。当时，他对"権利本位"、"義務本位"和"行为本位"分别做了论述。③，显然，梁启超只是基于在他之前已有的日语法学内容讲到"权利本位"。

应该说明的是，法以某种现象为中心，同法以什么为本位的论题不完全是一回事。例如，有学者说，"民法从来就是权利本位的法。"④ 在这个意义上，民法作为权利本位的法，已经有了古老的历史，至少要追溯至罗马私法。又如，德沃金说："康德的绝对命令构成了一种基于义务的理论（a duty-based theory）；汤姆·佩恩的革命理论则是基于权利的（right-based）。"⑤ 其中，duty-based 和 right-based 都是形容词，可以译为"义务

---

① 龚钺：《比较法学概要》，商务印书馆 1947 年版，第 161 页。
② 何任清：《法学通论》，商务印书馆 1946 年版，第 119 页。
③ 参见穗積陳重『法典論』，東京哲學書院，1890，国立国会图书馆影印本，第 174—180 页。
④ 李双元、温世扬主编：《比较民法学》，武汉大学出版社 1998 年版，第 76 页。
⑤ Ronald Dworkin, *Justice and Rights*, see G. W. Smith（edited），*Liberalism：Justice and reason*，New York：Taylor & Francis，2002，p. 112.

本位的"和"权利本位的"。

这样，人们可以把康德的理论称为义务本位的理论，将佩恩的理论称为权利本位的理论。在这个意义上说，权利本位的法学也早就有了，至少洛克、杰佛逊、边沁、密尔、霍姆斯、布兰代斯这些人的法理论是其中一部分吧。但是，有了"权利本位的"法律，有了"权利本位的"法学理论，不等于就有了法本位这个法学论题。因为，这些话语只是旁人的一种描述，相同的意思，完全可以用另外的话语表述。

一般地说，要将法本位算做一个论题，必须设定"法以什么为本位或应当以什么为本位"之类的问题并展开论争；至少，须有人明确主张法应以什么为本位并论证相应的观点。在这个问题上，我曾费了不少力气，但实在找不到国外围绕法律的本位（或法的重心等）问题展开论争的证据，也没见国内哪一位学者直接引用过这方面的资料。所以，尽管有学者说西语法学在这个问题上曾在论争的基础上形成过以权利为本位的共识，但我却相信这仅仅是在有了"本位"话语的背景下后人对某种主张的一种描述。

2. 较为合理地确定了法本位的含义。我们看到，那时的学者已将法本位中的"本位"认定为"法之根本"。不同的法本位观就表现为不同的法根本观，所不同的是，有的着眼于法或法关系的内容（如权利本位与义务本位的分类），有的着眼于法律的服务对象或法律实施的受益对象（如个人本位、社会本位的提法）。此外，对法或法关系内容的不同认识，也能造成对法本位的不同看法。例如，只有承认权力同权利一样是法关系的内容，才有可能接受权力本位的提法，否则接受权力本位的提法就不合乎逻辑。合理确定法本位的含义是一项基础性工作，它为继续讨论这个问题创造了前提条件。

3. 对法的不同类型"本位"的根据或社会历史根源作了有益的探讨。例如，按张知本的说法，义务本位的根源是工商业不发达和封建专制政治，权利本位的根源则是工商业发达、天赋人权观盛行。这种看法似乎还多少包含了一些历史唯物主义成分。此外，在讲到权利本位时，张知本用不少西方语言中的权利和法律两义词形相同这种情况来证明法与权利之间的客观联系。这种做法的依据是西语法学中较有代表性的说法。按此说法，存在着"这样一个特别有意义的事实，那就是，在绝大多数欧洲语言中，法律一词与权利一词写法是相同的，拉丁语的 jus，德语的 recht，意大利语的 diritto，西班牙语的 derecho，斯拉夫语的 pravo，都是既指代约束人的法律规则又指代人人都宣称属于自己的法律权利。这种重合不能看作是偶然的，也不应认为是词语的真实意义在这些语言中发生错乱造成的，恰恰相反，它们表明法律和权利之间有着深层联系。同时，人们也不难看出，何以 jus 和 recht 这类词语会面对两种情况：一方面，也许可以说一切私权利都源于法律秩序，另一方面，法律秩序在某种意义上就是得到协调的法律权利的集合体"。① 不过，用"权利"与"法律"在一些欧洲国家语言中由同一个词来表达这一情况来证明法律以权利为本位，同前面所说的法的本位随时代而变化是矛盾的——按他们的看法，法的本位是随时代变化的，而这些词语的含义并没有紧随时代的变化而发生相应改变。

4. 已经出现了多种法本位说或试图确定法本位的说法。比较定型的法本位说有义务本位说、权利本位说、社会本位说。试图确定法本位的观点包括个人本位、义务本位、权利义务并重、权利义务相一致以及以权力、权利为基础（本位）等提法。这些提法出自不同学者之口，未经统一和梳理，并不是彼此协调的，有些含义还不十分具体。不过，这里要留意：在社会本位说中，什么叫社会不甚清楚，从与利益的关系看好像指的是公共利益，但公共利益可分为由公共道德维护和体现的与以法来维护和体现的（即国家权力维护和体现的）两个部分以及由这两部分构成的整体共三个法单元。面对这种情况，人们难免会感到困惑，社会本位所强调的公共利益是哪部分公共利益？一般地说，法学上所讲的公共利益应当是法确认和维护的公共利益，它是由权力来体现的。因此，社会本位就其内容而言，可以说就是权力本位。

5. 认为法的本位并非是一成不变，而是随社会发展而有所变化的。至于变化的趋势，从上文摘录的资料看，人们大多认为是由义务本位到权利本位，再到社会本位，但也有认为从权利本位有可能又转回义务本位或权利权力双重本位的。对于法本位变化的原因，有从法意识法观念成长的角度解释的，有从法律本身的发展解释的，也有从社会经济生活

---

① Sir Paul Vinogradoff, *Common Sense in Law*, Oxford University 1913 first edition, 1959 third edition（reprinted in 1987 by Greenwood Press, Inc.），54.

条件的变化入手进行解释的。尽管看法不一，但毕竟都认为法的本位是可变的。

6. 从现实性上看，当时认为法应以权利为本位和应以社会为本位的学者居多，因而也可算在法本位问题上取得了一些共识。具体表现出的倾向是，从一般性上肯定法以权利为本位，就现实性而言，则大都说社会本位正在或应该取代权利本位。如前所述，社会本位实为权力本位，国家主义色彩较浓。这或许应当理解为当时政治生活现实在法学领域的投影。

以上几点都是 20 世纪上半叶法本位研究方面值得肯定或重视的东西。另一方面，今天回过头去看，这一时期的法本位研究也有其许多缺失。在那个时期，学者们尽管对法的本位是什么之类的具体问题看法各异，但关于法本位的论述却有着共同的理论特点：一是几乎都无例外地将权利与义务作为法的基础或基本内容；二是以权利义务观念作为最基础的法观念，将法学看做权利义务之学，或将权利与法相提并论，认定法学为权利之学，并将相应的法学观点称为法学界通说。法本位研究中的失误或问题，都是由这两个特点所造成或受其影响的结果。

从当代中国法律体系和现代汉语角度看，20 世纪上半叶法本位研究中的主要失误或问题或许可归结为如下几个方面：

1. 基本分析框架局限于权利和义务的范围，而权利和义务用来说明私法现象尚能应付，但牵涉到宪法、公法领域它们往往就无能为力了。然而，法本位中的"法"恰恰是一般意义上的法，既包括私法又包括宪法、公法。所以，权利和义务这两个基本法学范畴较狭小的理论容量同由私法和宪法、公法构成的宽广法律现实领域相比，差别十分明显。

2. 围绕着权利、义务打转，但对权利和义务本身的社会经济内容却没有形成像样的认识，因而所讨论的问题和所得出的结论十分表面化，甚至有些荒唐。前引张知本所说"法律所应保护之权利，是为履行社会义务而行使权利之权利，不是为扩张个人利益而行使权利之权利"，就是不了解权利与个人利益之关系，将个人利益与其法的存在形态（权利）对立起来的一个多少有些荒唐的例子。

3. 对法本位的讨论几乎完全脱离法律生活实际，从来没人说清楚也没试图说清楚立法如何具体贯彻权利本位、义务本位或法的其他本位，没提在适用法律（如执法、司法）的时候如何贯彻他们所选定的法本位，更没有结合具体法律文本和具体判例来比较不同本位的法的实践后果。当然，也没有谁曾说清楚不同本位的法到底有什么具体区别以及造成这种区别的具体机制。

4. 所论及的各种"本位"，没有统一的分类标准而又往往被相提并论，关系十分混乱。如权利本位、义务本位、个人本位、社会本位中的"权利""义务""个人""社会"，是以什么为标准划分的，根据什么相提并论，令人难以捉摸。又如，前面引证过的有代表性的说法之一是，"18 世纪以来，法之本位，始由义务而进于权利，最近又转而为义务本位之趋向，以其进而为社会本位也"。可问题是，"本位"这样变来变去，作者是以什么为根据加以把握的呢？每一种"本位"有哪些区别于其他"本位"的特征？对这类基本问题都找不到答案。其实，所谓"本位"，在有关学者那里恐怕只是一些朦朦胧胧的感觉。

除此外还有一些其他问题，我打算在本书另一章中进一步评说。

20 世纪上半叶的法本位研究，已过去半个多世纪了，今天回过头来看，当年研究活动的成果和失误都极大地影响了 20 世纪末的法本位研究。在这方面，我们只要举出两个事实就足以说明问题了：第一个事实是，世纪末法本位论争中的几乎所有基本命题或提法，包括权利本位在内，基本上都只是重复 19 世纪末、20 世纪初日语法学和民国时期的说法。当然，其中有些被赋予了新的时代的色彩，得到了更全面、更深入的阐释，这是应该承认的。第二个事实是，世纪末法本位论争也几乎重复了当年法本位研究活动中已显露出来的所有理论缺失。这一点不能不让人感到遗憾。

三 对论说法本位问题所依托的专业基础理论的初步评说

当代汉语法学的基础理论，在很大程度上表现为以和化的"权利"概念和以其为重心的"权利义务"范畴组合为基础构建起来的一套比较系统的解释法现象和影响法律现实的学说。当代汉语的"权利义务"法理学的学术思想和分析思路体现在很多法学专著、论文和法理学教科书中。其中，代表性的著述有《法论》[①]《权利义务要论》[②]《以权利和义务为基本

---

① 张光博：《法论》，吉林大学出版社 1986 年版。
② 张光博：《权利义务要论》，吉林大学出版社 1989 年版。

范畴重构法学理论》,① 以及《法哲学基本范畴研究》。② 权利义务法理学的特征或要点,可以归纳为如下几个方面:继承了中外法学中那些将一切法律问题都归结为权利义务问题的认识成果;把公共权力理解为权利的一部分,将权利和义务看做最重要法现象;围绕权利义务来确定法学的对象和范围;将权利与义务的矛盾看做社会法律生活中最基本的矛盾;认为法以权利为本位;选择权利或权利义务为法学的核心范畴。

权利义务法理学有西语法学渊源,但作为一个较完整的法现象解释体系,实际上产生在19世纪与20世纪之交的日语法学中,同期流传到汉语法学,20世纪上半叶的日本和中国见证了它的全盛时期。当代汉语的权利义务法学,出现在中国社会法律和法制发展的一个十分特殊的时期。其出现的具体时间,大致上是20世纪80年代末,到20世纪90年代基本定型。这个时期中国法学发展的主要特点是:一方面,新的历史时期经济建设、民主法制建设和改革开放对法律和法学有着大量而急切的需求;另一方面,法学教育中断或实际上中断了20多年,法学人才奇缺,法学知识既少又落后,切合中国新时期实际的法学理论更为缺乏。汉语的"权利义务"法理学就出现在这样的时期,其出生标志,可以说就是1988年夏季在长春召开的法学基本范畴研讨会。因为,正是在这个会上,在一些学者中形成了以"权利"为核心、依托"权利义务"范畴构建新时期所需要的法学理论的共识。这里所说的"权利",都是指称范围包括各种公共权力的和化的"权利"。

现在回过头来看,当代中国以包括各种公共权力的"权利"为重心的"权利义务"法理学的出现,实际上是在中国社会经济生活迅速发展和法学理论极为贫乏两者之间的巨大反差对法学界造成了很大的压力的情况下,法学界作出的一种应急性反应。从总体上看,以"权利"或"权利义务"为核心构造法理学的设计只是一个理论上的"急就章"。当年在对权利义务等法现象或法学范畴并无深入研究、甚至根本就没有展开研究的情况下,当有学者将20世纪上半叶汉译日语法学和汉语法学入门型教科书中关于"权利义务"的基础性概念定位和相关学术见解宣示出来并结合新的

---

① 张光博、张文显:《以权利和义务为基本范畴重构法学理论》,《求是》1989年第10期。
② 张文显:《法哲学范畴研究》,中国政法大学出版社2001年版。

时代背景加以阐释时，许多学者感到有道理，表示赞同，然后就运用马克思主义的话语对其重新进行阐述。这一改造使原有的权利义务学说在一定程度上适应了当时中国的情况。在大体站住脚后，有关学者又向其中补充了一些当代国外学者关于权利义务研究的同类型成果，以为佐证。

当代中国这种"权利义务"法理学虽是以"急就章"的形式出现的，但它毕竟是法学适应我国社会发展的结果，是时代的产儿，有不少合理性和积极进步意义。

首先，此举在法学领域配合着国家根本任务从以阶级斗争为纲向以现代化建设（经济建设）为中心的伟大历史转变，反映了新时代的新要求。此举在很大程度上促进了中国的法学基础理论从过去那种简单的政策型话语向社会科学意义上的现代法学话语的转变。

其次，它的倡导者们重新提出和论证了不少富有时代气息和民主、法治精神的法学观点，赋予了新时期的社会主义法理学以较为充实的内容和活力，"权利本位"的法观念是其中之一，赋予了这一本来是早已有之的提法以新的、比较适合当时中国人群需要和社会发展潮流的新内容。至于这一主张在理论上能否站得住脚，可另当别论。

再次，中国法学界以此为契机，对权利与义务及其相互关系作了较全面的研究，基于权利义务来说明其他法学范畴和法现象有不少成功和合理的地方，尤其是在私法领域。

在今天，以包括各种公共权力的和化的"权利"为重心的"权利义务"法理学实际上仍然是汉语法学居主流地位的基础理论。这一点集中表现在国内主要的大学法理学教科书对于法学几乎所有基础性问题的定位方式和具体论述上。例如，进入 21 世纪后，我国最著名高等法学院校使用的法理学教科书，基本上都是将法律关系归结为权利义务关系，将法律关系内容归结为权利和义务，对法律关系的主体、客体也都从权利义务主体和权利义务客体方面去解释，只有很少是例外。这一种情况表明：将法的核心看做包括公共权力的"权利"，将法律生活中最基本的矛盾看做权利与义务的矛盾，仍然是法理学教育界较主流的观点；以权利义务为核心的法律观和以权利义务为法学的最重要范畴的法学观已被作为稳妥可靠的学术观点向法律学习者和法律工作者传播。

但是，从"权利义务"法理学近十年来的推广和应用情况看，这种以

"权利"为重心的法学理论已经暴露出了它固有的问题和不可弥补的缺陷，它并不是一种适合中国社会发展需要的法学基础理论。近几年来，我在法学教学和研究过程中日益强烈地感到，"权利义务"法理学对现象的解释力十分贫弱，基本上起不到法的一般理论所应有的作用。从广度上看，不少现象它解释不了或解释得十分牵强甚至前后矛盾。从深度上看，其解释力往往只能及于现象的浅层属性和联系，甚至只停留在现象表面。

依托21世纪法学研究的成果，从21世纪20年代的法学研究水准看问题，今天对"权利""权利义务"理论和权利本位论可以做三点评论：（1）法本位研究在历史上，如在19世纪与20世纪之交的日语法学和20世纪上半叶的汉语法学中，一直是在和化的"权利""权利义务"的语境下展开的。所以，那时的"权利"本位，实际上内容是个人权利和公共权力双重本位。清末和民国时期的法本位论者为避免逻辑不自洽，从来不说，也绝对不会说"权利相对于权力也是本位"之类自陷于逻辑深渊的话语，因为，他们使用的权利一词的指称范围是包括权力、即包括各种公共权力的。（2）当代汉语法学的法本位论者、特别是其中的权利本位论者，他们在理论体系层面使用的是标准的和化的"权利"概念，即使用的是指称范围包括各种公共权力的"权利"一词，但当他们遇到理论困境时，却敢于自陷逻辑深渊，在不做任何说明的情况下同时使用和化的"权利"概念和汉语的"权利"概念，即有意同时使用指称范围包括各种公共权力的"权利"一词和指称范围不包括任何公共权力的"权利"一词，以求得"自圆其说"的表面形式。但同时又敢于坚称权利对于权力也是本位。显然，这在学术上是绝望和万般无奈的表现，无异于默认和化的"权利""权利义务"解释体系崩溃。（3）在和化的"权利""权利义务"语境下的权利本位、义务本位，实际意义并无差别。因为，和化的"权利"概念的外延，包括各种公共权力，所以，从汉语"权利"的角度看，它实际上是权利权力双重本位，接近实践法理学提倡的法权中心说。另外，在和化的"权利""权利义务"的语境下提倡义务本位，其实际内容不过是从义务着眼、着手，来落实权利、权力，重心也放在权利、权力。

今天理解法本位问题的关键，在于知道和化的"权利"一词和规范的汉语的"权利"一词的区别及其形成史。好在和化的"權利"（或"権利"）一词在其母国日本，20世纪下半叶已经回归了当年引进汉语的"权利"一词原初的含义，即它的指称范围，在今天的日语法学中已经不再包括任何公共权力。在这里，为了更清楚地说明以上情况，我要将自己在2023 年 11 月 4 日第 16 届中日公法学研讨会（早稻田大学）上的演讲中的主要内容的原文略加编辑抄录如下，作为本节的结束语：①

　　汉语法的一般理论长期以来没有形成或不太看重自己民族特有的东西，在包括核心范畴在内的基础性法学范畴（或基本概念）中，可以说没有一个是国人自己创造的，在这些方面汉语法学基本上源于引进甚至简单化照抄照搬。我国法理学当今认定的基础性范畴，还是 19 世纪末和 20 世纪上半叶和制汉语的"权利""权利义务"。大量中日文法学资料表明，这种指称范围不仅包括各种个人权利、还包括各种公共权力的"和化权利"（即和制汉语的"权利"一词），曾经盛行于 19 世纪末 20 世纪上半叶的日本法学。据我的阅读和前些年在日本访学期间与日本学者的交流互动所知，当代的日语法学早已放弃了第二次世界大战前那种指称范围包括各种公共权力的"和化权利"和以其为中心的权利义务理论。关于"和化权利"与现在日语法学使用的权利、权力概念的区别，十余年前我在中央大学访学期间，中西右三教授和江利红教授曾给过我不少帮助。简单地说，我获得的确切知识是：汉语的权利一词自其来到世间时起（19 世纪 60 年代），其指称范围就是不包括任何公共权力的；20 世纪中叶前日语法学的"权利"一词的指称范围，一度包括各种公共权力，但 1947 年后逐渐变了。当代日语的权利一词，不再是指称范围包括各种公共权力的那种"权利"，而是回归了汉语权利一词当初来到日本时的含义。

　　在座的学者可能很少有人了解，改革开放数十年来，中国法理学教科书的主导者们一直致力于把 20 世纪中叶前流行于日语法学的那种和制汉语的"权利""权利义务"和相关基础性法学见解，作为成熟的、优质的基础性范畴、基本原理向本国法科学生加以灌输。有的部门甚至将和制汉语的"权利""权利义务"作为主导全国通用的法理

---

① 童之伟：《公法学研究须以民族的现代的法的一般理论做支撑——在第 16 届中日公法学研讨会（早稻田大学）开幕式和研讨会上的演讲》，2023 年 11 月 4 日。

学教科书的金科玉律，不容其他学者批评。但实际上，这种以"和化权利"、和化的"权利义务"为中心的法现象解释体系，日语法学总体上已经放弃了大半个世纪。这就难怪用它解释起当代中国的法现象来，会显得那样严重地脱离中国法律体系和法律生活，自相矛盾，无法自圆其说。

感谢昨晚早稻田大学的招待餐会，它使我有机会就"和化权利"和以其为核心的权利义务概念的含义变迁，进一步当面请教日本著名法学家、早稻田大学名誉法学教授户波江二先生，由王树良博士做通译。户波教授花了近二十分钟耐心地解说这个问题。他说，早年日语确实是权利与权力不分、把权力作为权利的一部分看待的，但是在第二次大战后、具体说来是 1947 年宪法施行后，权力开始从权利中分离出来。现在权利、权力不仅是分离的，而且是对称和对立的。但是，户波教授也指出，公法权利中的选举权作为权利，确实与权力有些纠缠，因为个人要以行使选举权的形式向一些公共机关让渡一部分权利，这些权利集中到公共机关手里后会形成权力，但这不意味着权利、权力概念没分开。至于 1947 年后日语法学的权力为什么会从权利中分离出来。我谈了自己的看法之一，那就是明治宪法没有"权力"一词，而 1947 年开始施行的日本现行宪法序言做了如下规定："国政源于国民的严肃信托，其权威来自国民，其权力由国民的代表行使（その権力は国民の代表者がこれを行使し），其福利由国民享受。""凡与此相反的一切宪法、法令和诏敕，我们均将排除之。"可以说这是日本宪法最重要的原则，在这个原则主导下的日本法律生活和法学中，必须有独立于权利的权力概念，没有权力概念根本无法想象。户波教授对于这个问题提出的解释是，早年日本国民没有多少权利，国家、政府权力很大，权利处在被权力淹没的状态，区分不区分权利、权力显得无所谓；1947 年宪法下国民权利大增，权利与权力不分开不行了。我承认这也是一部分原因，但我相信更根本的原因在于世界范围内公共财产、公共开支的大幅度增加。

我与主持这阶段发言与讨论的一桥大学法学部但见亮教授谈到他认为"很有意思的和化权利"，汉语讲得甚好的但见教授再次确认日语法学放弃指称范围包括各种公共权力的"权利"一词有好几十年。

许多年来，我从与日本法律学者和中国二三代留日学生所做的交谈中感到，当代日语法学中根本就不再有"和化权利"、和化的"权利义务"的地位。

但是，中国清末和民国时期的入门型法学教科书当年全盘承袭了"和化权利"、和化的"权利义务"概念以及以它们为根本的基础性法学教学话语。当代的汉语法学的教学话语在核心范畴、基本范畴和一系列基本论点方面，继续全面沿用了清末汉译日语法学和民国时期法学入门型教科书的"和化权利"和以其为中心的"权利义务"概念和相关基础性命题。以它们为主要内容的法学话语实际上早就脱离了中国当代的法律体系、法律制度，也脱离了现代汉语。这种状态从根本上制约了中国宪法学基础理论的发展，也给中国宪法实施带来了不良影响。因为，法的一般理论中如果没有权力概念、权力观念和对权力的足够论述，仅仅宪法学讲国家机构及其职权、权限等等，是不够的，必然影响对权力的认识、监督、制约和控制。所以，我选择做打破这种法的一般理论的束缚的研究，力主形成中国民族的（即具备本土的、大众化特征的）现代的法的一般理论，用它来同时支撑公法学和私法学的研究。虽然我个人是将宪法与公法分开，认为宪法既是私法的根本法又是公法的根本法，因而应作为单独一类，但我今天没必要特别强调这一点。我推动形成民族的、现代的法的一般理论的大致的主张是：

1. 将"权利"一词的指称范围或含义定位于反映个人利益、个人财产的以个人（自然人和法人）为主体的权利，不包括任何公共权力。

2. 将权力定位于公共权力的法的表现，由广义政府的税收或其他公共征收支持，不包括任何个人权利，不论民商事权利还是公法权利。

3. 用剩余权指称法外的各种权，如道义（道德）权力和道义权利。

4. 确认"权" = 权利 + 权力 + 剩余权；或"权" = 法权 + 剩余权。

5. 鉴于以上关系，权可分为进入法中、由法分配并规范其运用行为之权和由法外规则分配和规范其运用行为之权，并可将前者称为法权，将后者称为剩余权。

这样，我们指向民族的、现代的法的一般理论，就有了三个任何西语法学所没有而为中国所特有、中日两国法学可以共享的基本概念或基本范畴：权；法权；剩余权。它们的民族性，包括大众性，集中体现在来自远古汉语、历经沧桑巨变，吹尽狂沙始到金留存下来的权这个单汉字名词。在西语法学中心主义的语境下，权被近现代东方法学忽视、轻贱了至少一个半世纪。到当代中国，它终于开始被一部分学者所看好，很可能成为最终被发现的瑰宝。这是就当今汉语法学的外观和形式方面讲的。

能支持宪法学、公法学研究的汉语的法的一般理论的现代性体现在哪里呢？我以为，它体现在两个层次。一是形成汉语的法学的权力概念，在汉语法学和日语法学中，权力都有一个从无到有的问题。我阅读到的资料表明，日本学者也多有证实，日语法学基本解决了这个问题，但汉语法学在法的一般理论层次还基本没有解决。确立权力概念，仅有权力这个名词是不够的，还必须把它与社会学、政治学的权力概念的含义区分开来。更要紧的是，权力必须与权利严格区分开，它不应该包括任何个人权利，不论是民商事权利，还是选举权、被选举权等公法权利。

但是，前面说的区分，皆须以"和化权利""权利义务"被扬弃为必要条件。当代汉语宪法学、公法学若欲从法的一般理论中获得支撑，它就必须推动法理学将"和化权利"和以其为重心的"权利义务"完全淘汰出局。

能支持公法研究的法的一般理论实现现代化的第二层次的工作，是按新的格局改进对权利、义务的认识。要点是把权力从20世纪中叶前和制汉语的"权利""权利义务"的传统定义的绑架下剥离出来。一方面让权力独立，另一方面重新定义"权利""义务"。

我阅读的资料表明，在克服20世纪中叶前的和制汉语权利一词的局限性和阻碍作用方面，日语公法学已经不再面临这样的问题，但汉语法学还任重道远。汉语法学还只有少数人在为排除那种和制汉语的"权利""权利义务"对宪法学、公法学的巨大阻碍作用而努力。如果有条件的话，我愿意为此目的研究日语法学走过的道路，学习日语法学做到与时俱进的经验，并把它介绍给汉语法学界。

像日本 1947 年前的宪法一样，中华人民共和国成立前的中国宪法中也是没有"权力"这个词的。但是，中华人民共和国成立之后的中国宪法（最初是临时宪法的相关法）有了。而且不仅有了，还处在关键节点。中国《宪法》第二条规定："中华人民共和国的一切权力属于人民。人民行使国家权力的机关是全国人民代表大会和地方各级人民代表大会。""一切权力"这个名词出现在中国宪法中绝对不是偶然的，是世界大趋势在中日两国宪法中的反映。

我国《宪法》第二条"一切权力"这个词组对于正确理解中国公共机关的地位、行为和公共权力极为重要，它要求对国家、国家机关的全部权力、职权、权限、公权力等，都必须在"权力"的项下加以理解、解说。任何将国家的权力、国家机关及其官员的职权、权限、公权力等用和制汉语的"权利"一词加以定位解说的做法，都实际上是在曲解宪法，误导读者，属于应该杜绝的行为。

所以，当今汉语法学应该像当代日语法学一样，非常有必要与时俱进，将"和化权利"、和化的"权利义务"放进汉语法学的历史博物馆，并用新的法学基础性概念取代它们。在这方面，我发表过 3.5 万字的文章，详细说明了把"和化权利"、和化的"权利义务"清理出当代汉语法学的必要性和理由，① 有兴趣的朋友不妨一读。

第三节　以和化"权利"为核心范畴的法现象解释体系应予更新②

实现法理学的更新，首先需要对现有的"权利义务"法理学的一系列问题、不足乃至重大缺陷有足够的认识，舍此不能获得探求新的法理学体系的动力。我将不揣浅陋，毫不保留地将自己对"权利义务"法理学所存在的缺陷或问题的剖析结论公之于众。

---

① 参见童之伟《"汉语权利"向"和化权利"的变异和回归》，《学术界》2023 年第 10 期。
② 本节原载《法学研究》1998 年第 6 期，标题是《论法理学的更新》，融入本书时按原理、术语统一和与其他部分整合为一体的标准做了修订。

我在教学和科研过程中感到，当代汉语的"权利义务"法理学有以下五个方面的重大缺陷，它们的存在是我提出法理学更新主张的基本根据和理由。

一　对基本的法现象的认定缺乏事实根据

　　近数十年流行的汉语法理学认为，权利和义务是法学研究的基本对象，法学的基本范围以权利和义务为中心确定。其具体提法主要是："权利和义务是法的核心"①；"法在实质上是以权利和义务为基本粒子构成并以权利义务为中轴旋转的"，"权利和义务是法律现象中最普遍、最常见的基本粒子"；②"任何法规范都以权利和义务为核心内容，从无例外"，"各个被法规范约束的主体之间形成为穿上了权利和义务外衣的社会关系，就是法关系"；③"称法学是权利义务之学恰当一些"。④这里讲到的法、法律、法律现象，都是在当代中国法律体系下讲的，所以，其中相应的"权利"都只能基于现行中国法律体系和现代规范的汉语来理解，尽管在有关论者的心目中这种"权利"包括权力在内。

　　总的看来，以上主张并不是新观点，早在20世纪三四十年代类似的观点就是汉语法理学中占主流地位的看法。那时的法学者是这样说的："权利义务之观念，在法律上甚属重要，盖法律之任务，即在于规定权利义务，故现代一般通说，皆以法学为权利义务之学也"；⑤"最普遍的观念，以为法律乃建立于权利并义务两者之上。"⑥苏联的法学论著，从20世纪50年代翻译过来的列文、杰尼索夫等人的书，到20世纪80年代中期翻译过来的雅维茨的书，也都十分明确地把法律规范规定的内容及法律关系的内容表述为权利和义务，这表明这些书在实际上也是将权利和义务看做法学最基本对象并据以确定法学的范围的。

　　当代汉语法理学将权利义务作为法学最基本的对象，并以权利义务为核心确定法学的范围，至少从使用的概念上看很大程度上脱离了当代中国

　　①　张光博：《权利义务要论》，吉林大学出版社1989年版，第4页。
　　②　张文显：《法学基本范畴研究》，中国政法大学出版社1993年版，第13、18页。
　　③　张光博：《权利义务要论》，吉林大学出版社1989年版，第82页。
　　④　张光博：《权利义务要论》，吉林大学出版社1989年版，第83—84页。
　　⑤　何任清：《法学通论》，商务印书馆1946年版，第119页。
　　⑥　龚钺：《比较法学概要》，商务印书馆1947年版，第164页。

法律体系和法律生活实际，实在是一个起点性的、根本的理论失误。实际上，最常见、最重要的法现象不是权利和义务，而是权，严格地说是权利、权力和它们的各种具体存在形式。当今我国出版的法学论著，除极个别学者外，几乎都承认或默认权利义务是最常见、最重要法现象的观点，大都不承认权力与权利理论上处在平行地位。出现这种情况，与其说是因为学者们没有从活生生的生活中感受到权力存在的经常性和重要性，不如说是过多地受了指称范围包括各种公共权力的和化的"权利"一词和以其为重心的"权利义务"话语的影响。

我国的情况历来是、尤其在计划经济体制下更是，权力现象的重要性和突出性超过权利现象，这种状况近数十年来由于多种经济成分并存、多种分配方式并存等市场经济因素的发展已有所改观，但直到今天还不能说权利现象在社会生活中比权力现象显得更重要、更突出。如果承认这是事实，我们就应当肯定地说，将权力现象不算作最常见法现象之一的做法不是从我国法律体系或任何其他现代国家体系、法律生活的经验事实出发认识问题的结果，而是从某种陈旧的本本、某种过时概念出发的结果。

将义务列为最常见、最重要法现象之一而将权力排斥在外的做法，虽然由来已久，但终归不是实事求是的表现。实际情况是，不论在哪一种历史条件下，只要还需要法律，权力都是极少数最常见、最重要的法现象之一，当今我国和世界各国尤其如此。

首先，权及其具体表现形式权利、权力在现实的法现象世界中最为常见和重要，义务远不足以与其相提并论。这是我对一些有代表性的国家的宪法典的有关内容进行详细统计后得出的结论。由于宪法是全面、综合地规范社会经济政治生活的根本法，因而通过宪法典反映出来的具体法现象的常见程度、重要程度是比较可信的。

我对几部有代表性的宪法中文文本作过电脑统计，结果都表明法权及其具体存在形式权利、权力比义务常见得多，也重要得多：在中国"五四"宪法中，权利、权力等标志法权的名词（包括权利、权力、自由、职权、主权、权限）总共出现54次（权利20次，权力6次，自由9次，职权12次，权限7次），标志义务的词语只出现6次（义务5次，职责1次）；在2018年3月经过第五次修改的中国现行宪法中，权利、权力等标志权的名词的出现次数是75次（权利30次、自由13次、权力12次、职权 14 次和权限 6 次），标志义务的词语出现 22 次（义务 15 次、职责 5 次，责任 2 次）。与中国宪法的记载比较，美国现行宪法中相应的宏观层面的数字分别为 63 次和 25 次；日本现行宪法中相应的数字分别为 59 次和 5 次；法国现行宪法（包括《人权宣言》）标志权利和权力的词语出现 85 次（权利 42 次，自由 28 次。权力 15 次），标志义务的词语出现 14 次（义务 9 次，责任 4 次，无资格 1 次）；德国基本法中，相应的数字分别是 280 次（权利 144 次，自由 31 次，权力 105 次）和 56 次（义务 26 次，责任 20 次，职责 10 次）。

人们可能会说，仅以现代的一些宪法典为例不足以说明问题。那好，这里再提供两组统计数字：在著名的《十二铜表法》的中文译本中，以权利、权力等标志法权的名词"权"共出现 26 次，义务出现的次数为 0；① 从《十二铜表法》的英文译本看，权利、权力等标志权的名词共出现 39 次，其中权利 19 次，特权 3 次，权力 8 次，权威 9 次，义务等具体表征责任的名词只 1 次。② 这部法律是诸法合一的法，能够像宪法一样较全面反映其所施行的年代的法律生活。我认为，以上数字已足够直观地说明问题了。

其次，法权及其具体存在形式权利、权力在现实生活中总是体现着人们生活和奋斗的价值指向或努力争取的东西，而义务不是。从法律的观点看，在一般情况下，人们的活动都是着眼于尽可能多地享有权利和权力，尽可能少地承担义务。所以，权利和权力在法现象世界中的出现频率和实际地位就大大高于义务。权力和权利从根本上说是同质的，都是法律承认和保护的利益。因而权力同权利一样，也是与义务相对称的概念，"就原则而言，义务既为权利之反面的观念，是以关于权利，有种种之互不兼容之学说，而关于义务，亦有种种互不兼容之学说，且在权利之观念上主张某种学说者，则在义务之观念上亦必主张同一之学说。例如，在权利之观念上主张利益说者，在义务之观念上即谓义务为不利益，在权利之观念上主张意思说者，在义务之观念上即谓义务为意思之限制，其余类推，不一

---

① 所依据的《十二铜表法》的中文译本，见周长龄《法律的起源》附录二，中国人民公安大学出版社 1997 年版。

② See S. P. Scott, *The Civil Law*, The Laws Of The Twelve Tables, Cincinnati：The Central Trust Company, Vol. II, 1932, pp. 57 – 76.

而足。"① 就立法者和法律的关注重心而言，权力与义务的关系，同权利与义务的关系一样，也是前者对后者处于主导地位。

再次，法权及其具体存在形式权利和权力都是一定利益和财富的法律表现，而义务则表现为利益的付出、牺牲和财富的支付、损耗，所以，在三者中只有权利和权力是同质的法现象，而义务的质却与权利、权力截然相反。因此，从理论上看，义务不论是与权利、权力两者并列还是分别与它们并列，都是不妥当的。为了使新的法现象解释体系能够进行真正有法学学科特点的利益分析或经济分析，在理论上必须将正面体现利益及相应财产内容的法权及其具体存在形式权利、权力实事求是地确定为最常见、最重要（或最基本）的法现象。而将体现非利益因素和负性财产内容的义务与它们明确分开。只有这样才使权利、权力尽可能地单纯化、尽可能地割断它们与义务的联系，然后我们才有可能真正认识权利、权力和义务，并弄清权利、权力与义务的具体联系。

与法权及其具体存在形式权利、权力相比，义务是少见得多、次要得多的法现象，只有前者体现着人们几乎全部的现实追求和社会法律生活的价值指向。所谓权利和义务是最重要法现象的观点，纯粹是一种脱离实际的或基于和化的"权利""权利义务"概念做出的推想，当代中国和世界法律体系或法律制度中居于主导、主体地位的真实内容是法权及其具体存在形式权利、权力，表现为权利与权力、权利与权利、权力与权力之间的互动关系，表现为它们间的相互对立、相互协调、相互促进、相互转化、彼此共存或统一，等等。所以，以权利义务为法学基本对象和以它们为核心确定法学范围的做法是不可取的，汉语法学也不能被概括为权利义务之学，虽然将其中的一部分（民商法学）解说为权利义务之学比较有道理。

二 对法律生活最基本矛盾的估计不符合实际

所谓社会法律生活，是指从本国法律体系的角度来看的社会的法律生活。正确估计社会法律生活的基本矛盾，是一个社会正确认识法在现时代的基本作用的观念的基础，也是法学对于自己的现实作用作出正确而适当

---

① 胡庆育编：《法学通论》，上海太平洋书店1933年版。关于主权、权力、法，参见第19页、第166页。

的定位的理论前提。因此，对现实的社会法律生活的基本矛盾实事求是地作出估计，是法理学一项重要任务。

对于什么是社会法律生活的最基本的矛盾，"权利义务"法理学的观点十分明确："法律领域的一切矛盾、冲突、纠纷、斗争皆导源于权利和义务的对立。"① 对此，有法理学者甚至肯定道，"在法律世界中，权利和义务是最基本的一对矛盾。这个结论在法学界得到了一致的认同，至今还看不到哪一个人站出来表示异议。"② 这里有必要说明，尽管将社会法律生活中最基本的矛盾定位于权利与义务间的矛盾的观点一度在我国法理学界占上风，但它从来只不过是基于和化的"权利"概念做法学思维的那一部分学者彼此之间通用的说法。这类说法在汉语法理学界从来没有形成共识，而且越来越不获承认。至于汉语部门法学领域，它所获得的认同更少。例如，迄今为止，宪法学界实际上大都是从将个人权利和国家权力的矛盾看做社会法律生活最基本的矛盾并以此为前提出发研究问题的，几乎没有宪法学者接受权利与义务是法律生活最基本矛盾的说法。

我提出的法权说，更是明确地包含着否定权利与义务的矛盾是法律生活最基本矛盾的看法。在宪法学界，认为公民等个人的权利与国家的权力及其相互关系是宪法学最基本内容的观点早已被宪法学界广泛接受，这种主张的法理基础实际上就是将权利权力而不是权利义务看作最常见、最重要法现象的认识；这方面较早、较有代表性的观点也是从宪法学角度提出来的。③ 稍后又有民法学者直接从法理学角度提出，"现代法律调整的对象的主导方面为权利与权力之间的关系，兼而调整权利之间以及权力之间的关系"。④ 这些观点和思路可以说都事实上拒绝了权利与义务的矛盾是社会法律生活最基本矛盾的看法，并显然包含着从权利与权力关系的角度看待法律生活最基本的矛盾的意思。当然，这些或许还不足以充分说明问题。本书否认权利与义务的矛盾是社会法律生活中最基本的矛盾的主要理由还需列举三点。

第一，在当代中国和任何其他国家的法律生活中，最经常存在和起作

① 张文显：《法学基本范畴研究》，中国政法大学出版社 1993 年版，第 18 页。
② 陈桢：《1995—1996 年中国法理学界的理论是非》，《法学》1997 年第 4 期。
③ 刘惊海：《公民权利与国家权力》，《吉林大学社会科学学报》1990 年版第 6 期。
④ 东方玉树：《成文法三属性：权利与权力的平衡态》，《法律科学》1993 年第 5 期。

用的都是两个基本事实：其一是公民等个人的权利，如我国宪法规定的公民的各项基本权利，以及公法保障的权利和民商法保障的权利；另一是属于全体人民所有、但由各级各类国家机关依法掌握和运用的权力（在我国宪法中，它被适当地称为权力，即"中华人民共和国的一切权力"），在我国法律体系中分别表现为"国家权力""权力""职权""权限""公权力"以及少量正当的公职特权和公职豁免。

显然，我国当代法律体系像其他许多国家的法律体系一样，早就分别确认了"权利""权力"两个术语并对它们的含义和指称范围有完全不同的使用。由于汉语的权利义务关系实际上只是平等主体之间权利交换关系的一种表现形式，所以在这种情况下用权利和义务的矛盾来说明社会法律生活的矛盾，无异于说公民的各项权利以及这些权利之间的矛盾是社会法律生活的基本矛盾，而权力和作为权力主体的国家和各级各类国家机关不是基本矛盾的当事一方。这种估计显然十分片面。也许有关学者会说，此处所讲的权利，是包括权力的权利。对此，我的回答是：社会法律生活不是文字游戏，权利这个术语在各国宪法、法律中的含义相当确定，没有理由避开在我国法律体系中含义十分确定的权利一词另外迁就、运用来自清末汉译日语法学、民国法学入门型教科书使用的那种指称范围包括各种公共权力的"权利"概念。老实说，在当代中国法律体系下运用如此脱离本国法律生活实际的"权利"一词，足以让任何思维正常的人感到莫名其妙。

第二，只有法权及其具体存在形式权利、权力是最重要法现象，而义务不是，因而权利和义务的矛盾也不可能是法律世界最基本的矛盾。当今汉语法理学教材中讲述的所谓权利与义务关系，都是权利与权力关系、此权力与彼权力关系、此权利与彼权利关系被和化的"权利"概念曲解后的表述。而和化的"权利"一词，不仅在我国当代法律体系中不存在，也不存在于当代任何国家的法律体系中。实际上，即使在和化的"权利"概念的母国日本，它也是已被放弃了七十多年的法学废弃名词。

第三，在当代中国法律体系和汉语法学语境中，权利与义务的矛盾的提法只不过是在引进义务一词描述权利的反面后对权利与权利的矛盾的另一种描述方式，它无法概括、表述权利与权力这更为重要的一对矛盾，也无法概括权力与权力的矛盾，因而是非常片面、不符合实际的。因为，不论以中国法律体系为标准还是以汉语为标准，"权利与义务的矛盾"这种描述都只能概括个人之间权利与权利的矛盾，不能概括不同国家机关的不同权力之间、个人的各种权利与国家机关的各种权力之间的矛盾。事实上，只有个人权利与国家机关的权力之间的矛盾是全局性的，其现实地位和法律地位大大超过前两对局部的矛盾。

退一步说，即使人们愿意接受"权利和义务"中的"权利"是包含着权力的说法，那么这种"权利"同各国法律承认和保障的权利是什么关系、如何区分？对这些必然会有的问题，也不能不作合理交代，但当代汉语以和化的"权利"为重心的权利义务法理学论著却从来没有谈到这些问题。

三　理论上严重先天不足

关于现当代中国的"权利义务"法理学的来源或起源，我曾追溯到中华人民共和国成立前的汉语法学，一定程度上还有中华人民共和国成立后中国台湾地区的法学，甚至西语法学。但我在21世纪20年代搜集到的法学史料和前引论文表明，它根本的来源或起源，是19世纪与20世纪之交的日语法学基础性读物，以及全面承袭了和化的"权利"话语体系的民国时期法学入门型教科书。

"权利义务"法理学的先天不足，表现在它完全继受了其"前辈"的一些固有缺陷。这些缺陷中最重大的有两个：一是对"广义的权利"和"狭义的权利"的认识太肤浅，并且始终没能把对它们的认识提高到概念的水平；另一个重大缺陷是权利和权力定位不明，似分未分，相应概念含混不清。为了真正认识"权利义务"法理学先天不足的情形，有必要对这两种"遗传"性缺陷的症状作些历史的考察。

"权利义务"法理学继受自其"前辈"的第一个固有的重大缺陷表现为没有明确广义的权利与狭义的权利的区别，也没有通过深化对两者的认识形成对应的学科概念。如果基于21世纪20年代的法学新发现，可以说这实际上就是没有区分"汉语权利"与"和化权利"。逻辑学的常识告诉我们，概念是标志对象或事物的思维形式，一个对象一个概念，不同的两个对象就应当用不同的两个名词来指称，这两个名词应当将人对于两个对象的特有属性的认识相对固定下来，形成相应的概念，从主观上将它们区分开来（这种区分只是它们之间客观差别的反映）。"广义的权利"与"狭义的权利"既然是两个不同的事物，法学就应该在弄清它们的不同属性的基础上形成两个各有确定的内涵和外延的概念，借以确认和相对固定人们对它们的认识。概念的分化是对于特定对象的认识深化的必然结果；反之，如果意识到两个对象有差别而又尚未形成分别指称它们的不同概念，那只能说明对相应对象的研究还不够深入。从直觉上感到"广义的权利"与"狭义的权利"的存在及其差别而又没能形成两个真正的法学概念的根本原因，① 恰恰是人们对它们的认识还太肤浅，汉语法理学和外语法理学都是如此。

其实，解决这个认识问题的基本条件早已具备，只是没能跨过关键的一步而已。如果我们对中华人民共和国成立前的中国、中国台湾地区、苏联和西方法学的权利理论所涉及的因素作必要的简化，并将其尽可能地与法律文件和现实生活接轨，就很容易看到这样一个事实，即"广义的权利"同"狭义的权利"的根本差别在于，前者的指称范围包括权力在内，后者的指称范围不包括权力在内，即前者是包括各种公共权力的权利，后者是不包括任何公共权力的权利，它们完全是两个不同的分析单元。如果将把它们区分开来的因素权力考虑在内，三者之间的关系很快就简化了：广义的权利减狭义的权利等于权力；狭义的权利加权力等于广义的"权利"，即"和化权利"或法权；广义的权利减权力等于狭义的权利，即"汉语权利"。

长期以来，权利一词在法学作品中到底是"和化权利"还是"汉语权利"，抑或是指权力，处在无明确规则可循、用法不确定、经常自相矛盾的状态。在"和化权利"与"汉语权利"不分方面，当代中国"权利义务"法理学与它的"前辈"相比，不仅依然如故，甚至犹有过之。就拿权利一词来说，其"前辈"为了维持逻辑自洽，通常要么使用"和化权利"，要么使用"汉语权利"，但不会同时不加说明地按自己的需要时而使用"和化权利"，时而使用"汉语权利"——这样做实际上就是偷换概念，利用同形异义词的两个名词玩学术杂耍，没有任何严肃性、正当性可言。

---

① 这里得说明，"广义的权利""狭义的权利"等词语，在人们没有较准确地把握相应事物的形式和内容前，它们只是含义不确切的文字符号，还不是概念，构不成法学范畴。

"权利义务"法理学继受自其"前辈"的第二个固有的重大缺陷是对记录在当代中外法律体系中、普遍存在于法的现象世界的权利与权力现象在事实上未区分清，用词上模模糊糊。权利与权力是两种显然不同的法现象，用不同的名词来指称它们，这本身就是对它们差别的承认。要说清楚这个问题，还得将法权（即权利与权力的统一体或共同体）结合进来讨论。在中国的社会法律生活和法律体系中，一般采取这样一种处理方法：用"权"（法律文本中出现的"权"即法权）这个概括力很强而又有中国特色的名词指称权利权力共同体；将"权"中属于个人的部分称为权利；将"权"中属于广义政府掌握和运用的部分称为权力。

　　资料表明，这样的做法源远流长，不独包括中国在内的当代世界各国法律制度如此，不独汉语如此。从法学领域看，许多不同时代的众多法学家都是在尽可能与法律术语接轨的基础上使用权利、权力概念的，格劳秀斯、洛克、孟德斯鸠、汉密尔顿等人的著述是如此，现代的凯尔森、哈耶克等人的著述也是如此。在我国，郭道晖教授的著述在这方面有代表性。当然，要按统一的标准合理而又彻底地将"权"分割为权利与权力两部分，在理论上不是没有困难的，具体做法另当别论。

　　中华人民共和国成立前继受和化的"权利"概念的汉语法学，混淆权利与权力的做法十分典型：一方面，有关学者都承认权利与权力不同，甚至讲到权利与权力的对立；另一方面，又总是将权利分为公权、私权，将私权分为人身权、财产权，将公权分为人民之公权与国家之公权，国家之公权分为命令权、强制权，等等。[①] 根据这类说法，国家的命令权、强制权等权都成了"权利"，权利和权力自然也就没有了区别。按这种做法，权力一词显然也没有必要存在，但实际上权力一词不仅经常被使用，而且往往被拿来与权利概念相提并论。这种状况难免让人产生疑问：权利与权力的关系怎么被弄得这样前后矛盾？

　　在西方语法学中，虽然霍菲尔德在分析权利义务关系时事实上将广义的权利划分成了狭义权利、特权，豁免等因素，[②] 庞德指出了广义的权利

---

　　① 如：龚钺《比较法学概要》，商务印书馆 1947 年版，第 160—170 页；郑玉波：《法学绪论》，台北三民书局 1981 年版，第 117—126 页。

　　② 参见《牛津法律大辞典》，光明日报出版社 1988 年版，第 773—774 页；沈宗灵：《现代西方法理学》，北京大学出版社 1992 年版，第 143—155 页。

所包含的利益、利益加上保障它的法律工具、狭义的权利，权力、自由权和特权等六种含义，① 但这对于汉语法学乃至西语法学明确权利与权力的界限并没有什么帮助。不仅如此，由于引进了过多的分析变项，反而掩盖了对汉语法学来说"权"首先和主要地应当分为权利和权力的必要性，淡化了权利和权力这两个法学名词相互区分的客观基础。

在权利与权力不分、将权力视为权利的一部分方面，当代中国"权利义务"法理学也是完完全全地继承了"和化权利"遗产，但它又不像其前辈那样完全遵循"和化权利"的逻辑，而是"和化权利"与"汉语权利"并用。它时而将权力看做权利的构成部分、将两者统一和同一起来，时而又将权力看作权利之外独立的东西，将两者对立起来，自我矛盾的情况十分明显却又视而不见。例如，作为我国《宪法》第二条规定的"中华人民共和国的一切权力"之具体存在形式之一的国家机关"职权"，本来是权力典型的和基本的存在形式，但相关学者却认为"国家机关职务上的权利和义务，就是通常所说的国家机关的职权。这种职权是权利和义务的统一"。② 这样一来，职权就成了权利，于是公民享有的权利、国家手里掌握的职权，都成了权利，似乎我国宪法规定的"一切权力"这个宪法定位在法学中是多余的了。实际上，这是典型的、当下的法理学教科书仍然在使用的削足适履的做法，即削本国宪法、宪法条款之"足"，适和化的"权利"、"权利义务"概念之"履"。

还有这样一种情况：在同一本书，一方面宣称"全部的法的问题都归结于权利和义务"；"国家机关……作为国家代表行使权利（职权）和履行义务（职责）"，也是将国家机关职权说成权利；而在另外的地方该书又说在相关改革过程中"一方面要求政府管理经济的权力及相关的权力法律化、制度化，政府只能在法定职权范围内按照法定的程序和方式行使管理权和监督权"。③ 到此时相关学者似乎又本能地感到权力与权利有差别，从而又把原来说成权利（国家机关职权）的东西说成权力了。显然陷入了自相矛盾、无法自圆其说的境况。当代中国"权利义务"法理学在论述法律

① 参见［美］罗斯科·庞德《通过法律的社会控制/法律的任务》，沈宗灵、董世忠译，商务印书馆1984年版，第46—48页。
② 张光博：《权利义务要论》，吉林大学出版社1989年版，第105页。
③ 张文显：《法学基本范畴研究》，中国政法大学出版社1993年版，第95、173、316页。

关系等问题的过程中，自相矛盾和超逻辑、超学术强制的情形表现得更为典型。另一方面，为了证明权利义务是法学最重要范畴、为了表明从权利义务概念入手可以解释一切法现象，权利义务法理学的一些有代表性作品刻意抹煞公认的权利与权力的区别，强行将国家的权力及其各种具体存在形式（职权等）说成"权利"，表现出恨不能将权力概念从我国法律体系中一下彻底抹去的倾向。

按以上说法，一切法律关系（行政、刑事、民事、诉讼等概莫能外）主体都是权利（和义务）主体，一切法律关系的内容都是权利义务，因此，行政、审判等国家机关都像公民一样，是"权利"主体，行政权力、司法权力等国家直接强制力等也都像个人的人身权、财产权一样成了"权利"，在逻辑上不给本国宪法规定的"一切权力"留下一丁点存身之地。另一方面，由于权力和权利两类法现象客观上有显著差别，没有权力一词常常会留下很多"硬伤"，因而每到需要"权力"时，相关法理学论著又不得不求助于权力概念。前引关于在权利与权力的关系中主张权利本位、反对权力本位，意在把权利从权力中解放出来等说法，就属于这方面的较典型的情况。此时，"权力"不是被同一个作者在上述另外的场合认定为"权利"的国家的权力或国家机关的职权吗？它们怎么又不再是"权利"而变成"权力"了呢？

这段话与前面那种将权力说成"权利"的做法不仅在逻辑上、学术上是根本冲突的，从政治法律主张上看也是根本冲突的：同一个学者，将各种公共权力、国家机关各种职权和公民权利都认定为"权利"，不正是学术上否定自己赞成的"政治与经济、政府与企业、国家与市民社会的相对分离"吗？国家的各种权力或国家机关的各种职权既然是"权利"，权利本位不明明白白包含着国家各种权力、国家机关各种职权本位的意思吗！

当代中国"权利义务"法理学自相矛盾和靠强词夺理勉强解释法现象的例子可以说多得不胜枚举。本节不拟继续列举和讨论，这里只想表达这样两层意思：第一，法的权利和法的权力虽有密切联系，但终归是两种能够相对区分开的不同法现象，应该像当代我国和许多国家法律体系已经做的那样，用两个不同的名词加以指称、显示区别；第二，将权利和权力概念区分开来，是历史上汉语法学在认识基本的法现象方面取得的一个不小进步。为了维持以和化的"权利"概念为核心范畴的法学教学话语体系于不倒，故意强行抹煞这种区别，从学术上看实际上是一种严重倒退，前景很暗淡。尤其是考虑到指称范围包括各种公共权力的和化"权利"概念在它的出生地日语法学中早已被放弃的情况时，汉语法学应该更加改弦易辙，让"权利"概念尽快回到中国法律体系中和汉语中"权利"一词的本来含义。

或许有学者会争辩说，前面讲的是广义的权利，它包含权力，后面讲到的权力是与狭义权利相对的权力，是广义的权利的一部分。也许的确如此，但问题在于，什么是广义的权利，什么是狭义的权利，什么是权力，它们之间关系如何，分别同义务有什么联系？这类原本属于最基础性的法学问题，中国当代"权利义务"法理学的力主者们从来没有说清楚，甚至根本就没有试图说清楚。基于21世纪20年代汉语基础性法学的新发现来评说这种情况，其真正的问题是混同并交替使用汉语的"权利"与和化的"权利"两个不同概念及两套不同的逻辑。当代汉语法学只要让"权利"一词从包括公共权力的"和化"的含义回归它不包括任何公共权力、只指称个人权利的本来位置，上述相关的困扰就都消除了。需要说明的是，西语法学"广义的权利"看起来指称范围与和化的"权利"相同或相近，但严格地说有重大区别："广义的权利"是由形容词加名词权宜地组合起来的复合性词组，不是一个法学概念，但和化的"权利"是一个高度定型化的名词、概念，是产生在日本、现在已快被其本国法学群体忘却的一整套陈旧法学话语体系的核心范畴。

对于和化的"权利"与汉语的"权利"不分、权利与权力不分这类问题，中国著名法理学家沈宗灵教授写道："20世纪初另一著名分析法学家新西兰的John Salmond曾讲过，'权利—义务'一词（指广义的）已被用得太过分了，它常被用在实际上并不相同的关系中，从而造成了法律辩论中的混乱。这种混乱已到了这样的地步：这个人这样理解，那个人那样理解，同一个人在不同场合下又会有不同理解。"[①] 沈教授还注意到："在实际生活中，甚至在法学作品中，存在着混淆这些概念的现象。常见的例证是混淆'狭义的权利'和权力，混淆'狭义的权利'和特权"[②]。在这方

---

① 沈宗灵：《对霍菲尔德法律概念学说的比较研究》，《中国社会科学》1990年第1期，引文出自第68页。
② 沈宗灵：《现代西方法理学》，北京大学出版社1992年版，第153页。

面，当代以和化的"权利"概念为核心范畴的"权利义务"法理学全盘继受了前人的缺陷，但又放弃了前人坚守相对应理论、逻辑的自律。这主要表现在放任"权利"在同一个场合作和化的和汉语的两种不同理解而丝毫不感到有什么不妥当。

四　支撑解释体系的基础性研究薄弱

在支撑理论体系的基础性研究方面，中国当代"权利义务"法理学的问题集中表现为选择以权利或权利义务为核心范畴但却没有花气力深入研究权利、义务本身。这一缺陷是与上文所论述的缺陷密切相关但又应当单独予以说明的一个问题。

选择权利义务作理论框架的核心，这是所有将法律问题都归结为权利义务问题的法学理论表现出的共同的倾向。"将各种错综复杂的法律关系都归结为权利—义务的概念这种推定，在各国法学中相当普遍。"[①] 这种做法在西方、日本至少有一个多世纪的历史，在汉语法学领域也是百年前就开始仿效日语法学并流行的做法。但是，所有持这种倾向的汉语法理学著述有一个共同的问题，那就是一方面大谈权利义务，另一方面又不深入研究权利义务。"权利义务"法理学历来只在继受前人学说，将权利或权利义务确定为法学的核心的或基本的范畴的同时，在前人已有认识的基础上，结合当下情况对权利和义务概念作了一些解说性阐释，并没有深入研究权利和义务这两类活生生的法现象本身，以至于他们所说的"权利"是哪个国家、哪个时代、哪种法律体系下的权利，权利有哪些具体构成要素等等，都始终没向读者交代。采用这种做法本身就注定了对法的权利和义务的认识不可能有实质性的推进。而问题恰恰是，以权利义务为核心的法学理论，如果不是建立在结合本国、当代实际深入认识现实的、活生生的权利、义务现象的基础上，它就不可能是扎实可靠的。

具体地说，中国"权利义务"法理学基础性研究薄弱首先表现为对权利研究不够，没有解决甚至没有认识到需要解决历来的法学都未能解决好的这个主要问题。"权利义务"法理学对权利研究不够的首要表现是没能明确权利的范围。法学要有成效地研究一种法现象，研究者首先得结合当今

---

① 沈宗灵：《现代西方法理学》，北京大学出版社1992年版，第153页。

中国乃至其他主要国家的法律体系、法律生活实际来明确它的范围，否则就是对研究对象定位不准或未做定位。确定权利的范围，主要涉及当代中外法律体系对"权利"的规定，权利与义务界限的划分、权利与权力界限的划分等等，但其中主要的还是权利与权力的界限的划分。结合中外法律体系、法律生活实际确定权利范围和区分权利与权力，虽然不完全相同，但基本上可以说是同一个问题的两个方面。前文论述权利与权力的区别时，实际上已涉及到权利的范围问题，这里只在原有的基础上作些补充。

本来从主观上孤立地看，结合当代中外法律体系、法律生活实际确定权利的范围并非难事，但若要使确定的范围同将由此出发和展开的整个法学理论在逻辑上前后契合，并且使之观念地反映权利在全部法现象中的客观地位及其与其他法内外现象的关系，那就十分困难了。也许正因为困难，所以国内不少学者虽有明确权利范围的意图，但迄今为止实际上还没见有谁对其做专项的研究。"权利义务"法理学甚至根本没想到要解决这个问题，这集中表现在相关法学著述从来没有试图认真区分权利和权力的态度上。

中国"权利义务"法理学基础性研究薄弱的第二种表现是没能具体、准确地认定权利同利益的关系。对这个问题的讨论，往往是同对权利的本质的讨论联系在一起的。对于权利与利益的客观联系，人们早就有所认识。当亚里士多德说"制定各种法律的目的都是为全体人或最好的人或掌权者谋取共同利益"① 时，从法律与权利的关系来看，这里边已包含着权利与利益密切相关的意思。最早较明确表述利益与权利关系的是格劳秀斯，他在 1625 年写成的《战争与和平法》中指出，"权利还有双重的意义。第一种是私有而低下的，是为着每一个人的利益而成立的。第二种意义是崇高而超越的。这是包括国家为着公共利益而对个人及其财产所提出的内在要求。"② 在揭示权利与利益的关系上，人们现在多推崇耶林，因为他直接用利益做定义项关键词给权利下了一个定义，即"主观权利（即法律权利——引者）乃法律保障的利益"。③ 其实，耶林说这话已比格劳秀斯

---

① Aristotle, *The Nicomachean Ethics*, Trans. William David Ross, Oxford: Oxford University Press, 1980, p. 108.

② Hugo Grotius, *The Rights of War and Peace*, trans. A. C. Campbell, Washington: M. Dunne, 1901, p. 20.

③ Rudolf von Jhering, *Esprit dudroit romain Eraduit par Meulenaere*, 1877, IV, p. 326.

晚了二百多年，且他所有的论述从根本上看并没有比格劳秀斯向人们提供更多的东西。

20 世纪下半叶的中国法学，包括"权利义务"法理学在内，在权利与利益的关系问题上只是继承了前人的思想，作了更多的论述，并没有能对四百多年前的认识有实质性的推进。一个多世纪以来，外语法学也好，汉语法学也好，都有不少论述权利本质的提法，除利益说外，尚有自由说，意思说，法力说，混合说，可能说等数种。但总的看来，真正有影响、为最大多数学者认同的还是从利益入手说明权利的做法。以我国为例，早在 20 世纪 30 年代、20 世纪 40 年代我国法学者对此就有了基本共识。如 20 世纪 30 年代的一本法学教材就写道，"权利为法律所赋予之可能力，以特定之利益为其内容"。[1] 其他法学论著也都持与此基本相似的看法。我在 21 世纪 20 年代搜集到的法学资料表明，我国一百多年来的法学入门型教科书（如各种《法学通论》），从清末汉译日语的到民国法律学者自己编撰的，几乎每一本都谈到了权利与利益的关系。

遗憾的是，历来中外学者们在论述权利和利益的关系时，都没有明确具体地提出和论证与权利相对应的到底是哪种利益：是限于法承认和保护的利益还是社会的一切利益？如果是前者，它是法承认和保护的全部利益还是其中一部分？如果只是其中一部分，到底是哪一部分？具体确定其地位的根据何在？如果是后者，那么难道权力这样重要的、几乎是一切政府活动首要竞争目标的法现象会与利益内容无缘？等等。从来的法学论著都没能给这些问题提供答案。

纯粹从学术角度看，回答不了这些问题至少有两个原因。一是权利的范围不明确。权利概念所要反映的对象都不确定，怎么可能具体确定与对象相对应的东西呢？其二，受思维方法的限制。西语法学以及受西语法学影响较大的国家或地区的学者，实际上大都不主张探寻法现象的本质。如长期流行的分析实证主义法学注重法规范体系研究，甚至往"纯粹"的方面下工夫；社会学法学注重法的社会作用而反对谈所谓法的抽象内容，反对"以臆想的及看不见的形而上实体解释看得见的东西"。[2] 按这类思维

---

① 李景禧等：《法学通论》，商务印书馆 1937 年版，第 257 页。

② Léon Duguit, *Traite de Droit constitutionnel*, 2e edition, tome I, La règle de droit—Le pror lème de l'etat, Paris：E. de Boccard, 1921, p. 401.

方法研究权利，探寻权利后面的内容似乎就成多余的事了，那就更不用说回答权利后面的内容到底是什么了。在我国当代，包括"权利义务"法理学在内的整个法学界受德国古典哲学影响较深，强调马克思主义的指导，但从实际情况看，按理应该能够在权利与利益的关系研究方面有切实的推进，但遗憾的是，由于结合学科实际深入思考少，引用语录多，故也长期没能确切把握与权利相对应的具体利益内容。

中国"权利义务"法理学基础性研究薄弱的第三种表现是没能揭示出权利的物质内容。揭示权利的物质内容，就是揭示权利的深层本质，即权利所体现的利益后面的物质实体。在这方面，中外学术思想界极少论述，即使有，也只是只言片语的应时猜测，没见有专门的论证。实际上，权利所体现的利益后面一定有以某种形式存在的物质内容，要真正认识权利，就必须明确具体地确定这种物质内容。权利从而相应的利益，归根到底，只能是一定物质内容在法关系中的表现。若不能准确具体地把握权利与物质内容或财产的关系，要准确具体地把握权利就没有可能。从法理学研究的现有状况看，由于权利的范围不清，权利与利益的具体关系不明，所以可以说根本就不存在明确、具体地把握权利的物质内容的理论前提。

中国"权利义务"法理学基础性研究的薄弱也体现在对义务的认识上。历史地看，人们认识义务的成果可概括为两方面：（1）看到义务是所受到的一种强制，它可能来自法律规范，也可能源于一项命令。从康德、奥斯丁到凯尔森、哈特，西方不少著名的法学家持类似看法。[1]（2）义务历来被确认为与利益相反的东西，是为维持特定利益而设定的法律上的不利条件，并且通常与权利相对立或对应。其著作20世纪上半叶就被介绍给汉语法学圈的著名西语法学家庞德在这方面的论述有代表性，[2]但在相同方面影响汉语法学更广泛更深入的还是20世纪初期那三十余年大量引进汉

---

① See Immanuel Kant, *Groundwork for the Metaphysics of Morals*, Edited & Translated by Allen W. Wood, New Haven: Yale University Press, 2002, p. 16; John Austin, *The Province of Jurisprudence Determined*, Edited by Wilfrid E. Rumble, Cambridge: Cambridge University Press, 2001, pp. 21 – 22; Herbert Lionel Adolphus Hart, *The Concept of Law*, 2nd Edition, Oxford: Clarendon Press, 1994, pp. 86 – 87.

② See Roscoe Pound, Introduction to the Study of Law (Chicago: American School of Correspondence, 1912), pp. 20 – 21; 李景禧等编：《法学通论》，商务印书馆1937年版，第257页。

语法学的汉译日语法学入门型教科书。汉语法学圈在 20 世纪 30 年代前后也普遍接受了这种观点。

不过，20 世纪 80 年代出版的汉语法理学论著中，最早、最有代表性的论述义务的文字出自张光博教授之手，其要点可归纳如下：义务是权利的另一面，是适应权利需要的行为；就整个社会来说，没有无权利的义务，也没有无义务的权利；义务和权利可以相互转化；两者是对立统一的一对范畴；义务同社会的物质生活条件是相对的，与权利也是相对的，并且归根结底是一种手段，等等。 与前人的看法相比，这里包含着某些新意，但总的看来对义务的认识并没有突破性进展。这主要表现为：在较显性的层面，它没能揭示义务与负的利益之确切关系，如法律义务在何种情况下同何种负的利益相对应；在更深刻的层面它没有揭示出义务与负的财产内容的确切关系，如法的义务到底在哪种情况下与哪种负的财产内容相对应，怎么计算或量化。

当代汉语法理学对义务的研究不能在前人基础上获得显著进展有多方面的原因，其中特别值得指出的是，对义务的认识水平受到对权利、权力和广义的权利的认识水平的限制。这是根本的限制。因为，对权利、权力等现象研究不透彻，对义务的研究就无论如何深入不下去。例如，当我们还不能确定某种权利体现的是某一社会个人的相应具体利益和这种具体利益的确切财产内容（通常总是可以用货币量化表示的）时，我们怎么可能弄清与之相对的义务的具体负性利益内容和这种义务所包含的负性财产内容及其确切数量呢？由这种根本的限制所决定，汉语法学迄今为止实际上并没有找到得到法学界广泛认可的能够具体确定义务的社会内容和物质内容的理论和计量方法。

五 学科基本分析方法不适当

学科基本分析方法是法学者的专业化工具，就像砍柴刀对于樵夫一样。樵夫的刀用一段时间就要打磨，太陈旧了还需更换，法学者的专业化工具也需要不时检视、砥砺乃至更新。对于当代中国的法学工作者来说，仅仅将法学现存的理论用来解释和影响法律现实是不行的，也应当根据理

----

① 张光博：《权利义务要论》，吉林大学出版社 1989 年版，第 28—55 页。

论的效能和人们的现实需要来不时重新检视、改进乃至更新理论工具。基于这种认识，结合自己在教学、研究工作中长期以来感受到的当今汉语法理学的种种局限性，我觉得有必要对这种法理学的学科方法论缺陷略予剖析，以促进它的改善或更新。

我们先看看法学研究方法的层次并对语义分析方法作相应的定位。为了对"权利义务"法理学的学科方法论作较准确的定位，先得对法学的研究方法作三个层次的区分。一是哲学方法论。哲学是一个时代人们认识世界的成果的最高理论概括，一种法学理论没有哲学方法论基础是不可想象的，谈不上真正的"学"。二是学科方法论（或称为法学基本分析方法）。它是指在一定的哲学方法论引导下，适应法学的学科特点和系统解释法现象的需要而形成的按专业特性而言的最主要的分析方法。

就两层次方法论的关系而言，应该是哲学方法论引导学科方法论，学科方法论以哲学方法论为依托并专业化地贯彻哲学方法论的思路和要求。若学科方法论没有哲学方法论基础或脱离这种基础，以它为思路展开的理论就必然是肤浅、松散和缺乏思辨精神的。哲学方法论和学科方法论在法学中都是全局性的、贯彻法学理论始终的方法，但其中只有学科方法论能赋予法学以自身特色。

第三个层次的研究方法是法学局部适用、技术性的方法，与特定哲学方法论没有直接关系。本书所剖析的，是法学第二层次的研究方法，即学科方法论的缺陷，它与哲学方法论关系密切，与第三层次的方法关系不大，可不涉及。

按以上分类，阅读中国当代"权利义务"法理学的有代表性著述，可以看出，其哲学方法论是马克思主义哲学，但具体被归结于语义分析方法。"权利义务"法理学的代表作之一《权利义务要论》在序中将作者选择的哲学方法论交代得很清楚："建立系统的马克思列宁主义的权利和义务观念，科学地说明资本主义国家和社会主义国家权利和义务的区别与联系，揭示权利和义务的本质、特征和发展规律。"① 但是，由于该书直接用马克思主义哲学的观点解释权利义务，并未运用明确的法学学科方法论。"权利义务"法理学的另一部代表作《法哲学范畴研究》在其绪论部分主

① 张光博：《权利义务要论》，吉林大学出版社1989年版，第4页。

张，"把具有明显方法论优势的唯物辩证法用于法律研究"。"在辩证唯物主义和历史唯物主义方法论之下，有一系列基本方法和具体方法。对于法学范畴研究来说，最具特色的基本方法是语义分析方法，同时，历史考察方法、价值分析方法和阶级分析方法也是必不可少的基本方法。"① 对于一个学科来说，由于范畴架构是整个学科的理论框架，因此，一个学者所选择的构建该学科的范畴架构的最重要方法，实际上就是该学者为这个学科确定的学科方法论，其他方法都在其次。据此，我想表达如下三点看法：

1. 从"权利义务"法理学的代表作的行文上看，它的学科方法论即语义分析方法好像有马克思主义哲学和西方哲学的方法论依据，但仔细考察却可以看出实际上它于两种哲学都没有根据。有关论著在论述其所采用的学科方法论时先后引述了两种哲学，即语义（语言）分析哲学和马克思主义哲学，意在表明其所使用的学科方法论源于这两种哲学。真实的情况完全不是这样。从"权利义务"法理学的语义分析方法同语义分析哲学的关系看，两者间没有实质性联系。语义分析和语义分析哲学不是一回事。语义分析是不论哪个文化层次、哪种学科、哪个场合，只要牵涉到文字和语言表达都必不可少的一种方法，它对每个人的日常生活和学习，都是不可或缺的，这叫做日常生活的语言分析；语言分析哲学是着重研究如何通过分析语言解决哲学问题的一种哲学流派。但语义分析本身并不是哲学方法而是语言学的内容，对此，不仅批评语义分析哲学的学者持这种观点，就是语义分析哲学家们自己也不否认。②

可以说，语义分析是一切学科乃至人们日常信息交流的通用方法，不属于语言学之外的任何特定的学科，用它解决哲学问题时它是哲学的组成部分，用它解决法学问题时它就是法学的构成内容，对于人文社会科学的其他学科甚至自然科学，这都是一样的道理。语义分析说通俗一点，就是百分之一百的词义辨析，我们完全没有必要在运用它解决法学问题时先给它涂上一层神秘的哲学油彩，借以说明自己的学科方法论有哲学方法论根据。

实际上，"权利义务"法理学对法、权利和义务等术语进行的语义分

---

① 张文显：《法哲学范畴研究》，中国政法大学出版社 2001 年版，第 16 页。

② 可参见《中国大百科全书》（哲学卷），中国大百科全书出版社 1985 年版，第 729 页。

析就是常见的词义辨析，与哲学史上罗素、摩尔和维特根斯坦等人借助语义分析阐述的哲学思想几乎没有任何实质性联系。我国法学家如果真正崇尚分析哲学的精神，倒是应当实实在在地分析一下权利一词作为日常语言和人工语言的差别，其广义和狭义的联系与区别、权利和权力的联系和区别等基础性法理学的问题，消除法理学今天面临的基本概念的含义严重混淆的情况。

令人惋惜的是，"权利义务"法理学的倡导者们在这方面没有下足够的工夫。例如，权利概念在什么情况下使用包括了权力含义在内，什么情况下又不包括权力含义在内，以及包括权力的权利和不包括权力的权利既然明显不同，为何不用两个法学概念标志它们等最基础性的问题，权利义务法理学就没提出过一种说法。

语义分析方法并没有作者宣称的在辩证唯物主义和历史唯物主义之下的方法论根据，将语义分析方法看做这个系列的基本方法和具体方法之一，在很大程度上是基于对这种哲学、尤其是其中的唯物辩证法有关原理的错误理解。有必要着重讨论一下这种误解是怎么回事，以及它对于"权利义务"法理学实际效用的影响。[①] 很多理论问题只有在讲清了这个问题之后才能澄清。通常，法学的学科方法论首先和主要地表现为确定法学最基本或最重要的范畴并展开理论体系。问题在于，"权利义务"法理学没有足够的合理解释法现象的效用（这点后文还将集中论述），而本书的主旨之一又是要找到它之所以没有足够效用的原因。从以上意义上说，对于一个学科而言，没有一种缺陷比它的基本分析方法建立在对相应哲学方法论的误解的基础上更严重的了。而"权利义务"法理学者对唯物辩证法有关内容的误解恰恰在这方面造成了严重问题，使他们明示的哲学方法论主张同他据此认定的确定法学核心范畴和展开整个范畴体系的方法完全脱了节，实际上贯彻了一种以误解为基础而形成的科研思路。

什么才真正是唯物辩证法中"有明显方法论优势"的研究方法呢？对这个问题，恩格斯针对政治经济学的思维方法和范畴体系的构建问题说得十分清楚，他写道："马克思过去和现在都是唯一能够担当起这样一件工

---

① 对此，可能有学者认为：不管它对唯物辩证法有没有误解，能说明问题就行。其实，事情并非那么简单，因为，误解可能意味着这种学说缺乏必要哲理依托。

作的人，这就是从黑格尔逻辑学中把包含着黑格尔在这方面的真正发现的内核剥出来，使辩证方法摆脱它的唯心主义的外壳并把辩证方法在使它成为唯一正确的思想发展形式的简单形态上建立起来。马克思对于政治经济学的批判就是以这个方法做基础的，这个方法的制定，在我们看来是一个其意义不亚于唯物主义基本观点的成果。"①

　　这个被马克思用来构建政治经济学的范畴架构的方法，原本是黑格尔提出来的，被称为"绝对方法"，马克思对这种思维方法进行唯物化改造。后来马克思在专门讨论政治经济学的方法时，将其称为"从抽象上升到具体的方法"。马克思认为这种方法"显然是科学上正确的方法"。这里讨论的是那个时代及此前经济学家运用抽象思维把握经济现象使用过的方法或走过的道路。他写道："从抽象上升到具体的方法，只是思维用来掌握具体、把它当做一个精神上的具体再现出来的方式。"② 因此，"绝对方法"可以说是改造黑格尔古典哲学然后又将其运用于政治经济学构建范畴架构而发展出来的。"绝对方法"的法学运用表明，这种方法与权利义务法理学的语义分析方法几乎完全没有关系。

　　2. 语义分析方法与从抽象上升到具体的方法的巨大反差。作为"权利义务"法理学的学科方法论，语义分析方法虽然与唯物辩证法构建学科体系方面真正具有理论优势的从抽象上升到具体的方法不搭界，但其倡导者在主观上毕竟是力求以马克思主义的哲学方法论为依据。为了人们能够真正了解"权利义务"法理学实际运用的语义分析方法同马克思的"绝对方法"之间的巨大反差，我们不妨将它们的要点作些对比。

　　第一，先看形成理论体系的基本思路。在《资本论》中，从抽象上升到具体的方法的基本思路可概括为思维运动的两条道路或前后相继的阶段："在第一条道路上，完整的表象蒸发为抽象的规定；在第二条道路上，抽象的规定在思维行程中导致具体的再现。"③ 这个过程可以表达为：感性具体（某种现象的完整的表象）→抽象规定→思维具体。在《资本论》

　　① ［德］恩格斯：《卡尔·马克思〈政治经济学批判。第一分册〉》，《马克思恩格斯选集》第 2 卷，人民出版社 2012 年版，第 13 页。
　　② ［德］马克思：《〈政治经济学批判〉导言》，《马克思恩格斯选集》第 2 卷，人民出版社 2012 年版，第 701 页。
　　③ ［德］马克思：《〈政治经济学批判〉导言》，《马克思恩格斯选集》第 2 卷，人民出版社 2012 年版，第 701 页。

中，马克思运用这种方法构建范畴架构的思路是：千差万别的商品→价值（剩余价值）→工资、利润、地租、利息、价格、货币、资本，等等。在权利义务法理学者那里，法学的范畴架构是建立在凭感官直觉反映法律现实和对权利义务概念进行词义辨析的基础上，它没有从权利义务现象中抽象出任何类似于社会必要劳动时间那样的共性来，更没有通过抽象形成一个类似于价值的超越具体现象的概念。"权利义务"法理学是通过强调权利义务与其他现象的一些表面化的联系而牵强地拉扯在一起的，不包含任何抽象思维的因素。这种思路在几乎一切重要方面都与有关学者主观上想要遵循的《资本论》构建范畴体系的范例毫无共同之处。

第二，再看被确定为法学最基本研究对象的因素是否具有必要的单纯性或内容的同一性。最基本研究对象之所以"最基本"，就是因为它从质上看、从根本上看，已成为"一"而不是"二"或更多的东西。在马克思那里，被确定为最简单、最普遍、最常见的东西是商品，各种商品虽然千差万别，但都具有质的同一性，这种质就是社会必要劳动时间；在权利义务法理学论者那里，被看做是最简单、最普遍、最常见的法现象的权利和义务除了形式上都是法现象之外，没有任何值得花力气去抽象的质的同一性。

第三，在《资本论》中，作为最重要、最基本经济现象的商品是被当做抽象的对象，被当做"原料"对待的，马克思从中抽象、"提炼"出了社会必要劳动时间进而剩余劳动时间这种驾于商品之上的抽象物，并用相应的词语（价值进而剩余价值）将这种抽象物的简单规定性相对固定下来形成了概念；在"权利义务"法理学者那里，虽然也有"抽象"和"提炼"的说法，权利义务却始终没能进入被抽象和被"提炼"的过程，更没见有关法学作品从中抽象或"提炼"出任何一点能驾于权利义务之上的东西。

第四，在《资本论》中，作为最重要范畴（亦称为核心范畴、基石范畴）的价值（剩余价值）概念所标志的事物是从商品这种最基本对象中"提炼"、抽象出来的，是"形而上"的东西；在"权利义务"法理学者那里，被看做法学最重要范畴的权利和义务概念却始终只是指称处在"原料"状态的权利和义务现象本身，没有"提炼""抽象"活动本身。再说，单就权利而言，指称范围包括各种公共权力的"权利"概念，从

"提炼""抽象"的角度看，它是以各种权利和各种权力为"原料"的。但是，从各种权利和各种权力中，"提炼""抽象"出来的东西居然不是驾于权利、权力之上的新东西，而是剔除了权力之后剩下的"权利"，这是怎样的一个逻辑过程和机理？对此，相信任何人都难以想象。所以，我一直以为，当代中国"权利义务"法学的"权利"，根本与"提炼""抽象"无关，就是直接从20世纪上半叶汉译日语法学、汉语法学入门型教科书中拿来的。

第五，在《资本论》中，马克思是用他的理论体系中最重要的范畴剩余价值来说明他确认的最重要的经济现象商品的；而"权利义务"法理学认定的最重要的范畴权利和义务概念却说明不了这种理论确定的最重要、最简单、最常见的法现象即权利和义务现象本身。人们不禁要问：一个核心范畴如果说明不了本学科最重要、最简单、最常见的现象，那它又凭什么占据本学科最重要范畴的位置？更重要的是，基本的逻辑常识要求定义项不能包含被定义项，因此，不能用权利、义务解说权利、义务。实践法理学能用法权解说权利、权力、义务等所有基本的法现象，但"权利义务"法理学却跳不出不得不用被定义项做定义项的逻辑困境。

第六，在马克思《资本论》中，其核心的范畴只有一个，即价值（马克思把自己的理论与古典政治经济学区分开来的最重要范畴是剩余价值），这个唯一核心范畴反映着千差万别的商品本质的同一性，构成这个理论体系所包含的社会经济内容的同一性基础，从而使全部理论具有整体性；在"权利义务"法理学那里所有的"权利"都是包括各种公共权力的和化的"权利"，"权利"和义务只是分别标志"权利"和义务两种法现象的概念。由于"权利"和义务性质相反，"权利"和义务概念完全不可能反映权利和义务现象任何本质的同一性，也不能以它们为起点构建逻辑上和谐的、社会内容统一的理论体系。因为，"权利"和义务在这种法理学中一直是两种找不到共性、同一性的两个东西，而找不到共性和同一性，就意味着两者之间没有理论上连接两者的桥梁、中介或连接点。自然，以"权利"和义务概念为中心建立的法学理论，必然是内在失调、各部分相互错位甚至自相矛盾的。

由于"权利义务"法理学者是在还未完全吃透马克思所说的那种"显然是科学上正确的方法"的情况下，试图将其用来证明以和化的"权利"

或"权利义务"为法学最重要范畴的合理性的，所以不可避免地产生违反抽象思维基本要求的结论。例一，相关学者说："权利和义务是法律规范的基本粒子，是对法律现象的最简单的抽象和规定"。[①] 试想，在这里，权利和义务本身只是两个指称法现象的名词，是感性具体，不像"价值""剩余价值"那样经思维过程被提取的抽象物，它们怎么可能是对其他法现象的"最简单的抽象和规定"。这句话正像在马克思的政治经济学的体系内说商品是对其他各种经济现象"最简单的抽象和规定"一样不正确。

例二，同一位学者还说，"权利和义务是对法律现象本体属性、内在联系的最深刻、最全面的反映"；"权利义务作为法学的基石范畴揭示了法律现象的核心和实质"。[②] 再请想一想，像权利义务这样未经历抽象过程、直接标志法现象的名词怎么可能反映包括权利义务现象本身在内的法现象的本体属性、内在联系、核心和实质？这正像在马克思主义经济学范畴内说商品（而不是价值）能最深刻、最全面地反映包括商品在内的各种经济现象的本体属性、内在联系、核心和实质一样没有道理。严格地说，作者在这里不仅再一次陷入了用被定义项做定义项的逻辑困境，而且显然没有像"价值""剩余价值"那样的提取自现象的抽象概念可用，因为他们从来没有从法现象（如权利、义务）中提取出过上位的概念。

例三，上述学者说，"法理学范畴……是在其他法学部门范畴的基础上的进一步抽象，并且是以它们为中介环节而深入到法律现象的各个层次和各个领域"。[③] 认为法理学范畴，首先是权利和义务这两个最重要范畴是从其他法学部门的范畴中抽象出来的——从马克思主张的辩证思维方法角度看，这实在是走得有些远。辩证思维方法形成范畴体系的过程首先应当从感性具体开始而不是从范畴开始（这是一个综合、概括的过程），形成最抽象概念后再沿着由抽象上升到具体的方向推演出其他全部范畴，其中包括权利、义务，而不是相反。还是拿《资本论》做实例来加以解说吧。在这部著作中，作者是先从商品的完整表象（请特别注意，商品在这里并不是概念或范畴）出发，抽象出价值（其次是剩余价值）这个最抽象概念，然后再从"价值""剩余价值"出发向工资、利润、地租、利息等较

[①] 张文显：《法哲学范畴研究》，中国政法大学出版社 2001 年版，第 327 页。
[②] 张文显：《论法学的范畴意识、范畴体系与基石范畴》，《法学研究》1991 年第 3 期。
[③] 张文显：《法学基本范畴研究》，中国政法大学出版社 1993 年版，第 18 页。

具体或更具体概念上升。这种顺序绝对不能颠倒过来，而这位学者构建范畴体系的思路正好与自己宣称的颠倒了过来，显得完全没有章法。关于马克思绝对方法或从抽象到具体方法的运用，我近年有详细论述，有兴趣的读者可参见。①

总之，以和化的"权利"为核心范畴的"权利义务"法理学者们在谈论这些理论性、逻辑性特别强的问题时，基本上误解了自己所谈的问题本身的性质。以词义辨析的方法确认法学的最重要范畴和展开范畴体系，不可能产生类似"价值"那样的超越现象的抽象概念，因而也不可能深刻、合理地解释法现象。词义辨析无论冠以什么哲学的称号，都始终只是词义辨析，作为一种普通归纳、综合的方法，它是人在进行文字和语言交流或表达的一切场合都不可能缺少的。这就注定了它不可能有任何学科特点，也不可能具有学科的深刻度。因为，作为学科基本概念，范畴的作用在于相对固定人对有关对象的认识成果，如外延、实质等，形成思维形式，所以，范畴的含义虽可随社会生活日益丰富，甚至发生革命性变化，但这都只能是人深化对于对象的认识的结果。

对标示法现象的词语作词义辨析也好，语义分析也好，最多只能找到或分解、综合它已有的含义，即综合、分析迄今为止记录在概念中的认识，绝不可能通过这一途径加深对它所反映的对象的认识。因此，用词义辨析的方法研究范畴并由此出发构建法学体系，绝不可能有实质性的创新，绝不可能超越前人，这是铁的逻辑。事实也是如此。而且，词义辨析方法本身没有也不可能有丝毫辩证因素。

3. 在以和化的"权利"为核心的"权利义务"法理学的思路下现有学科方法论不可能得到更新。用利益分析的方法解释政治法律现象，是历史唯物主义的固有传统。西语法学界两个世纪以来也很重视从利益入手把握法现象。在中国，过去几年也出现了一些特别注重从利益角度解释政治和法律现象的作品。② 在 20 世纪末，复兴的中国"权利义务"法理学也开始注重利益分析的方法了，表现出要更新学科方法论，以利益分析方法取

① 童之伟：《从尊重传统到反映当代法律实践——续论以法权为核心的实践法学话语体系》，《法商研究》2023 年第 3 期。

② 如王浦劬等著的《政治学基础》，北京大学出版社 1996 年版；孙国华主编的《马克思主义法理学研究》，群众出版社 1991 年版。

代语义分析方法的选择倾向。相关学者曾说："法与利益问题是立法、执法、司法等法制工作的中心问题"；"在法学研究中，特别是对当代中国社会主义法律的研究中，必须高度重视对利益分析方法的运用"；"法与利益关系的研究和利益分析方法的运用，必然引起法的本质研究的深化。"① 固然，用利益概念解释包括权利义务现象在内的法现象，总会比用权利和义务概念来说明权利和义务现象要合乎逻辑得多。但同时也应注意到，强调利益分析法，在没能提出和证明权利与利益对应关系的情况下，有将利益概念作为法学的最重要范畴的倾向。

我们这里且不说利益不是一个法学概念，即使这是一个法学概念，强调它在学科方法上的中心地位也直接否定了以权利义务为法学基石范畴的原有理论。而且，展开范畴体系、理论体系和分析法现象，应当是同一学科方法论的不同学理功能，不能昨天在这一问题上强调语义分析法的主导作用，今天在那个问题上又强调利益分析法的主导作用。在这类问题上，既不能跟着感官直觉走，也不宜跟着别人的新提法走。

利益分析法虽有其合理的一面，但它不适于也不可能成为法学的学科方法论，至少在"权利义务"法理学的框架内是这样。这首先是因为，利益是社会科学各学科都要面对的，利益分析方法是社会科学各学科都一直在使用的研究方法，将其用来解释法现象不可能增加法学的专业特色，更不可能使它成为法学的特有的研究方法。其次，在弄清权利、权力和义务等基本法现象同利益的具体的、多样性的联系之前，将利益与法现象相提并论并无多少实际意义。因为，在标志法现象的权利、权力等概念没有揭示出相应现象的确切利益内容的情况下，对法现象作利益分析，只会造成典型的"两张皮"现象。

迄今为止的法理学作品，在论及利益和法现象时，都明显表现出未能将利益内容融会贯通到对法现象的理解中去的情形。谁也没能具体地揭示利益与权利、权力、义务等基本的法现象的对应关系就是显例。法学上真正的利益分析应是先将对有关法现象的具体利益内容的认识灌注到反映该法现象的法学范畴中，然后运用对应法学范畴来思维，做到法现象分析和利益分析高度融合，很自然地同步进行，利益内容蕴含其里，法学范畴运

① 张文显：《法学理论研究中的几个问题》，《人民日报》1997年8月6日。

行其表。

在马克思主义法学的范畴内选择学科方法论，最有理论优势的思路还是从抽象上升到具体的哲学方法论，我们可在这种哲学方法论的引导下探寻当代汉语法理学的学科方法论。

基于以上情况和近年来对于以和化的"权利"为核心的中国"权利义务"法理学起源、发展的新发现，下面对这种汉语权利义务法理学表达三点看法。

1. 现代中国"权利义务"法理学本是沿用汉译日语法学和民国时期法学入门型教科书的产物，从根本上说不是改革开放以来用词义辨析方法形成的理论体系。因此，它对当代法现象不仅像过去我评价的那样解释力贫乏、失之肤浅，而且根本就名不符实。对于法现象，法理学的使命要紧的是引导人们看到它们背后的东西，弄清它们深层的联系，并从理论上进一步概括对它们的新认识。但权利义务法理学即使对它所最为看重的权利，也没有说清、甚至没有试图去反映它的一些基本属性，其中如权利的主体有哪些，权利确切的界限或范围，权利背后的具体利益内容，权利背后的具体财产内容，权利与权力的区别，等等，都是如此；对于权力、义务等其他的基本法现象和法学概念，情况也都差不多。我们今天已经知道，之所以会如此，最根本的原因是这成套的话语和内容不是当代学者基于当代中国和世界的情况研究和总结出来的，而是基本沿袭汉译日语法学和民国法学入门型教科书的结果。

由于以上原因，这种法理学的许多非常重要的命题实际上只是一些没有多少真实内容的套话。其中常见的是："权利和义务二者是互相关联的，即对立统一的"；"权利义务在数量上是等值的"；"一个社会的权利总量和义务总量是相等的。"① 几乎每个"权利义务"法理学者都说权利义务对立统一。但统一于什么，谁也没说出一个所以然来。有人可能会说他们统一于法，但这种说法显然没有实际意义，因为一切法现象都统一于法，不独权利义务然。另外，权利义务法理学者经常说权利义务在数量上是等值、总量相等，但以什么通约呢？不知道。不同质的东西，如一堆水果和一堆稻谷不能直接比较数值、总量是否相等，除非用某种东西（如货币）通

---

① 张文显主编：《法理学》，高等教育出版社、北京大学出版社 2007 年版，第 146 页。

约。在《资本论》一书中，马克思为了说明 20 码布为什么可以等同于一件上衣这类问题，费了九牛二虎之力去寻找它们的可通约性，最后才将它们的可通约性确定为一定量的人类劳动。可是，权利和义务用什么来通约，而不能通约的东西又怎么可能判断两者总量相等或不相等！权利义务法理学者在发表有关看法时没有注意到这类基本学术要求。

2. 以和化的"权利"为重心的当代"权利义务"法理学的基本理论自相矛盾，不能自圆其说，到处充斥着超逻辑、超学术强制的成分。不过，这不是当代法学家的错，因为，它们本身的架构不是当代法学研究的产物，而是 20 世纪上半叶的遗产。这有多方面的表现，但其中最突出的表现是本书前引关于"汉语权利"与"和化权利"关系的论文所示，历史上和化的"权利"吸纳了各种公共权力并被用以解释包括全部公法现象在内的一切法现象。于是，权利义务所到之处，一切权力都被用权利概念来指称，或变相用权利概念指称，把我国乃至各国法律体系中规定的权力及其具体表现职权、权限等都一概说成权利，以致将法律体系、社会法律生活事实上已经分清楚了的权利和权力的差别、关系都搞乱了。这不奇怪，因为，当代"权利义务"法理学者一直以来所做的工作，实际上只是对已存在百年的学术进路做追加论证、事后论证。

法学理论的作用本来应当是将不清楚的关系和问题搞清楚，而"权利义务"法理学却正好相反，它常常是把法律体系和社会法律生活中已经清楚的基本概念和基本关系（指权利、权力概念及其相互关系）重新抛向混乱。这是形成于 19 世纪末、20 世纪上半叶的法学理论跟不上社会法律生活现实，实际上在阻碍而不是促进法律实践发展进步的表现。自相矛盾的一个显例是，在以"权利义务"为基础的解释体系中，权力被看做"权利"的一部分，故他们所提之"权利本位"已包括了权力本位的内容在内，但在讲权利与义务相比是本位的同时，又在自己认为有需要时加上前文曾援引的那种"主张权利本位，反对权力本位"之类的说法，这就颇令人不解了。在这里，权力怎么不再待在权利之中而要跳出来与权利对立？显然，"权利本位"中的权利一词与作为"基石范畴"之一看待的"权利"是词形相同，内容不一样的两个概念。但是，对如此重要的情况，为什么没有必要论述？这实在是太混乱了。

或许有学者会说，和化的"权利"的指称范围包括汉语的"权利"，因此，和化的"权利"应该也可以合逻辑地指称汉语的权利。确实，以一个集合型名词指称集合体的一部分是可行的、合逻辑的。但是，不能利用意义不同的两概念共用"权利"这一个汉语名词的情况，把整个集合体（权利、权力统一体或共同体）同该集合体的一部分（权力）做完全对立的理解，因为，这整体中包含着被放在对立面中的那一部分。

3. 从中国法律体系和汉语的角度看，当今汉语的以和化的"权利"为重心的"权利义务"法理学可以适用于私法，不能适用于公法、宪法，因而它实际上丢弃了当代中国法律实践、法律生活的大半壁山河。权利义务本来是一对源于罗马私法的概念，权利义务关系只是平等主体间权利交换关系的外化形式。公法最重要最常见的现象是权力及其具体表现形式，如公共机构的职权、权限等，这已是自英国光荣革命、美国独立战争和法国大革命以来各国法律和社会法律生活肯定的事实，也是我国法律体系记载的事实。而当代"权利义务"法理学为了从权利义务的角度统一说明一切法律现象，闭眼不看事实，用超学术、超逻辑的态度硬是将权力往陈旧过时、在其母国早已被放弃的和化的"权利""权利义务"解释模式里塞，其结果只会是使法学理论脱离当代法律体系和社会法律生活的实际，使法学理论同法制、法律实践相矛盾。

所以，我们今天在宪法学、公法学领域看到的情形是：宪法学、重要的公法学领域处于主导地位的论著和教材都不接受和化的"权利义务"法理学，此种法理学对这些学科基本上是外在的、不接地气的东西，起不到法的一般理论应该起的作用，如宪法学、刑法学、刑事民事诉讼法学领域都基本如此；有些属于公法学领域的学科的一部分教科书为了让本学科得到法学基础理论的支持，十分牵强地套用了"权利义务"法理学的分析套路，如部分行政法学、行政诉讼法学、经济法学教科书。这些学科套用"权利义务"法理学的结果，是使我国按宪法的标准看来是属于国家权力具体存在形式的职权在这类法学作品中都被曲解成了"权利"，在学理上造成了典型的、普遍的权利与权力不分的局面。这些做法及其结果不仅背离宪法、法律精神，也违背宪法、法律的具体规定，无异于把我国《宪法》第二条确认的"中华人民共和国的一切权力"扭曲成了"中华人民共和国的一切权利"。在教学工作中，教师面对来自学生的这方面的各种质疑往往要么哑口无言，要么强词夺理，在"广义的权利"与"狭义的权利"之间说去说来说不清楚。所以，从根本上说权利义务法理学对于整个宪法学、公法学领域，实际上是没有合乎逻辑的解释力的。

4. 实际上，由于当代"权利义务"法理学中和化的"权利"实际上是暗中把"权力"裹挟在其外衣下的，因而它并不能真正指称民商法上的权利，不可能真正用于私法学，只会扰乱人们对私法与宪法、公法关系的正常理解。这首先表现在和化的"权利"无法为民商法学所用。民商法学意义上的权利，指称范围与汉语的"权利"完全一致。指称范围包括各种公共权力的和化的"权利"在私法中根本派不上用场。若使用和化的"权利"，必扰乱人们对私法中的权利一词的理解和运用。其次，和化的"权利"在逻辑上无法与权力概念共存，在任何有以公共权力为表述对象的权力概念得以成立的体系中，和化的"权利"都会瓦解。因为，能与权力对立、对称的只会是汉语的"权利"一词；有了权力和汉语的"权利"一词，和化的"权利"一词会显得多余，除非将它用于指称权利权力共同体或法权。在 21 世纪，我国宪法与民商法的关系之所以在学理上弄得剪不断、理还乱，一个重要原因是本国历来的主流法理学教科书中没有体现宪法、公法效用的权力概念。缺乏权力概念使得人们讨论民商事权利的时候，会片面强调"私法自治"，不知道私权利的确认、分配和运用从来对权力是有依赖并须受权力限制、制约的。

六 小结：以和化的"权利"为核心范畴的法理学应予更新

以和化的"权利"为核心范畴的"权利义务"法理学形成于 19 世纪末的日本，盛行于 20 世纪上半叶的日语法学和汉语法学，但到 20 世纪下半叶，日语法学逐渐放弃了这套话语体系。汉语法学在 20 世纪末期接纳"权利义务"法理学有一定的必然性，它本身也发挥过一些积极效用，这是应该肯定的。但是，这种"权利义务"法理学确实有着严重的、不可克服的固有缺陷，其集中表现是：脱离当代中国的法律体系、法律生活和现代汉语，也不能反映当代世界其他主要国家的法律体系、法律生活现实；其核心学术要素已经失去现实依托，只是一种单纯靠人为努力支撑的空泛陈述。所以，汉语法学的一般理论应当基于当代世界的基本情况，其中首先是中国的基本情况予以更新。至于到底应该如何更新，还得法学界集思广益，我个人将在下文中正面提出自己的看法。

第二章
法权说的基础性内容

【导读】

本章在与以和化的"权利"为核心范畴的"权利义务"法理学相对应、相对照的基础上，具体展示了实践法理学、尤其是其中法权说形成的哲学根据、基本观点和证明过程，以及与传统学说很不一样的法律关系形式和内容解说。本章还提出了法权分析模型和对应的义务分析模型，并运用它们讨论了基本的法现象本身及其内部和外部联系。作为新的法现象解释框架，实践法理学同以权利义务为核心范畴的现象解释体系有重大差别。汉语法律文本将权这一单汉字名词置于其中，其性质乃直接确认或记载法权。纳入宪法之权即宪权，因宪法是法，而且是根本法，故宪权是首要法权。为强化读者对法权现象的认识，助推法权概念和法权观念的形成，我刻意选择用近乎不厌其烦做列举的方式，通过"有权"这个独特而具体的视点来展示包括宪法在内的若干部法律直接记载或确认法权的条款。对抽样法律条文的逐条梳理表明：我国宪法、法律用"有权"话语广泛地直接记载、确认了法权；刑法因其独特属性未显示"有权"话语，但它通过记载法权的具体和更具体存在形式，也间接且全面地确认了法权。基于我国法律体系和规范汉字名词，确认权、法权、剩余权这三个法学名词、概念，特别是确认其中的法权，对于汉语法学的正常发展是必须的。必须用规范化汉字名词取代和化的"权利""权利义务"，这是民族的、现代的和面向未来的汉语法学对于用规范化汉字名词呈现的核心范畴、基本范畴的紧迫需求。确认我国法律体系对法权的直接记载，是对以上紧迫需求的及时有效"供给"。

本章前三节以20世纪与21世纪之交发表的两篇文章和已不再版著作的相关片段为依托修订而成，第四节以作者在对本书原稿做修订期间于

2023 年发表的文章为基础编辑而成。

第一节　法权的法哲学阐释①

为了确定更有解释力且更能适应民主、法治国家建设需要的法学核心范畴，我以法的各种权为对象，抽象出了法权的概念。提出法权概念是基于这样一种认识：权利与权力在感性的、表面的层次上虽是对立的，但在理性的、根本的层次上却是统一的无差别的存在；权利和权力从根本上看是一个统一体或共同体。有关文章发表后，有学者对法权的客观性质和这个概念的适当性提出了质疑。为了消除这些疑问，更重要的是为了揭示权利与权力的内在联系，本书拟对法权作一番较为全面的阐释。

一　法权的外部特征

从外部构成看，法权近似于中外法学界早已意识到了的"广义的权利"或 19 世纪末、20 世纪上半叶通行的和制汉语的"权利"。

权利与权力在表现形式上虽然有种种差别，但它们归根结底是同一个事物。对于权利与权力的紧密联系，我国法学界较有代表性的看法是这样的："权利与权力是互相渗透的，权利中有权力，广义的权利即包括权力在内，权力也是一种权利"；② "权力与权利在本源上是一致的"，"权力的权威性和强制性不过是权利的集中化表现而已，即权力者有支配和强迫他人的行为服从于自己的能力。这种能力可视为一种权利，即在特定地位上的权利"。国外也有权威法学辞书认为："通常认为权力只是更广泛的'权利'概念的含义之一。"③

美国著名法学家庞德则提出，权利有六种含义：一是利益；二是利益加上保障它的法律工具；三是狭义的法律权利；四是权力；五是自由权；

---

① 本节要点原载于《法学评论》1995 年第 5 期，标题是《"社会权利"的法哲学阐释》，融入本书时按原理、术语统一和与其他部分整合为一体的标准做了修订。其中的"社会权利"是"法权"的前身，两者指称范围和内容相同，只是名称有异。

② 郭道晖：《试论权利与权力的对立统一》，《法学研究》1990 年第 1 期。

③ David M. Walker，*The Oxford Companion to Law*，Oxford：Clarendon Press，1980，p. 937.

六是特权。他认为，第二种意义和第四种意义的权利包括或等同于权力。他说，第二种意义的权利是"指法律上得到承认和被划定界限的利益，加上用来保障它的法律工具，这可以称为广义的权利"。① 这句话中的"法律上得到承认和被划定界限的利益"，就是西方法学界"利益论"的权利定义，如庞德十分推崇的德国法学家耶林就认为，"权利就是受到法律保障的一种利益"。② 所以庞德此处的所谓"利益"，就是指的狭义的法律权利，其中所谓保障这种利益的法律工具，则指的是权力，而"广义的法律权利"即权利与权力两者之总和。

中外著名法学作品中的这些论述表明，他们的作者已意识到权利和权力从根本上说可能是同一个事物。这些学者或法学作品通常所说的权利同我国法学界通常使用的权利一词一样，是没有权力含义的。所以，包括权力含义的"权利"被他们特别地称为"广义的权利"、"更广泛的'权利'"或"广义的法律权利"。

然而很可惜，他们均未将对上述权利与权力统一体的认识提升和凝炼为一个概念，因而也未用一个合乎学科术语要求的干净利落的语词来指代它。有些学者对这种状况倒似乎是有所意识的，如庞德在论及"广义的法律权利"即他所谓第二种意义的权利时就曾慨叹："可惜我们没有一个用于第二种意义的词，而这种意义通常是很重要的。"③

我希望，法权这个术语的提出能够消除庞德所说的那种"不幸"。从这一角度看，法权概念实际上可理解为对人们关于"广义的权利"的认识的理论概括和深化。

二 法权的利益属性

现在我们探寻一下法权的实质。所谓法权的实质，指的是这种被称为"广义的权利"的东西归根结底是什么。由于法权是由各种法定之"权"，即各种权利和权力构成的，因此只能通过考察权利与权力来把握它的实质，具体办法是找出使权利和权力得以在其面前还原为一种在质上无差别的存在的东西。这种东西，无疑就是法权的实质。

---

① Roscoe Pound, *Social Control through Law*, New Haven: Yale University Press, 1942, p. 88.
② Roscoe Pound, *Social Control through Law*, New Haven: Yale University Press, 1942, p. 86.
③ Roscoe Pound, *Social Control through Law*, New Haven: Yale University Press, 1942, p. 91.

　　法权的实质不可能是别的什么，只能是法定的利益，因为只有在法定利益层面上，权利和权力能够直接还原为无差别的存在，从而获得同一性。从内容上看，权利是一定利益的法律表现，这是法学界普遍认同的观点。早在罗马帝国时代，由皇帝钦定的法学教程就说："正义是给予每个人他应得的部分这种坚定而恒久的愿望"。① 在这本教程中，正义是指法的内容，应得的部分即应得的那部分利益。

　　对于权利的实质是利益的认识，从国外当代学者的下列说法中可见一斑："关于权利的本质自古以来就有学说的分歧，而现在有许多学者主张是由法律所承认的被保护的有关利益；"② 法律权利是"描述一种制度性安排，其中利益得到法的保护，选择受到法效力的保障，商品在有保障的基础上提供给个人"；③ 权利"所指的是站在一定的立场上，某个人对于他应得的应享有的东西的要求"。④

　　同权利一样，权力同样是利益的法律表现。对于权力，古往今来人们赋予了它无数的含义，基本上都是指法律强制力、支配力、特权等，现代西方学者还提出或归纳出所谓"一维""二维"和"三维"论权力定义。⑤ 而马克斯·韦伯则试图"一个人或一些人在集体行动中排除参与该行动的其他人的抵制并将自己意愿付诸实行的可能性"。⑥ 以上这些说法尽管有这样那样的不同，但实际上都是以假定权力是利益的实现形式为前提展开讨论的。

　　对于权力是利益的表现形式这一点，不少学者作过直接论述。早在启蒙时代，霍布斯就将权力看作是"使大家畏服，并指导其行动以谋求共同

---

　　① ［古罗马］查士丁尼：《法学总论——法学阶梯》，张企泰译，商务印书馆 1993 年版，第 5 页。

　　② 日本《新法律学大辞典》，董璠舆等译，中国政法大学出版社 1991 年中文版，第 254 页。

　　③ David Miller（ed.），*The Blackwell Encyclopaedia of Political Thought*，New York，Oxford：Basil Blackwell，1987，p. 443.

　　④ Tom L. Beauchamp，*Philosophical Ethics：An Introduction to Moral Philosophy*，New York，St. Louis［etc.］：McGraw-Hill，1982，p. 195.

　　⑤ See Steven Lukes，*Power：A Radical View*，Basingstoke & N. Y.：Palgrave Macmillan 2005，pp. 16 – 29.

　　⑥ Max Weber，*Class*，*Status*，*Parties*，see *Inequality in the 21st Century：A Reader*，edited by David B. Grusky，Jasmine Hill，New York：Routledge，2018，p. 19.

利益"① 的东西。当代的说法是五花八门的，但也都指出了权力的利益属性：左派的希腊学者波朗查斯认为，"权力指称一个阶级实现其特殊的客观利益的能力"；② 英国法社会学者科特威尔则认为，权力"是一种对别人的行为产生可预期的影响的能力。毫无疑问，对物质利益的控制——经济权力——是权力的主要形式之一"。③ 总之，权力体现的终究是某种利益，其实现方式与强制性或暴力的运用有关。

从利益角度确认法权的本质的合理性还从以下事实中得到确证：法律所认可和保护的利益必须也只能通过权利和权力两种形式来体现，既不可能单纯由权利或单纯由权力来体现，也不可能由除它们之外的第三者体现。法律既然以某种整体性利益为反映对象，那么法律关系的内容必然包括法律所反映的利益的全部内容。所以，当我们说法律关系的内容就是主体的权利与义务的总和这个结论时，我觉得若不同时指出两点是不行的：第一，在这个总和中只有权利是法律上的利益或利益的表现形式，而义务则不是；第二，法律关系内容中的权利只能是包括权力在内的广义的权利即法权。如果不这样理解，而是将权利作狭义的理解即将权力排除在权利的含义之外，那么试想，由权力所体现的那部分利益在法律体系或法律关系的内容中表现在什么地方、在何处存身呢？但不幸的是，现在法学界在论及法律关系的内容时，在主观上几乎都是将权利作狭义理解的。当然，人们在没有法权的观念之前，也只能这样理解。我曾说到将宪法关系理解为权利义务关系不合理，就是在这个意义上说的。

但是，法权具体体现的是什么利益呢？利益可以作多种多样的分类，就本书所关心的范围而论，至少应区分为法律上的利益与非法律上的利益，社会全部利益与国民利益，个体（公民、法人等）利益与公共利益，由社会经济关系决定的国民利益与立法者主观认定的国民利益，应当有的利益与已经有、可能有的利益，等等。

我感到，法权对这些利益的实际体现关系可归纳如下：它体现法律上

---

① 　Thomas Hobbes, *Leviathan*, Oxford: Oxford University Press, 1943, pp. 95 – 96, 131.

② 　Nicos Poulantzas, *Political Power and Social Classes*, ed. and trans. Timothy O'Hagan, London: NLB and S&W, 1973, p. 105.

③ 　Roger Cotterrell, *The Sociology of Law: An Introduction*, London: London Butterworths, 1984, p. 119.

的利益而不体现其他利益；它形式上体现国民利益而实质上体现占统治地位的社会集团的整体利益；它通过自身的权利部分体现个人利益，而通过其中的权力部分体现公共利益；它应当体现由经济关系决定的占统治地位的社会集团的整体利益，但实际上却只能体现由立法者主观认定的占统治地位的社会集团的整体利益；它的发展方向受应当有的利益的引导但在现实性上却只能限于体现已经有的和可能有的利益，等等。在当代中国，法权实质上是全中国人民整体利益的法的存在形式和法学表达方式。

根据已有的对法权实质的认识，我认为，不妨先从利益属性上对法权的特征作一描述：法权是法律承认和保护的社会的全部利益，具体表现为各种形式的法定之权。

这些特征表明，应当由法律承认和保护的利益是客观的，而法律实际承认和保护的利益是立法者主观认定的，因此，在当代社会，法权实质上是掌握了立法权的居统治地位的社会集团的利益，只不过采取了国民利益的外观。

这些特征还表明，在社会主义条件下，应当承认和保护的同实际承认和保护的国民利益虽可以消除传统阶级偏私造成的差距，但仍然难免会有因立法者认识水平限制或立法技术不完善而造成的偏差甚至较严重的错位。法权概念所指称的不是社会的全部利益而只是由法律承认和保护的全部利益，因为"各种利益事实也无必要都转化为法律上的权利"或权力。①

一定地域内法权的构成要素是该地域内法律上的一切"权"，公民权利和国家权力是其基本构成部分，除此外还有由它们各自或共同派生的权利和权力，如我国企业法人相对于国家拥有的权利和它在内部行使的职权，中西方法制史上的家父权、夫权和恩主权，中西方封建社会的神权以及一些由其他非国家机关行使的公共权力等。

三 法权的本质特征

前文已论述过法权的外在属性。对于法权的内在的即本质方面的属性，根据上文对其实质的认识，我认为主要包括以下几个方面。

1. 法权以财产为其存在的现实基础。法权是由社会的财产转化而来的。作为各种利益基础的物质利益，无非是以各种形态存在的物质财富的

---

① 参见郭道晖《论权利推定》，《中国社会科学》1991 年第 4 期。

一般存在形式。所以，财产作为物质利益的承担者，同时也是社会的全部权利和权力即法权的物质基础。从权利看，人身权利、财产权利、政治经济文化权利及社会生活的其他权利，无不是财产的转化形式或是以这种财产的一定程度的积累为其产生和存在前提的。从权力看则更是如此，正如已有学者指出的："把所有物质力量集中到中心权威手中是国家的主要功能和关键特征"；① "权力无疑是一种价值"，而它的首要含义是"财富，亦即支配经济利益和服务"。② 另一些学者说得更直截了当："统治权是从私人交易中抽取提取的暴力部分，由一个我们称为国家的机构加以独占"；"事实上，权力也总是与物质力量紧密相联系的。"③

2. 法权是社会经济过程的产物。法权既然终究以各种形式的财产为其物质承担者，那么它的总量与社会的财产总量之间就必然存在客观的对应关系，后者决定前者，前者受后者制约。它们之间的关系，可以从财产同法权的具体存在形式之间的关联中找到：在法权比例结构不变的条件下，一定社会的财富总量的多少决定着权利和权力的多少。实体性权利要么是财产的直接或间接的转化形式，要么以财产的一定生产水平、积累程度和相应的生产、分配、交换、消费方式为其产生条件或存在前提，而所有程序性权利又都是为了落实实体性权利而设定的。程序性权利没有直接的财产内容，但它们是实体性权利落实其财产内容所不可缺少的保障。社会全部财产的总量是一国生产力总量及其发展水平的客观标志。财产与权力间的正相关关系也是明显的，以国家权力为例就足以说明问题：国家机构、官吏、军队、警察、法庭的数量、质量、效率等体现国家权力强弱的客观指标都是同国家从社会抽取的财产的多少相对应的，只能靠这些财产来维持。

与社会财产的内在联系表明，法权是社会经济过程、首先是物质资料生产过程的产物，同时也是分配、交换、消费过程中的产物和表现。在这个意义上可以说，法权是随社会生产力的发展而递增的。也正是在这个意

① Robert Nozick, *Anarchy, State and Utopia*, New York: Basic Books, 1974, p. 116.

② Edgar Bodenheimer, *Jurisprudence: The Philosophy and Method of the Law*, Belknap: Harvard University Press, 1981, p. 149.

③ John R. Commons, *Institutional Economics: Its Place in Political Economy*, New Brunswick: Transaction Publishers, Vol. 2, 1990, p. 684.

义上可以说，不仅法权是"生产"出来的，它的具体存在形式如权利和权力等也是"生产"出来的。法权与权利一样受下述规律的限制，即"决不能超出社会的经济结构以及由经济结构制约的社会的文化发展"。[①]

3. 法权发展演变的根本动力是物质资料（其中特别是技术装备）的生产活动。既然法权是财产转化或派生的，那么，作出这一结论也就是顺理成章的。客观的历史事实也证明是如此。我们很容易看清社会物质资料生产活动对这五种属性的决定性推动意义：法权所属关系的历史的可变性是生产力发展推动社会形态变化的必然结果；法权总量的递增性是生产力扩大、财富不断丰富的法律表现；法权要素间的关联互动性则是生产过程分工协作和产品交换的表现，而分工协作和产品交换的深度或规模则取决于生产力发展水平；法权的结构性变化和向社会化分布状态的无限接近也是生产力的进步所推动的，这一点既为人类社会迄今为止的历史进程所证实，也为马克思主义关于国家历史形态变化和国家、国家权力历史命运的学说所证实。

除此之外，法权基本构成要素自身的发展变化同样能说明问题：社会成员权利与国家权力的出现、社会成员权利的社会化（平等化）分布的历史趋势、国家权力功能性分解和结构性分离的历史趋势，等等，有哪一样不是由社会物质资料的生产活动推动的呢？

4. 整体性的法权只能被理性的触角所感知。这种理性的触角就是哲理法学特别强调和重视的抽象力。要感知整体性的法权，只能透过权利与权力及其具体运作方式等感性的现象，用抽象力加以把握。理性把握住法权后，才有可能在它的指引下在法律体系中找到法权感性的存在形式。在这方面，马克思分析不同使用价值的商品的共性和差别及求证价值的方法值得我们学习。马克思说："作为使用价值，商品首先有质的差别；作为交换价值，商品只能有量的差别，因而不包含任何一个使用价值的原子。"[②]这就是说，世界上的商品大至飞机、巨轮，小到一个面包，一根针，尽管使用价值千差万别，但在价值层面上它们都是无差别的存在。我们不仅能

---

① ［德］马克思：《哥达纲领批判》，《马克思恩格斯选集》第 3 卷，人民出版社 2012 年版，第 364 页。

② ［德］马克思：《资本论》第 1 卷序言，《马克思恩格斯文集》第 5 卷，人民出版社 2009 年版，第 50 页。

够用这种抽象方法确认法权的存在，而且完全可以得出结论：权利和权力尽管有这样那样的差别，在现实生活中发生种种矛盾和对立，但它们终究都是法律承认和保护的利益的直接或间接的存在形式，在这个层次上，它们之间没有丝毫差别，完全是一个统一整体。那么，法权有没有某种未加分解的原型呢？答案是肯定的。

第一种未加分解的法权原型是国家产生前处于权利权力混沌状态的原始的"权"。它存在的典型时期按摩尔根的人类史前史分类标准应该是蒙昧时代和野蛮时代，氏族制度已十分发达和完善的文明时代，因为处在国家产生的前夜，原始的权利权力混沌体已不具有典型意义，因为它已较明显地分解出权利和权力的雏形。但是，在国家产生前，不论原始的权利权力混沌体是否发生或在多大程度上发生了分解，从法律的观点看，它仍然是一个未分解的整体。当然，本书采用的法律定义是同国家的存在相联系的，如果改变法律定义则又另当别论。

法权的第二种原型是原有的部分已被分解为权利与权力之后新增殖而尚未来得及分解的那部分"权"。这部分"权"的物质基础是已生产出来但尚未分配或分割的新增殖的财产，法权分解实质上是对这些新增殖的财产分配或分割的法律表现。在现代，由于立法预测和事前立法的加强，整体性法权的痕迹越来越难以找到了。在这种情况下，法权往往是被"预分"（预先分割、分配、分解）的。

法权的新增殖部分从出现后很久才分解，到产生后立即被分解，再到未真正产生就被"预分"，这个发展过程体现了立法技术的完善和法治的进步。"预分"已成为法治社会分配新增殖的法权的基本形式。因此可以说，社会越进步、法治水平越高，人们就愈难直观地感知整体性法权的存在，研究它所需的理性化程度也就越高。这是一个决不能仅凭感官直觉和法学课本提供的常识判断是非和随意挥洒的认识领域。

四　法权的历史变迁[①]

由其外在和内在特性所决定，法权的所属关系具有历史的可变性。在

---

① 这个小标题下的文字以童之伟所著《法权与宪政》（山东人民出版社 2001 年版）第439—442 页为基础修订而成。

没有国家或公权力存在的原始社会，权利与权力的界限模糊，因而可以说处于权利与权力混沌状态。那时的权以原始权的形态存在，平等地属于每一个人。在公共权力和国家出现后，它始则在法律上和事实上都属于少数人，继则转变到法律上属于多数人甚至所有人而事实上只有少数人比绝大多数人从中得到更多的实惠。历史上很多批评家，包括马克思主义创始人，都持这种法律观。他们希望将来创建一个理想社会，在那里，法权不仅在法律上而且在事实上也都属于多数人，最后直到在新的基础上又平等地属于每一个人。当然，那时还没有法权观念，我这样描述他们前人的法权观，是站在法权角度从他们的财产观和历史观中推导出来的。

还应注意，法权的总量具有递增性。法权既然是由物质财富或财产转化而来的，其总量自然不是固定不变的，而会是随着科技进步和分工的深化而递增的。人类的每一项发明创造、每一个新的活动领域的开辟，都意味着创造出了一种前所未有的法权。在政治社会中，这同时也就意味着它需要按某种原则在社会成员与国家间进行分配。例如，互联网技术的发明和应用创造出了与此相联系的法权，而后者立即被分解成了公民生产、销售和使用互联网设备的权利和国家管理这些活动的权力。其他方面的每一项新技术出现，如数字化和人工智能产品，也是如此。

可见，任何新的法权一旦产生，就必然按它所产生的那个国家的法权分配原则被分解开来。提出法权总量的概念并认识其递增对于正确阐释许多法学问题都是十分重要的。确认这一点是深入研究法权结构等问题并把握其历史发展规律的必要前提。

法权归根结底具有财产性，这一点决定了法权构成要素间存在复杂的关联互动性。从基础层次即权利与权力之间的关系看，具体表现为：相互联系，相互转化和相互派生。如在法权总量一定的条件下，国家放弃的权力必然转化为公民的权利；相互区别，即两者不仅不能混淆，还应有明确的界限，以便维持适当的比例关系；相互约束和平衡，即在法权结构内，个人扩充权利的要求和抵制国家权力扩张的努力，同国家机关试图扩大权力并限制个人扩充权利的努力始终同时并存。在实践上，公民的一种权利与另一种权利之间，国家一种权力同另一种权力之间，同样存在着相互区别、相互联系和相互转化的关系。

法权结构存在阶段性变化。所谓法权结构，指的是法权总量中权力与权利数量上的比例（权力/权利）关系，进而强度上的对比关系，其中数量上的比例关系归根结底表现为属于公共机关的财产总量与属于个人的财产总量的比例关系。不过需要说明的是，公共机关也好，个人及其组成的群体也好，其所拥有的财产总量并不一定与其掌握的那部分法权的强度相对应。因为，权力或权利的强度，除了受支撑它们的财产总量影响外，还受权力、权利乃至在其后支撑它们的财产的集中程度影响。以权力为例，在体量一定时，其集中程度越高，强度越大；集中的、较小体量的权力，其强度可以超过分散的、较大体量的权力。在与权力抗衡方面，权利的情况也是如此，个人通过行使结社等权利或通过垄断财产等方式集中起来的权利，其强度往往可以超越普通单个公民享有的权利量的很多倍乃至千百倍。

法权结构总量平衡和法权强度平衡的上述原理，完全适用于解说国家机构内部的权力竞争和制约平衡关系，如立法、行政、司法等性质的权力之间或中央权力与地方权力之间的关系；同理，它也适用于解说公民等个体之间的权利竞争。

在社会尚未分离出公共权力之前，法权的原始形态为"权"，它具有结构上的整体性或不可分性，即尚未区分为个人的权利和国家等公共机关的权力。最初它全部属于社会，表现为根据氏族制度等原始社会习惯每个人都平等享有的行动自由和实现某种利益的可能性等。国家的出现表明一部分"权"已转化成了法的权力，其余的基本表现为法的权利。① 国家的形成同时意味着原有的整体性的"权"发生了分解，形成了法权结构。

许多历史事实显示，法权结构自其产生以来，似乎经历了这样一些发展阶段，其中每后一个阶段与每前一个阶段相比，权利在法权总量中的比重都更大，而且在社会成员中的分配都更趋平等化。一般地说，在法权结构产生和发展的初期阶段，权利所占的比重很大或较大，但到后来发生反转，以致权力占的比重很大或较大，权力对于权利往往处于绝对主导的地位。这主要是奴隶制国家和封建专制君主制国家的情形。以法国大革命和美国独立革命为契机，资本主义的法权结构取代了奴隶制、封建制的法权

---

① 在17世纪，欧洲众多自然法学派学者将其描述为一个从自然状态过渡到政治国家的历程；19世纪中期，恩格斯把这个过程描述为从原始社会到家庭、私有制和国家出现的历史。

结构。在这一新的结构中，权利所占的比重至少从法律上或形式上看超过了权力所占的比重，并占据了基础性的和主导的地位。就欧美国家的权力在法权结构中所占比率而言，公元后已有的最低点看来在 19 世纪，到 20 世纪初开始了 V 型反转，直到 21 世纪的现时代。不过，我相信这只是权力率阶段性波动的表现，规律性有待探求。至于社会主义阶段的法权结构，从马克思主义创始人的国家学说来看，其逐步降低权力比重，扩大权利比重、让一切权力都回归权利的历史趋势是应该肯定的历史趋势可，但不能排除阶段性波动从被概括为"国家消亡"说的恩格斯下面这句话中看出来："在生产者自由平等的联合体的基础上按新方式来组织生产的社会，将把全部国家机器放到它应该去的地方，即放到古物陈列馆去，同纺车和青铜斧陈列在一起。"①

法权结构平衡是立宪原则、法治得以实现的基本社会政治条件。权力对权利居压倒优势，且权利无力抗衡权力的法权结构必然表现为政治专制或独裁；权利对权力居压倒优势，且权力不足以遏制权利滥用的状况，属于无政府状态。它们是追求法治的人们应该竭力防止出现的两种极端状态。另外，法权结构平衡的社会或国家不一定有发达的民主制度，但反观中外历史，可以说若完全没有民主因素或民主因素过于稀微，法权结构不可能达至平衡。

五 "法权"的学术效用

在法学中，引入和运用法权这个名词和概念是必要而恰当的，我相信这会极大地促进法学研究的深入，主要理由有以下几点：

1. 从名与实的关系的角度看，既然权利与权力有同一的本源、构成统一的本体，那么这个统一体就应当有个适当的名称，尽管权利与权力表现上有这样那样的不同。权利与权力的本源是财产，它们的共同体则是由经济关系决定的社会整体利益（在阶级对立社会表现为统治阶级的整体利益）。在这个层次上，权利和权力是一个在质上无差别的统一体。法权就是这个统一体的适当名称。

---

① ［德］恩格斯：《家庭、私有制和国家的起源》，《马克思恩格斯选集》第 4 卷，人民出版社 2012 年版，第 190 页。

2. 法权概念的提出，深化、总结了法学界对"广义的权利"属性的认识成果，初步实现了对"广义的权利"认识的概念化、规范化。对任何事物，仅仅指出其存在是不够的，关键是要揭示它的内在和外在属性，并将人们对它们的认识提炼和凝结为本学科的概念、范畴。法权概念的提出和界定，是对法学界认识权利与权力关系的成果的必要总结和进一步发展，尽管只是初步的。

3. 从法与法律相区别的角度看，法权的概念也是必不可少的。必要时将法与法律区别开来对于推进法学研究有积极意义。如有需要，我赞成作以下区分：法是由经济关系决定的法权关系和客观法则，法律是立法者对法权关系、客观法则的确认和表达。① 根据这种思路，我们能清楚地看出法权概念的应有地位和对权利、权力的相对位置：客观的法权是体现在法中的国民利益，不以人的意志为转移，是完整统一的，是由经济关系这个本质内容决定的本质形式；体现在法律体系中的法权则是立法者对社会整体利益的主观把握或认定，通过对权利和权力的确认、分配和规范在现实生活中具体表现出来，是体现这一本质形式的外在形式。

4. 法权概念的形成，给法学研究提供了一个方便实用的工具。例如，在法理学上，用法权概括权利与权力之总和带来的方便正像人们用"家具"一词概括家里的桌子、椅子、柜子和梳妆台一样合理、实用；在宪法学上，用法权一词概括公民权利、国家权力及由它们分别或共同派生的权利、权力的合理性和必要性正像用"家庭"这个词语概括夫与妻及双方共同生育的子女一样无可非议。用法权来总说公民权利、国家权力以及由它们分别或共同派生的权利和权力，用法权关系来总说公民权利与国家权力的关系，公民权利、国家权力同另外的权利和权力的关系，一部分公民的权利同另一部分公民的权利的关系，一部分国家权力同另一部分国家权力之间的关系等等这样包容广泛的内容，的确是再方便、再确切不过的了。我相信这对于民法、刑法、诉讼法等其他二级学科也是一样。

5. 法权概念的形成和运用，有助于结束法学中往往不自觉地混淆"汉语权利"与"和化权利"的历史，提高法学概念的准确性和法学研究的科学性。目前我国的法学论著（包括法学教材）使用的权利概念不够准确，

---

① 郭道晖：《论法与法律的区别》，《法学研究》1994 年第 6 期。

赋予权利一词的含义也不够稳定。我国法学论著在论及"权利"时，实际上是时而让其包含权力的含义，时而又让其不包括权力含义的。例如，宪法学、行政法学和经济法学论著在论及国家机关作为法律关系主体的情形时，实际上都是不自觉地将权利当做"和化权利"看待的，因为它们无一例外地将权力、权力主体和权力客体说成是权利、权利主体和权利客体，这实际上已将权力算做了"和化权利"的一部分；而民法学等学科的论著论及权利时，其所使用的"权利"一词却显然又大都并未包含权力的含义。

作为基础学科，法理学在论及权利、尤其是法律关系中的权利时，原本应当明确说明其所运用的"权利"一词在何种情况下包含了权力的含义、何种情况下不包含权力的含义，以及为什么不用两个不同的概念来分别反映它们的特征，等等。但可惜尚未见有法理学论著这么做。实际情况是，法理学论著作者往往并没有明确意识到要区别权利、权力和法权，而他们在论及诸如法律关系这类问题时使用的权利一词却只能用法权概念取而代之才合理。在类似的场合，权利概念占据了本来属于法权的位置。这种不正常状况迫使一些部门法学论著只好不加论证就在论述法律关系时将权力、权力主体和权力客体分别说成权利、权利主体和权利客体。

以上提及的几个方面实际上只是若干例子，并非说明法权概念的必要性和学理功能的全部理由，对这些必要性和学理功能，还有待进一步认识和发掘。正视法权的存在并确认这个概念或范畴，虽然会对现行法学体系中某些构成部分的内部"秩序"形成一定程度的冲击，但一旦在新的基础上重新理顺了关系后，新形成的体系会比现有的更有效用、更合理。

第二节　法权说的基础性命题①

在以和化的"权利"为核心的"权利义务"法理学已经暴露出不可弥补的缺陷的今天，扬弃"权利义务"法理学，拓展适合当代中国基本情况

---

① 此节原载《法学研究》1999 年第 2 期，标题为《再论法理学的更新》，融入本书时按原理、术语统一和与其他部分整合为一体的标准做了修订。

的新的法学基础理论，已成为实践法学在基础性研究领域必须面对的重大课题。按照依法治国、建设社会主义法治国家的要求和促进法学进步的需要，新的法学基础理论应当既具有深刻的思辨性和全面、深入的法现象解释功能，又具有较强的实证性和实用性。但是，具体地说，法理学到底该如何更新呢？为抛砖引玉，这里先提出和证明以下五个基础性命题，我认为，其中包含的思想可以作为一种法理学新框架结构的核心内容。

一　法权及其具体存在形式权利、权力是最重要法现象

权利和权力是两种最常见法现象，因而也是中国法律体系确认的两种最基本法律制度。我国《宪法》序言和第一章总纲中的相关条款，及整个第二章（"公民的基本权利和义务"），都是权利制度的最高规范载体，其中义务（包括职责和"必须"等规定）表现为与个人享有权利相关联的行为。而《宪法》第一章总纲中的相关条款和整个第三章（"国家机构"），都是权力制度的最高规范载体。在我国法律制度和法律实践中，权利和权力是严格加以区分的。权利主要表现为《宪法》总纲相关条款和从第三十三条到第五十六条中各条款确认的基本权利和自由，包括法律面前一律平等，选举、被选举，言论、出版、集会、结社、游行、示威的自由，宗教信仰自由，人身自由，人格尊严、住宅不受侵犯，通信自由、通信秘密受法律保护，对任何国家机关和国家工作人员提出批评、建议和实行监督的权利，劳动、休息和在年老、疾病或者丧失劳动能力的情况下从国家和社会获得物质帮助的权利；受教育的权利和进行科学研究、文学艺术创作及其他文化活动的自由，私有财产权和继承权，等等。这些基本权利细化为法律保障的权利和自由。如刑事诉讼法、民法典、选举法、特别行政区基本法、集会游行示威法、教育法等等法律保障的权利和自由等。权力则主要体现为，从《宪法》第五十七条到第一百四十条各级各类国家机关的职权和权限，主要包括：《宪法》第六十二条规定由全国人民代表大会行使的职权，如修改宪法、监督宪法的实施、制定和修改刑事、民事、国家机构的和其他的基本法律、选举和决定重要国家机关的主要领导工作人员、审查和批准国民经济和社会发展计划和计划执行情况的报告等；第六十三条规定的全国人民代表大会行使的罢免权；《宪法》第六十七条规定的全国人民代表大会常务委员会行使的职权，如解释宪法，监督宪法的实施、

制定和修改除应当由全国人民代表大会制定的法律以外的其他法律，修改法律，解释法律，在全国人大闭会期间审查和批准国民经济和社会发展计划、国家预算在执行过程中所必须作的部分调整方案，监督国务院、中央军事委员会、国家监察委员会、最高人民法院和最高人民检察院的工作，撤销国务院制定的同宪法、法律相抵触的行政法规、决定和命令等广泛的权力；《宪法》第八十条、第八十一条、第八十九条、第九十三条规定的国家主席、国务院、中央军委的职权，以及宪法其他相关条款规定的各级各类地方国家权力机关、行政机关、监察机关、审判机关、检察机关的职权或权限，等等。另外，还有大量的关于中央和地方国家机构、立法、行政管理、诉讼、监察和治安等方面的普通法律来细化宪法授予这些主体的权力。

需要说明的是，我把权利和权力视为最重要法现象和法律制度，没有把与权利和权力相关联的义务（表现为具体的法义务、职责、责任等）与它们等量齐观，是考虑到相对于义务而言，权利、权力是正面的、第一性，义务只是负面的、第二性的或次重要的，没必要相提并论。这恰似人们在谈论处于阳光下的某人或某物，没必要总是说还有伴随他们或它们的影子一样，虽然后者与前者确实是影随着形不可分离，而且也是客观的。

还要看到，权利、权力原本就是马克思、恩格斯严格加以区分的两个法学概念。以马克思主义法学经典中有代表性的著作《家庭、私有制和国家的起源》为例，我们可以清楚地看清这一点。我国乃至各国宪法法律意义上的"权利"，在这部著作的德文原版中通常是用 recht（或以其为词根的 rechte，rechten）表述的，正当或合规则的公共权力，通常用 macht（或以其为词根的 machtstellung，mächtigsten）表述，而指称比较赤裸的暴力则多用 gewalt 一词。[①] 该著作的众多英文版本显示，各译者也是根据原著精神，按权利（right）与权力（power）较严格区分的原则处理的，只是其中对宪法、法律意义上的"权力"的处理比德文更简单，对德文 macht 及其变体和 gewalt，差不多都用 power 译之。该著作的汉译本在权利与权力的区分原则上靠近英译本，即英译本用 right 的地方，汉译本都用权

---

① Friedrich Engels, *Der Ursprung der Familie*, *des Privateigenthums und des Staats*, *Im Anschluß an Lewis H. Morgans Forschungen*, Stuttgart 1892, s. 152 – 173.

利，英译本用 power 的地方，汉译本基本都用"权力"，只个别情况用了"力量"。① 读者不妨对照阅读该著作中集中反映这种区别的第九部分的不同语言文本。其实，这在马克思主义政治、法律类经典中，权利与权力如此区分是常态，无论如何没有像当代中文法学的一些基础性读物或教材那样权利与权力混淆不清。

学术史表明，关于基本研究对象，社会科学的体系性研究常常是以确认某种经验的事实或最重要对象为起点的，做这项工作固然需要丰富的知识，要有相应的理论武装头脑，但直接地看更主要的是要依靠观察、体验和感官直觉。确认某种经验的事实不同于提出一般论断，严格地说，不是一个正确与否的问题，而是一个主观意识和客观现实是否相符合的问题，详细的论证往往是多余的。所以，尽管当年马克思政治经济学的理论体系复杂而宏大，但他用以确认其分析起点（商品）的文字却很简单："资本主义生产方式占统治地位的社会的财富，表现为'庞大的商品堆积'，单个的商品表现为财富的元素形式。因此，我们的研究就从分析商品开始。"② 他没再多说一句作这种选择的理由，就进入了实质性研究的过程。

不过，一个学科选择分析起点和确认最重要的研究对象看起来非常容易，但其结果是否符合客观实际，却会对有关学科的发展产生整体性的影响，决定着整个理论体系的盛衰成败。从这个意义上看"权利义务"法理学，它盲目接受前人的提法，将权利义务确定为元素形式的、最常见和最重要的法现象并作为实际的分析起点，不符合实际，十分不恰当。

中国当代法律制度和法律生活事实都表明，法权及其具体表现形式权利和权力才是法律世界中最重要、最常见、最基本的法现象，法学应当以法权及其具体表现形式权利和权力为最基本研究对象和分析起点，从而形成新的范畴结构和新的法现象解释体系。尽管按前面已肯定过的思路，本书完全可以不说明理由直接转入以法权及其具体表现形式权利和权力为中心的研究，但为了学界能够通过对比判断两种不同思路的优劣，这里还是

---

① 这一点在该著作最后部分有集中反映，可比较该著作汉、英、德三个版本的第九部分：恩格斯：《家庭、私有制和国家的起源》，《马克思恩格斯选集》第 4 卷，人民出版社 2012 年版，第 174—195 页；Friedrich Engels, *The origin of the family, private property, and the state*, Resistance Books, Australia, 2004, pp. 148 – 164.

② ［德］马克思：《资本论》第 1 卷序言，《马克思恩格斯文集》第 5 卷，人民出版社 2009 年版，第 47 页。

简要申述一下将法权及其具体表现形式权利和权力确认为最重要法现象的两点基本理由：

1. 由公民等社会个体组成的社会和由公共机关组成的国家是法律生活的两个最基本事实。而社会的法律表现是权利，国家的法律表现是权力。只有权利和权力与法律生活这两大最基本事实相对应、相等同。

2. 与义务及其他法现象相比，权利和权力在社会法律生活中更常见、更普遍、更重要。我分别统计并记录了中国、美国、法国、日本、德国这五个国家的宪法中权利、权力和义务三个概念的出现次数。将那些数字汇总一下就可以看到，在这五部宪法中，标志权利和权力的词汇总共出现562 次，且其中标志权利、权力的两个词语在出现次数上大致能够平分秋色，而标志义务的词语只出现了 124 次，后者不过只占前两者之和的22%。① 这些数字直观而有力地表明，与义务相比，权利和权力在社会生活中的重要性、常见性、普遍性大很多。

同理，民法是确认、分配权利并规范其运用行为，排除权力不当干预的法；刑法是规定犯罪和刑罚以严厉手段保护权利和权力的法；诉讼法是运用权利、权力的程序法、手续法；如此等等。

总之，还没有证据表明有其他任何法现象的常见性、普遍性和重要性超过权利和权力。因此，如果一定要在全部法现象中确定最重要现象，则非权利和权力莫属。

二 法律世界最基本的矛盾是权利与权力的矛盾

再谈谈与权利和权力的地位密切相关的一个理论问题，即对法律生活中最基本矛盾的估计问题。正确估计法律生活的最基本矛盾，是正确认定法律和法学的现实作用的理论前提，历来为法理学家所看重。

由权利和权力的实际地位所决定，法律生活最基本的矛盾不是权利和义务的矛盾，而是法权的内在矛盾，即权利与权力的矛盾。法律的现象世界是丰富多彩的，其中包含着无数错综复杂的矛盾，但最基本的、起主导作用的矛盾只有一对。按照矛盾形成和运动的客观规律，这对矛盾不可能发生在两个次要法现象之间，也不可能发生在一个最重要法现象和一个次

---

① 参见本书第一章的相关统计，此处数字是根据那些数字汇总而来。

要法现象之间，而是只能发生和存在于两个相对而言地位最为重要的法现象之间。这就决定了义务不可能作为法律生活最基本矛盾的当事一方，惟有权利和权力才有资格作为这对矛盾的对立统一双方。这是一般的常见的情况，能够例外的只有偶然的和个别的情况，这种例外不在本书考虑之列。

法律生活的现实表明，在错综复杂的矛盾中，权利和权力的矛盾处在最基本的地位，主导着其他矛盾的发展变化。在各种错综复杂的矛盾中，有三对矛盾是较重要的：一是权利与权力的矛盾，其现实表现是公民等社会个体与国家的矛盾；二是权利与权利的矛盾，其现实表现是公民等社会个体相互之间的矛盾或社会内部的矛盾；三是权力与权力的矛盾，在现实中一般表现为各级各类国家机关之间的矛盾。

这三种矛盾是相互影响、相互作用的，但其中基础性的、起主导作用的是权利—权力矛盾即公民等社会个体与国家的矛盾。这种基础性的、主导的地位体现为公民等社会个体与国家的关系决定性地影响着公民等社会个体相互间的关系和以国家机关为典型存在形式的公共机关相互间的关系，其最为集中的表现是，社会全部利益和全部财富首先必须在公民等社会个体与国家之间划出一定的比例，而这个比例从根本上影响着公民等社会个体之间的利益、财产和权利的分配，以及公共机关之间利益、资源和权力的配置。

权利与权力矛盾的基础性地位、主导地位，还表现在公民等社会个体获取利益、财产的愿望和行为同法律的要求、公共机关的执法、司法行为之间矛盾的普遍性、重要性。这种矛盾在很大程度上决定着公民等社会个体间相互关系和公共机关相互间关系的内容。

要正确理解权利与权力的矛盾是法律生活的最基本的矛盾这个命题，必须将讨论政治法律社会最基本的矛盾同讨论政治社会和国家、法律的本源、起源严格区分开来。因为，前者谈论的是在国家、法律已经产生的条件下的权利和权力，它们是现实和法定的；在后一种情况下，实际上讨论的是原始状态或准原始状态下的情形，在那里，还没有法律，没有法的权利和权力，唯一的推动政治社会形成的动力是原始的、本源性的权利—权利矛盾。

从法律起源或政治社会起源的角度看，权力最初之所以产生、之所以存在和维持，均是因为原始的、混沌状态的权的不同组成部分间的矛盾因社会的发展而变得日益不可调和。从这个角度看，原始的、混沌状态的权的内部对立具有最根本的性质，这种对立表现为国家形成前社会成员原始权利与原始权力之间、不同原始权利之间、不同原始权力之间的对立。在历史上，原始的权内部的这些对立转换到有法律的政治社会后首先和主要地表现为法的权利和法的权力的矛盾，即本书所说的权利—权力矛盾，其次要表现为权利与权利之间、权力与权力之间的矛盾。

那么，怎样理解权利与义务的矛盾及其实际地位呢？权利与义务的矛盾实际上只是权利与权利的矛盾的一种外化形式。例如做货物买卖，甲方出钱买卖方相应的货物，按"权利义务"法理学的说法是：甲方有支付货款的义务，乙方有收取货款的权利；甲方有收取货物的权利，乙方有交付货物的义务。这种关系通常被描述为权利与义务的关系。但这里权利—义务关系只是学者们以义务为中介描述权利与权利交换关系的一种语言模式，实际上是甲方用金钱体现的权利换取乙方以货物体现的权利，是权利—权利关系。其他汉语意义上的一切真实的权利—义务关系，也都无一例外地是权利—权利关系的反映或表现。

同时，由于公共机关手里掌握的是权力而不是权利，汉语的权利义务概念根本就不能够指称权力，所以，在汉语法学领域，将权利与义务的矛盾看做法律生活最基本的矛盾，必然在理论上把权利与权力的矛盾和权力与权力的矛盾都排除到法律生活最基本的矛盾之外。这是极不合理的。所以，把权利与义务这对矛盾作为权利与权利矛盾的一种外化形式，至多只是"基本矛盾"的一个构成部分，离"最基本矛盾"还有相当距离。

三　权利是个人利益和个人财产的法律存在形式①

古往今来，中外学者们在权利的研究方面取得了丰硕的成果，但是，既有的权利研究都有三大问题未解决。如果不解决好这些问题，权利研究

---

① 本书借鉴财政学者把社会的全部资产（或财富）做广义"公司"居民（或住户、家庭，法学上可谓个人）部门与广义政府部门做二元划分的分析框架，将一国归属已定的全部财富（或资产）做了居民部门（从法的角度看是自然人和法人）资产与广义政府部门资产即公共财产的二元划分，并初步证明了个人财产转化为权利、公共财产转化为权力假说。经济上做二元划分的做法，参见李扬、张晓晶等《中国国家资产负债表2020》，中国社会科学出版社2020年版，第1—15页。

将不可能有实质性进展，我国的法理学也不会有显著的进步。所谓三大问题，一是没能明确界定权利的范围，权利与权力不分；二是未能准确、具体地揭示出权利同利益的客观关系；三是未能准确、具体地揭示出权利的物质属性。

汉语法学若欲研究并形成新的法理学思路，应当以当代中国法律体系和汉语为基准确认权利的一些基本属性。在这方面，已有学者在同权力进行比较的基础上，从主体、行为属性、强制程度和法律地位等若干方面进行过论述。但应注意到，这些论述也没能解决上述难题。为解决上述难题，我主张基于当代中国法律体系和汉语，通过确认权利的以下诸项属性来改进和深化对权利的认识。

1. 权利的主体是社会的个体，其中首先和主要的是个人。国家机关或准公共机关在国内法范围内，只有在披上法人外衣的情况下转换到"个人"位置才能成为临时性权利主体，而这种临时性权利只是形式的。权利的范围不明确有多种表现，但最直接地看是权利主体不明确或成为权利主体的必备条件不明确。① 按照一以贯之地统一解释法现象的要求，可以将权利主体分为权利的基本主体和权利的兼有主体两类。权利的基本主体是权利的较单纯主体，其中首先是公民、外国人和无国籍人，其次是相对于公共机关或准公共机关而言处于个体地位即民事法律关系主体地位的企业法人和其他社会经济组织。

这里须作两点说明：首先，权利基本主体只是较单纯的权利主体，并不是与权力绝对无缘。如民主制下的公民，作为个体只享有权利，但同时他又是主权者的构成分子之一，他们依法行使选举权、把原本属于自己的特定权利委托给代议士，由代议士组成代议机关集中这些受委托的权利，形成权力。其次，作为权利基本主体之一的企业法人及其他社会经济组织，只能是不履行公共机关职能的企业法人及其他社会经济组织。政企未分开或未完全分开条件下的企业法人和其他公营社会经济组织不能算权利

---

① 对于一种"权"，要判断其是权利还是权力，过去学界往往主张按照其本身是否具有强制性或强制性的大小来区分。我承认这样做有其现实的、日常生活意义上的合理性，但否认其理论上的合理性。因为，按是否具有强制性及强制性的大小来对"权"作权利与权力的区分，其区分结果不能与"权"的多级本质的划分相对应。而且，"权"作为社会现象，其强制性大小无法测定，甚至相对地划分一个界线都找不到必要衡量标准。

基本主体，它们实际上往往是"两权"（指由公共机关行使的国家财产所有权和属于国有企业的经营自主权或法人财产权；亦可谓权力权利双重主体。）在现实生活中，他们往往此时此地是权利主体，彼时彼地是权力主体，具体何时何地是权利主体得根据其特定行为体现的职能属性来确定。

权利的兼有主体主要是指公共性质的团体，就这些团体承担的使命和职能来说，它们属于权力的基本主体，但在某些特定时候和特定情况下也直接充当权利主体。具体地说，哪些实体属于权利的兼有主体呢？回答这个问题颇为费事，但又不能不讨论。既然权利的兼有主体是公共性质的团体，人们很容易首先想到国家。但依据我国宪法，作为完整的主权单位，在国内法上国家是单纯的权力主体，不是权利的兼有主体，只在国际法上是权利的兼有主体。在国内法意义上将国家、国家机关看作某种形式的权利主体，在我国没有宪法根据，而且在理论上会混淆权利和权力的性质，使区分权利和权力的努力彻底归于失败。从建设社会主义法治国家的要求看，混淆权利权力，难免助长权力专断地压制权利、排斥权利、摆脱权利监督控制等非法治倾向。

按《中华人民共和国宪法》，不仅国家，还有各级各类国家机关，在国内法范围内都是单纯的权力主体，不是也不可能成为权利主体。因为，我国宪法都是将国家、国家机关作为权力主体规定的，没有任何一个条款将它们作为国内法意义上的权利主体对待。我知道，这样看问题与法学界的一些现有认识是冲突的，其中首当其冲与一些学者对国家所有权的定性不一样。因为，相当一部分法律学者看待这个问题的逻辑思路是：国家所有权的主体是国家、国家机关，而所有权是民事权利，因此，国家、国家机关是民事权利主体之一，享有民事权利。

我认为，法学界存在的以上理解的逻辑思路是片面的，与实际情形不完全相符。首先，这是片面地从民法角度看问题的结果。他们认为，从民法角度看，所有权是民事权利，国家所有权既然是一种所有权，当然不能例外。民法学者虽然也注意到了国家所有权不同于一般的财产所有权的特点，但往往囿于专业的局限，似乎从没人想到将国家所有权中由国家机关行使的那部分权能定性为权力更适当。

事实上，从宪法这部根本法和行政法等公法部门的角度看，国家所有权在许多情况下首先和主要的是权力，如在计划经济体制和政企不分的情况下就是如此；即使在市场经济体制下和政企分开的情况下，国家所有权的一部分权能也不能不表现为权力，如各级人民政府对国有资产享有和行使的管理权，就是典型的权力。而且，它们只能是我国《宪法》第三章规定的国家机构的权力（即职权、权限等）的一部分。当然，作为法的一般理论书籍，本书既不能仅从民法角度看问题，也不能单纯从宪法、行政法角度看问题，而是应当超越所有的部门法乃至根本法，实事求是地承认国家所有权具有权利、权力双重属性。

在社会主义市场经济体制下，国家所有权的权力性权能属于国家，表现为有关国家机关的职权、权限，即权力；国家所有权的权利性权能属于国有企事业法人等个体，表现为权利。具体说来，应从《宪法》第十六条的视角看是自主经营权，从《民法典》的角度看是法人财产权。依照我国宪法，在国内法范围内，国家并不享有或行使国家所有权中任何属于权利性权能的东西，亦即不能享有或行使任何相关权利，只享有和行使相应的权力。在我国，国有资产实行统一所有，分级管理，授权营运的管理体制。所以，我们也完全可以将国家财产所有权的各项权能组合为权力性权能和权利性权能，并将管理权归入权力性权能，将营运权归入权利性权能。其中，权力性权能在法理上就属于权力的范围，其主体是国家、国家机关；权利性权能属于权利的范围，其主体是国有企事业等以国有资产为生存和发展基础的个体。

这样，国家财产所有权就在理论上被分解成了权利和权力两部分。由此我们进一步推定，公共机关代表国家行使国家所有权的权力性权能时，从理论上看行使的是权力而不是民事权利，事实上有关公共机关也的确是像行使任何其他权力一样行使这部分权能的。

我国有关规范性文件早就在将国家财产所有权的占有、使用、收益、处分四项权能进行部分分离和组合的基础上提出过出资者所有权和企业法人财产权两个概念。按照这种区分，作为所有权人，国家若将自己的财产授予企业法人经营，就等于设置了法人财产权，自己就从所有权人变成了出资人，应退居股东的地位进行监督；在此情况下国家就不再自己占有、使用和处分这些财产，而只享有相应的资产收益、重大决策和选择管理者之权，而由企业法人对国家授予其经营的和负债形成的全部法人财产享有独立支配、自主经营之权。在上述权能中，属于国家的权能也可概括为管理权和监督权，从民法角度看，它们虽都是由国家所有权派生的财产权，但从宪法、行政法的角度看又无疑都属于公共机关的职权即权力的存在形式之一。因为，国有资产利润的确定和收缴，国有资产经营预决算的管理，对企事业法人经营或运用国有资产的管理和监督，都是由公共机关或由公共机关授权的组织进行的，主要体现为公共机关的职权。

国家所有权中能够被看做权利的，都是属于营运权、经营权范围的由国家所有权分解或派生的那些财产权利，而这些权利属于企事业法人等个体，不由国家享有。

为了准确表达我对这个问题的看法，还得作两点说明。一点是，国家发行公债、国库券等"权"，通常被人当做民事权利，在这些情况下国家被看做民事权利主体。这种观点也是站不住脚的，不如将这类"权"视为权力即有关国家机关的职权更合适。因为，国家对这些"权"是独占的，它们直接体现着公共利益，其行使范围和条件也由国家单方面规定，且由国家机关来行使，地位十分特殊，其性质与民事权利相去甚远。

另一点是，人们通常认为在对外贸易时，国家可以作为权利主体出现。这个问题牵涉国内法与国际法的关系，比较复杂，我这里只想说，即使国家在对外贸易中可以是权利主体，其享有的权利也是国际法意义上的权利，同本书在国内法意义上讨论的权利有实质性区别。[①] 从国家的地位看，在国内法上它代表着与个体相对应的"整体"，相对而言是"公"的体现；在国际法上，面对国际社会或在一定程度上代表着多国共同利益的跨国的或超国家的组织，它外在个体地位体现的是"私"。这种权利的依据，从根本上看，是国际条约、国际贸易惯例等，而不是国内立法。在国际经济关系中，国内关于外贸的立法并不能强行赋予本国以其他国际贸易法渊源所不承认的权利。

说在国内法上国家、国家机关都不是权利主体，这是在真实的意义上说的，不排除国家机关在转换身份后可以临时充任权利主体，但我们不能忘记，转换身份后的国家机关在转换期间和特定场合它就不是国家机关，而正因为它当时当地不是国家机关，它的行为才可以成为权利。国家机关

---

① 顺便说明，本书所要解释的法现象，一般限于国内法范围，国际法现象是另一种性质的现象，不宜简单地不加区分地统一解释。

与国家不同，国家机关是与国库分离而相对独立的，可以而且确实常常需要披上法人外衣、处在民事权利主体的地位。但须注意，此处所谓处在民事权利主体的地位，不是指国家机关代表国家行使国家所有权的权力性权能，而是仅仅指为履行公共职能转换身份从事必不可少的民事活动，主要表现为购买商品和劳务。在这种情况下，国家机关相对于整个国家处于个人地位，其行为也不是直接执行公共职能，法律上处在同上文已确认的各种权利主体平等的地位。

国家机关等公共机构转换身份兼作权利主体，一般只是为实现其作为权力主体的角色功能而进行短暂的、过渡性的角色转换的表现。但从性质上说，这短暂的、过渡性的期间，实际上是公共机关向社会个体地位的一次局部回归，在这一过程中，它法律在处在了与社会其他个体等同的地位。国家机关为了承担正常的公共职能，在必要时以普通民事法律关系主体的身份从事民事活动，从理论上看，不过是让一部分权力暂时回归到与权利平等的地位，在与其他权利进行了必要的交换之后，在等值的条件下再次上升到权力的位置上来。

准公共机关也是一种权利兼有主体。准公共机关的范围，各国有所不同，在我国主要指列入国家行政事业编制的执政党的机构、社会团体和事业单位。在我国现阶段，准公共机关明显具有权利主体和权力主体的双重属性，而且作为权力主体的属性往往强于作为权利主体的属性。但对于一个具体的准公共机关来说，在不同时期多大程度上是权利主体、多大程度上是权力主体，最终应根据它的经费构成来确定，所谓经费构成，指的是自筹经费同来自公共预算的经费的比率。其中前一部分经费形成它的权利属性，后一部分形成它的权力属性。

2. 权利的直接社会内容（或初级的本质）是法律承认和保护的个人的利益，它同主要以国家机构为主体、以权力为表现形式的公共利益是对称的。为便于说明问题，本书将全部权利划分为实体性权利和程序性权利，将实体性权利进一步分为人身权利、财产权利、政治权利和社会生活的权利四部分。程序性权利是为了落实这些实体性权利而由主体享有的权利。

全部权利的前提性部分是人身权，核心部分是财产权，上层的和显要的部分是政治权利，与实现前几项权利所必需的社会性配套条件构成社会的权利。相应的程序性权利是使以上实体性权利得以实现的法律步骤方面的安排、保障。

法律生活的无数事实表明，一切权利，不论其采取什么存在形态，处在什么历史条件下，其直接社会内容都是与权力所体现的公共利益相对应的个人利益，个人首先指自然人。在这方面，美国学者弗里德曼对权利的这一层内容（按他们的标准看实际上是狭义的权利）的论述很有道理。他认为："权利是通过或针对公共权力提出的要求。权利是对国家的要求。"他还提出，尽管有些权利看来是针对他人而不是针对国家提出来的，似乎总是意味着双方关系，但仍可视为不是作为对第二者的要求而是对国家的要求，因为"'对'某特定人的权利是一种票，持票人有权援用法律，即国家以某种方式来保护他或促进他的利益"。例如，"'所有权'是财产所有人对国家的要求，针对提出要求的对手、非法侵入者等请求国家提供保护。"①

3. 每一种权利客观上都有特定的个人利益与之相对应。社会的全部利益可分为法定利益和非法定利益两部分。由于法定利益只能通过权利和权力来体现，故全部法定利益又可分成由权利体现的利益和由权力体现的利益两部分。由权利体现的利益是全部法定利益中的基础性部分，是相对于公共利益而言的社会的个体的利益。由权利体现的利益可具体划分为五块，即与人身权相对应的人身利益、与财产权相对应的物质利益、与政治权利相对应的政治利益、与社会的权利相对应的社会生活利益以及与各种程序性权利相对应的程序性利益。人身利益、尤其是其中的人格利益是社会个体全部利益的前提性部分。物质利益乃社会个体全部利益的核心、基础，是权利主体从事生产活动直接追求的目标，在社会发展进程中它还是一切引起伟大历史变迁的行动的动机、动因和动力。政治利益处在社会个体的全部实体性利益的最高层次和最显要部位，但无论历史地看还是现实地看，它都只能以社会个体的人身利益和物质利益为基础并从属和服务于这些利益。与社会的权利相对应的是个人社会生活方面的利益，如劳动、就业的利益。程序性权利与程序性利益相对应，它本身没有独立的财产利

---

① Lawrence M. Friedman, *The Legal System: A Social Science Perspective*, New York: Russell Sage Foundation, 1975, p. 288.

益，但它服务于个人的物质利益并归根结底表现为个人的财产内容。

国家、国家机构充当国家财产所有权人，以及准公共机构充当权利兼有主体的事实，并不能改变权利体现的利益的个体属性。就国家来说，由于在全部所有权的权能中，它只行使权力性权能，因而它只直接代表公共利益，并不直接代表个体利益。至于国家机关，作为国家财产的管理人时，它在国家所有权的实现过程中行使的是权力性权能，代表着一定范围的公共利益；只有当国家机关以商品和劳务的普通购买者的资格进入市场时，它所行使的"权"才属于权利的范围，但此时这种"权"所直接体现的利益已失去了原有的公共性质，与其他社会个体的利益已没有根本区别，直到它退出市场或交易过程为止。

这里的实质是一定量的某种公共利益暂时还原到个体利益的地位，目的是实现同个人利益的质的通约以便同个人的某种利益进行等价交换，在完成交换之后，原来的公共利益再从个人利益的地位回到自己的本来位置，此时的公共利益与交换前的公共利益的物质承担者不同但性质相同、绝对值应当相等。由此我们不仅可以看到国家机关兼有权利的个人利益属性，也可以动态地看清这种个人利益形成的特殊背景、存在的短暂性、权宜性以及后文将要进一步论述的权利与权力的可转化性。

再看准公共机关。准公共机关兼有的权利的个人利益属性同国家机关相比十分相似，但显得同一般社会个体的利益更贴近一些。至于准公共机关兼有权利的个人利益属性的客观性，我认为，我国国有资产产权纠纷调处制度的存在就是明证，因为，如果这些权利不具有个人利益属性，就没有必要规定这方面的制度。这个问题得从权利的财产内容层面看才能说得更清楚。

4. 权利以属于个人财产为其物质承担者，个人财产是权利的更深层次的本质。财产指一个社会或国家在特定时间内所拥有的物质资料及同类要素的总和，包括一切积累的劳动产品，进入生产、生活过程的自然资源及人们掌握的科学技术文化成果和劳动技能。本书为了分析的方便，先将全部财产分为所有权归属已定的和未定的两大部分，再将所有权归属已定之财产分为个人财产和公共财产。其中，个人财产是与权利相对应并直接作为其物质基础的那部分财产，公共财产则指与权力相对应并直接作为其物质基础的那部分财产。

在两大类五部分权利中，只有财产权直接体现为财产，人身权利、政治权利、社会的权利不直接体现为财产，程序性权利与财产的联系更远一些。但无论如何，实际上这些权利客观上都具有间接的财产内容。

先看人身权利，人身权利中首先和主要的是人格权，人格权中最重要的是生命权。生命权的财产内容或财产属性如何确定？应当说，它的构成因素是十分复杂的。以一个青年为例，他的生命权的财产内容通常由这样几个方面构成：他生命的孕育、身体成长过程所耗费的衣食住的支出，他人进行和自我进行的生活关照（这也是一种人口的再生产），他受教育所支出的费用，他受就业训练所支出的费用，还得考虑他在今后的一生中在创造财富时所能有的作为，等等。从这个观点看，生命权的财产内容不仅十分明确，也是可以具体计算和比较的，同时人的生命权的财产内容还有一个形成和消耗的过程。

至于人格权的其他内容，如姓名（名称）权、肖像权、名誉权、荣誉权等，它们本身就在不同程度上无形地凝聚着主体各种形式的体力、脑力的有效支出，或体现着主体为社会所作的贡献，而这就是他们各自人格权的"含金量"或它们的财产属性的形成根据。

从社会平均水平上说，个人的体力、脑力支出愈多、愈有成效，为他人和社会作的牺牲或贡献愈大，其人格权的"含金量"就愈高，有了适当的实现形式，这些权利也就能按其本身的"含金量"的大小转化为以货币为代表的财产。所以，奥运冠军的姓名，文明商店的匾额，大牌名星的肖像，只要运用得当，就能通过一定机制转化成相当大数量的钞票，而普通人的姓名、肖像等人格权载体的货币含量就少得多。这是合乎"自然法"的。

同理，身份权中各项具体权利的间接财产内容一般也不难想像，因为在现实生活中，诸如配偶权、作品发表权、署名权等身份权包含的间接财产内容与人格权中的各项权利所包含的间接财产内容几乎一样明显。当然，对于身份权中的亲权、监护权等往往同时也被作为义务看待的权利，解释起来会困难一些，但也绝非做不到。以监护权为例，从内容上看，监护包括财产监护和身体监护两方面，其中财产监护部分具有物质内容不言而喻，难解释的是身体监护的属性，因为它有时被作为权利看待，有时被作为义务看待。我认为，这并不难解释，身体监护是权利还是义务，不可一概而论，必须依据相应的行为与主体的利益关系而定。如果主体考虑多方面情况，认为身体监护符合他的利益（包括精神利益），身体监护就是一种权利，反之就是一种义务。这里的关键是，精神利益本身也是值得人们作出努力或花费金钱去争取或换取的利益。精神利益在一定的条件下对于主体来说完全是同物质利益等值的东西。

再看政治权利和社会的权利。在当代，政治权利和社会的权利间接具有的物质内容可以从多方面把握。其中有些权利表现为获取物质资料的必要社会条件或方式，如言论、集会、结社和迁徙、劳动、休息等方面的权利与自由。以政治权利为例，最典型的政治权利是选举权、被选举权和某些国家或地区的法律规定的创制权、复决权等参政方面的权利，它们的间接物质内容就更明显了。因为，在日常生活中，权利首先和主要的是其主体实现或维护自己经济利益的工具。而且，"一切所谓政治革命，从头一个起到末一个止，都是为了保护一种财产而实行的，都是通过没收（或者也叫做盗窃）另一种财产而进行的"。[①] 通过政治革命获得的政治权利，在与财产的关系问题上其根本目的和功能决不会与政治革命本身有什么不同。此外，任何政治权利要在社会生活中实现，没有相应的物质保障也是根本不可能的。

至于程序性权利，它与上述三种实体性权利同财产的关系只有远近之分，并无实质性区别。这表现在程序性权利对于维护和保护主体的财产的工具性价值上。

5. 权利、个人利益与属个人财产三者具有对应性，三者间有转化—还原关系。权利、个人利益和个人财产，可以说是同一个事物的三种不同存在形态：某种对于社会个体来说是有用、有益和正当的需要的东西，当其作为法现象存在时是特定的权利，当其处在社会关系中时是特定的利益，而从物质属性看它最终表现为个体的相应数量的财产，反过来也一样。

例如：某甲的一所楼宇，在法律上表现为某甲相应的所有权，在与某乙等他人的关系上该楼宇又表现为某甲的利益而不是其他任何人的利益，

---

① ［德］恩格斯：《家庭、私有制和国家的起源》，《马克思恩格斯选集》第 4 卷，人民出版社 2012 年版，第 129 页。

而从物质属性看，该楼宇则表现为与一定货币量相当的财产。如果某乙损坏了这所楼宇，也就是损害了某甲的利益，损害了某甲的权利，后者就可向法院提起损害赔偿之诉，要求赔偿一定数量的货币。在这里，有关的权利、个人利益和一定量个人财产的对应性和相互转化的关系极为清楚。

可见，在某些典型的情形下，权利、利益这类通常十分抽象的东西，一旦与相应的物质存在形态联系起来，往往会显得多么具体，多么容易把握！

当然，权利、个人利益和个人所有之财产相互之间的转化关系在个人财产权、尤其是其中个人所有权及与其相应的利益、财产的关系方面表现得最单纯、最直接、最典型，在其他方面这种相互转化的关系隐蔽得多，不易为人们所直观地感觉到，但实际上是存在的。还以上面作为楼宇主人的某甲为例，我们可以说：他完好的名誉权是他获得工作机会、正常晋职晋级、甚至楼层以正常价格出租的一个必要条件，这种权利若被严重损害，不仅会造成他的精神痛苦，也可能使他失去工作、失去晋职晋级的机会，还可能影响他的房屋的出租，导致他不得不降低房租才能揽到房客；他的政治权利使他能参与政治过程，从而促成对其有利的所有权关系的稳定和对其有利的国家的、地方的财政、税收政策；社会的权利使他得以与人正常交往、工作和休息；他的程序性权利使他在自己的楼宇受到他人损坏等情况下能够得到相应的经济赔偿、补偿或得以恢复原状。

此外还应当看到两点：第一，所有的权利都只有在有相应的物质保障的情况下才是实实在在的。在一定的法权结构下，法定权利的实现程度和实现规模完全是由相应财产的数量决定的。第二，一切实实在在的权利都能够最终直接或间接还原为相应的财产，还原的形式很多，如知识产权的有偿转让，通过司法途径实现的各种民事损害赔偿，以及国家行政赔偿、刑事赔偿等等。可以说，不给予或没有物质条件能保证给予财物（其一般存在形式是金钱）赔偿的"权利"根本就不是真正的权利，至多只能叫做应然权利，够不上法定权利，更谈不上实有权利，因为它一文钱不值！同样，一个贫穷社会或贫穷国家的人的人身权等非财产权利也不可能不是价格低廉的。

6. 权利从根本上看是社会的生产过程的产物，社会愈发展愈是这样。从本源上说，权利不是斗争得来的，也不是争取来的，斗争也好、争取也好，都只能将在此之前已经存在而本应属于自己的权利拿到手或夺回来，本身不可能创造出任何一个权利的原子。道理很简单，权利是从个人财产转化而来的，能够直接决定权利的有无和多少的因素，是个人财产的有无和多少。所有权归属已定的财产从其形成方式上看可分为两种，一种是进入了人们生产和生活过程的自然物，另一种是劳动产品（包括科学技术文化成果和劳动者掌握的劳动技能）。其中，后者是财产的基本组成部分，它在财产总量中所占的比例随着社会的进步还在日益增加，而这种财产是生产过程的产物。在现实中，上述两种财产中属于个人的部分构成权利的物质承担者（其余部分大都构成权力的物质承担者），但经验的事实显示，其中属于劳动产品的那一部分是基本的部分，在数量上占绝对优势。而这就表明与之相对应的权利是全部权利的基本部分，而且完全是在生产过程中形成的。

根据上述认识，还可以作出六点推论：（1）权利的物质内容虽可说是个人财产，但更确切地说是体现在这些财产中的使用价值；（2）至少在理论上，实有权利都应当能够间接地以价格为尺度加以衡量，并且客观上可以进行定量分析；（3）一个社会一定时期中实有权利的总量取决于个人直接拥有的财产的总量；（4）社会特定个人享有私法权利的数量取决于他所拥有的可支配收入的数量，后者同时会或多或少影响他们享有公权利的情况；（5）个人的公法权利的个人财产内容是个人向公共机构所做的以税为主体的各项缴纳，但与所缴纳的这部分个人财产相对应的公法权利的实现，须以公共机构消耗集中起来的个人财产（即公产）、行使相应权力为中介；（6）权利的形成和享用过程，同时也是个人利益、个人财产的形成和消耗过程；（7）在权利和权力还有差别的时候，法律规定的权利平等在最理想的情况下也只能表现为权利能力的平等，既不可能是实际享有的权利的平等，也不可能平均分享权利的总量。

四 权力是公共利益和公共财产的法律存在形式

权力是除权利之外的另一个，也是除权利之外惟一的一个最常见最重要的法现象，然而我国现有的大多数法理学作品、尤其是法理学教材对于权力的忽视几乎到了视而不见的程度。权力最常见的、活生生的表现是国家机关及其官员依法享有的职权、权限。现有的法学理论著述中有时也出现权力一词。从这个名词的实际使用中，可看清现有法学理论著述中的权力一词反映的现实对象原来也如本书所言一样，主要是指国家机关及其官员依法享有的职权、权限等。但是，在汉语学术论著中，"权力"更多时候是社会学、政治学概念，含义近乎"影响力"。显然，这种"权力"一词不能为汉语法学所用。汉语法学所能用的"权力"一词，必须与我国《宪法》第二条"中华人民共和国的一切权力属于人民"这个基本原则中的"权力"一词相匹配，其具体范围只能主要是中国法律体系中规定的相应项目，如"国家的权力"、国家机关和公职人员的"职权""权限""权力""公权力"，以及正当公职特权、公职豁免。按这个标准，汉语法学还没有形成基本定型的权力概念。这种情况集中表现在进入 21 世纪以来汉语法学入门型教科书虽偶尔也使用"权力"一词，但它是没有定义的，也没有关于其指称范围和实质内容的陈述，且大都未与权利做区分。

以上情况不能不令人十分诧异：反映如此重要、如此常见、只有权利才可以与之匹敌的法现象的"权力"一词，在现有的占主流地位的法学理论中，居然既与所谓基石范畴无缘，又无资格进入基本范畴之列。法学理论应当是对法律现实的观念的反映。与这种状况相适应，我国现有的几乎所有法理学教科书都没有关于权力的专章，甚至没有成段的文字加以论述。我所见到的法理学论著、教材也大都如此，只有很少几种有不同程度的例外。[1]

为什么会形成上述状况呢？看来主要是由相互联系的三个原因造成的：首要原因是不加分析地盲目崇尚和沿用差不多一个世纪前就在国内外形成的以权利义务为法的最重要内容的提法和选和化的"权利"及以其为重心的"权利义务"概念作为最基本工具解释法现象的理论；原因之二是脱离活生生的社会生活实际，削社会实际生活这只"足"，去适日语法学和化的"权利""权利义务"这只"履"，权力就是被从"足"上人为地削掉了的部分；原因之三是没能合理区分和深刻认识权利与权力，无法对权力作准确定位。

为了推进对权力的认识，有必要对权力研究取得的成效和尚待突破的难题作些必要的评估。可以说，权力概念在不同的学科中有不同的涵义。在哲学中，当尼采说人的一切行为和欲望都是由追求权力意志的本能支

---

[1] 参见沈宗灵主编《法理学》，北京大学出版社 2014 年版；公丕祥主编《法理学》，复旦大学出版社 2016 年版；周永坤《法理学：全球视野》，法律出版社 2016 年版。

配、无限地追求权力是生命的最基本法则时，他所说的"权力"在内容上等于西方法学家所说的"广义的权利"；在政治学中，当 H. D. 拉斯维尔等西方学者说权力时，"权力"的含义则几乎是从金钱、武力到友谊和立法权的无所不包的形形色色的东西，差不多与"政治资源"是同义词。在法学中或从法学的角度看，权力概念标志的对象的范围往往比在哲学、政治学中要小得多，但通常也有标志对象比较模糊、基本属性不十分确定的问题。

当然，从古至今的法学者们对权力的研究是取得了许多成果的，这些成果主要表现在以下诸方面：

1. 普遍认识到了权力与权利两者有区别，并在此基础上形成了权力和权利两个不同概念。这个过程早在古希腊、古罗马时代就完成了。考虑到权力与权利在本源上的特殊联系，这一点是值得首先肯定的。

2. 认识到了权力是一种合法的公共强制力，是维持社会存在和发展的不可缺少的手段。在古罗马，西塞罗就借马尔库斯之口说过："权力就是合法的，公民应顺从地、无异议地服从它。官员应以罚款、镣铐或鞭打惩治不愿服从的、有罪的公民"；"没有权力，便不可能存在任何家庭、市民社会、种族、整个人类，也不可能存在整个物质自然界和宇宙本身。"①

3. 权力是某种利益，与财产有关系。在欧洲启蒙时代，霍布斯就意识到权力是"使大家畏服，并指导其行动以谋求共同利益的东西"。② 现代学者进一步指出，"统治权是从私人交易中抽取的暴力部分"；③ "权力也总是与物质力量紧密相联系的。"④ 对此，恩格斯说得更清楚："为维持这种公共权力，就需要公民缴纳费用——捐税。捐税是以前的氏族社会完全没有的。"⑤

4. 权力是从原始的权的对立中产生并且在表面上凌驾于各种法的权利对立之上的力量，其根本使命是缓和权利冲突，将权利冲突保持在"秩序"的范围以内，而且，权力的存在以权利冲突的不可调和为前提——

---

① ［古罗马］西塞罗：《论共和国法律》，中国政法大学出版社 1997 年版，第 256、255 页。

② Thomas Hobbes, *Leviathan*, Oxford: Oxford University Press, 1943, p. 131.

③ John R. Commons, *Institutional Economics: Its Place in Political Economy*, New Brunswick: Transaction Publishers, Vol. 2, 1990, p. 684.

④ Richard A. Posner, *The Problems of Jurisprudence*, Belknap: Harvard University Press, 1990, p. 18.

⑤ ［德］恩格斯：《家庭、私有制和国家的起源》，《马克思恩格斯选集》第 4 卷，人民出版社 2012 年版，第 188 页。

这种深刻的思想是马克思主义创始人首先表述的。对于权力的一般属性，马克思较少谈论。他早年谈到某位政治人物必须提出他能够向个人请求的关于权利的经验规定时说："他必须承认在法之中除了神圣性以外还有某种其他的东西。在这里，他本来可以省掉他那全部笨拙的手法，因为姑且不谈更早时期的思想家，就是从近代马基雅弗利、霍布斯、斯宾诺莎、博丹，以及近代的其他许多思想家谈起，权力都是作为法的基础的，由此，政治的理论观念摆脱了道德，所剩下的是独立地研究政治的主张，其他没有别的了。"① 从上下文看，马克思在这里是想说明法律和权力后面还有决定着它们的东西。

对权力的性质和使命做了深入探讨并得出了自己的结论的是恩格斯。在恩格斯那里，国家和权力是同一东西的两个侧面。他说："国家是承认：这个社会陷入了不可解决的自我矛盾，分裂为不可调和的对立面而又无力摆脱这些对立面。而为了使这些对立面，这些经济利益互相冲突的阶级，不致在无谓的斗争中把自己和社会消灭，就需要有一种表面上凌驾于社会之上的力量，这种力量应当缓和冲突，把冲突保持在'秩序'的范围以内；这种从社会中产生但又自居于社会之上并且日益同社会相异化的力量，就是国家。"② 这段话中三次出现的"力量"，从法学角度看就是权力，因为，权力是国家的法律表现，国家在法律上只能表现为权力。而且，恩格斯著作的德文原文（macht）就是合法权力的意思，它同随后与上述引文仅隔一个自然段出现的"公共权力"中的"权力"（gewalt）在法律上有性质差别，后者是汉语中暴力的意思。③ 恩格斯这本著作英文版的用词

① ［德］马克思、恩格斯：《德意志意识形态》第一卷，《马克思恩格斯全集》第 3 卷，人民出版社 1960 年版，第 368 页。

② ［德］恩格斯：《家庭、私有制和国家的起源》，《马克思恩格斯选集》第 4 卷，人民出版社 2012 年版，第 186—187 页。

③ "Er ist das Eingeständnis, daß diese Gesellschaft sich in einen unlösbaren Widerspruch mit sich selbst verwickelt, sich in unversöhnliche Gegensätze gespalten hat, die zu bannen sie ohnmächtig ist. Damit aber diese Gegensätze, Klassen mit widerstreitenden ökonomischen Interessen nicht sich und die Gesellschaft in fruchtlosem Kampf verzehren, ist eine scheinbar über der Gesellschaft stehende Macht nötig geworden, die den Konflikt dämpfen, innerhalb der Schranken der "Ordnung" halten soll; und diese, aus der Gesellschaft hervorgegangne, aber sich über sie stellende, sich ihr mehr und mehr entfremdende Macht ist der Staat. " Friedrich Engels, *Der Ursprung der Familie, des Privateigentums und des Staats*, IX Barbarei und Zivilisation, Dietz Verlag, Band 21, 5. Auflage 1975, unveränderter Nachdruck der 1. Auflage 1962, Berlin/DDR. S. 152 – 173.

也有助于说明问题，在英文版的相应部分，译者也是用 power 这个通常表述权力的英文词来翻译 Macht 这个德文名词的。① 所以，我们有理由做出结论，恩格斯上面这段话，就是马克思主义创始人对权力性质和功能的认定。

确认这一点非常重要，特别是在两个方面：（1）权力来到世间，其历史使命是为了缓和不同社会集团之间的冲突、斗争，而不是挑起他们之间的冲突或激化原本已经有些紧张的关系。从这个角度看，建设社会主义和谐社会这个主张非常贴切地反映了权力的应有的社会、经济和政治效用。（2）表面相对于实质上、骨子里而言，所以，表面上的真实含义就是形式上、法律上中立、公正。权力应当"表面上凌驾于社会之上"，意味着权力在实质上几乎不可能不偏袒某个或某些社会集团，但权力和运用权力的机构在形式上、法律上应该是公共的，是为所有社会集团及全体公民工作的。骨子里有偏袒往往表现为在立法上对某个或某些社会集团比较有利一些。至于执法和司法上，那是绝对不应违背法律面前一律平等的原则和精神的。

5. 在民主共和制下，权力来源于权利主体的委托，按社会正义的要求，它应当服务于权利的实现和增长。不同时代的人们对这层意思有不同的表述方式：当亚里士多德说城邦的目的在于促进善德、西塞罗说对国家统治者来说重要的是公民的幸福生活时，已包含这种思想的早期萌芽；英国光荣革命时代较典型的提法为"政治权力是每个人交给社会的他在自然状态中所有的权力，由社会交给他设置在自身上面的统治者，附以明确或默许的委托，即规定这种权力应用来为他们谋福利和保护他们的财产"；② 社会主义时代的表述方式是，国家的一切权力属于人民，国家机关要对人民负责、受人民监督、为人民服务。这实际上等于说权力要对权利主体负

---

① "In order that these contradictions, these classes with conflicting economic interests, may not annihilate themselves and society in a useless struggle, a power becomes necessary that stands apparently above society and has the function of keeping down the conflicts and maintaining 'order'. And this power, the outgrowth of society, but assuming supremacy over it and becoming more and more divorced from it, is the state." Frederick Engels, *The Origin of the Family Private Property and the State*, Charles H. Kerr Company, Chicago, 1909, p. 206.

② John Locke, *Two Treatises of Government*, Thomas Tegg; W. Sharpe and Son; G. Offor, 1823, p. 180.

责、受权利主体监督，负有保障权利和促进权利增长的义务。

6. 权利与权力关系还有同样重要的另一面，那就是：权力要依法规范权利的运用行为，防止、制止权利滥用，对滥用权利的行为要给予相应处罚或惩罚，包括剥夺人身自由、财产乃至生命。权利滥用总体来说可分为两类，一是相关权利主体侵害其他权利主体的权利，这种行为依其性质和损害程度、损害后果的不同而分别产生民事的、行政的或刑事的责任；二是权利主体侵害合法权力，其行为同样会区分不同情况产生法律责任，也包括行政的、刑事的和民事的责任三种。

同权利研究中存在的问题密切相关，权力研究中也存在着始终没有解决好的三大缺憾。（1）权力的范围没有明白确定。通常国家机关及其官员依法享有的职权是权力，普通公民个人依法享有的各种"权"是权利，比较好区分。不好区分的是一些介于国家和个人之间的中间组织所设的机构的职权和某些在身份上具有一定特殊性的个人享有的"权"，前者如企业法人和其他社会经济组织所设机构依法享有的职权，后者如罗马法中的家父权、中国封建社会的夫权、现代民法上的亲权或监护权，等等。这些组织和个人享有的"权"同权力的相似之处是具有一定的直接强制性，与权利的相似之处则在于它们是由社会个体享有的，且没有公共性质。这些"权"是权利还是权力，现有法理学并没有提供分类标准。这看起来是小问题，实际上反映了现存理论的重大缺陷。（2）未能具体、准确地认定权力同利益的关系。权力同利益有关系，人们都承认，但面对权力到底同哪一部分利益有关系，是什么关系这样的问题，就又都显得无能为力，答不上来了。（3）未揭示出权力的物质属性，不知道与权力相对应的那部分利益的财产内容。在这方面，前引文字说明过，恩格斯在《家庭、私有制与国家的起源》一书中，已经明确将征收自个人的"捐税"与"公共权力"直接联系起来，但是汉语法学界并没有把"捐税"正当地提升为当代法律生活中公共财产或国家财产，也没有把"公共权力"正当地提升为当代法律体系和法学中的"权力"。

权力研究中表现的这些缺憾，直接反映在一些极负盛名的学者的权力观中。他们所使用的权力概念，其含义往往时而包含于"广义的权利"，时而混淆于"狭义的权利"，时而是广义的权利减去狭义的权利之剩余数，权力的确切范围明显不清楚，即使有些学者努力想要将权力与"狭义的权利"区分开来，也苦于找不到适当的方法和区分标准，或弄不清它们后面的社会内容和物质属性。在这些方面，中外学者似乎面对着同样的难题。[①]为进一步推进权力研究，有必要确认权力的以下特征：

第一，权力的主体是公共机关和准公共机关。这是权力在主体方面的特征，是同权利在主体方面的特征相对应的，确认了这个特征，就比较容易圈定权力的范围。按这个标准，权力主体首先和主要的是国家、国家机关和代表国家机关行使职权的官员，其次是以国家财政、国有资产为生存和发展的物质基础的准公共机关。通常，只有这些主体享有权力，与它们相对应的个体只享有权利，不享有权力。但也必须注意，权利主体在一定条件下是可以转化为权力主体的。这方面最典型的情形是，当一定范围内的公民依法共同行使政治权利时，这些集中起来的权利就能够形成政治权力，原本作为权利主体的公民就融合到人民这个集合体中，成为权力主体的组成分子。国家的一切权力属于人民，在这个意义上说，特定范围内的公民的集合体人民可依法构成政治权力的主体。

第二，权力的直接社会内容是法律确认和保护的公共利益，归根到底是公共财产，即社会共同的物质利益。这里所说的公共利益是指法律承认和保护的全部利益减去由权利体现的个体利益之外的全部剩余部分。权力所体现的利益不是别的，正是这部分利益。作为法现象，权力的本质必须通过另一个有可比性的事物才能显现，这部分利益就是我们要找的能够显现为权力的本质的那个事物，即公共利益。当然，这是从应然的、正当的意义上说的，是法治社会、法治国家对权力的客观要求，也是权力来到世间所担负的正常历史使命。有些权力，由于这样那样的原因，事实上不正当地体现着个人利益或社会其他个体的利益的情况在各个时代也都不同程度地存在，但这是权力的本质异化或向个人权利不正当地转化的表现。

第三，权力以属于公共机关所有之财产为其物质承担者，公共财产与权力之间的正相关关系很明显，国家机构、官吏、军队、警察、法庭的数量、质量等体现权力强弱的客观指标，都是同国家从社会抽取的财产的多

---

① 不少法学论著讨论权力的部分都反映出这种状况，其中尤以西方论著为甚，中国极少数学者的论述较深刻，但也没能十分深入。中外有代表性的论证可详见博登海默《法理学——法哲学及其方法》，华夏出版社1987年版，第340页以下；郭道晖：《法的时代精神》，湖南人民出版社1997年版，第283页以下。

少相对应的，也只能靠这些财产来维持；没有相应的财产做保障，法律赋予国家无论多少权力都是没有意义的。

历史地看，公共财产来自捐税，也正好是同权力概念指称的公共权力同时形成的，从理论上看，将来它们也应当同时消失。对于公共财产同权力的关系，过去人们也看到了它们的联系，肯定它们能够相互影响，但我认为这还很不够，应当进一步假定，两者是同一个事物的两种不同存在形态，公共财产是权力的物质存在形态，权力则是公共财产的法律存在形态，两者之间能够相互转化，或者叫做能够转化—还原。我感到，这种解释方式比现有的其他解释方式能够更合理地解释权力与财产的关系以及权力与别的基本法现象的关系。

第四，权力、公共利益和公共财产三者间有转化—还原关系，可以正向或逆向转化。国家以捐税等形式从个人手中提取一定量的财产，形成财政收入，然后以相应方式将这些收入分配到各级各类公共机关、准公共机关，让它们依法支配和运用。这个过程表现在利益层面，就是在全社会范围内形成公共利益和让各级各类国家机关分别掌握和体现公共利益的不同部分的过程；从法律的观点看，这也就是形成完整的国家权力行使权能，然后将其配置到各级各类国家机关，从而形成各种职权、权限的过程。在这里，公共财产的运用和消费活动同时也就是公共利益的实现活动和权力的行使活动，也可以说是同一个过程在不同层面的表现。

揭示这个过程有极为重要的理论意义。这个过程的经济层面表明，权力事实上从其来到世间起，就是从社会个体（首先和主要的是个人）的权利中提取的，应当从属和运用于保障个人的权利，一切专制制度的主要特征都是阻止和妨碍这种经济过程在政治法律层面获得表达，而让政治法律过程与经济过程协调起来，则是社会历史法则的客观要求。资产阶级革命的历史作用在于使这两个过程在形式上协调起来，社会主义则应使两者不仅在形式上而且在实质上也协调起来。对权力属性的以上理解与肯定权力担负依法规范权利运用，防止、制裁滥用权利和权力的行为是统一的。

还有一种情形不能忽视，那就是公共财产、公共利益和权力在一定条件下逆向转化，即还原性转化。在这种情形发生时，权力以曲折的形式还原为一定量的公共财产。实例可举出很多。例如按我国现行刑法，很多罪名之下都有在主刑之外并处没收财产、并处罚金的规定，这在很大程度上就应理解为对权力受侵犯、权力的有关部分因被犯罪行为妨碍而受到的损害的相应赔偿或补偿，其性质同某种权利受损害而由损害方给予相应的赔偿或补偿没有什么不同。行政罚款的作用在理论上也可比照类推。

第五，权力同权利一样，归根结底也是社会生产过程的产物。在政治斗争、政治革命乃至社会革命中，政权和权力往往成为争夺的焦点，但它们充其量只能促成权力主体的改变、权力的再分配或国家机构体系内权力配置格局的调整，从本源上说决不会直接增加一个权力的原子。权力主要产生自社会的生产过程，这是由构成权力物质承担者的财产基本上由劳动产品构成这一客观情况所决定的。

部分不是来自生产过程的权力，也来源于作为财产的那部分自然资源和相应的经济过程。这里得作两点说明：第一，在属于国家所有的自然资源中，未开发的部分只是潜在的财产，只有开发的部分才能算真正财产；第二，政治革命、社会革命也必然在相当程度上改变社会公私财产的占有比例，改变国民利益在个人和国家间的分配比例，从而引起法权结构的改变，使部分原有的权力变为权利或原有的权利转化为权力。这种情况的存在并没有改变权利和权力归根结底是生产过程的产物的性质。

根据对权力属性的已有认识，可以作出如下推论：一定社会或国家的实有权力的总量取决于公共财产的总量；不同国家机关行使的权力的数量取决于其直接支配、消耗的财产的数量；权力同权利一样，其物质内容确切地说是使用价值；权力的形成和运用过程也就是公共利益、公共财产的形成和消耗过程。从理论上看，实有权力也能以价格为尺度加以衡量并进行定量分析。

还应当特别地提请读者注意的是，在以上分析权利和权力的客观属性的过程中，本书实际上已经提出了对"权"或法权进行权利权力二元划分的标准：一切直接以个人（自然人、私法人和法律地位相同的其他社会经济组织）利益为社会内容，以属于个人财产为物质承担者之"权"都应当算做权利；一切直接以公共利益为社会内容，以公共财产为物质承担者之"权"都应当算做权力。

按这个标准，一切法定之"权"，非权利即权力，没有既非权力又非权利之"权"，也没有既是权利又是权力之"权"。用这个标准衡量，通常对"权"进行权利权力二元划分时的难题都能迎刃而解：例如，罗马法上的家父权、中国封建时代的夫权及现代民法上的亲权、监护权，只能是权利，不能是权力，因为它们直接体现的是与国家相对称的个人（至多是家庭）的利益，其物质承担者是个人的或家庭的财产；

再如，同是我国法律上被称之为"职权"的东西，通常是权力（如宪法、法律赋予国家机构的职权），但有的则应当算做权利（如我国公司法规定的有关企业法人、尤其是非公有企业法人组织机构的职权），原因也在于前一种职权以公共利益为社会内容，以国家财政经费为其物质承担者，后一种职权则以相对于公共利益的非公有企业法人利益为社会内容，以非公有企业法人财产为物质承担者。按同样的标准，我们也可以将各种准公共机关享有的且法律事实上承认和保护之"权"划分为权利和权力两部分。

五　权利和权力相互对立，但两者社会经济内容具有同一性

"权利义务"法理学以和化的"权利"为基准强调"权利"和义务的关系，将其看做法关系的全部内容，更新后的、以法权及其具体存在形式权利权力为社会法律生活核心内容的法理学则强调权利与权力的关系的实践地位和理论地位。合理地说明权利与权力的关系的理论，是更新后的法理学框架的基础性环节之一。正确认识任何其他法现象，都必须以深刻理解权利与权力的关系为前提。什么叫深刻理解？深刻理解主要就是要真正懂得权利和权力的对立统一和相互转化。所谓权利和权力对立统一，相互转化，包括两者内部对立统一、内部转化和两者相互对立、相互转化两层意思。权利、权力各自内部的对立统一和转化，指的是权利和权力各自不同构成部分间的对立统一和向对立面的转化，权利、权力的相互间的对立统一和转化则是指这两类最重要法现象的对立统一和在同一性基础上的向对方的转化。

在这方面，由于权利、权力同相应的利益之间，这些利益与相应的财产之间，存在着转化—还原关系，[①] 所以，权利和权力的对立统一应当从这样两个方面去认识。

---

① 对此，笔者曾从宪法角度作过较详细论述，参见童之伟《法权说之应用》，中国社会科学出版社 2022 年版，第 33—47 页。

第一，权利内部对立和权力内部对立所分别体现的是不同个人之间、不同公共机关之间的利益关系对立和财产关系对立，同时它们又分别统一于法律承认和保护的个人利益和公共利益。权利和权力的总量构成法权，法权的体量归根结底取决于一国或一社会归属已定全部财产（即国民财产）的总量。国民财产总量的有限性决定了法权及其具体存在形式权利和权力均具有稀缺性。

原始权的稀缺决定了原始权之间的相互对立，这种对立在生产力水平较前有所提高的历史背景下促成了权力的出现，以及权利与权力的区分、对立，从而进入了恩格斯所说的文明社会。社会进步和权利相对稀缺造成了权利的竞争和对立；权力的稀缺和分工的需要则促成了权力的自我分解和不同构成部分间的矛盾。权利的自我对立在法律层面是这个人、这部分人与那个人、那部分人之间的权利冲突，以及同一个人、同一部分人的不同的权利需要之间的冲突，这种冲突背后起决定作用的是社会个体间利益关系、财产关系的对立或为分配有限的利益和财富而产生的矛盾。权利的自我对立反映的主要是社会个体之间的利益关系和财产关系对立，权力的自我对立则主要反映着各级各类公共机关间的利益矛盾，因争取形成有利于本机关物质资源、权力资源配置格局而引起的矛盾等。

至于权利和权力各自内部对立因素的统一，则是指各种处于矛盾中的权利都不外乎是个人利益和个人财产的法律转化形式，各种处于矛盾中的权力都不外乎是公共利益和公共财产的法律存在形式。这里，"统一"的含义是：在个人利益、个人财产层面，各种权利是无差别的存在；在公共利益、公共财产层面，各种权力也是无差别的存在。

第二，权利与权力的相互对立体现着个人利益与公共利益的对立，但两者统一于法律承认和保护的国民利益（或法的社会整体利益）。由两者的社会属性和物质属性所决定，权利和权力对立的实质是个人利益与公共利益的对立，归根结底是个人财产所有者与公共财产所有者在经济关系层面的对立。同样，权利和权力的社会属性和物质属性也决定了它们的共性，即两者统一于一国或一社会法律承认和保护的全部利益，最终统一于归属已定全部财产。在一国或一社会法保护的利益和归属已定财产的层面，权利和权力获得了完全的同一性，两者没有了任何差别。

不过，在法权内部，权利和权力的对立是绝对的，权利和权力的统一是相对的、有条件的。其中所谓绝对的，就是权利和权力间的矛盾无时无处没有体现、反映，而所谓相对的和有条件的，主要是指权利和权力统一于法定利益有一个必要前提，即它们两者共处的必须是一个法治社会、法治国家；权利和权力统一于归属已定之财产也有一个必要前提，即它们两者共处的必须是一个对于财产尤其是个人财产给予平等、有效的法律保护的社会或国家。在人治社会，必然到处充斥着权力，尤其是最高权力的任性，形成根本无法可依或只有臣民可依之法而无最高统治者所依之法的局面。这样一来，就只能有两种可能：社会要么因根本没有法或法制严重不健全而无从反映出法的利益，实际上只能由最高权力行使主体凭自己的判断确定的利益，而这种利益往往在不小程度上是最高权力行使主体偏好的社会集团的利益；要么虽然有法律文件反映社会整体利益，但事实上权利和权力的运作过程严重偏离法的定位。同理，如果对各种所有者的财产不能或事实上没有给予平等、有效的法律保护，那实际上等同于处在财产所有权归属不定的状态，权利和权力的运作当然也就谈不上以所有权归属已定之财产为统一的基础了。

六　权利和权力能够相互转化

仅知道权利与权力的对立统一是不够的，还需认识权利和权力的内部转化和相互转化。只有这样，新的法的一般理论才能真正动态地说明、反映和模拟权利、权力在社会现实中变幻无穷的运动。对于转化问题，哲学家高清海有精辟的见解：矛盾的双方都有这样的性质，其中任何一方都作为对方的对立面而存在，因而它是自己同时又是对方，在对立达到一定点并具备一定条件时，这一方就向另一方转化；转化是对立面之间更深刻的、富有生命的、活生生的联系，只有看到相互转化，才能把同一性的联系引到发展领域，只有把联系提升到转化上来，才是辩证法的理解。[1] 这个道理对于我们认识权利、权力内部的自我转化、相互转化完全适用。

根据权利、权力同相应利益和财产之间存在转化—还原关系的原理，新的法的一般理论应当从以下几个方面来看待权利和权力的转化问题。

1. 权利和权力各自内部转化、两者间相互转化的根据是它们在利益、

---

[1]　参见《高清海哲学文存》第 3 卷，吉林人民出版社 1997 年版，第 346 页。

财产层面的同一性，而转化的动力则是因权利和权力的相对稀缺而形成的各种矛盾。权利和权力各自内部转化也好，相互转化也好，其前提都是权利和权力相对稀缺，而权利和权力各自内部又存在差别，权利和权力两者之间也存在着差别。权利和权力各自内部转化和相互转化的客观根据是对立面之间的同一性，一种权利能转化为另一种权利、一种权力能转化为另一种权力，是因为各种对立着的权利都是个人和个人所有之财产的法的存在形式，各种对立着的权力都是公共利益和公共财产的法的存在形式。至于权利和权力之所以能相互转化，其客观根据在于权利和权力都是国民利益和归属已定财产的法的存在形式。

权利和权力各自内部的转化和两者相互转化还有一个动力问题，这种动力简单地说来自它们的矛盾运动。具体地看，权利的内部转化的动力来自有关权利主体需求的多样性与该主体所能直接获得的权利种类的有限性的矛盾和为解决这一矛盾所作的努力；权力的内部转化的动力来自有关主体享有的权力的有限性、相对固定性与该主体行使权力的对象的扩张性、可变性之间的矛盾，以及为解决这些矛盾所作的努力；权利和权力相互转化的动力，来自于权利主体在秩序的范围内最大限度地获得权利的需求与权力主体提取必要数量的权利形成足够体量的权力以管控权利创生秩序、权利分配秩序的需要之间的矛盾，以及为解决这一矛盾所作的努力。

2. 权利和权力各自内部的转化具有十分丰富的内容和形式。权利的内部转化，主要是指从一种个人利益和对应个人财产体现的权利向另一种个人利益和对应个人财产体现的权利的变化，如人身权利向财产权利转化，财产权利向文化教育权利或政治权利转化，或者是相反。例如，一个人将自己的积蓄用来支付学费接受继续教育，这个行为在法律上就意味着以金钱体现的财产权利换取了进教育机构学习和取得相应证书等权利，也就是实现了财产权利向受教育权利的转化，它的实质内容是完成了有关主体财产利益向受教育的利益的转化和以金钱体现的财产向以具备有关知识、技能、资格证书体现的财产的转化。

其他权利内部转化的对应性也许没有这样容易确定，但那只是技术问题，原理并无不同。权力内部的自我转化主要是指以一部分公共利益和相应公共财产体现的职权、权限等向以另一部分公共利益和相应公共财产体现的职权、权限等的转化，如立法权向行政权的转化或立法权向司法权的转化，以及相应的公共利益和公共财产（如预算经费）的转移或改变归属等等。

权力的内部转化往往表现为权力改变归属主体，如原本属于立法机关的权力，后来改由行政机关掌握和运用，相应的权力就从立法权转化成了行政权，同理，原本属于行政机关的权力改由司法机关行使，也就是相应的权力从行政权转化成了司法权，其余类推。例如，美国的独立管制机构是行政机关的组成部分；它们制定有关规章的权力原本是属于国会的，后来因国会无力行使才逐渐转移到它们手中，这些制定规章的权力从国会向行政机关的转移，也就是立法权向行政权的转化，它伴随着预算经费等资源的转移。

又如在我国的刑事诉讼制度中，在中华人民共和国成立前，革命根据地的公诉在多数情况下是由行政机关提起的，因而是属于行政权的组成部分；中华人民共和国成立后，公诉全部改由检察机关提起，于是公诉转变成了检察权的一部分，这可以说是行政权向检察权转化的例子。在这里，权力的类别是以它所属的机关的性质为标准划分的，且同样伴随着预算经费等资源的转移。

权利和权力各自内部转化的方式是多种多样的。权利内部转化的最常见方式是订立和履行契约，实现商品、劳务的平等的买和卖，但其他形式的协议，行政行为，司法裁决等方式也能促成权利的内部转化。在现实生活中，权力内部转化往往采用修宪、立法、创立惯例、解释法律等方式，还有行政性地向下放权或向上收权。不言而喻，这些转化也伴随着相应的利益和财产的转移。

3. 权利与权力相互转化的形式极为复杂，认识这种转化对于法学具有特别重要的意义。社会科学已有的认识成果表明，历史上法的权力是从原始权的自我对立中产生的，是原始权相互对立不可调和的产物和表现。就内容而言，这种对立的充分发展的形式就是不同利益主体、进而财产的不同所有者之间的对立。

对立产生了多方面的后果，首先是在原始的权中，一部分转化成了事实上的公共权力进而法的权力，而尚未转化成权力的部分大都随之转变成了法的权利，未转化的少部分则以剩余权的形态存在。与这一过程相对应的社会内容和物质内容的分解过程是：在全部原始的个人利益中，一部分转化成了公共利益，其余原始大都转变成了法的个人利益，未转化的少部分则以剩余利益的形态存在；在全部原始财产中，一部分转化成了公共财产，其余大都转变成了个人财产，未转化的少部分仍以归属未定之财产的形态存在。

在这之后，取代单纯原始权自我对立的是从原始权中分解出来的法权内部的复杂对立、竞争，如法的权利与权力、权利与权利、权力与权力之间的对立、竞争，还有权利与法权、剩余权之间的对立、竞争，权力与法权、剩余权之间的对立、竞争，以及与之相对应的利益关系、财产关系的对立、竞争，等等。其中起主导作用的是权利和权力及相应的利益内容、财产内容的对立、竞争。权利和权力的相互转化是权利和权力对立、竞争的结果，对立和转化的矛盾运动推动着法律生活的发展进步。

在现实生活中，权利和权力相互转化现象往往发生在一个连续过程的两个不同阶段。从财产内容这个最基础的层面看，权利和权力相互转化过程的第一阶段，如前所述，是从个人财产中提取出一部分形成公共财产，以一个公共实体（如国家）的名义占有，然后由该实体中具体履行公共职能的机构分别控制和运用。

这个经济过程在利益层面表现为从个人利益中提取出一部分集中形成由公共实体代表的公共利益，并由这一实体的各个构成部分分别控制和运用这些利益。该过程在民主社会的政治法律层面较典型的表现是公民个人以选举的形式将属于自己的那一份参与管理国家事务的权利委托出去，全部个人委托出来的权利集中起来就转化成了一个主权意义的完整的国家权力（行使权），然后由这个权力制定宪法、法律，依宪法组织国家机构，并将这个完整的权力分解、分工并转化为各项职权、权限等，分别由中央和地方以及立法、行政、司法等机关掌握和运用。

在专制制度下，上述公共财产（或国家财产）的形成方式与民主制度下并无太大的不同，但公共利益的形成和存在形式往往较严重地背离其公共性质。在政治法律层面，权力背离其公共性质的情况则更为严重。随着社会的进步、商品货币关系的发展和民主、法治的推行，这种政治法律生活原则严重偏离经济生活原则的情形呈现出了逐步得到矫正的趋势。

权利和权力相互转化过程的第二阶段与第一阶段相对应，在财产层面是国家机关的财政支出，其中一部分被国家机关在其运行的过程中以经费的形式消耗掉了，另一部分实际上以某种形式返还给了公民，如用于公共福利、政府对个人的转移支付、开办免费文化教育事业的支出等。在利益层面，这个过程相对应地表现为公共利益为实现其社会功能的自我运动，一部分在这个过程中消耗了，另一部分以某种形式又转化（或还原）成了个人利益。同时，以上两个过程在政治法律层面就表现为国家机关权力的行使，其中一部分权力在行使时消耗掉了，另一部分权力以提供公共服务的方式转化（还原）成了个人权利，易言之，即某些权利先是转化成了权力，其中有一部分又从权力还原成了权利，循环了一周。

以上只是权利和权力相互转化的一个较典型的方面，除此外还有很多的方面和方式，如既可以通过修宪、立法、行政、司法等方式发生，也可用行政处罚（如罚款）、刑事处罚（如罚金）、行政赔偿和刑事赔偿等形式进行。

在我任课的法学硕士生和博士生教学讨论环节，曾有学生提出：对于国家或性质类似的公共机构向个人征税，然后又用征得的税款作为预算的社会福利支出，用到个人身上这类现象，按法权说应如何解释，被国家提取的财产到底转化成了权力还是权利？确实，这个问题很具挑战性。公共机关征税，实际上是一个个人财产转化为公共财产的过程。这个公共机关可能是代表国家的中央国家机关，也可能是地方政府。私人财产作为税收被征收的过程，同时就是相应个人权利转化为公共机关的权力的过程。在传统社会，国家提取的税收是会自己花光的，不会以福利的形式返还给个人，这意味着相应的税款全部转化成了权力并消耗殆尽。但在福利国家出现后，发达国家普遍出现了政府将征收的税款中相当可观的一部分以福利的形式返还给个人的做法。而这从法学角度看就是，相应的权力又返回到公民个人手中，还原成了权利。在法律上，权利转化为权力后其中一部分最终又回归权利，这是权利—权力相互转化过程中的一种特别值得注意的形式。

上述过程向我们进一步提出了这样两个问题：（1）公共机关享有的权力体量，取决于它得以支配的公共财产的体量还是它实际消耗的公共财产的体量？从投入和产出相联系和物质自身只有消耗掉能量才能转换的常理看，比较合理的解释是，权力的体量取决于它实际消耗的财产的体量。因此，一国公共机关的权力体量不是由公共预算体量决定的，而是由它实际的最终消耗决定的，经其分配的财产只是在它那里转了一下手，转化为权力的只是管理和分配过程的消耗，并不包括被分配出去的财产。（2）公民等个人的权利的体量，从根本上说取决于他们获得的财产的体量还是取决于他们有权最终自由处置的财产总量？基于以上同样的道理，对这个问题的答案应该是，个人私权利的体量归根结底取决于他们有权最终自由处置的可支配收入的体量，而不是取决于其合法收入的体量等指标。（3）但是，国民收入初次分配后个人向公共机构缴纳的税和费（如社保）构成公法权利的对应个人财产内容。公法权利与个人财产内容的关系是间接的，因而个人公法权利需要由以保障名义征收了相应个人财产的公共机构依宪依法行使权力做出系统性安排才能兑现。

七　法权或权利权力统一体应成为法学的独立分析单元

这是在较深入地认识权利和权力及其相互关系的实质内容后必然会得出的结论。只要法学正视权利权力统一体的存在，在理论上明确它同权利和权力的区别和联系，并在深化对它的认识的基础上形成相应的法学概念，传统法学的很多理论问题都会迎刃而解。例如，在传统法学中最基础性的问题之一是权利和权力概念难以区分，但如果有了反映权利权力统一体的法权概念做参照，权利和权力不同的相对位置马上就一目了然了。

权利和权力的基本属性表明，它们从根本上说是一个整体。这样看问题，人们可能产生如下疑问：时而说权利和权力应严格区分，时而又说它们在根本上是一个整体，这不是自相矛盾吗？其实不矛盾，因为看问题的层次不同。说它们不同，是在法现象层面看它们的结果，说它们是一个整体，是基于对它们在法律现象下面或后面的联系的认识。从某种意义上可以说，权利和权力统一体就像大海中的一座巨大冰山，作为现象的权利和权力不过是它露出水面的被海水隔开的两个山头，它们真正的整体性联系在水下。同理，权利和权力的整体性联系也在法现象后面。权利和权力因这种整体性联系构成一个单一实体，就像一男一女经登记结婚形成特殊的人身关系建立起家庭这么一个单一实体一样的道理。从体现的社会内容看，权利和权力分别直接体现的个体利益和公共利益都是法律承认和保护的利益，在法律承认和保护的利益的层面上，权利和权力完全是一个无差别的统一体。从它们体现的物质内容看，个体所有之财产也好，公共机关所有之财产也好，都是归属已定之财产，因而归根到底也是一个无差别的统一体。

发现和确认权利权力统一体的存在有着极为重要的意义。从学术上看，此举给法学提供了一个十分必要的新的分析单元，它包容着权利和权力，但又独立于、不同于权利和权力。这可以类比为在自然界水分子由氢原子和氧原子组成，但又是一个不同于氢原子和氧原子的独立实体；这也可以类比为，在社会生活中家庭由夫和妻双方乃至他们的子女组成，但家庭本身又是一个与夫或妻乃至他们的子女相区分的一个独立实体。同理，就像水分子应当是化学的一个独立分析单元，家庭应当是社会学、经济学或婚姻法学的一个独立分析单元，权利权力统一体也应当是法理学的一个独立分析单元。

从法治理论和实践价值的角度评估，发现和确认权利权力统一体和标志它的法权概念明白昭示了三重意义：（1）客观上有一种与权利权力统一体对应的法的社会整体利益，比照经济学术语可谓之国民利益（national interest），它由社会受法律保障的全部个人利益和全部公共利益构成，同时又高于和重要于后两者中的任何一方。因此，在法的眼中，个人利益也好，公共利益也好，都不能算做根本，国民利益才是根本；立法和司法在进行利益衡量时，应当以是否有利于促进国民利益为判断标准，而不应片面强调其两个构成因素中的任何一方。（2）在一国的范围内，与权利权力统一体即法权相对应的物质内容是归属已定之全部财产，即本书所称的国民财产或国民财富，① 它由个人财产和公共财产构成，同时又高于和重要于后两者中的任何一种。因此，法律对财产权的保护不应当无条件偏重个人财产或公共财产，而应当以是否有利于促进这两种主体的财产的总量的增长为标准。（3）同理，对于法也一样，如果有必要谈"本位"，它既不能以权利为本位，也不能以权力为本位，而只能是以权利权力统一体即法权为本位或中心。事实上，就国家本身的公共性质而言，任何类型的国家都应该如此，否则就是偏离了正轨。只不过，不同的历史时期对这个应然的中心及其体现的国民利益、国民财产的理解难免有所偏重而已。

---

① 本书所称的国民财产，就其内容而言，等同于经济学上的国民财富，但考虑财富一词不具有法学特色，故实践法学将经济学上的国民财富称为国民财产，它是经济学上的广义政府部门资产与居民（或家庭、住户）部门财产之和。

权利权力统一体既然如此重要，它就理所当然地应当是法学的一个独立分析单元。从理论上说，这就要求将对权利权力统一体的认识凝聚为一个新的法学范畴，形成新的思维形式。法权概念的提出适应了这种需要。

应当承认，对于权利权力统一体的存在及其作为一个分析单元以思维形式进入法学的必要性，国内外法学界并非完全没有认识，但可惜少有的一点认识长期停留在原始阶段。从实际内容看，东西方学者都曾论及的"广义的权利"，有时指的就是权利权力统一体（当然，广义的权利有时也用来指包括法外之权在内的一切"权"）。广义的权利的说法中国不少学者也是接受的。中外学者对广义的权利的分析虽有一定意义，但存在一些明显的缺陷：对广义的权利的属性和特征未作具体深入的考察；没明确广义的权利一词的内涵和外延，未实现对它的认识的概念化、范畴化；虽将广义的权利区分为狭义权利、权力、特权、豁免等具体构成因素，但这种区分完全是表面化、现象化的，根本没从本源上说清它们的区别和联系，甚至也没作这方面的努力。西方法理学对广义的权利进行的诸如此类的分析没有特别值得重视的理论价值，对于解决中国法学面临的问题既无针对性，也不会有多少帮助。

所以，尽管中外法学界都意识到了广义的权利的存在，但始终只对它进行了一些感性的触摸，未完成对它的理性把握。没能将其与"狭义的权利"严格区分开并使之概念化、范畴化就是明证。实际情形是，长期以来广义的权利在理论上都是一种似有若无、飘忽不定、内容不明、捕捉不住的东西。这至少说明了我国法理学研究的基础性环节十分薄弱，因为这个问题没解决，恰恰表明人们对权利和权力这两种最重要法现象还区分不清，把握不住，对两者的客观联系不甚了然。

为了实现对广义权利特别是其中权利权力统一体的认识的范畴化，早在20世纪末我就根据对权利权力统一体的基本属性的确认，从形成相应思维形式的需要出发，提出了反映这一客观现象和凝聚对它的本质属性的认识的法权概念（一度称为"社会权利"），并对其进行了较全面的阐释。为适应法学研究的需要，本章对其再作些补充或从法理学角度作几句必不可少的复述。

对这个标志权利权力统一的概念的界定可在原有基础上进一步作如下改进：法权是相关国家或社会纳入法中之权，也是从法学角度认知的，法承认和保护的全部利益，它以归属已定之全部财产为物质内容，表现为各种形式的法的权利和权力，其存在形态受该国历史文化传统和所处时代的影响。这个定义表明：（1）作为一个法学范畴，法权不是一个法律条文中的用语，而是一个用以指称被纳入一国法律体系中的全部各种"权"的称谓；（2）法权范畴反映的利益是与一定社会或国家中归属已定之全部财产相对应的，因而它正好反映着社会全部利益中的法定部分，即法定的社会整体利益或从法的角度看到的国民利益；（3）法定权利和权力尽管在法律现象层面有这样那样的不同，但它们都是利益的法的表现，都以归属已定之财产为本源，从根本看是一个整体；（4）作为权利和权力的统一体，其客观社会内容和物质属性由权利、权力的客观社会内容和物质属性所决定，所以，不论从哪个层次看，法权总量都等于权利和权力之总和；（5）法权是一个立体概念，在含义上是三个主系统和三个贯通性系统的统一。其中，各种权或各种法的权利、权力是表现系统，国民利益是根源系统，相应的归属已定全部财产及其生产活动是它的发展动力系统，"相关国家或社会""历史文化传统""所处时代"则分别表现着条件系统、前提系统和背景系统，其中前三个是主要的，后三个是次要的。

法权范畴（或概念）的形成，具有重要的理论意义。

首先，法权范畴的确立，完成了将社会整体利益或国民利益这一客观实在向法学思维形式提升的过程，使这种最重要的利益类型能像由权利概念所反映的个体利益和权力概念所反映的公共利益一样，作为独立的思维形式进入法学领域。做到这一点，是对法现象进行全面利益分析的一个不可缺少的条件。

其次，法权范畴的形成实现了对广义的权利的理论捕捉和对它的认识的范畴化、规范化，同时也结束了长期以来权利概念与权力概念形式上有区分实际上区分不清，所谓狭义的权利与所谓广义的权利没进行严格界分的历史。再次，法权范畴的形成，事实上已扬弃了现有法理学的一系列基本命题，因而既构成了对现有法理学的巨大挑战，也能为它的进一步发展提供动力。可以说，法理学只要勇于正视法权范畴，并积极回应随之而来的种种挑战，该学科就能走出学术上长期停滞的局面，大步向前推进。

最后，也许更为重要的是，法权范畴的形成，将为人们从法学角度解决长期陷入困境的一些重要理论问题提供崭新的思路。就拿各种形式的本位问题之争来说吧，有了法权概念后，人们看问题的角度和结论都不能不作根本的改变：从法律上看，将不再有权利本位还是义务本位抑或是权利与义务双重本位之类的争议，而只有权利本位还是权力本位抑或是法权中心之类的争议；从利益上看，本位问题将不再在个人利益本位、国家利益本位之间颠来倒去，而应变成个人利益本位、公共利益本位，还是国民利益中心之类的问题；从财产上看，在优先促进个人财产增殖还是优先促进公共财产增殖的争论之外，还要加上一个公有和个人财产总量的增殖是否比个人财产或公共财产两者中任何一方的增殖都更为重要、更应当予以优先考量的问题，如此等等。

清晰轮廓，仅仅靠上述七个基础性命题是不够的，还应当有若干个引申性命题。对这些引申性命题，本书将在适当部分另行讨论。

第三节　法权内涵在法律关系中的展开①

对于法律关系，在下了一番阅读和查考的功夫后，我获得了以下四点印象：（1）虽然法律关系这个概念来自罗马私法，来自西方，但在当代西欧、北美的法理学作品和法学辞书中，jural（legal）relations 并不是一个受到重视的词组，大陆法系国家的法学者较多地提及它，但没见有专门的论述，英美法系国家各主要法学流派的有代表性的著作大都没有正式地提及它，甚至有的常用法学辞书②也未将其作为条目列入；（2）特别重视法律关系、惯于从法律关系角度看问题的是苏联的法学作品，20 世纪上半叶日本的法学作品也有这种倾向；（3）先后受日本、德国和苏联等国法学的影响，从 20 世纪 20 年代起，我国法学界就十分重视法律关系这个概念及相关学说的运用，直到今天，这种做法仍然在海峡两岸法学界方兴未艾；（4）尽管不是每个学者都愿意接受法律关系这个概念，但它和相关学说在

---

①　本节原载《中国法学》1999 年第 6 期，标题是《法律关系的内容重估和概念重整》，融入本书时按原理、术语统一和与其他部分整合为一体的标准做了修订。

②　如历来的布莱克法律辞典，包括 Bryan A. Garner（editor in chief），Black's Law Dictionary, 11th Edition，Thomson Reuters West，2019。

解释法现象方面，确有某些成功之处，故仍然是一个有一定存在价值的理论分析工具。

但是，在获得上述印象的同时，我也比从前更为深切地感悟到了现有法律关系学说的片面性，这种片面性集中反映在它所确认的法律关系内容中。如果不克服这种片面性，现有法律关系理论的价值将十分有限，不会有多少前途，甚至最终会被学界完全抛弃。本书意在通过对法律关系内容的重新评估，进而调整或理顺对传统法律关系概念所涉及的各主要方面的认识，从总体上改善和扩充现有法律关系学说的法现象解释功能。

一 现有法律关系内容学说的重大缺陷

半个多世纪以来，我国学者写作的和从外文翻译过来的法学作品对法律关系内容的论述颇多，现将较有代表性的说法按时间顺序略作引述。

中华人民共和国成立前，较有代表性的说法为："法律常作二人以上之结合，使一方具有一定之意欲，一定之行动之权利者，他方负有照应于是种权利之义务者，两相关联。此种关联，是谓法律关系"；① "无论公法关系或私法关系，都同是权利义务的关系"，② "法律关系，谓当事人之一方，对于他方享有权利，他方从而应负义务之权利义务关系也"。③

20 世纪 50 年代，我们能见到的谈论法律关系内容的书籍绝大多数是汉译苏联学者的作品，其所反映的看法相差不多，试举两例："义务和请求权（即权利——引者注）的规定既然构成法律规范的基本内容，那么义务和请求权也就属于法律关系的基本要素"；④ "法律关系是权利及与其相适合的义务的特种联系"；⑤ "在社会主义法制下，行政机关、法院和检察院的活动都由法律严格规定，因而是行使权利和履行义务的活动，也就是构成相应法律关系内容的活动"。⑥

① ［日］高柳贤三：《法律哲学原理》，汪翰章译，上海大东书局 1932 年版，第 234 页。
② ［日］美浓部达吉：《公法与私法》，黄冯明译，商务印书馆 1941 年版，第 70 页。
③ 林纪东编：《中国行政法总论》，正中书局 1943 年版，第 19 页。
④ ［俄］列文等：《国家与法律概论》，杨旭译，人民出版社 1951 年版，第 88 页。
⑤ ［俄］杰尼索夫：《国家与法律的理论》，方德厚译，中华书局 1951 年版，第 435 页。
⑥ ［俄］亚历山大洛夫：《苏维埃社会中的法制和法律关系》，中国人民大学出版社 1958 年版，第 86 页。

20 世纪 80 年代以来，国内法学家对法律关系内容的认识同此前的相关学说保持着明显的继承性，看法仍然是，"法律关系纵属错综复杂"，但其核心，终不外为权利与义务二者；① 法律关系的要素之一是"构成法律关系内容的权利和义务"。② 这些年，我国教育部（或原国家教委）委托编写和在全国推广使用的法理学教材，几乎无一例外地将法律关系的内容确认为权利和义务。直到最近才有法理学教材在权利和义务后面加上了权力，但没有说明理由，而且显得与权利、义务关系不太融洽。这种情况众所周知，恕不一一陈述。③

与此同时，人们也注意到，先后有法学作品评介了 19 世纪末 20 世纪初的霍菲尔德等英美法系国家的学者在对权利和义务概念进行分解的基础上形成的法律关系内容学说。④ 这种学说与它同时代的及后来的相关学说比较，显著的特点在于试图将权利义务关系具体化，但可惜并没有跳出将法律关系内容理解为权利和义务的大框框。

分析这些引文可以看出，所有这些学说的一个共同的、基本的特点，是将法律关系内容定位于和化的"权利"一词为重心的权利义务，而这恰恰也就是现有法律关系内容学说（可称为法律关系内容权利义务说）的根本问题之所在。法律关系内容权利义务说的一个不可弥补的缺陷是，它用作基本范畴的权利和义务概念在法律体系和汉语层面都涵盖不了真实的公法关系中的权力因素，因而只适用于解释私法关系，不能合理解释公法关系。当代中国法律也好，外国法律体系也好，权利和权力概念都是区分开了的：权利在法律上前者是属于公民等社会个体之"权"，权力是由国家和国家机关行使之统治"权"。

然而，学界早已取得共识，公民等个人依法享有之"权"与国家机关行使之"权"之间的关系，以及各级各类国家机关所掌握之"权"之间的

① 参见郑玉波《法学绪论》，（台北）三民书局 1981 年版，第 113 页。

② 《中国大百科全书》法学卷，中国大百科全书出版社 1984 年版，第 99 页。

③ 读者可参见 20 世纪 90 年代以来分别由沈宗灵、孙国华、张文显等学者分别主编的名为《法理学》或《法学基础理论》的教材的有关部分。这些教材相应地由北京大学出版社、中国人民大学出版社、高等教育出版社和法律出版社出版。最近的法律关系内容表述的变化可参见沈宗灵教授主编之《法理学》（北京大学出版社 2000 年版）第四章、第七章有关文字。

④ 参见沈宗灵《对霍菲尔德法律概念学说的比较研究》，《中国社会科学》1990 年第 1 期；《牛津法律大辞典》，光明日报出版社 1988 年版，第 488 页、第 773—775 页。

关系，都是公法关系，只有公民等个人享有的"权"之间才是私法关系。在这些关系中，汉语权利义务概念能够充分反映其中的私法关系，对其他两种公法关系的内容它们在很大程度上显得无能为力。

因此，讲法律关系及其内容，也至少应涵盖法权与法义务、权利与对应义务、权力与对应义务三个方面。不幸的是，传统的、以和化的"权利"为重心的权利义务为基本范畴的法理学根本就无意做、也的确没有做过这项工作，以致"广义权利""狭义权利"这些完全没有中国法律体系支撑、脱离现代汉语的深造名词与权力三者之间的关系完全是一笔糊涂账。所以，严格地说，"权利义务"法理学作品中的"权利"，虽然有时同"广义权利"有一定关系，甚至有时偶然恰好等同于权利权力混同的"广义权利"，但它从来不曾是含义确定的"权利"概念，而是摇摆于本书在汉语法学范围内定义的法权、权利和权力三者之间的一种无定形的东西。

总之，法律关系权利义务说的以上缺陷使得奉行这一学说的人们每当面临权力时就陷入一种尴尬的境地。一方面，如果承认在权利之外还有个权力问题，则他们无力参照权利来说明权力的相对逻辑位置，反过来也一样；另一方面，如果不承认有权力问题，权力又实实在在地以与权利相区别的形态存在于中国法律体系和汉语中，而且现实地位极为凸显、重要。这样，在权力面前，有关学者就不能不面对两难选择：要么将其置于同权利欲分不分、似合不合的暧昧状态，弄得两个概念都内涵模糊、外延不清；要么干脆不承认世界上有什么权力，把权力都说成权利，尽量避免提权力二字，而这又不能不使得他们的理论明显脱离中国法律体系、法律生活和现代汉语。

在这个问题上，我国的法律关系权利义务说继承早期欧美法学和20世纪上半叶以和化的"权利"为核心范畴的日语法学的做法，选择了将权力解说为权利之一部分且忽视权力事实的处理方法，同时也继受了它们的固有毛病。苏联有的学者选择了后一种做法，按照后一种做法，一本名为《法的一般理论》的整整20多万言的著作，从头至尾几乎找不到一个在与权利对等、对称的意义上使用的权力一词，在其他情况下（如同"国家"一起组成国家权力一词）也出现得极少；[1] 于是各种现实的、按中国当地

---

[1] 参见［俄］参见雅维茨《法的一般理论》，朱景文译，辽宁人民出版社1986年版。

法律体系和汉语应定位于权力—权利、权力—权力的关系，都只好到处被莫名其妙地改写成权利义务关系。

不论从现实生活角度看还是从理论上看，这类情形都显得很不合理，甚至有害于建设社会主义法治国家的历史进程。因为，权利权力不分完全违背中国当代法律体系的规定、脱离现代汉语，而且在实践中不利于权利保障，不利于以权利制约权力，也不利于以权力依法约束权利和防止权利滥用。

在历史上，法律关系内容权利义务说这种片面的理论之所以会形成，有着很复杂的背景，其中最深远的原因是受了罗马私法的影响。的确，用权利和义务来解释私法关系的内容是有道理的，因为，私法关系只是平等主体之间的权利—权利关系，而权利义务关系正好是权利—权利关系的主要表现形式。但若将权利义务解释模式用来说明宪法、行政法、刑法、诉讼法等公法关系的内容，那实际上是要强使权利义务这种概念结构承担一种它本身不可能有的功能，因而肯定会产生不合逻辑的结果。传统上习惯于从权利义务角度看待法关系内容的国家的个别学者，对这点也是有所感悟的，如苏联就有学者说："遗憾的是，在苏维埃法学理论中，法律关系问题直到今天仍然是结合民法来加以研究的"。[①] 不过，现有法律关系内容权利义务说形成的最直接原因，是 20 世纪末期以来的四十余年，近乎完全照抄照搬了 19 世纪末 20 世纪初形成于日语法学、后又被民国时期法学入门型教材承袭的相关说法。

对法律关系内容认定片面，也造成了对法律关系主体、客体认识的片面。按现有法律关系学说，法律关系主体只有权利主体和义务主体，没有权力主体，因此，国家机关及其官员行使职权时的角色也就不是权力主体而是权利主体了，似乎与公民等社会个体的地位没有区别。同样，权力客体也不得不被说成权利客体，使两者本来很明显的差别被抹杀。

但是，法律关系内容权利义务说这样一种不合逻辑的学说形成之后为什么能够得到十分普遍的认同并一直统治着法律关系研究呢？根本的原因还在于当代汉语法学脱离现行中国法律体系甚至脱离现代汉语，用在世界

---

① ［俄］亚历山大洛夫：《苏维埃社会中的法制和法律关系》，宗生、孙国华译，中国人民大学出版社 1958 年版，第 85 页。

范围内早已过时的和化的"权利义务"话语讨论当代中国的法律问题。从实践的角度看，其重要表现是对中国当代法律体系中记载的权利、权力、义务等几种基本的法现象缺乏理解，其中首先和主要的是对权利、权力和义务本身及其联系与区别缺乏深入的认识。无真知则易盲从，两者之间有规律性联系。

二　对法律关系内容结构和社会经济属性的新理解

讲到法律关系，人们一般都会指出两点。一是说它是思想关系或具有思想关系的属性。本书对此没有异议。因为，法律是人制定的，直接就是意志的表现，法律关系的参加者也是有意志的，用法律调整的社会关系当然具有思想关系的属性。二是指出法律关系背后起决定作用的是经济关系，这在一般意义上说也是不成问题的。但是，若要准确、具体而又适合法学特点地分析有关法律现象，那就显得不够了。我认为，讲法律关系内容应当从三个层次入手：一是当代中国法律体系调整的社会关系（这里已包含了承认法律关系具有思想关系属性的意思），二是相应的利益关系，三是财产关系。利益关系和财产关系是经济关系在利益层面和财产层面的集中、具体的反映。

为了能够真正解决对法律关系内容的重新认识问题，还必须弄清楚权利与权力的区别与联系，及它们与义务的关系。较新的研究结果表明：权利与权力相同之处是，两者都是法承认和保护的利益，都以归属已定之财产为物质承担者；权利与权力的区别在于，前者是个人利益和个人财产的法的存在形式，后者是公共利益和公共机关财产的法的存在形式；而义务则是同权利和权力两者正相反对的法现象，表现为同权利和权力所体现的利益相对应的负面利益（不利益），以及相应的财产损失（或消耗、付出等）。这里需要说明的是，权利、权力和义务都应区分为法定的和实有的两部分，其中只有实有部分有现实的利益内容和财产内容（包括负性的利益内容和财产内容），非实有的权利、权力和义务没有现实的利益内容和财产内容，但有可能的、潜在的利益内容和财产内容。

作了这些铺垫后，我们就比较容易说清构成法律关系内容的要素和它们的结构了。当然，这也得结合法律关系本身的构成要素来说明。

法律关系的第一个构成要素，也是基本的构成要素，是由法律调整的个人（包括公民等自然人和其他处于个体地位的社会经济组织，下同）与国家（包括国家机关及其官员）之间的关系，这种关系以权利、权力及相应的利益和财产为内容。严格地说，这种关系可进一步划分为以权利为主导的权利—权力关系和以权力为主导的权力—权利关系两个亚种。

第一个亚种是以权利为主导的权利—权力关系，其现实表现如，公民的人身、财产等权利受到他人现实的威胁时行使向国家机关请求保护的权利，和国家机关予以回应依法行使保护权利的权力（职权、权限等）而产生的关系。它表现为个人行使权利、国家机关履行义务的权利义务关系，但实际上是权利和权力相互作用而形成的关系。这种关系的法律内容是权利—权力，社会内容是个人获得利益，国家支出或损失利益，从物质内容看归根到底是个人保全或获得财产，国家支出或损失财产。在很多情况下，它们的财产内容不是直接的，而是间接的。但无论如何，不存在完全没有财产内容的权利—权力关系。

第二个亚种是以权力为主导的权力—权利关系，其现实表现多种多样，如国家行使征税的权力，个人相应放弃一定数量的财产权利，将其作为税金转交给国家；又如，国家对社会生活的某一个领域的事务行使管理的权力，个人相应地放弃在相关方面的权利（或自由），等等。它表现为国家机关行使权力，个人作出回应向国家移转相应的权利或限制自己相应的权利。这种关系表面上看是国家行使权力，个人履行义务，但实际上也是权力—权利之间相互作用而形成的关系。这一关系的法律内容是权力—权利，社会内容是国家获得利益、个人支出或损失利益，在物质内容上则归根结底是国家获得财产或让财产发挥效用，而个人支出或损失财产。当然，权力—权利的财产内容大都不是直接的，往往必须经过许多次的社会转换才能反映出财产属性。

权利—权力关系和权力—权利关系都是公法关系，但这两种公法关系的主体实现相应利益内容和财产内容的力度是不同的。在权利—权力关系中，权利主体要实现与权利相对应的利益内容和财产内容通常只能向权力主体提出请求，后者在对此请求作出是否合法、合理的判断后才有可能作出回应，而且可能不接受请求，权利主体不能对权力主体实行强制来实现其利益和财产内容；在权力—权利关系中，权力主体实现与自己权力相对

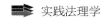

应的利益内容和财产内容的方式要直接和强有力得多。

日本法学家美浓部达吉把这种以国家机关单方面做意思表示然后实行强制为特征的优越力，称为国家行为的公定力，认定公定力就是"在公法关系上，国家的意思行为有决定该机关的权力；而这种行为，在被有正当权限的机关取消或确认为无效时止，是受'合法的'推定的，对方的人民不得否认其效力"。① 不过，权力通常是与特定主体相联系的，不能像大多数权利那样能够自由转让或移转。这是特殊的限制。权力—权利关系中公定力的存在是法律关系内容研究中一个值得注意的方面。

法律关系的第二个构成要素是由法律调整的个人与个人之间的关系，这种关系以权利及相应的利益和财产为内容。法理学传统的权利义务关系概念所能表达的，正好就是这一块内容。这种关系的法律内容是权利内部的交换、转移和协调，与其相应的社会内容是个人彼此间的利益交换、移转或协调，从物质内容看归根结底是生产、生活过程中财产在不同个人间的互动，买卖、借贷、租赁、继承、赠予等都是互动的具体形式。理解这种关系主要应注意：

任何平等主体间的权利义务关系，都是权利—权利关系的外化形式，其中首先和主要的是权利与权利相交换的外化形式，另外还有不同权利的相互协调实现等较为次要的形式。当然，交换和相互协调都不仅仅指一对一当场进行的交换或协调，而是就广阔的社会生活空间和较长的时间过程而言的。例如，按我国《婚姻法》第二十一条第一款，父母有抚养未成年的或不能独立生活的子女的义务，后者有要求父母付给抚养费的权利。孤立地看这种权利义务关系不是权利—权利关系。但如果考虑进该条第二款"子女不履行赡养义务时，无劳动能力的或生活困难的父母，有要求子女付给赡养费的权利"的规定，我们就很容易明白，这里父母得到赡养的权利与子女得到抚养的权利，两者之间客观上是平等的交换关系。但是，这种交换显然不是一对一的和当场进行的。不过，也应当承认，权利的平等交换和协调实现，在实体性权利范围内，首先和主要的是指财产权利，其次指社会政治权利，再其次才是人身权利。在人身权利中，有一部分处在婚姻、家庭关系中的身份权具有一定的特殊性，其财产内容和平等交换的

---

① ［日］美浓部达吉：《公法与私法》，黄冯明译，商务印书馆 1941 年版，第 114 页。

属性不能简单化地理解，得考虑家庭内部的亲情和伦理道德因素。另外，在实体性权利中，只有财产权利直接体现为财产，人身权利、社会政治权利的财产内容是间接的；程序性权利没有独立的财产内容，它的财产内容附随于相应的实体性权利。

法律关系的第三个也是最后一个构成要素，是由法律调整的不同公共机关之间的关系，它以权力及相应的公共利益和公共财产为内容。这种关系的主要现实表现是中央国家机关与地方国家机关之间、同一级国家机构的不同国家机关之间的权力—权力（职权）关系，所涉及的主要是权力总量在全部国家机构体系内的合理配置和协调实现问题。权力—权力关系外化为权力义务关系，就像权利—权利关系外化为权利义务关系一样。但是无论如何，权力—权力关系不同于权利义务关系，那种将权力—权力关系看成权利义务关系的学说，是超逻辑强制的结果，学术上无异于张冠李戴、指鹿为马。

这种以国家机关为主体的法律关系的内容是机构内部的权力配置和协调，其社会内容为公共利益的分配及其掌握和运用，从物质内容看，则是国家机关对公共财产（主要表现为国家预算收入）的支配和运用。在通常情况下，权力的运用是与公共财产的消耗以及由其体现的公共利益的实现相联系、相对应的。

由于公共财产的不同部分在国家机构体系的归属不同，它们所体现的公共利益的构成部分不同，从而由它们转化而来的权力的性质和由其决定的功能等等也就不同了。

由这些差别形成的矛盾是权力内部对立、协调或再分配等互动关系形成、发展的根源和动力。这个道理对于理解权力—权力型法律关系及其内容非常重要。

三 法律关系概念的重整

在考察了法律关系的现实内容并获得了一些较新、较具体的认识后，再回过头来看，整个传统的法律关系理论的一些主要方面脱离社会法律生活实际等问题就显得更突出了。为了解决这类问题，我主张根据上文的认识，通过确认以下各个命题来修正法理学传统法律关系范畴所涉及的主要内容：

（一）从实践法理学角度看，法律关系的内容是作为权利权力统一体的法定的各种"权"之间的关系，但在引入义务范畴后，它有了更丰富的表达形式。上文曾论及，从各种法律关系的具体构成看，其内容非权利即权力，或两者兼而有之，而权利和权力又都必定处在一定的法律关系中，所以，法律关系作为一个整体，其内容也就是权利权力统一体内部即法权内部的关系。权利、权力与利益、财产的关系表明，法权后面的社会经济内容是法律承认和保护的全部利益和归属已定之全部财产，而这也正好是以权利权力统一体为法律内容的法律关系所包含的全部社会经济内容。

这里有必要把从法的一般理论角度看问题同从部门法学角度看问题相对区分开来。法理学要从最一般的意义上概括法律关系的内容，各部门法学则应基于本学科的特殊性，从本学科的具体情况出发概括法律关系的内容。所以，当法的一般理论从法权层面概括作为整体的法的内容时，各部门法学也应该根据本学科的具体情况概括有关部门法的法律关系的内容。例如，民法学可以从权利—权利关系入手概括民事法律关系的内容，行政法学可以从权利—权力和权力—权力关系入手概括行政法律关系的内容，诉讼法学也可以从权力—权利、权力—权力乃至权利—权利关系入手概括诉讼法律关系的内容，如此等等。情况比较特殊的是宪法学。由于宪法是根本法，从大原则上调整着权利—权力、权利—权利和权力—权力三重基本关系，所以，从宪法角度看某个问题同从法的一般理论角度看某个问题，视角基本上是重合的，看到的内容都应当是权利权力统一体，即法律承认和保护的全部"权"。当然，不论讲权利和权力还是它们的某种组合关系，都不能忽视它们背后起决定作用的利益和财产。

但是，无论如何，在引入义务一词后，以上各种关系都能在话语更丰富的意义上得到表达，呈现出权利—义务关系、权力—义务关系、法权—法义务关系、权—义务关系等表现形式。

（二）在法的一般理论层次，最好将法律关系定位于主体之间的"法权"关系，在部门法学上可根据具体情况分别具体定位于权利义务关系或权力义务关系。这里所涉及的虽只是一个如何对已得到确认的法律关系内容作适当表述的技术性问题，但仍然值得高度重视，因为一种合理的认识如果得不到恰当的表述，就不可能为人们所普遍接受。法理学过去借助一度和化的"权利"一词将法律关系表述为主体间的权利义务关系，其片面性和脱离实际的程度是如此严重，以致在公法领域的各个部门法学几乎完全不能合乎逻辑地对现实的法律关系作出解释。这种 19 世纪末 20 世纪初兴起于日语法学、但日语法学七十余年前已放弃的法律关系表述方式，已远远落后于汉语法学的发展需要。

根据对法律关系内容的新认识，将法律关系表述为权利—权力关系也不十分适当。原因是权利—权力同权利权力统一体不是一回事，权利与权力之间的关系也不能等同于权利权力统一体内部的关系，而法理学上的法律关系恰恰意味着权利权力统一体内部的各种关系，包括权利与权力相互间的关系，权利内部此种权利与彼种权利之间的关系，权力内部此种权力与彼种权力之间的关系。要进一步看，还有权利或权力分别与权利权力统一体本身的关系，而权利—权力的表述方式仅仅能够表达权利与权力两者之间关系的内容，其局限性太大了。

合理的和合乎逻辑的做法是将一般意义上的法律关系表述为法律承认和保护的各种"权"之间的关系。但是，这种说法人们不容易习惯，本身也不够简明，仍有些不便。考虑到不论权利、权力，还是权利权力统一体，都是法承认和保护的"权"，都是"纳入法中之权"，即前文所说的法权。所以，借助"法权"这个词，法律关系在法的一般理论层次就能够顺理成章地表述为主体之间的法权关系了，既从最一般的意义上全面反映了各种法律关系所包含的各个方面、各个层次的内容，又让人感到熟悉、简明，因而相对而言是最理想的选择。

将法律关系在一般意义上表述为主体间的法权关系的同时，我也承认在私法学领域将权利—权利关系表述为权利义务关系的合理性。因为，一切真实的权利义务关系都是权利与权利进行交换或相互协调的表现形式。甚至基于同样的理由，在引入义务一词后，公法学领域的权利—权力关系和权力—权力关系的内容，也都可以具体表述为权利义务关系或权力义务关系。换个角度再概括地说一下：如果一定要将义务概念引入分析过程，那么，法权关系所包含的权利—权力、权利—权利和权力—权力三种关系都可以具体表述为权利义务或权力义务。

在这里，法权关系是一般，其他的一对对关系都是特殊。例如，根据这个道理，权利义务关系在民法学上仍然表述为权利义务关系，只不过现在它同时又是法权关系（法权关系的民法学存在形式）的一部分，实际上还是权利—权利关系；但在行政法学上就不一定是这样了，如特定税务机关与纳税义务人之间产生的法律关系，从来是比照民法学上的做法而被称为权利义务关系的，但按新的思路它应表述为权力义务关系，是法权关系在行政法学中的反映，实际上是权力—权利关系的外化形式。如此等等。

（三）与对有关内容的认定相适应，法理学研究的抽象层面的法律关系的主体宜从原来所说的权利义务主体改称为法权主体；法权主体说到底是法权或法权的一定部分所体现的利益的主体和相应财产的所有者。进一步作具体分析，这个命题包含着一般和特殊两个层面的意思。从一般意义上说，法权主体则是法律承认保护的利益的主体和相应财产的所有者。从特殊层面即从法权的具体构成上看，这个命题也是要表明，权利主体就是个人、个人利益的主体，是个人财产的所有者；权力主体则是公共利益主体、公共机关、公共财产的所有者。从总体上、一般意义上说，虽应当用法权主体的提法取代权利义务主体，但就有关的部门法学而言，权利义务主体或权力义务主体的提法仍然是完全可行的。在现实性上，权利义务主体和权力义务主体通常就是权力或权利的主体。因为，权利义务关系、权力义务关系不过是权利—权利关系、权力—权利关系或权力—权力关系在引入义务一词后的表述方式，是同一码事。

同理，权利能力和行为能力也应当理解为法权能力和与其相对应的行为能力。根据对法律关系内容的新认定，原来所说的权利能力只能是法权能力的一部分，与之相平行的还有一个权力能力。易言之，法权能力包括权利能力和权力能力两部分。如果说权利能力是法律确认的享有权利或承担义务的资格，是参加进法律关系必须具备的前提条件的话，那么，权力能力则是法律确认的拥有权力或承担相应义务的资格，也是参加进法律关系必须具备的前提条件。权力能力概念对于当今中国社会具有重要理论和实际意义。在我国，尤其是在县区以下的广大农村地区，有太多的主体在行使权力，其中相当大一部分的权力能力是有疑问的，很难说是合法权力主体。这种情况造成的非法现象已比较严重，如在征地拆迁过程中所暴露的相关情况，理论工作者应当给予足够的关注。对于行为能力，也应该相应地区分为两部分，即与权利能力对应的行为能力和与权力能力对应的行为能力。

（四）法理学上抽象的、一般的法律关系客体宜从法权角度确认，部门法学法律关系客体的确认角度需要作具体分析。对法律关系客体的界定，大致有两种观点，一种是法律关系客体与权利义务客体区分说，一种是上述两种客体无须区分说。我国学者多采用后一种观点，这种观点将法律关系客体理解为法律关系主体之间的权利和义务所指向的对象。限于主题，对前后两种观点合理性的多少这里不予置评，我只想说明，根据上文已有的认识，按后一种观点在法的一般理论层面表述法律关系客体时，宜将其中"权利和义务所指向的对象"改为"法权所指向的对象"，以克服汉语的"权利义务"不能包容权力所带来的片面性。这样，确定法律关系客体实际上就是将作为法律关系内容的法权及相应的利益和财产细化为法律关系的具体对象，其中主要是人格、人身、行为、物、精神财富、职权，等等。这是一般地、描象地看法律关系客体。

从部门法学的角度看，法权客体则可以进一步具体化为权利客体和权力客体。权利客体实际上是权利—权利关系（如民法中）和权利—权力关系（如行政法上以权利为主导的情形中）的客体，在引入义务一词后它们都外化为权利与义务的客体，确定权利客体实质上是确认公民等社会个体的利益的具体内容和个体所有之财产的具体存在形式。权力客体实际上是权力—权力关系（如国家机关组织法中）和权力—权利关系（如刑法中以及在行政法上以权力为主导的情形中）的客体，它们都外化为权力—义务的客体，确定这种客体从根本上说也就是确定公共利益的具体要求和公共财产发挥效用的过程中作用力所指向的具体目标。

（五）法律关系的产生、变更和消灭在法理学上宜表述为法权关系的产生、变更和消灭，在部门法学上则需根据具体情况而定。法权关系的产生、变更和消灭的社会物质属性是利益关系和财产关系的产生、变更和消灭。在部门法学上，法权关系的产生、变更和消灭表现为法权关系的各种具体形式的产生、变更和消灭。如表现权利—权力关系、权利—权利关系的权利义务关系、权力义务关系，表现权力—权力关系和权力—权利关系的权力义务、权利义务关系的产生、变更和消灭等。这个过程的后面当然是相应利益关系和财产关系的产生、变更和消灭。根据这个思路，法律事实也就是法律规定的、能够引起法权关系及其具体表现形式产生、变更和消灭的现象或情况。道理同前，不再赘述。

如果以上五个命题能够成立，它们综合在一起就刷新了以"和化权利"为核心范畴的"权利义务"法理学的法律关系概念，形成了实践法学一般理论中的法律关系概念和观念。

第四节　我国法律体系对法权的直接记载或确认①

法权即纳入法中之权（可以是现象，也可以是概念），因此：（1）在中国当代法律体系中，不论是宪法还是其他任何一部法律，只要是将权作为单汉字名词置于其中，其性质就是直接确认、记载法权。在我国法律体系中，典型的法权主要现身为动词与"权"这一名词结合形成的动宾话语结构，如"有权""无权""弃权""侵权""授权"中的"权"，其本身指称权利权力统一体（或共同体，后同），但又能以该统一体身份分别指称权利或权力。（2）只要将权利、权力和它们的任何具体表现形式置于法中，就是法对法权的间接确认、记载，表现为非典型的法权。所以，法权现象在我国法律体系中可谓俯拾皆是。非典型的法权在我国法律体系中的主要现身方式是权利、权力和它们的具体存在形式，如法的权利、自由、个人正当特权、个人豁免，还有法的权力、职权、权限，公权力、正当公职特权、公职豁免等等。但是，权利、权力的有些更具体表现形式，往往表现为相应名词（或形容词）与权构成的复合名词，如"人身权""财产权""选举权""立法权""行政权""司法权"等等，其中的"权"本身是名词，也可理解为法权的表现形式。这些名词在对应的西语（如英语）中也是复合的，只是它们没有与"权"这个汉字名词对等的词，只能根据不同的情况选择或用"right"或用"power"而已。为能基于我国法律体系本身形成与之相适应的法权现象与法权概念（即法权之实与名）意识，本书在我国法律体系中选择了几部有代表性法律，只集中考察在"有权"话语结构中法权的典型表现形式。为增进法学界对法权现象与概念的认识，我刻意选择用近乎不厌其烦做列举的方式，通过"有权"这个独特而

---

① 本节最初用《我国法律体系对法权的直接记载或确认——以"有权"话语结构为视点的抽样考察》做标题，发表在 2023 年 12 月 16 日于华南理工大学举行的闽粤鲁三省宪法学研究会 2023 年学术年会上，会议安排作者就此做了主旨演讲。

具体的视点来展示这些法律直接记载法权的条款。至于直接记载法权的其他条款和间接记载法权的条款，因为它们几乎无处不在，本书一般不做论述，除非某部法律因为其本身的性质没有直接记载法权。

一　宪法在"有权"话语中对法权的直接确认

一国的法律体系以宪法为根本，考察法律体系直接记载的法权，首先当选择宪法。宪法是根本法，纳入宪法之权是宪权，因宪法是法，而且是根本法，故宪权是首要法权。

我们不妨先仔细看看《中华人民共和国宪法》把权这个单汉字名词独立使用的情形。我国《宪法》的以下诸条款在"有权""无权"语言结构里直接记载、确认之权，是典型的法权和首要法权。宪法中每一个权字，都是一个单汉字名词，属法权中的宪权，是法权在我国《宪法》文本中直接的呈现方式：

第八条规定："参加农村集体经济组织的劳动者，有权在法律规定的范围内经营自留地、自留山、家庭副业和饲养自留畜。"

第十六条规定："国有企业在法律规定的范围内有权自主经营。"

第六十三条规定："全国人民代表大会有权罢免下列人员"。

第六十五条第三款规定："全国人民代表大会选举并有权罢免全国人民代表大会常务委员会的组成人员。"

第七十二条："全国人民代表大会代表和全国人民代表大会常务委员会组成人员，有权依照法律规定的程序分别提出属于全国人民代表大会和全国人民代表大会常务委员会职权范围内的议案。"

第七十七条："全国人民代表大会代表受原选举单位的监督。原选举单位有权依照法律规定的程序罢免本单位选出的代表。"

第九十九条第二款："县级以上的地方各级人民代表大会审查和批准本行政区域内的国民经济和社会发展计划、预算以及它们的执行情况的报告；有权改变或者撤销本级人民代表大会常务委员会不适当的决定。"

第一百零一条第一款、第二款："地方各级人民代表大会分别选举并且有权罢免本级人民政府的省长和副省长、市长和副市长、县长和副县长、区长和副区长、乡长和副乡长、镇长和副镇长。／县级以上的地方各级人民代表大会选举并且有权罢免本级监察委员会主任、本级人民法院院长和本级人民检察院检察长。选出或者罢免人民检察院检察长，须报上级人民检察院检察长提请该级人民代表大会常务委员会批准。"

第一百零二条第二款："地方各级人民代表大会代表的选举单位和选民有权依照法律规定的程序罢免由他们选出的代表。"

第一百零三条第二款："县级以上的地方各级人民代表大会选举并有权罢免本级人民代表大会常务委员会的组成人员。"

第一百零八条："县级以上的地方各级人民政府领导所属各工作部门和下级人民政府的工作，有权改变或者撤销所属各工作部门和下级人民政府的不适当的决定。"

第一百一十六条："民族自治地方的人民代表大会有权依照当地民族的政治、经济和文化的特点，制定自治条例和单行条例。"

第一百三十条："人民法院审理案件，除法律规定的特别情况外，一律公开进行。被告人有权获得辩护。"

在我国《宪法》的以上条款中，权以权利权力统一体或共同体的"资格"或"身份"，十分自然地时而具体指称权力，时而具体指称权利，时而指称权利权力统一体。例如，第一百零二条第二款"地方各级人民代表大会代表的选举单位和选民有权依照法律规定的程序罢免由他们选出的代表"这一规定中的，"代表的选举单位""有权"中的"权"是权力，因为"代表的选举单位"只能是县级以上地方各级人民代表大会、是地方各级国家权力机关，它们行使的是属于权力系列的职权或权限，而"选民有权"中的"权"，只能说权利，这里具体表现为选举权。这里特别值得注意的是，"代表的选举单位"和"选民"共有的这个"权"，直接体现出权利权力共同体特征。所以，我国《宪法》第一百零二条第二款中的名词"权"与下面简要援引的《地方选举法》第四十四条第二款中的名词"权"和《刑事诉讼法》第三条中的名词"权"一样，都是最典型、最直观的法权，它们是任何西语名词不能与之对等、不能直接翻译的汉语名词，也是任何西语无法直接表述或指称的汉语法律文本记录的法现象单元。这些"权"是汉语法律文本和汉语法学相较于西语法律、西语法学客观上有自己独特性、独立性的基础性证据。汉语法学显现出自己相对于外语法学的独特性、独立性，不过是主观上顺应这种客观情势而已，它是汉语法学发展到一定阶段必然呈现出的选择和走向。"经济范畴只不过是生产的社会关系的理论表现，即其抽象。"① 法学范畴也是这样，权、法权是对当代中国法律制度中相应客观自在的记录或主观反映。汉语法学从（法的）权利、权力和剩余权中抽象出权，从（法的）权利、权力中抽象出法权，这是相对于西语法学的显著局部优势，应该珍惜。

在这里，特别要留意，法中之权是以权利权力统一体或共同体的"资格"或"身份"在指称具体的各种具体权利、权力，并非它时而是这个意思，时而是那个意思。

二　宪法相关法之"有权"话语直接记载的法权

我国有数量较多的宪法相关法，我有意从中选择几部能够较全面反映宪法相关法覆盖面而篇幅又居中的法律文本作为直接记载典型的法权情形的考察对象。本书具体选择的是《全国人民代表大会和地方各级人民代表大会代表法》《立法法》《地方各级人民代表大会和地方各级人民政府组织法》和《妇女权益保障法》。

（一）《全国人民代表大会和地方各级人民代表大会代表法》"有权"话语中的法权

在《全国人民代表大会和地方各级人民代表大会代表法》里，权一词在"有权"话语结构中出现 20 次，它以这种形式直接记载法权的具体情况如下：

第九条："代表有权依照法律规定的程序向本级人民代表大会提出属于本级人民代表大会职权范围内的议案。议案应当有案由、案据和方案。"

第十条："全国人民代表大会代表，有权依照宪法规定的程序向全国人民代表大会提出修改宪法的议案。"

第十一条第二至六款："全国人民代表大会代表有权对主席团提名的全国人民代表大会常务委员会组成人员的人选，中华人民共和国主席、副主席的人选，中央军事委员会主席的人选，最高人民法院院长和最高人民检察院检察长的人选，全国人民代表大会各专门委员会的人选，提出意见。县级以上的地方各级人民代表大会代表有权依照法律规定的程序提出

---

① ［德］马克思：《哲学的贫困》，《马克思恩格斯选集》第 1 卷，人民出版社 2012 年版，第 222 页。

本级人民代表大会常务委员会的组成人员，人民政府领导人员，人民法院院长，人民检察院检察长以及上一级人民代表大会代表的人选，并有权对本级人民代表大会主席团和代表依法提出的上述人员的人选提出意见。乡、民族乡、镇的人民代表大会代表有权依照法律规定的程序提出本级人民代表大会主席、副主席和人民政府领导人员的人选，并有权对本级人民代表大会主席团和代表依法提出的上述人员的人选提出意见。各级人民代表大会代表有权对本级人民代表大会主席团的人选，提出意见。代表对确定的候选人，可以投赞成票，可以投反对票，可以另选他人，也可以弃权。"

第十四条第一至三款："全国人民代表大会会议期间，一个代表团或者三十名以上的代表联名，有权书面提出对国务院和国务院各部、各委员会，最高人民法院，最高人民检察院的质询案。县级以上的地方各级人民代表大会代表有权依照法律规定的程序提出对本级人民政府及其所属各部门，人民法院，人民检察院的质询案。乡、民族乡、镇的人民代表大会代表有权依照法律规定的程序提出对本级人民政府的质询案。"

第十五条第一至三款："全国人民代表大会代表有权依照法律规定的程序提出对全国人民代表大会常务委员会组成人员，中华人民共和国主席、副主席，国务院组成人员，中央军事委员会组成人员，最高人民法院院长，最高人民检察院检察长的罢免案。县级以上的地方各级人民代表大会代表有权依照法律规定的程序提出对本级人民代表大会常务委员会组成人员，人民政府组成人员，人民法院院长，人民检察院检察长的罢免案。乡、民族乡、镇的人民代表大会代表有权依照法律规定的程序提出对本级人民代表大会主席、副主席和人民政府领导人员的罢免案。"

第十六条："县级以上的各级人民代表大会代表有权依法提议组织关于特定问题的调查委员会。"

第十七条："代表参加本级人民代表大会表决，可以投赞成票，可以投反对票，也可以弃权。"

第十八条："代表有权向本级人民代表大会提出对各方面工作的建议、批评和意见。建议、批评和意见应当明确具体，注重反映实际情况和问题。"

第二十五条："代表有权依照法律规定的程序提议临时召集本级人民

代表大会会议。

第二十九条：“代表在本级人民代表大会闭会期间，有权向本级人民代表大会常务委员会或者乡、民族乡、镇的人民代表大会主席团提出对各方面工作的建议、批评和意见。”

第四十七条：“选民或者选举单位有权依法罢免自己选出的代表。被提出罢免的代表有权出席罢免该代表的会议提出申辩意见，或者书面提出申辩意见。”

这些条款中的权，几乎都是以权利权力统一体或共同体的“资格”或“身份”，指称人大代表现有的那份权力。这里需要说明的是，《全国人民代表大会和地方各级人民代表大会代表法》第三条用“下列权利”来规定“代表享有”之权，其实是属用词不准确的情况。《全国人民代表大会和地方各级人民代表大会代表法》本身明确了代表工作是“执行职务”，行使的属于《监察法》定位的“公权力”，所以，人大代表行使的应该是属于权力类的职权，这是较普遍的共识。①

（二）《立法法》“有权”话语中的法权

《立法法》直接记载权这个单汉字名词权共 44 次，其中显现在“有权”结构中的 13 次，显现在“授权”结构中的 31 次。下面是以“有权”结构为基准排列的条款中的权，即法权浮现于其中的那些条款的具体内容，包括个别紧密相连的“授权”结构中的权。

第九条规定：“本法第八条规定的事项尚未制定法律的，全国人民代表大会及其常务委员会有权作出决定，授权国务院可以根据实际需要，对其中的部分事项先制定行政法规，但是有关犯罪和刑罚、对公民政治权利的剥夺和限制人身自由的强制措施和处罚、司法制度等事项除外。”

第五十五条规定：“向全国人民代表大会及其常务委员会提出的法律案，在列入会议议程前，提案人有权撤回。”

第七十五条第一款规定：“民族自治地方的人民代表大会有权依照当地民族的政治、经济和文化的特点，制定自治条例和单行条例。自治区的自治条例和单行条例，报全国人民代表大会常务委员会批准后生效。自治

---

① 杨毅、金圣海：《对人大代表“权利”与“权力”的几点思考》，《人大研究》2009 年第 4 期；苏东：《人大代表权利与权力》，中国人大网，http://www. npc. gov. cn/zgrdw/npc/xinwen/rdlt/sd/2014 – 11/02/content_1884664. htm，2023 年 12 月 5 日访问。

州、自治县的自治条例和单行条例，报省、自治区、直辖市的人民代表大会常务委员会批准后生效。

第九十七条各款的规定："改变或者撤销法律、行政法规、地方性法规、自治条例和单行条例、规章的权限是：（1）全国人民代表大会有权改变或者撤销它的常务委员会制定的不适当的法律，有权撤销全国人民代表大会常务委员会批准的违背宪法和本法第七十五条第二款规定的自治条例和单行条例；（2）全国人民代表大会常务委员会有权撤销同宪法和法律相抵触的行政法规，有权撤销同宪法、法律和行政法规相抵触的地方性法规，有权撤销省、自治区、直辖市的人民代表大会常务委员会批准的违背宪法和本法第七十五条第二款规定的自治条例和单行条例；（3）国务院有权改变或者撤销不适当的部门规章和地方政府规章；（4）省、自治区、直辖市的人民代表大会有权改变或者撤销它的常务委员会制定的和批准的不适当的地方性法规；（5）地方人民代表大会常务委员会有权撤销本级人民政府制定的不适当的规章；（6）省、自治区的人民政府有权改变或者撤销下一级人民政府制定的不适当的规章；（7）授权机关有权撤销被授权机关制定的超越授权范围或者违背授权目的的法规，必要时可以撤销授权。"这里的权，都是以权利权力统一体或共同体的"资格"或"身份"指称相关各级人大或其常委会拥有的这部分或那部分权力。

（三）《地方各级人民代表大会和地方各级人民政府组织法》"有权"话语记载的法权

《地方各级人民代表大会和地方人民政府组织法》是这样直接记载权、从而形成和分配法权的：

第十三条："地方各级人民代表大会有权罢免本级人民政府的组成人员。县级以上的地方各级人民代表大会有权罢免本级人民代表大会常务委员会的组成人员和由它选出的监察委员会主任、人民法院院长、人民检察院检察长。"

第二十四条第二款："在主席团会议或者专门委员会会议上答复的，提质询案的代表有权列席会议，发表意见；主席团认为必要的时候，可以将答复质询案的情况报告印发会议。"

第三十一条第四款："被提出罢免的人员有权在主席团会议或者大会全体会议上提出申辩意见，或者书面提出申辩意见。"

第四十四条第二款："地方各级人民代表大会代表的选举单位和选民有权随时罢免自己选出的代表。"

第五十三条第二款："在专门委员会会议上答复的，提质询案的常务委员会组成人员有权列席会议，发表意见"。

以上纳入地方组织法中之权，大都是权利权力统一体或共同体的"资格"或"身份"指称权力，但也有同时指称权力和权利的。如第四十四条第二款关于地方各级人民代表大会代表的选举单位和选民有权随时罢免自己选出的代表"的规定，其中"代表的选举单位"实际上是县级和县级以上地方人民代表大会，即地方国家权力机关，他们"有权"中的"权"属于权力序列的职权，选民"有权"中的"权"是权利，即选举的权利的另一种表现。所以，地方选举法第四十四条第二款中的这个"权"，是最典型、最直观的法权之一。

（四）《妇女权益保障法》"有权"话语结构对法权的记载

《妇女权益保障法》中记载的法权，基本都是以权利权力统一体或共同体的"资格"或"身份"指称权利，这一点不同于前面三部宪法相关法。请看它的具体规定：

第十条第一、第三款："妇女有权通过各种途径和形式，管理国家事务，管理经济和文化事业，管理社会事务。""妇女和妇女组织有权向各级国家机关提出妇女权益保障方面的意见和建议。"

第三十四条第二款："丧偶妇女有权处分继承的财产，任何人不得干涉。"

第四十条："禁止对妇女实施性骚扰。受害妇女有权向单位和有关机关投诉。"

第四十七条第二款："夫妻书面约定婚姻关系存续期间所得的财产归各自所有，女方因抚育子女、照料老人、协助男方工作等承担较多义务的，有权在离婚时要求男方予以补偿。"

第五十二条："妇女的合法权益受到侵害的，有权要求有关部门依法处理，或者依法向仲裁机构申请仲裁，或者向人民法院起诉。"

第五十三条："妇女的合法权益受到侵害的，可以向妇女组织投诉，妇女组织应当维护被侵害妇女的合法权益，有权要求并协助有关部门或者单位查处。"

第五十四条第二款："妇女联合会或者相关妇女组织对侵害特定妇女群体利益的行为，可以通过大众传播媒介揭露、批评，并有权要求有关部门依法查处。"

此处需留意，本法使用的"权益"一词中的"权"字也是名词，它在这里以权利权力统一体的"身份"指称权利，与"益"（利益）一起构成另一类复合名词。

三 刑法、民法典用"有权"话语直接间接记载或确认的法权

刑法、民法都是极重要的基本的法律，它们记载法权的情况或与法权的关系无论如何都必须做考察，即使刑法通常并不包含"有权"话语。

（一）我国《刑法》无"有权"话语，但它用最有力方式全面保护法权

刑法是规定犯罪和刑罚的法律，是掌握国家权力的社会集团通过立法机关规定哪些行为是犯罪并给予何种刑事处罚的法律规范的总称。以中国《刑法》第一条的规定为例，它宣告的立法目的是"惩罚犯罪，保护人民"，任务是"用刑罚同一切犯罪行为作斗争，以保卫国家安全，保卫人民民主专政的政权和社会主义制度，保护国有财产和劳动群众集体所有的财产，保护公民私人所有的财产，保护公民的人身权利、民主权利和其他权利，维护社会秩序、经济秩序，保障社会主义建设事业的顺利进行"。参照刑法学界的刑罚目的论，[①] 从法权说的角度看，我国刑法规定犯罪与刑罚之目的，在于让犯罪人严重侵害法权的犯罪行为得到报应，从而预防犯罪。"保护人民"具体保护什么？实际上是具体保护各种合法之权，即保护各种合法权力和权利。结合中国《刑法》第二条规定的任务看，"保卫国家安全，保卫人民民主专政的政权和社会主义制度，保护国有财产"的内容，是保护合法权力；保护"劳动群众集体所有的财产"，"保护公民私人所有的财产，保护公民的人身权利、民主权利和其他权利"的内容，是保护合法权利；而"维护社会秩序、经济秩序，保障社会主义建设事业的顺利进行"则是两方面保护活动追求的法律效果。

由于我国刑法不参与分配法权，只具体规定犯罪和刑罚以保护法权，

---

① 参见陈兴良《刑罚目的新论》，《法学》2001 年第 3 期。

所以它没有也不需要宏观的"有权"话语，只需涉及法权具体的、微观的构成要素。什么是犯罪？《刑罚》第十三条规定的两方面显著的危害行为：（1）危害权力的行为，包括"一切危害国家主权、领土完整和安全，分裂国家、颠覆人民民主专政的政权和推翻社会主义制度，破坏社会秩序和经济秩序，侵犯国有财产"；（2）危害权利的行为，包括危害"劳动群众集体所有的财产，侵犯公民私人所有的财产，侵犯公民的人身权利、民主权利和其他权利，以及其他危害社会的行为，依照法律应当受刑罚处罚的"。危害、侵犯权力、权利，包括危害、侵犯权力、权利主体本身和相应的利益内容、财产内容。如何给犯罪人的犯罪行为以损毁其具体法权的报应并预防犯罪？《刑法》第三十三条规定了管制、拘役、有期徒刑、无期徒刑、死刑共五种主刑，第三十四条规定了罚金、剥夺政治权利、没收财产共三种附加刑，第三十五条对于犯罪的外国人，还规定了可独立适用或者附加适用的驱逐出境。

（二）我国《民法典》用"有权"话语对法权的确认、保障

"我国民法典以民事权利为核心，构建了由人格权、物权、债权、身份权以及其他民事权益所组成的完整的民事权利体系，在各种权利之下，民法典还进一步确立了其内涵和组成。"[①] 这部可谓囊括了全部私权的法典中有大量使用"有权"话语中的名词"权"确认法权的情形。这方面的电脑统计数据显示，《民法典》使用"有权"话语110次，直接正面确认权、从而法权。该法典还11次使用"无权"话语从反面促进对"有权"中的权的保障。原因之一是，"市场经济的发展需要强调交易安全与交易秩序的维护，最具有代表性的就是无权处分规则的设计。"[②] 此外，《民法典》还在"侵权"组合下134次使用"权"、在"授权"组合下62次使用汉字名词权，它们的描述对象，都直接是法权。《民法典》总共有1260条，下面我们只找其中相对简明的少部分条款看看在"有权"结构下的"权"、从而法权的浮现方式。需要说明的是，为了形成必要视觉冲击，加深权、从而法权在当代汉语法律体系中几乎无处不在这一真实状况的印象，下面列举较多数量的条款十分必要的：

---

① 王利明：《论民法典的民本性》，《中国人民大学学报》2020年第4期。
② 王利明：《彰显时代性：中国民法典的鲜明特色》，《东方法学》2020年第4期。

第四十四条第三款："人民法院变更财产代管人的，变更后的财产代管人有权请求原财产代管人及时移交有关财产并报告财产代管情况。

第四十五条第二款：失踪人重新出现，有权请求财产代管人及时移交有关财产并报告财产代管情况。"

第五十三条第一款："被撤销死亡宣告的人有权请求依照本法第六编取得其财产的民事主体返还财产；无法返还的，应当给予适当补偿。"

第七十五条第二款："设立人为设立法人以自己的名义从事民事活动产生的民事责任，第三人有权选择请求法人或者设立人承担。"

第九十四条第一款："捐助人有权向捐助法人查询捐助财产的使用、管理情况，并提出意见和建议，捐助法人应当及时、如实答复。"

第一百二十条："民事权益受到侵害的，被侵权人有权请求侵权人承担侵权责任。

第一百二十一条："没有法定的或者约定的义务，为避免他人利益受损失而进行管理的人，有权请求受益人偿还由此支出的必要费用。"

第一百二十二条："因他人没有法律根据，取得不当利益，受损失的人有权请求其返还不当利益。"

第一百四十七条："基于重大误解实施的民事法律行为，行为人有权请求人民法院或者仲裁机构予以撤销。"

第一百四十八条："一方以欺诈手段，使对方在违背真实意思的情况下实施的民事法律行为，受欺诈方有权请求人民法院或者仲裁机构予以撤销。"

第一百五十条："一方或者第三人以胁迫手段，使对方在违背真实意思的情况下实施的民事法律行为，受胁迫方有权请求人民法院或者仲裁机构予以撤销。"

第一百八十六条："因当事人一方的违约行为，损害对方人身权益、财产权益的，受损害方有权选择请求其承担违约责任或者侵权责任。"

第二百三十五条："无权占有不动产或者动产的，权利人可以请求返还原物。"

第二百四十一条："所有权人有权在自己的不动产或者动产上设立用益物权和担保物权。用益物权人、担保物权人行使权利，不得损害所有权人的权益。"

第二百八十四条第二款："对建设单位聘请的物业服务企业或者其他管理人，业主有权依法更换。"

第二百八十七条："业主对建设单位、物业服务企业或者其他管理人以及其他业主侵害自己合法权益的行为，有权请求其承担民事责任。"

第三百零七条："偿还债务超过自己应当承担份额的按份共有人，有权向其他共有人追偿。"

第三百一十二条："所有权人或者其他权利人有权追回遗失物。""权利人向受让人支付所付费用后，有权向无处分权人追偿。"

第三百一十七条第三款："拾得人侵占遗失物的，无权请求保管遗失物等支出的费用，也无权请求权利人按照承诺履行义务。"

第三百三十一条："土地承包经营权人依法对其承包经营的耕地、林地、草地等享有占有、使用和收益的权利，有权从事种植业、林业、畜牧业等农业生产。

第三百三十四条：土地承包经营权人依照法律规定，有权将土地承包经营权互换、转让。未经依法批准，不得将承包地用于非农建设。"

第三百三十八条："承包地被征收的，土地承包经营权人有权依据本法第二百四十三条的规定获得相应补偿。"

第三百四十条："土地经营权人有权在合同约定的期限内占有农村土地，自主开展农业生产经营并取得收益。"

第三百四十四条："建设用地使用权人依法对国家所有的土地享有占有、使用和收益的权利，有权利用该土地建造建筑物、构筑物及其附属设施。"

第三百五十三条："建设用地使用权人有权将建设用地使用权转让、互换、出资、赠与或者抵押，但是法律另有规定的除外。"

第三百六十二条："宅基地使用权人依法对集体所有的土地享有占有和使用的权利，有权依法利用该土地建造住宅及其附属设施。"

第三百六十六条："居住权人有权按照合同约定，对他人的住宅享有占有、使用的用益物权，以满足生活居住的需要。"

第三百七十二条第一款："地役权人有权按照合同约定，利用他人的不动产，以提高自己的不动产的效益。"

第三百八十四条："地役权人有下列情形之一的，供役地权利人有权解除地役权合同，地役权消灭"。

第三百九十二条："提供担保的第三人承担担保责任后，有权向债务人追偿。

第三百九十五条第一款："债务人或者第三人有权处分的下列财产可以抵押"。

第四百一十七条："新增建筑物所得的价款，抵押权人无权优先受偿。"

第四百三十条第一款："质权人有权收取质押财产的孳息，但是合同另有约定的除外。"

第四百三十三条："因不可归责于质权人的事由可能使质押财产毁损或者价值明显减少，足以危害质权人权利的，质权人有权请求出质人提供相应的担保"。

第四百四十条："债务人或者第三人有权处分的下列权利可以出质"。

第四百四十七条第一款："债务人不履行到期债务，债权人可以留置已经合法占有的债务人的动产，并有权就该动产优先受偿。"

第四百五十二条第一款："留置权人有权收取留置财产的孳息。"

第五百零三条："无权代理人以被代理人的名义订立合同，被代理人已经开始履行合同义务或者接受相对人履行的，视为对合同的追认。"

第六百三十九条："试用买卖的当事人对标的物使用费没有约定或者约定不明确的，出卖人无权请求买受人支付。"

第七百零一条："保证人可以主张债务人对债权人的抗辩。债务人放弃抗辩的，保证人仍有权向债权人主张抗辩。"

第七百五十一条："承租人占有租赁物期间，租赁物毁损、灭失的，出租人有权请求承租人继续支付租金，但是法律另有规定或者当事人另有约定的除外。"

第七百八十三条："定作人未向承揽人支付报酬或者材料费等价款的，承揽人对完成的工作成果享有留置权或者有权拒绝交付，但是当事人另有约定的除外。"

第七百九十八条："隐蔽工程在隐蔽以前，承包人应当通知发包人检查。发包人没有及时检查的，承包人可以顺延工程日期，并有权请求赔偿停工、窝工等损失。"

第八百零三条："发包人未按照约定的时间和要求提供原材料、设备、场地、资金、技术资料的，承包人可以顺延工程日期，并有权请求赔偿停工、窝工等损失。"

第九百七十三条："合伙人对合伙债务承担连带责任。清偿合伙债务超过自己应当承担份额的合伙人，有权向其他合伙人追偿。"

第一千零六条第一款："完全民事行为能力人有权依法自主决定无偿捐献其人体细胞、人体组织、人体器官、遗体。任何组织或者个人不得强迫、欺骗、利诱其捐献。"

第一千零一十条第一款："违背他人意愿，以言语、文字、图像、肢体行为等方式对他人实施性骚扰的，受害人有权依法请求行为人承担民事责任。"

第一千零一十一条："以非法拘禁等方式剥夺、限制他人的行动自由，或者非法搜查他人身体的，受害人有权依法请求行为人承担民事责任。"

第一千零一十二条："自然人享有姓名权，有权依法决定、使用、变更或者许可他人使用自己的姓名，但是不得违背公序良俗。"

第一千零一十三条："法人、非法人组织享有名称权，有权依法决定、使用、变更、转让或者许可他人使用自己的名称。"

第一千零一十八条："自然人享有肖像权，有权依法制作、使用、公开或者许可他人使用自己的肖像。"

第一千零二十八条："民事主体有证据证明报刊、网络等媒体报道的内容失实，侵害其名誉权的，有权请求该媒体及时采取更正或者删除等必要措施。"

第一千零五十四条第二款："婚姻无效或者被撤销的，无过错方有权请求损害赔偿。"

第一千一百二十八条第三款："代位继承人一般只能继承被代位继承人有权继承的遗产份额。"

第一千一百五十七条："夫妻一方死亡后另一方再婚的，有权处分所继承的财产，任何组织或者个人不得干涉。"

第一千一百六十七条："侵权行为危及他人人身、财产安全的，被侵权人有权请求侵权人承担停止侵害、排除妨碍、消除危险等侵权责任。"

第一千一百八十五条："故意侵害他人知识产权，情节严重的，被侵权人有权请求相应的惩罚性赔偿。"

第一千二百零五条："因产品缺陷危及他人人身、财产安全的，被侵权人有权请求生产者、销售者承担停止侵害、排除妨碍、消除危险等侵权责任。"

第一千二百零七条："明知产品存在缺陷仍然生产、销售，或者没有依据前条规定采取有效补救措施，造成他人死亡或者健康严重损害的，被侵权人有权请求相应的惩罚性赔偿。"

第一千二百一十五条第二款："保险人在机动车强制保险责任限额范围内垫付抢救费用的，有权向交通事故责任人追偿。"

第一千二百三十二条："侵权人违反法律规定故意污染环境、破坏生态造成严重后果的，被侵权人有权请求相应的惩罚性赔偿。"

以上集中展现的是进入我国民法典中的少部分"权"、法权，包含它们在内的法律条款虽然看起来一长溜，但估计它们只占到这部法律中实际用到名词"权"的总数的 14% 左右。或许有学者认为，这些权实际上指称的范围都是中国法律体系和汉语中"权利"一词的内容。确实如此。但是我们不能忘记，我国民法典使用的权这个汉语名词本身指称和体现的是权利权力统一体或共同体，它既能指称权利，也能指称权力，但却不是权利或权力本身。法权是同时有别于权利权力的独立的自我，只是在民法典的具体背景下实际上指称的是权利。

四 诉讼法"有权"话语记载或直接确认的法权

以上相关法律文本的"有权"直接确认的基本上是实体性法权，但《刑事诉讼法》《民事诉讼法》《行政诉讼法》的"有权"话语直接确认的通常是程序性法权。程序性法权当然也可进一步分为程序性权利和程序性权力，而且各有更具体的存在形式。

（一）《刑事诉讼法》"有权"话语对法权的直接确认

"刑事诉讼法与国家民主法治的盛衰息息相关。甚至可以这么说，刑事诉讼法同国家的民主法治之间的关系密切、敏感的程度，比有的法律更加直接一些。也正因为如此，西方有的学者讲刑事诉讼法是小宪法"。[1] 为

---

[1] 陈光中：《刑事诉讼立法的回顾与展望》，《法学家》2009 年第 5 期。

什么说刑诉法是小宪法？主要强调它在限制权力、保障权利方面的重要地位。我国《刑事诉讼法》用"有权"话语前后 43 次直接确认刑事案件办理过程中的程序性法权，另外有"无权"话语 1 次，具体情况如下：

其中，第三条规定："对刑事案件的侦查、拘留、执行逮捕、预审，由公安机关负责。检察、批准逮捕、检察机关直接受理的案件的侦查、提起公诉，由人民检察院负责。审判由人民法院负责。除法律特别规定的以外，其他任何机关、团体和个人都无权行使这些权力。"

第十一条规定："人民法院审判案件，除本法另有规定的以外，一律公开进行。被告人有权获得辩护，人民法院有义务保证被告人获得辩护。"

第十四条第二款规定："诉讼参与人对于审判人员、检察人员和侦查人员侵犯公民诉讼权利和人身侮辱的行为，有权提出控告。"

第二十六条规定："几个同级人民法院都有权管辖的案件，由最初受理的人民法院审判。"

第二十九条规定："审判人员、检察人员、侦查人员有下列情形之一的，应当自行回避，当事人及其法定代理人也有权要求他们回避"。

第三十条第二款规定："审判人员、检察人员、侦查人员违反前款规定的，应当依法追究法律责任。当事人及其法定代理人有权要求他们回避。"

第三十四条第一、二款规定："犯罪嫌疑人自被侦查机关第一次讯问或者采取强制措施之日起，有权委托辩护人；在侦查期间，只能委托律师作为辩护人。被告人有权随时委托辩护人。侦查机关在第一次讯问犯罪嫌疑人或者对犯罪嫌疑人采取强制措施的时候，应当告知犯罪嫌疑人有权委托辩护人。人民检察院自收到移送审查起诉的案件材料之日起三日以内，应当告知犯罪嫌疑人有权委托辩护人。人民法院自受理案件之日起三日以内，应当告知被告人有权委托辩护人。"

第四十一条规定："辩护人认为在侦查、审查起诉期间公安机关、人民检察院收集的证明犯罪嫌疑人、被告人无罪或者罪轻的证据材料未提交的，有权申请人民检察院、人民法院调取。"

第四十六条第一、二款规定："公诉案件的被害人及其法定代理人或者近亲属，附带民事诉讼的当事人及其法定代理人，自案件移送审查起诉之日起，有权委托诉讼代理人。自诉案件的自诉人及其法定代理人，附带民事诉讼的当事人及其法定代理人，有权随时委托诉讼代理人。人民检察院自收到移送审查起诉的案件材料之日起三日以内，应当告知被害人及其法定代理人或者其近亲属、附带民事诉讼的当事人及其法定代理人有权委托诉讼代理人。人民法院自受理自诉案件之日起三日以内，应当告知自诉人及其法定代理人、附带民事诉讼的当事人及其法定代理人有权委托诉讼代理人。"

第四十八条规定："辩护律师对在执业活动中知悉的委托人的有关情况和信息，有权予以保密。"

第四十九条规定："辩护人、诉讼代理人认为公安机关、人民检察院、人民法院及其工作人员阻碍其依法行使诉讼权利的，有权向同级或者上一级人民检察院申诉或者控告。"

第五十四条第一款规定："人民法院、人民检察院和公安机关有权向有关单位和个人收集、调取证据。"

第五十八条第二款规定："当事人及其辩护人、诉讼代理人有权申请人民法院对以非法方法收集的证据依法予以排除。"

第九十七条规定："犯罪嫌疑人、被告人及其法定代理人、近亲属或者辩护人有权申请变更强制措施。"

第九十九条规定："犯罪嫌疑人、被告人及其法定代理人、近亲属或者辩护人对于人民法院、人民检察院或者公安机关采取强制措施法定期限届满的，有权要求解除强制措施。"

第一百零一条第一款规定："被害人由于被告人的犯罪行为而遭受物质损失的，在刑事诉讼过程中，有权提起附带民事诉讼。被害人死亡或者丧失行为能力的，被害人的法定代理人、近亲属有权提起附带民事诉讼。"

第一百一十条第一款、第二款规定："被害人对侵犯其人身、财产权利的犯罪事实或者犯罪嫌疑人，有权向公安机关、人民检察院或者人民法院报案或者控告。

第一百一十四条规定："对于自诉案件，被害人有权向人民法院直接起诉。被害人死亡或者丧失行为能力的，被害人的法定代理人、近亲属有权向人民法院起诉。人民法院应当依法受理。"

第一百一十七条第一款规定："当事人和辩护人、诉讼代理人、利害关系人对于司法机关及其工作人员有下列行为之一的，有权向该机关申诉或者控告"。

第一百三十一条规定："对于死因不明的尸体，公安机关有权决定解剖，并且通知死者家属到场。"

第一百五十五条第二款规定："各级公安机关在自己管辖的地区以内，可以直接发布通缉令；超出自己管辖的地区，应当报请有权决定的上级机关发布。"

第一百九十条第一款规定：开庭的时候，审判长应"告知当事人有权对合议庭组成人员、书记员、公诉人、鉴定人和翻译人员申请回避；告知被告人享有辩护权利。"

第一百九十七条第一款规定："法庭审理过程中，当事人和辩护人、诉讼代理人有权申请通知新的证人到庭，调取新的物证，申请重新鉴定或者勘验。"

第二百零九条规定："人民检察院发现人民法院审理案件违反法律规定的诉讼程序，有权向人民法院提出纠正意见。"

第二百二十七条第一款规定："被告人、自诉人和他们的法定代理人，不服地方各级人民法院第一审的判决、裁定，有权用书状或者口头向上一级人民法院上诉。"

第二百二十九条规定："被害人及其法定代理人不服地方各级人民法院第一审的判决的，自收到判决书后五日以内，有权请求人民检察院提出抗诉。"

第二百五十四条第二款、第三款规定："最高人民法院对各级人民法院已经发生法律效力的判决和裁定，上级人民法院对下级人民法院已经发生法律效力的判决和裁定，如果发现确有错误，有权提审或者指令下级人民法院再审。最高人民检察院对各级人民法院已经发生法律效力的判决和裁定，上级人民检察院对下级人民法院已经发生法律效力的判决和裁定，如果发现确有错误，有权按照审判监督程序向同级人民法院提出抗诉。"

第二百九十三条规定："人民法院缺席审判案件，被告人有权委托辩护人，被告人的近亲属可以代为委托辩护人。"

第二百九十四条第一款规定："人民法院应当将判决书送达被告人及其近亲属、辩护人。被告人或者其近亲属不服判决的，有权向上一级人民法院上诉。"

第二百九十五条第二款规定："交付执行刑罚前，人民法院应当告知罪犯有权对判决、裁定提出异议。罪犯对判决、裁定提出异议的，人民法院应当重新审理。"

第二百九十九条第二款规定："犯罪嫌疑人、被告人的近亲属和其他利害关系人有权申请参加诉讼，也可以委托诉讼代理人参加诉讼。"

第三百零六条第二款规定："被强制医疗的人及其近亲属有权申请解除强制医疗。"

我国《刑事诉讼法》共44次使用权这个单汉字名词记录法权现象，其中最值得注意的、且有典范意义的是第三条中的"权"："对刑事案件的侦查、拘留、执行逮捕、预审，由公安机关负责。检察、批准逮捕、检察机关直接受理的案件的侦查、提起公诉，由人民检察院负责。审判由人民法院负责。除法律特别规定的以外，其他任何机关、团体和个人都无权行使这些权力。"其中最后一句中的"权"，是最具代表性的法权之一，因为它的主体，同时是公共"机关"和"个人"，而前者的"权"是权力，后者的"权"是权利，权力和权利在此处展现为权这个法律实体。权不仅是法学实体而且是法律实体，以及这个汉语名词相对于西语名词的表意优势，在《刑事诉讼法》第三条中有了经典的展示，它是任何西语名词所无法取代的，西语若欲引进，只能另造新词。

（二）《民事诉讼法》"有权"话语对相应程序性法权的直接确认

《民事诉讼法》的"有权"话语直接确认的民事案件审判方面的程序性法权，同样分为程序性权力和程序性权利及它们的具体存在形式两部分。我国《民事诉讼法》中显现了28次"有权"话语，它们确认的都是民事诉讼程序性法权，具体确认内容如下：

第十二条："人民法院审理民事案件时，当事人有权进行辩论。"

第十三条："民事诉讼应当遵循诚信原则。当事人有权在法律规定的范围内处分自己的民事权利和诉讼权利。"

第十四条："人民检察院有权对民事诉讼实行法律监督。"

第三十九条："上级人民法院有权审理下级人民法院管辖的第一审民事案件"。

第四十七条："审判人员有下列情形之一的，应当自行回避，当事人有权用口头或者书面方式申请他们回避"；"审判人员接受当事人、诉讼代理人请客送礼，或者违反规定会见当事人、诉讼代理人的，当事人有权要求他们回避。"

第五十二条："当事人有权委托代理人，提出回避申请，收集、提供证据，进行辩论，请求调解，提起上诉，申请执行。"

第五十四条："原告可以放弃或者变更诉讼请求。被告可以承认或者反驳诉讼请求，有权提起反诉。"第五十九条："对当事人双方的诉讼标的，第三人认为有独立请求权的，有权提起诉讼。"

第六十四条："代理诉讼的律师和其他诉讼代理人有权调查收集证据，可以查阅本案有关材料。"

第七十条："人民法院有权向有关单位和个人调查取证，有关单位和个人不得拒绝。"

第八十条："鉴定人有权了解进行鉴定所需要的案件材料，必要时可以询问当事人、证人。"

第一百五十条第二款："法庭笔录应当当庭宣读，也可以告知当事人和其他诉讼参与人当庭或者在五日内阅读。当事人和其他诉讼参与人认为对自己的陈述记录有遗漏或者差错的，有权申请补正。"

第一百七十一条："当事人不服地方人民法院第一审判决的，有权在判决书送达之日起十五日内向上一级人民法院提起上诉。当事人不服地方人民法院第一审裁定的，有权在裁定书送达之日起十日内向上一级人民法院提起上诉。"

第二百零七条："申请实现担保物权，由担保物权人以及其他有权请求实现担保物权的人依照民法典等法律，向担保财产所在地或者担保物权登记地基层人民法院提出。"

第二百零九条第二款："最高人民法院对地方各级人民法院已经发生法律效力的判决、裁定、调解书，上级人民法院对下级人民法院已经发生法律效力的判决、裁定、调解书，发现确有错误的，有权提审或者指令下级人民法院再审。"

第二百三十三条："没有人申报的，人民法院应当根据申请人的申请，作出判决，宣告票据无效。判决应当公告，并通知支付人。自判决公告之日起，申请人有权向支付人请求支付。"

第二百四十二条："在执行中，被执行人向人民法院提供担保，并经申请执行人同意的，人民法院可以决定暂缓执行及暂缓执行的期限。被执行人逾期仍不履行的，人民法院有权执行被执行人的担保财产或者担保人的财产。"

第二百四十六条："人民检察院有权对民事执行活动实行法律监督。"

第二百五十三条："被执行人未按执行通知履行法律文书确定的义务，人民法院有权向有关单位查询被执行人的存款、债券、股票、基金份额等财产情况。人民法院有权根据不同情形扣押、冻结、划拨、变价被执行人的财产。"

第二百五十四条："被执行人未按执行通知履行法律文书确定的义务，人民法院有权扣留、提取被执行人应当履行义务部分的收入。但应当保留被执行人及其所扶养家属的生活必需费用。"

第二百五十五条："被执行人未按执行通知履行法律文书确定的义务，人民法院有权查封、扣押、冻结、拍卖、变卖被执行人应当履行义务部分的财产。人民法院决定扣押、冻结、划拨、变价财产，应当作出裁定，并发出协助执行通知书，有关单位必须办理。"

第二百五十九条："被执行人不履行法律文书确定的义务，并隐匿财产的，人民法院有权发出搜查令，对被执行人及其住所或者财产隐匿地进行搜查。"

第二百八十三条："人民法院对在中华人民共和国领域内没有住所的当事人送达诉讼文书，可以采用下列方式：……向受送达人在中华人民共和国领域内设立的独资企业、代表机构、分支机构或者有权接受送达的业务代办人送达"。

第二百八十六条："在中华人民共和国领域内没有住所的当事人，不服第一审人民法院判决、裁定的，有权在判决书、裁定书送达之日起三十日内提起上诉。"

《民事诉讼法》为保障某些"有权"中的"权"，还运用了"无权"话语：

第二百九十一条："对中华人民共和国涉外仲裁机构作出的裁决，被申请人提出证据证明仲裁裁决有下列情形之一的，经人民法院组成合议庭审查核实，裁定不予执行……裁决的事项不属于仲裁协议的范围或者仲裁机构无权仲裁的。"

第二百四十八条第二款："被申请人提出证据证明仲裁裁决有下列情形之一的，经人民法院组成合议庭审查核实，裁定不予执行……裁决的事项不属于仲裁协议的范围或者仲裁机构无权仲裁的"。

（三）《行政诉讼法》"有权"话语直接确认的相应程序性法权

我国《行政诉讼法》是以只准民告官为特征，企求在行政法律关系中"更好地实现权力与权利的平衡"的程序法。[1] 现行《行政诉讼法》前后18次用"有权"话语直接确认行政诉讼案件办理过程中的程序性法权，有时具体表现为行政程序性权利，有时具体表现为行政程序性权力。它们的具体呈现方式如下：

第二条第一款："公民、法人或者其他组织认为行政机关和行政机关工作人员的行政行为侵犯其合法权益，有权依照本法向人民法院提起诉讼。"

第十条："当事人在行政诉讼中有权进行辩论。"

第十一条："人民检察院有权对行政诉讼实行法律监督。"

第二十四条第一款："上级人民法院有权审理下级人民法院管辖的第一审行政案件。"

第二十五条第一款、第二款、第三款："行政行为的相对人以及其他与行政行为有利害关系的公民、法人或者其他组织，有权提起诉讼"；"有权提起诉讼的公民死亡，其近亲属可以提起诉讼"；"有权提起诉讼的法人或者其他组织终止，承受其权利的法人或者其他组织可以提起诉讼。"

第二十九条第二款："人民法院判决第三人承担义务或者减损第三人权益的，第三人有权依法提起上诉。"

第三十二条："代理诉讼的律师，有权按照规定查阅、复制本案有关材料，有权向有关组织和公民调查，收集与本案有关的证据。对涉及国家秘密、商业秘密和个人隐私的材料，应当依照法律规定保密。当事人和其他诉讼代理人有权按照规定查阅、复制本案庭审材料，但涉及国家秘密、商业秘密和个人隐私的内容除外。"

第三十九条："人民法院有权要求当事人提供或者补充证据。"

第四十条："人民法院有权向有关行政机关以及其他组织、公民调取

---

[1]　中法评：《为了权利与权力的平衡——对话罗豪才》，《中国法律评论》2014 年第 1 期。

证据。但是，不得为证明行政行为的合法性调取被告作出行政行为时未收集的证据。"

第五十五条第一款："当事人认为审判人员与本案有利害关系或者有其他关系可能影响公正审判，有权申请审判人员回避。"

第八十五条："当事人不服人民法院第一审判决的，有权在判决书送达之日起十五日内向上一级人民法院提起上诉。当事人不服人民法院第一审裁定的，有权在裁定书送达之日起十日内向上一级人民法院提起上诉。逾期不提起上诉的，人民法院的第一审判决或者裁定发生法律效力。"

第九十二条第二款："最高人民法院对地方各级人民法院已经发生法律效力的判决、裁定，上级人民法院对下级人民法院已经发生法律效力的判决、裁定，发现有本法第九十一条规定情形之一，或者发现调解违反自愿原则或者调解书内容违法的，有权提审或者指令下级人民法院再审。"

第九十三条第三款："各级人民检察院对审判监督程序以外的其他审判程序中审判人员的违法行为，有权向同级人民法院提出检察建议。"

五 小结

西语无疑有不少优点和比较优势，但相对于普通话和规范化汉字名词，它们在表述权现象进而法权现象这两个具体场合，却有与生俱来的功能性盲点，具体表现为名词缺失。西语本身没有指称权利权力剩余权三者统一体（或共同体）的、与权这个汉语名词对等的名词，所以，西语法学无法从其母国的法律体系中直接"看"到权、法权这两类复合型法现象，因而也不可能有与汉语的权、法权对等的概念或范畴。其中包含的逻辑是，因为不存在与权这个名词对等的名词，因而西语不可能将权区分为纳入法中之权（即法权）和留在法外之权（即剩余权）。所以，权、法权、剩余权都无法得到从客观现象抽象为概念进入法学思维的机会。我估计，西语和西语法学将长期无法消除这个盲点，除非西语世界及时以恰当的新造名词翻译引进"权"和"法权"。另一方面应承认，能"看"到权、法权、剩余权，是汉语、汉语法学相对于西语、西语法学的局部比较优势。这里加上"局部"二字，是要强调：既不要试图否认这个优势，也不要夸大这个优势。

另外，因同样用汉字构词，日语法学就其使用的名词来说，原本应该是可以"看"到"权"和"法权"的，而且确实将"權"作为名词使用了至少数百年，也曾运用过"法權"这个一度作为和制汉语现身的词形，①但却始终没有形成有明确外延和确定的内容（或实质）的对应法学概念，不是像汉语实践法理学这样的指称权利权力统一体或共同体的名词。但不能由此简单地认为这是日语法学落后了，因为，即使是在汉字的母国，权、进而法权、剩余权作为法学基本概念或基本范畴提出来讨论，也是近二十年来才发生的事情，而且相应的推广过程还处在现在进行时态。

　　权这个名词产生在东方，相对于西语在表述权利权力统一体（或共同体）方面有明显比较优势。它指称的事物（权利、权力、剩余权统一体）是客观的，它在文明社会分解为进入法中之法权（权利权力统一体或共同体）与留在法外之剩余权，这些也都是明显的事实。但是，人们为什么不承认或看不到权、法权呢？我想，恐怕不能都简单地归结为西语法学中心主义的影响，尽管这种影响毫无疑问是不小的。

　　权、法权、剩余权都是客观的法现象，把它们抽象为概念，对于汉语法学形成民族的、现代的和面向未来的法的一般理论，是艰巨基础工程的奠基环节。有了它们，特别是有了其中的法权，再加上汉语在历史上翻译引进、在普通话和现代规范化汉字中表现为权利、权力、义务、法（或法律）的四个名词，②新时代需要的汉语法学一般理论就有了较坚实的学理基础。

　　在从事和完成以上研究活动的过程中，一项关键的工作是处理好与以现行全国高等政法院校通用《法理学》为代表的出版物中使用的和化的"权利"概念的关系问题。和化的"权利"概念的指称范围不限于各种权利，还包括各种公共权力。③和化的"权利"原本只是 19 世纪末、20 世纪上半叶日语法学一度使用过的日本语，不是普通话和规范化汉语名词，④

---

　　①　磯谷幸次郎『法學通論』，东京：日本法律學校編輯部，1896 年版，第 182—194 页。

　　②　中国古代只有法和律，没有法律，法律与法、律是很不同的东西；法律一词是从日语法学引进的。参见梁治平《"礼法"还是"法律"？》，《读书》1986 年第 9 期。

　　③　《法理学》编写组：《法理学》，人民出版社和高等教育出版社 2020 年版，第 42、46、48、120、123 页。

　　④　童之伟：《"汉语权利"向"和化权利"的变异和回归》，《学术界》2023 年第 11 期。

且即使是在日本，日语法学也已在整体上放弃这种"权利"达半个多世纪。但当代汉语法学包括全国高等法学院校通用《法理学》教科书在内的一部分出版物仍然沿用着清末民初从日语法学传入的和化的"权利"，而且事实上将其放在核心范畴的地位。这种安排或选择，不仅不符合种种正常学理标准，而且也违反现行《国家通用语言文字法》。该法是"为推动国家通用语言文字的规范化、标准化及其健康发展，使国家通用语言文字在社会生活中更好地发挥作用，促进各民族、各地区经济文化交流，根据宪法，制定本法"（第一条）制定的，其中第三条、第五条分别规定："国家推广普通话，推行规范汉字。""国家通用语言文字的使用应当有利于维护国家主权和民族尊严，有利于国家统一和民族团结，有利于社会主义物质文明建设和精神文明建设。"该法第十条要求："学校及其他教育机构以普通话和规范汉字为基本的教育教学用语用字。法律另有规定的除外。"按照该法第十一条，如果有需要，外延包括各种公共权力的和化的"权利"一词也是可以用的，但"汉语文出版物中需要使用外国语言文字的，应当用国家通用语言文字作必要的注释。"但实际上，现有汉语法学教材和其他出版物使用和化的"权利"一词，均未见"用国家通用语言文字作必要的注释"的情况。

所以，即使仅仅从当今汉语法学教学和研究的现实需要看，基于我国法律体系和普通话、规范汉字名词，确认权、法权、剩余权这三个法学名词、概念，特别是确认其中的法权，对于汉语法学的正常发展来说是必须的，有紧迫性。这种必要性、紧迫性包括用汉语普通话和规范汉字名词取代和化的"权利"。更何况，民族的、现代的和面向未来的汉语法学对于用汉语普通话和规范汉字名词呈现的核心范畴、基本范畴同样有紧迫的要求。确认我国法律体系对法权的直接记载，对以上紧迫要求是一种及时"供给"，因而理论和实践意义不可小觑。

第三章
法权论者眼中的法本位议题

【导读】

　　法应以什么为本位，虽然是清末民初就出现在汉语法学中、前后谈论了半个世纪的话题，但在20世纪后期重新展开讨论，还是有一定理论意义的。汉语法学一般理论领域不少学者从20世纪初起就分别主张法以权利为本位、法以义务为本位或法以社会为本位。本章初步梳理了法本位说的历史后认为，权利本位说不合理且没有实际的法律功能，只能给渴望权利者一些心理安慰。本章提出，如果一定要给法预设一个中心，应设定法权为中心，因为法权中心兼顾了权利与权力、个人利益与公共利益、个人财产与国有财产。作者将法权结构划分为权力绝对主导型、权力相对主导型、权利绝对主导型、权利相对主导型四种，认为我国应努力建设权力与权利平衡的法权结构。在现实性上，认为形成权力略微居优的法权结构和实现相应的法权结构平衡，比较适合当代中国的基本情况。

第一节　法权论者看法的本位①

　　在一个历来以成文法为主、而哲学文化又非常讲求系统的义理的国家，探求法的本位（重心、中心等，下同）确有一定必要性。早在百余年前，我国法学界就曾普遍关注法本位问题并相应地提出过多种本位概念或

---

　　① 本节原载《中国法学》2000年第6期，标题为《权利本位说再评议》，融入本书时按原理、术语统一和与其他部分整合为一体的标准做了修订。

主张，权利本位说在其中占有突出的位置。这一点前面已有文章介绍过了。到 20 世纪 80 年代末、20 世纪 90 年代初，一批中青年学者在新的历史条件下再次聚焦法本位问题，通过初步论争重新肯定并用富有新的时代特点的话语重新阐释了权利本位说。自那之后，法本位研究逐步沉寂了下来。从表面上看，这是因为权利本位说得到了法学界的定评，不赞成此说的学者已无话可说或没有新意的话可说，甚至可能也没有读者再愿意听他们说什么了。但是，我感到，真实的情况并非如此。法本位问题讨论的沉寂，决不是因为权利本位说合理地、实事求是地解决了社会主义法是或应当是以什么为本位的问题，而是因为法学界在这个问题的研究上挖掘深度不够、分析尚欠具体，不注重实践检验，突破不了清末和民国初年就在我国法学界形成的某些旧框框，缺乏新思路。我感到，若要将法本位问题的研究向前推进，求得一个真正比较符合实际，比较科学的认识，首先必须打破对"社会主义法是或应当是以权利为本位的"这类命题的盲目崇信，给以该命题为核心内容的"权利本位"说一个实事求是的评价。

一 权利本位说复兴的背景

对权利本位说之所以用"复兴"一词加以描述，是因为此说在近代日语法学和汉语法学史上早已有之，只不过曾有一个时期没有人提起而已。从我所接触的汉语法学资料看，"法律之本位""权利本位"最早见于 1904 年梁启超撰写的一篇文章，至 20 世纪 30 年代前后，有学者具体将法的本位解释为"法的立足点之重心""法律之重心"。① 而权利本位说，当然是关于法的立足点为权利或法之重心在权利的学说、观念。那时有这样两种具体提法："法律与权利同时存在，而法律现象，其本位即是权利"②；"法律本位之普遍观念为权利。故以法律为权利之规定，法律学为权利之学，乃现代学者间之通说。"③ 那时已有学者对权利本位说的起源、含义，

---

① 梁启超的原话见本书第一章第一节。另外两种提法出处的原文是："当研究权利义务之先，对于法律立足点之重心观念，不可不特别论及，即所谓法律之本位是也"；"权利本位，既由义务进化而来，从理想上推测之，法律之重心，当不必以权利为唯一之本位。"均见欧阳谿著《法学通论》，上海会文堂新记书局 1947 年版，第 241、242 页。

② 张知本：《社会法律学》，上海法学编译社 1931 年版，第 54 页。

③ 欧阳谿：《法学通论》，上海会文堂新记书局 1947 年版，第 241 页。

产生或存在的社会经济条件和未来发展变化作过较系统的论述。① 至于在日语法学中，"权利本位""义务本位"等主张，则可追溯至 1890 年，这方面情况本书第一章已有交待。

一般认为，中华人民共和国成立以来的数十年中，直到 20 世纪 80 年代末才又重新开始讨论包括权利本位在内的法本位问题。这个看法有一定道理，但又不够确切。的确，从中华人民共和国成立到 20 世纪 80 年代末这段时期，除中国台湾地区出版的为数不多的法学作品中有少许文字提到法的本位之外，我国法学界似乎在四十余年的时间中完全忘掉了"法本位"之类的提法。但是，如按照评价权利本位说的需要，从"本位"的角度看问题，不提"法本位"三个字并不意味着这一时期的法没有"本位"问题。

这个时期虽已基本没法学作品提"本位"二字，但产生在这个时期的法律和法学却似乎大都是有本位的。这个本位从字面上看是"统治阶级意志"，从法学的角度结合当时的实际情况看则是权力本位。作此判断有四点根据。

首先，这个时期的前六七年，我国法学研究的主要工作和成果是引进苏联法学作品，而"统治阶级意志"恰恰是当时居主流地位的苏联法学作为法的根本看待的东西。维辛斯基的法律思想集中反映了当时苏联法学的统治阶级意志本位观。他说："马克思列宁主义给法律科学下了一个清楚的、唯一科学的定义。它表明，法律关系，通常还有法本身，都根植于物质生活条件。法律不过是上升为法规的统治阶级意志。"② 那几年翻译出版的苏联法学著作在深层次上都体现着这种法本位观。

第二，从 20 世纪 50 年代最后两三年到"文化大革命"开始的近十年时间里，我国作者已自己撰写了不少法学作品，但由于整个国家在政治上实际奉行着以阶级斗争为纲的指导思想，苏联法学家的"统治阶级意志"本位观不仅被我国法学者所接受，而且有所加强。

第三，"文化大革命"时期已谈不上有严格意义上的法学，但毕竟还

---

① 参见朱采真《法律学通论》，世界书局 1930 年版，第 185 页；张知本《社会法律学》，上海法学编译社 1931 年版，第 54—63 页。

② Andrei Y. Vyshinsky（ed.），*The Law of the Soviet State*，Translated by Hugh W. Babb，（New York：MacMillan，1948，p. 13.

有在性质上属于立法、执法、司法的活动及有关文件和宣传品，在这些活动和文字中，"统治阶级意志"本位不仅丝毫未因法学的衰微而淡化，相反倒是得到了空前的强化。

第四，即使是在"文化大革命"结束，中国共产党十一届三中全会开过之后的十来年中，法学中"统治阶级意志"本位的主导地位也是比较明显的。这不足为怪，因为法学有它的相对独立性，它既可能超前于社会生活的发展，也可能滞后于社会生活的发展。但也应当看到，中国共产党十一届三中全会后，法学中继续存在的统治阶级意志本位观同以经济建设为中心的要求是不太吻合的，因而也不可能很好地服务于宪法确定的集中力量进行社会主义现代化建设的国家根本任务，说到底是法学落后于当时经济政治生活的实际发展的表现。

这里须注意，"统治阶级意志"强调的是社会中整个统治阶级的意志，是相对于被统治阶级和作为个人的统治阶级各个组成分子而言的，因而它表现为国家意志。所以，从法学角度看，统治阶级意志本位就其法的内容看就是权力本位。我国在以阶级斗争为纲的时期的为数很少的法律和其他法文件，在事实上也的确是权力本位的法。作这种判断的基本依据是：在经济上，由于实行单纯或较单纯公有制基础上的计划经济体制，法律要适应由国家这双看得见的手直接掌握和配置绝大部分乃至几乎全部社会经济资源的需要，不能不强化权力，尤其需要强化其中行政权力的地位和功能，而且真实的情况正是如此；在政治上，它把重点放在镇压剥削阶级及其代理人的反抗和复辟活动上，即使客观上剥削阶级作为阶级已被消灭了之后，它也会在斗争意识和担心旧政权复辟的恐惧感的驱使下不断假想出需要予以镇压的新敌人。

各个不同时代不同国家的权力本位，尤其是社会主义发展史上和新中国历史上以统治阶级意志本位等外貌出现的权力本位，有一些共同的特征。有学者在评论当代中国社会转型时期的权力与权利时使用了一些很生动、很有概括力的语言来描述该时期权力者的权力观念，这些语言虽非准确的法言法语，但却十分传神地道出了权力本位的法或法律制度的一些重要特征：（1）"权力无际"，即"权力圆"无限大，权力的使用范围和影响范围没有边际，可以渗透到任何权利者的任何领域，不受权利者"权利圆"的边界限制，其具体表现是权力无边，权力包管，权力很少甚至不受约束；（2）权力万能，即相信权力可改变一切，做到想做的一切，受权力支配的一切人都得无条件服从权力，否则必受权力者处罚；（3）权力无上，是指权力与社会上的其他事物相比，属于最高等级，地位至高无上，权力者的地位与其他人相比也显得最高；（4）权力情结，权力者将权力看做是一种不可或缺的资源，因而有较普遍的迷恋权力、崇拜权力、争夺权力的倾向；（5）权力大于法，在观念上将权力的价值看得高于法律，在实践中权力者往往轻慢法律、虚置法律，破坏法定的制度，以自己的意愿取代法律；（6）权力被认为天然合理、正确，与权利者发生冲突时权力者无错，若有错必是权利者的错；（7）权力独立，即为了权力而追求权力，为了权力而保护权力，权力价值被从"工具"转向"终极"。①

对于权力本位的法或法律制度的特征，应当结合我国在确立以国家现代化建设为中心，进行改革开放、实行市场经济体制以前的状况和俄罗斯、东欧各国当年的状况来理解。这样就有必要在以上概括出的权力本位七种特征的基础上补充或加上以下三种：

1. 权力本位特别强调国家政权或权力至高无上，倾向于认为有了权力就有了一切，没有权力就会失掉一切。权力本位的常见社会政治表现是官本位，家长制，以及对权力的保护比对权利的保护更加严密、更加强有力。这个特征集中表现在宪法②或公法上。例如，苏联 1924 年、1936 年的宪法，中国 1954 年、1975 年和 1978 年前后三部正式宪法，都是将规定国家机构及其职权的章节放在确认公民地位及其权利的章节之前，形式和内容两方面都体现出权力本位的特征。又如，从刑法角度看，苏联就一直是将保护社会制度、国家制度列为刑法的首要任务，将侵害社会制度、国家制度作为首要的和最严重的犯罪加以规定的，体现了优先保护权力和权力主体的精神。③ 在这个问题上，历来的中国刑事立法，所遵奉的精神与苏

---

① 石秀印：《中国社会转型时期的权力与权利：观念分析》，载夏勇主编《走向权利的时代》，中国政法大学出版社 1995 年版，第 69—106 页。

② 在我看来，宪法既是公法又是私法，或既不是单纯的公法又不是单纯的私法，因为在一国法律体系中，它既是公法的根本法，也是私法的根本法。

③ 参见 1922 年和 1961 年《苏俄刑法典》、1958 年《苏联和各加盟共和国刑事立法纲要》中关于刑法的任务、犯罪的概念和非常刑罚方法（死刑）等条款。这些法典或法律文件都有中文本，其中 1961 年《苏俄刑法典》和 1958 年《苏联和各加盟共和国刑事立法纲要》已收录在萧榕主编、中国民主法制出版社 1998 年版的《世界著名法典选编》（刑法卷）。

联或苏俄刑法基本上是一样的，1997年刑法也不例外，至少从形式上看，都有偏重权力的倾向。与此相反，有些国家的刑法典是与这种做法反其道而行之的，如瑞士、法国现行刑法典，所确定和惩罚的首先和主要的是侵犯人身权利的犯罪，其次是侵犯财产权利的犯罪，再次才是侵犯国家和政权组织的犯罪。这表明这类刑法是将保护权利放在第一位，将保护权力放在第二位的，有偏重权利之特征。①

2. 权力本位将国有财产放在特别优越的地位，给予特殊的保护。这是权力本位的经济内容。这个特征在不少社会主义国家的宪法上有体现，但主要体现在民法上，其具体表现是：肯定国家所有权客体的无限广泛性，并对个人所有权的客体进行严格限制；返还被不法占有的国有财产，不受时效限制，不问占有人是否有过错，不问是知情还是不知情，也不论是直接得到还是几经转手；国家与他人对财产所有权的归属发生争议，事实上无法确定时，推定为国家所有；② 所有人不明或者没有所有人的无主财产，没有发现失物人或失物人不认领的拾得物，均归国家所有；拾得遗失物，失物人应支付拾得物所值的一定比例给拾物人作为报酬（如20%），但如拾得物属国家所有，则拾物人无权要求支付报酬。③

3. 权力本位通常主张或强调个人利益无条件服从国家利益。这是权力本位的社会内容。权利以个人利益为社会经济内容，权力以国家利益（即法律承认和保护的公共利益）为社会经济内容。权力本位的社会经济表现必然是要求个人利益无条件服从国家利益。"革命青年一块砖，哪里需要哪里搬"；"国家的利益再小也是大，个人的利益再大也是小"。这些当年流行的话语正是权力本位利益观十分生动的写照。

以上是典型的权力本位的法或法律制度所具有的一些特征，是从理论上进行集中和概括的结果。实际上，权力本位的特征在现实生活中并不总是表现得那样典型、那样全面。

---

① 参见1971年修正的《瑞士刑法》第二编，载萧榕主编《世界著名法典选编》（刑法卷），中国民主法制出版社1998年版，第756—774页；1994年《法国刑法典》，中国人民公安大学出版社1995年版，有关部分。

② 参见《中国大百科全书》法学卷，中国大百科全书出版社1984年版，第519—520页。该书概括了各社会主义国家对国有财产作特殊保护的民法原则。

③ 参见1922年通过、1923年施行的《苏俄民法典》第68条，载萧榕主编《世界著名法典选编》（民法卷），中国民主法制出版社1998年版，第1022页。

用以上特征来对照我国的情况，在确立以经济建设为中心、实行改革开放前，我国的法和法律制度或实际实行的制度应当归入权力本位类型；按生产力发展水平调整了所有制结构之后，特别是实行市场经济体制以来，我国原有的权力本位特征已在相当大程度上消退了。另一方面，我们也不必讳言，由于市场经济体制还未成熟、政治体制改革相对滞后、权力本位历史传统影响深远以及由于立法、执法、司法乃至守法观念的更新适应不了社会经济发展需要等原因，我国现阶段的法或法律制度中的权力重心色彩仍然比较明显。

这些都构成权利本位说复兴和发展的社会历史条件，因而也是正确理解和合理评价权利本位说所不可缺少的一些参照点。

二 权利本位说的要点和真实价值

在新的历史条件下重新提出用权利义务范畴重构法学理论以及在此基础上展开法本位讨论，对于从法学上否定统治阶级意志本位即权力本位，形成与以经济建设为中心和改革开放的新的社会历史条件大体相适应的法学理论，是有一定正面意义的。1978 年年底召开的中共十一届三中全会，否定了"以阶级斗争为纲"的口号，作出了把工作重点转移到社会主义现代化建设上来的战略决策。1982 年 9 月的中共十二大之后又全面展开了改革开放。在新的历史条件下，法学应该如何发展，是当时法学者都关注的大问题。为适应这种形势，有学者率先开始重新采用从和化的"权利"，从"权利"与义务角度阐释法现象的分析思路，① 并"于 1984 年至 1985年在吉大法律系青年教师中办了法理研讨班，对于以"权利"义务为核心来改造原来从苏联引进的法理，进行了系统的研讨"，② 同时，在那前后又重新提起了法的本位这个论题。从 20 世纪 80 年代后期到 20 世纪 90 年代初期，法学界对法以什么为本位问题进行了讨论，其参与面之广、持续时间之长，在我国现代法学史上并不多见。

---

① 参见张光博《试论法定权利的界限》，《社会科学战线》1981 年第 4 期。

② 张光博：《权利义务要论》，吉林大学出版社 1989 年版，"序言"第 3 页。这里需要说明：由于日语法学和俄语法学共享一部分欧洲渊源，特别是在"法律关系"方面，都使用包括各种公共权力和各种权利的"权利"概念，但俄语法学并没有像日语法学那样的指称范围稳定地包括各种权力和各种权利的"权利"一词，也没有讨论过法以什么为本位的问题。所以，全面以和化的"权利""权利义务"为核心的法理，应该是承继自日语法学和民国时期法学的法理。

在这场关于法是或应该是以什么为本位的论争中，可谓观点纷呈，但其中一枝独秀的是"权利"本位说。这一阶段中关于法本位的学说，大致有如下几种：义务重心说、权利本位说、权利与义务一致说、权利和义务并重说。此外，也有学者提到社会本位和权力本位的话题。从这次法本位之争基本上是在权利与义务之关系的范围内讨论何者为本位这一背景来看，应将以上诸说统一归纳为三种标准化的说法：（1）义务本位说。从讨论的过程看，本位和重心是同义词，故义务重心说实即义务本位说。（2）权利本位说。（3）无本位说。权利与义务一致（统一），或权利和义务并重都是否认在权利与义务的关系中有本位，故实即无本位说。此外，社会本位、权力本位虽都曾有人提及，但鲜见有人正面论述或肯定，故不构成"说"。在这场论争中，权利本位说阐发得最全面，得到了最多学者的认同，影响深远。

根据有关学者有代表性的论述，权利本位说的主要理论特点和要点可概括如下：

1. 权利本位说形成的理论前提和背景是，20 世纪 80 年代后期讨论法学基本范畴时，人们"不约而同地把目光集中在法定权利和义务问题上，并取得共同的认识"，"同意权利义务是法的核心"，并认为"法学是权利义务之学"。[①]"权利本位说正是在'权利和义务是法的核心内容'的思想基础上形成的。权利本位论者有一种共识：全部法的问题都归结为权利和义务。权利和义务既构成从法律规范到法律关系再到法律责任的逻辑联系的纽带，又统贯法的一切部门和法律运作的全部过程。"[②] 所以，法本位问题的讨论和权利本位的结论都是局限于权利与义务的范围内进行的。但后来，有关学者又补充了这样的内容："权利本位存在于两种关系中，一是权利与义务的关系；另一是权利与权力的关系"；权利本位论者在主张权利本位的同时，既反对义务本位，也反对权力本位。[③]

2. 认为"权利本位简明地表达了'法是（应当是）以权利为本位'的观念。'权利本位'和'义务本位'是在讨论'法的本位'的过程中引出的概念组合。'法的本位'是关于在法这一定型化的权利和义务体系中，

① 张光博：《权利义务要论》，吉林大学出版社 1989 年版，"序言"第 4—7 页。
② 张文显：《法学基本范畴研究》，中国政法大学出版社 1993 年版，第 95—96 页。
③ 参见张文显《二十世纪西方法哲学思潮》，法律出版社 1996 年版，第 506—507 页。

权利和义务何者为起点、轴心或重心的问题。'权利本位'是法以（应当以）权利为其起点、轴心或重心的简明说法"。① 权利本位中的"本位一词，不过是基础、根源，出发点和逻辑起点的意思"。②

3. 权利本位的法或法律制度的突出特征或原则是：个人皆为权利的平等主体；在权利与义务的关系上，权利是目的、是第一性的，是义务存在的依据和意义；"在权利和权力的关系上，公民、法人、团体等权利主体的权利是国家政治权力配置和运作的目的和界限，即国家政治权力的配置和运作，只有为了保障主体权利的实现，协调权利之间的冲突，制止权利之间的互相侵犯，维护权利平衡，才是合法的和正当的"；"在法律没有明确禁止或强制的情况下，可以作出权利推定"；"权利主体在行使其权利的过程中，只受法律所规定的限制，而确定这种限制的唯一目的在于保证对其他主体的权利给以应有的同样的承认、尊重和保护，以创造一个尽可能使所有主体的权利都得以实现的自由而公平的法律秩序。"③

4. 权利本位中的"权利"指的是法的权利。对此，主张权利本位的学者不止一次地确认过。他们说，"'权利本位'所揭示的，是在某个国家的法律规则整体中、即在法定权利和义务的系统中权利的起点、轴心或重心位置"；"权利是国家通过法律予以承认和保护的利益及权利主体根据法律作出选择以实现其利益的一种能动手段。"④

5. 权利本位是一个派生的、概括的概念，具有表征性、关系性、系统性、价值定向性，体现平向利益关系。其中，"'权利'实质是一种平等的、横向的利益关系。在这种意义上，权利本位是对抗以纵向绝对支配为标志的'权力'本位（如'君权至上''官本位''家长制'等）的一面旗帜"。⑤

---

① 张文显：《从义务本位到权利本位是法的发展规律》，《社会科学战线》1990 年第 3 期。

② 郑成良：《权利本位论》，《中国法学》1991 年第 1 期。

③ 张文显：《从义务本位到权利本位是法的发展规律》，《社会科学战线》1990 年第 3 期。引文应该出自张文显《"权利本位"之语义和意义分析——兼论社会主义法是新型的权利本位法》，《中国法学》1990 年第 4 期。

④ 张文显：《从义务本位到权利本位是法的发展规律》，《社会科学战线》1990 年第 3 期，135—144，157 引文出自 136 页。

⑤ 参见张文显《法学基本范畴研究》，中国政法大学出版社 1993 年版，第 2 章，直接引语见第 91 页。

6. 社会主义法是新型的权利本位法，这是由生产资料公有制和人民民主专政性质决定的；从社会价值看，权利本位是发展生产力、发展社会主义经济的法律保障，是实现社会主义民主政治的保证，并且构成培养和弘扬公民意识的法律环境。①

这是我对权利本位说要点的概括，难免有不准确和疏漏的地方，但仅仅据此就能够看出，20 世纪 80 年代以后复兴的权利本位说的内容比起数十年前来全面、丰富一些，对之所作的诠释也相当深入。

权利本位说在新的历史条件下复兴并丰富起来，有其历史必然性，也有其重要的现实意义。对此，十余年来权利本位论者作了很充分的论述，法学界差不多已众所周知。但我认为，迄今为止，人们对权利本位说的意义及其所能产生的实践后果的价值的评估，并不十分中肯、确切，其中许多话多少有些言过其实、凭空想象。原因主要是人们对权利、权力、义务等基本的法现象和相关"本位"及其相互关系缺乏深入的理解。

要认识权利本位说的真实价值，首先必须把握住权利的四种客观属性：（1）在国内法范围内，权利的主体是个人；国家的本质是公共权力，国家不享有权利，② 国家机关也只有处在社会个人的法律位置时才享有相应的权利。这里所谓个人，指的是与政治国家对称的、构成公民社会的分子，其中首先和主要的是公民，还有外国人、无国籍人、法人和其他非政府社会经济组织。（2）权利以个人的利益为社会内容，是个人利益的法律存在形式。（3）权利以属于个人的财产为直接的物质内容，归根结底是这部分财产的法律存在形式。（4）权利、个人利益、个人所有之财产三者是对应的，可相互转化—还原。

认识权利本位说真实价值还有一个更重要的前提，那就是拨开由众说纷纭的"本位"形成的重重理论迷雾，看清这样一种真实：迄今为止，在法律生活和法学研究中，"本位"之争实质上都是在权利—权力关系的范

---

① 参见张文显《"权利本位"之语义和意义分析——兼论社会主义法是新型的权利本位法》，《中国法学》1990 年第 4 期。

② 传统理论将以国家所有权为中心的一些"权"看作权利，但进一步的研究表明，这些"权"中的一部分权能由国家行使时，其特征更接近权力，在理论上划入权力范畴更为恰当，另一部分权能在法治状态下归根结底表现为企业等社会经济组织的权利。所以，国家严格地说并非权利主体。当然，这里的讨论限于国内法范围。这些内容以及这一段文字中对权利的四种客观属性的证明，可参见本书第一章第三节关于现有法理学更新的部分。

围内围绕权利本位、权力本位或这两种本位之有无展开的，权利本位论者所否定的义务本位从内容看实为权力本位。现实生活表明，权利—权利关系、权力—权力关系和权利—权力关系构成法律关系的全部内容，权利义务关系只是其中一部分内容的外在表现。

具体分析现实的法律关系，我们可得出四点足以证明上述论点的结论。

1. 权利—权利关系的双方都是权利，讲权利本位毫无真实的意义；在私法范围内，权利义务关系是而且仅仅是权利—权利关系的外化形式，故在权利义务关系中讲权利本位同讲义务本位内容完全相同，因而没有以哪一个为本位的问题。权利—权利关系即平等个人之间的权利交换和协调实现关系，在引进了表征权利的负面法律形式和负面社会经济内容的义务概念后，这种关系以权利与义务关系的外观获得表达。例如依货物购销合同形成的买卖关系，实际内容是以金钱为载体的财产权同以货物为载体的财产权的交换关系，只是在引进义务概念后才被表述为权利义务关系。既然在私法领域权利与义务的关系实质上是权利与权利的关系，那么，在权利与义务的关系中强调以权利为重心同强调以义务为重心，除了一点形式的差别外，就完全是一回事。所以，在这种关系中，大可不必讨论"本位"所在的问题。

2. 权力—权力关系的双方都是权力，既没必要讲权力本位，更没有权利本位的问题；引进表征权力的负面法律形式和负面社会经济内容的义务（职责）概念后，在权力主体之间的权力—权力关系就外化为权力与义务（职责）的关系，这时权力与义务（职责）的关系是而且仅仅是权力—权力关系的外化形式。故在权力主体之间讲权力本位或义务本位，所强调的重心实际上都是权力，没有讲本位的必要。就以义务来说吧，在任何法治国家都可看到这样的事实：在不同国家机关之间，强调地方国家机关的义务，就是强调落实中央国家机关的权力，强调中央国家机关的义务，等于强调落实地方国家机关的权力；在同一级国家机关之间，强调此机关（如立法机关）的义务，一定等同于强调落实同级另一个对应国家机关（行政机关或司法机关）的权力，如此等等。反之也一样。在这里，以义务为重心同以权力为重心完全是一回事，关于权力本位与义务本位的谈论都是多余的话。

3. 只有在权利—权力关系的范围内才真正有以其中哪一方为重心的"本位"问题。我国法学者改革开放以来所倡导的权利本位说，从形式上看是在权利与义务关系的范围内针对义务本位提出来的，而实质上却是在权利与权力关系的范围内针对权力本位展开的。权利—权力关系从总体上说，是权利与权力的矛盾对立和协调实现关系，在作为权利和权力负面法律形式和负面社会经济内容的义务参与进来后，总体上的权利与权力的关系以义务为中间环节转化为以权利为主导的权利—义务关系模式同以权力为主导的权力—义务关系模式之间的关系。

第一种是以权利为主导的权利—义务关系模式，其现实形态是社会个人主动行使权利，国家机关被动行使对应的权力（职权）。如公民在民事、行政和刑事自诉案件中行使起诉的权利，法院依法行使审查原告的起诉并决定是否受理的权力（职权）；公民遇到匪情、火情行使报警要求警方救助的权利，警方行使相应的缉捕匪徒或消防等权力（职权），都可归类于这种模式。由于国家机关权力和义务具有一体性，所以上述关系很自然地被表述为个人行使权利，国家机关履行义务的模式。这种模式是现实的权利本位模式。

第二种是以权力为主导的权力—义务关系模式，其现实形态是国家机关主动行使权力，社会个人被动履行义务，以履行有关义务为代价来换取与这些义务相对应的权利的实现。如工商行政部门行使行政权力，行政相对人履行相应的义务以换取有关经营权的实现；税务部门行使征税的权力，纳税人履行纳税义务以换取相应权利的实现或保障，等等。这显然是权力—权利关系，但它具体采取了权力—义务关系的表现形式。这种模式是现实的权力本位模式。

我们看到：在第一种模式，即以权利为主导的权利—义务模式中，讲权利本位也好，讲义务本位也好，实际的重心都是落在权利上，不同之处只在于前者是直接强调权利，后者是间接强调权利；在第二种模式中，讲权力本位与讲义务本位没有差别，都是要落实权力，差别只不过前者直接，后者间接而已。

所以，在这两种模式内部，也大可不必谈论本位问题，真正有意义的，是以权利本位模式还是以权力本位模式为基础处理权利—权力关系的问题，即是以权利为本位还是以权力为本位的问题。权利本位论者所主张的是第一种模式，强调以第一种模式为重心处理权利—权力关系是权利本位说的第一大真实内容（从形式上看，它还主张以权利为重心处理平等主体间的权利义务关系，但由于这种关系的实际内容是权利—权利关系，故失去真实意义）。权利本位论者所针对和否定的，实际上是第二种模式，反对以第二种模式为主导处理权利—权力关系是权利本位说的另一大真实内容（从形式上看，它还反对以义务为重心处理平等主体间的权利义务关系，但没实际内容，道理同前）。

4. 从权利、权力及其相互关系角度看，迄今为止所有关于法本位的其他提法，都只是权利本位或权力本位的变体：在权利主体间讲义务本位，内容等同于权利本位；在权力主体间讲义务本位，内容等同于权力本位；权利义务并重、权利义务相一致实为否定法有本位；个人本位是着眼于主体特征表述的权利本位；社会本位是着眼于社会经济内容表述的权力本位。如此等等。

综合考虑权利本位说在 20 世纪末复兴的社会历史背景、权利的客观属性，此说所主张的内容和所否定的对象等因素，我们现在已能比较清楚地看到权利本位的实质及其真实价值了：当时的法或法律制度是权力本位的，或是有较浓重权力本位色彩的，而权力本位是权利—权力关系中表现出来的一种极端国家主义的倾向；建设社会主义法治国家和市场经济，必须矫正其极端的方面或内容；而"矫枉必须过正"——在一个不长的时段内用片面地将权利的地位和作用强调到极端的办法，来克服因片面地、极端地强调权力的地位和作用引起的弊病。复兴的权利本位说的真实价值主要体现在这层意义上，现将这方面的价值概括为以下几个大的方面。

1. 复兴的权利本位说促进了中国法学理论的革新和发展。20 世纪 80 年代的法学理论，相对于"文化大革命"前并没有显著的进步，尤其是它的核心观念仍然是统治阶级意志或阶级性，具有很明显的政治意识形态外观，但专业性差。以权利本位取代统治阶级意志本位作为法学的核心概念，使法学基本上摆脱了单纯的政治意识形态的外观，具有了作为社会科学的一个门类所必不可少的专业化特征，有力地推动了法学看待社会生活的独特视角的形成。

2. 复兴的权利本位说在法学领域配合着我国社会从以阶级斗争为纲到以经济建设为中心的历史性转变和改革开放、市场经济体制的发展，在特定时段一定程度上适应了这种转变和发展的需要。这是因为：一方面，它既未否定法的阶级性和统治阶级意志性，但又不再片面强调这些属性；另一方面，它针对历史上和旧体制下权力过度膨胀，个人的权利和自由受到严重压抑的情况，认定社会主义条件下公民等个人的权利和自由应在法律体系中处于重心地位，有助于在新的历史条件下促进人的进一步解放。而人的解放、主体性的弘扬，既是生产力解放的最重要标志，又是生产力进一步发展、市场经济体制形成的基本条件。

3. 复兴的权利本位说在法律上对"权力本位"的极端倾向有矫正作用。由于历史上民主传统少，加之过去数十年在政府直接配置绝大部分社会经济资源的基础上搞计划经济，所以，长期以来，我国法律生活中最突出的问题是"权力本位"，前文列举过的权力本位的那十来种不良特征在一段时期中表现得十分充分。权利本位说和贯彻权利本位精神的要求反映了人民遏制权力本位的强烈要求，同时在扩张权利、制约权力方面适应了建设社会主义法治国家的需要。

4. 复兴的权利本位说有助于消除法律生活中国家主义传统的影响，弘扬权利主体即社会个人的主体性，推动社会主义民主的发展。我国的政治法律文化，向来有崇尚甚至神化国家、政府，忽视乃至贬低个人的传统，这是社会主义民主发展的大障碍。权利本位说及贯彻权利本位精神的努力反其道而行之，无疑会促进积极能动的、对自己的法律地位有充分自觉的个人的涌现，而这样的个人又是民主社会最基本的构成要素。同理，个人关心和争取充分实现自己的权利与利益，构成推动民主政治形成和发展的直接动力。

5. 复兴的权利本位说客观上有助于纠正片面强调公共利益，忽视或贬低个人利益的偏颇。由权利体现的个人利益是同由权力体现的公共利益（其法律表现是国家利益）相对称、相对立的。如何看待和处理这两种利益，各国历来有两种对立的甚至极端化的倾向。一种是公共利益优位的倾向，它强调公共利益无条件优先于个人利益，后者要无条件服从和服务于前者。这种倾向的支持者所看到的"个人"往往是社会中单个的人或团体，没有注意到作为社会的一极，个人实际上包括了社会中每一个单个的人和单个的团体或组织，构成了一个至少足以同国家并驾齐驱和相互竞争的公民社会。而事实上，一般意义（法律就是一般意义上的东西）上的个人利益就是社会中除国家利益之外的全部利益。另一个极端是个人利益优位的倾向，这种倾向的内容同公共利益优位的倾向相反，它强调个人利益的基础性地位，认为个人利益无条件优先、优越于公共利益。从最大限度地保存、增殖个人利益与公共利益之总和的需要看，片面强调这两极中的任何一极都是有害的。

但是，我国过去相当长时期所强调的恰恰是其中的一极，即无条件的公共利益优位或国家优位。前文引述过的"国家利益再小也是大，个人利益再大也是小"那句话，集中反映了这种观念的偏颇。试想：难道国家一分钱的利益大于个人十万元钱的利益？为保护国家一分钱的财产是否应该牺牲个人十万元钱的财产。法律不能这样要求，否则个人和国家都会深受其害。从权利与利益的关系看，权利本位的社会内容就是个人利益本位。个人利益本位虽然也不可取，但针对长期奉行公共利益本位所形成的种种弊病，应该承认它在一定时期内具有的矫"枉"作用，虽然最终难免"过正"。

6. 复兴的权利本位说从观念上回应了扩展权利的时代要求。解放和发展生产力，由市场在配置社会经济资源方面发挥基础性作用，以及扩大社会主义民主，都要求社会在现有的基础上继续逐步扩展权利。扩展权利首先是丰富权利的种类。例如，从个人不得拥有生产资料到能够拥有生产资料，从隐私权不被承认到获得保护，从权利受国家机关损害无权得到赔偿到有权得到赔偿等，都是权利种类逐步丰富的具体表现。其次，扩展权利需要增加权利的绝对量。从户均财产 1 万元增加到 10 万元，从只能受九年制义务教育到能够受高等教育，从只有极少数人有条件坐飞机旅游到绝大多数人有条件坐飞机旅游，都意味着权利在量上的增加。最后，扩展权利还体现为增加权利在法权总量中的比例，其现实表现是多种多样的，其中主要是权力向权利的回归，如原本由国家控制的事务转而由公民或公民自治组织处理。权利本位说适应了我国社会以上述三种方式继续扩展权利的需要。

7. 复兴的权利本位说顺应了当时全社会加强人权和公民权保障的心理期待。半个世纪以来，由于一度疏于权利的具体保障，公民依宪法享有的广泛的权利往往在社会生活中没能得到落实，甚至出现了"文革"时期那样大规模的、肆意践踏或剥夺公民的权利的现象。中共十一届三中全会之后，情况有了根本的改善，但由于种种历史的和现实的原因，人权和公民权保障方面仍难免存在较多的问题。加强权利保障，自然成为公民和社会各阶层的强烈愿望和心声。权利本位说从理论上满足了人们的这种心理需求，因而在广大法学工作者中引起了热烈的反响。

8. 复兴的权利本位说大体能够解释私法现象。从权利义务的角度看待私法现象并强调权利在私法体系中的重心地位有其合理性。这样一种说法基本上合乎实际："权利概念成为民法的核心概念；民法实际上是一个庞大的权利体系，从罗马私法到法国、德国民法典，从英美私法到公有制国家的民事立法，莫不如此。因此，民法从来就是'权利本位'的法。"① 但须注意，将民法视为权利本位的法，只能是说民法以权利为关注重心，主要着眼于权利的保障和实现，尤其是相对于权力而言。但如果将这里所说的权利本位理解成社会的个人在法律上高于国家、个人利益在法律上高于国家利益，个人所有之财产在受法律保护方面优于国家财产，那就又滑到另一个极端去了，也不妥当。不应当有与之相适应的法律制度，如果有，那一定是病态的，须予纠正。

此外，公有制国家的民法，也并不一定都是权利本位的法。是否是权利本位的法，不是看它有多少内容是关于权利的规定，而是看它将权利放在权力之下还是放在权力之上，抑或是放在与权力平等的位置。

理论都是时代的产物，一种理论的价值大小及其有无取决于它在多大程度上适应社会和人群解决其所面临的问题的需要。所以，对一种理论的价值的评价，难免随着社会历史条件的改变而变化。复兴的权利本位说的价值大小及其有无，取决于权力本位之极端倾向何时以及在多大程度上得以消除。从某种意义上说，社会在多大程度上对权力本位有"矫枉"的需要，权利本位说就有多少价值。

三 法本位研究过程中的失误对权利本位说的不良影响

权利本位说尽管在"矫枉必须过正"的意义上有其多方面的价值，为很多学者所看好，但从总体上看却远不是一种科学的理论，也不可能从学理上正确指导或引导建设社会主义法治国家的实践。

---

① 李双元、温世扬主编：《比较民法学》，武汉大学出版社1998年版，第76页。

要深入认识这一点，我们首先得反省大约自 20 世纪 30 年代以来法本位研究的历程，看清其中出现的种种失误。因为，权利本位说与这些失误有共生关系，甚至在很大程度上是建立在这些失误基础上的。

首先，法本位研究所依托的总体理论框架脱离实际生活，只能关照私法领域，关照不到公法领域，而且在世界范围早已陈旧过时。这种总体理论框架就是以和化的"权利"和以其为重心的"权利义务"为中心解释全部法现象的观点体系，我称之为权利义务分析框架。它起源于罗马私法，单纯立足于民法，对作为宪法和各种公法中最基本的因素之一的权力视而不见，将法律生活中活生生的权利—权力关系、权利—权利关系和权力—权力关系等丰富多样的内容简单化地理解和概括为权利义务关系。

所以，这样一种法理主要只是私法之理，不能给予行政法、刑法、经济法、诉讼法等公法部门和作为根本法的宪法以最起码的关照。也许正因为有这样严重的弊病，欧美各主要国家的法学家早已基本上放弃了这种分析套路。[①] 现在看来，20 世纪三四十年代采用这个分析套路就已不太合时宜，20 世纪 80 年代至今还采用它，就更显得陈旧过时了。当然，我们不必以国外学者的取舍为取舍，但却不能忽视这套分析框架脱离社会生活实际这个事实。脱离实际的理论无助于说明问题和解决问题。

其次，当时从事法本位研究的学者对所研究的基本对象尚缺乏具体深入的认识。例如，法本位研究中讲得最多的是权利，但始终未见有关作品说清楚或试图说清楚人民之权同法的权利的联系与区别，也没见有关作品解决权利与权力内容不清、界限不明的问题，更谈不上确切地揭示权利的社会经济内容。对义务也是如此。事实上，对义务的认识水平是受对权利的认识精度和深度制约的。在这种背景下讨论法本位问题，且不说很难得出准确具体的结论，即使得出结论，它的内容也往往是含糊不清的。有一个例子很能说明问题：本来，权利的主体是个人，权利的社会内容是个人的利益，权利本位从主体角度看就是个人本位，从内容看则是个人利益本位。所以，权利本位、个人本位和个人利益本位三者实质上是一样的，只是表述角度和方式不同而已。

由于对权利同社会个人及其利益之间的对应关系不够了解，前些年当

---

① 参见李双元、温世扬主编《比较民法学》，武汉大学出版社 1998 年版，第 76 页。

我差不多翻阅了改革开放以来几家主要出版社翻译出版的全部法理学著作，也翻阅了数十本英文版法理学著作，所得出的结论是：产生在20世纪50年代前的著作，采用权利义务分析框架的为数不少，此后采用这个框架的逐步减少，20世纪50年代后产生的作品总的看来已基本放弃了以权利义务为轴心的法现象分析框架。

有人指出权利本位就是个人本位时，持权利本位说的学者马上反驳，说"批评者犯了一个混淆概念的错误"①；"在逻辑上，权利本位与个人本位是风马牛不相及的。"② 其实，这里基本上不存在什么混淆概念的问题，更不是风马牛不相及。别人说权利本位是个人本位，是着眼于权利的主体而言的，并不是不知道权利本位与个人本位在书面上是两个不同的名词。同理，就内容而言，权利本位就是个人利益本位，就像权力本位是公共利益本位一样。可前些年主张权利本位的学者却硬要强调"权利本位（至少我们所主张的权利本位）并不是个人利益至上"③。个人利益是权利的固有属性（就像甜是糖的固有属性，苦是黄连的固有属性一样），两者不可分开。若权利不集中体现个人利益，它就不再是权利了，就像糖不甜不成其为糖是同样的道理。又如，不论依哪个国家的法律制度，如依据我国宪法，权利在国内法意义上都属于个人所专有，所以，权利本位同"个人权利本位"没什么实质差别，但主张权利本位的文章却说，权利除个人权利之外还有国家权利，④ 意思是说权利本位包括了国家权利本位。这种说法不仅是不合乎实际的，也在很大程度上否定了权利本位论者自己关于反对权力本位的理论主张。更何况，相对于个人讲"国家权利"，实际上是不符合我国宪法的规定和精神的。因为，依据我国宪法，国家、国家机关不是任何权利的主体，只能是权力（具体说来是职权、权限等）的主体，至于中国作为主权国家享有的国际法意义的权利，那是另一码事。

再次，探寻法本位的研究工作缺乏必要的连续性，往往不是在前人成果的基础上起步，而是自起炉灶，一切从头来，故有些观点在不了解相关历史者看来有新意，实际上在不小程度上是低层次重复，妨碍了法本位研

---

① 张文显：《"权利本位"之语义和意义分析》，《中国法学》1990年第1期。
② 郑成良：《权利本位论》，《中国法学》1991年第1期。
③ 郑成良：《权利本位说》，《政治与法律》1989年第4期。
④ 参见张文显《改革和发展呼唤着法学的更新》，《现代法学》1988年第5期。

究的进步。研究一个专题，总得先看看前人做了些什么，做到了哪一步，哪些问题解决好了，哪些问题解决了一部分，哪些问题还完全没展开研究，然后再分别对待，把对有关问题的研究推向深入。作研究最忌不作调查，不看前人在相关领域的工作和业绩，像开天辟地以来从无人研究过似的对待自己手里的课题，一切从自己做起，从现在做起。对这种做法，学界戏称为"始皇现象"，并以之与一见到某种时髦学说马上盲目跟着跑的"二世现象"对称。

很可惜，在研究法本位问题的历史上，不论是 20 世纪 30 年代、20 世纪 40 年代还是 20 世纪 21 世纪之交，以下两种现象都很引人注目：一方面，对于权利义务分析框架和关于法的本位的各种提法，人们大都采取了"二世态度"，基本上是不加具体分析就予以采纳；而另一方面，在论证有关命题（如权利本位、义务本位）时，人们又采取了"始皇态度"，完全不提早已有之的相关观点及前人成果。这种不正常现象尤以 20 世纪 80 年代之后的法本位研究领域为甚。在进入这一时期以来，正面论述法本位观点的学者，几乎无人说明这是前人早讨论过的论题，也几乎完全不提前人的见解和理由。如对权利本位说，有持不同意见的学者当时就曾指出："权利本位说究竟起源于何时？它的思想理论的轨迹如何？对此确实要较为深入地调查研究才能加以确认……有一点可以肯定，那就是权利本位说，并不是一种创新。"[①] 对此，主张权利本位说的学者曾辩解说，"权利本位说是否是一种'创新'，并非是一个重要问题"[②]。

其实，这里的问题不在于未否认权利本位说此前已存在，而在于从未正视在自己之前早已有之的权利本位说。而且，一种学说是不是创新以及是谁的创新，也并非一个完全不值一提的问题，严格地说，这里边也多少包含着一些权利的因子。更重要的是，学术研究如果不能以前人的研究成果为起点往前走，样样从自己开始，从现在开始，就难以获得本来能够获得的进步。再说，我们是在做学术，不是在闲谈或从事政治决策，做学术有做学术的规范，要避免学术失范、防止学术不端。

最后还有一个问题也不应忽视，那就是在法本位研究展开过程中，人

---

① 封曰贤：《"权利本位说"质疑》，《中国法学》1990 年第 6 期。
② 郑成良：《权利本位论》，《中国法学》1991 年第 1 期。

们往往忽略了一些可能有价值的思路。这些思路包括：20 世纪 30 年代已多有学者提出义务与权利和权力相对应；近数十年来，提出权力本位概念并以权力与权利和义务相并立的做法，已局部突破了原有的权利义务分析框架，尽管这对于相关学者来说也许是不自觉的；已开始了将权力放在与权利平行的地位加以研究的尝试，① 为在新的分析框架下探讨法的本位问题提供了一些可能性。但是，由于对这些思路和促使这些思路产生的问题没有深入考察，研究法本位问题的学者们在总体上始终没有走出和化的"权利"义务分析的旧框架，因而也不大可能给法本位研究以很大的推动。

四　权利本位说自身的严重缺陷

从权利本位说产生的特定历史条件、已宣示的要点和它所赖以形成的理论分析框架看，它虽然有前文已肯定过的正面价值，但从总体上看却是不科学、不合理的，有严重缺陷，从长远的观点看它在理论和实践两方面都极可能造成弊大于利的后果。

权利本位说的严重缺陷可分为两大类，一类表现在内容上，另一类表现在学术上。我们先看它在内容上表现出来的四个方面的问题。

1. 权利本位论者除了表示主张权利本位外，并未赋予这种提法以具体内容，因而迄今为止权利本位基本上还只是一个法学口号，它既使人们难以在法律生活中把握这种本位，也不大可能对立法、执法、司法和守法产生多少实际影响。根据什么作这种判断？我觉得权利本位说的代表作之一对这个问题作了很有说服力的回答，尽管是间接的：一方面，这篇文章主张，"为了适应社会主义商品经济和社会主义民主政治的需要，我国的法律制度和国家的法律活动应以权利为本位，各级各类法律工作者和全国人民都应当牢固地树立权利本位的思想"；② 另一方面，该文又透露了几乎完全不可能把握和贯彻权利本位的信息。请仔细阅读该文的以下文字："不能凭某一社会的法律规定权利的条款与设定义务的条款在数量上的差

---

① 在这方面，郭道晖先生的系列论文较有代表性，参见其论文集《法的时代精神》，湖南人民出版社 1997 年版，第 283—366 页。后来沈宗灵先生的有些作品也反映了这种走向，可参见沈先生在《法学研究》1998 年第 3 期上的论文《权利、义务、权力》，以及他主编的反映了这种思路的教材《法理学》第四章，北京大学出版社 2000 年版，第 100—118 页。

② 张文显：《"权利本位"之语义和意义分析》，《中国法学》1990 年第 4 期。

别，而作出该社会的法律是以义务为本位，还是以权利为本位的断言"，权利本位"不是或主要不是关于在一个具体的法律规范或法律关系中权利和义务的关系"；"就具体法律关系来谈论法的本位也是不适当的。有些学者却往往以某个（某些）法律规范或法律关系为例，否认权利本位，显然是缺乏说服力的"；权利本位"所揭示的，是在某种社会（国家）的法律规则整体中，即在法定权利和义务的系统中，权利和义务何者为起点、轴心、重心"。①

这些话直接或间接地告诉人们：第一，权利本位不体现或主要不体现在具体法律条款、具体法律规范和具体法律关系中，通过具体法律条款、具体法律规范、具体法律关系来把握和贯彻权利本位是不可能的、是徒劳的；第二，权利本位也不体现在任何一部或几部法典中，因而通过具体法典来把握和贯彻权利本位亦属不可能。真实情况确实如此。但是，常识告诉人们，"我国的法律制度和国家的法律活动"都具体表现为立法、执法、司法和守法等活动，而这些活动又都体现为制定、实施或处理具体法律条文、具体法律规范、具体法律关系乃至具体法典。既然法律的这些条款、规范、关系和典章都不体现或不主要体现权利本位，人们通过什么把握以及怎样把握权利本位呢？而如果人们把握不住权利本位，又哪里谈得上通过自己的行为让"国家的法律制度和法律活动"以权利为本位！同理，在这种情况下，且不说公民能不能"牢固地树立权利本位的思想"，即使树立了，也没有多少真实意义——因为权利本位是与具体法律条文、法律规范、法律关系乃至法典脱节或基本脱节的，不能或主要不能通过立法、执法、司法和守法等活动来贯彻。

当然，我并没有忘记，文章的作者也是向我们提供了探寻权利本位之所在的途径的，即到"某种社会（国家）的法律规则整体中"去寻找，但细想这也几乎是完全不可能做到的。因为，例如在我国，这个整体太抽象也太大了，其中不仅有数以百计的法律，大量的行政法规，还有对任何一个人来说，一辈子都不大可能研读完的为数极多的地方性法规，以及自治条例、单行条例、部委规章乃至地方政府规章等属于法的范畴的其他规范性文件。

---

① 参见张文显《"权利本位"之语义和意义分析》，《中国法学》1990 年第 4 期。

2. 权利本位说因忽视权力而误解权力，进而在理论上错误地处置权力。国家在法律上的表现就是权力，因而权力在政治社会是一种最经常的存在，是最为重要的法现象之一，足以与权利的地位相并列。法学理论应当实事求是地反映生活现实，在理论上承认权力应有的地位。但实际情况却截然相反。权利本位论者通过采用权利义务分析框架，基本上将权力排除出了法理学视野之外。所以，我们常看到这样一种反常现象：一方面，权利本位论者有感于现实生活中权力的强大而显得忧心忡忡，心怀戒惧，竭力要限制、压制甚至贬低权力；另一方面在理论上却又从不正视、不重视、不研究权力，以致理论与实际严重脱节。

权利本位论者对待权力的不切实际的态度，造成了他们对权力很大的误解，以致基本上将权力看成了一种单纯的"恶"，这种认识导致他们从理论上否定了太多的权力，而这些权力对于任何一个法治国家来说又都是不可或缺的。的确，18世纪末托马斯·潘恩曾说过："政府就算在最好的状态下，也不过是一种必要的恶"，但他也承认，"社会将我们联合起来，积极地促进我们的幸福，而政府抑制我们的恶，从而消极地促进我们的幸福"[1]。他所说的"政府"，用今天的话说就是国家机构，其法律表现即权力。恩格斯在谈到国家这种公共权力时，也从控制阶级对立、缓和利益冲突，"把冲突保持在'秩序'的范围以内"的角度肯定过它的必要性。[2]

而且，无数的事实表明，在正常社会状况下，权力同权利一样，其性质也是"善"的，只是在权力的扩张打破了权利—权力平衡、挤压并侵害了权利之后，它在特定的方面和相对应的程度上才具有了"恶"的性质。从有关作品看，权利本位论者虽然也承认有合法、正当的权力，但他们把合法、正当的权力的范围划得很小，以至于若真按他们的标准来衡量，当今世界各国的国家机构都在行使很大一部分权力，都只能被归类于不正当和不合法的权力的范围。

为说明问题，我们不妨再看看本书在概括权利本位说之要点时引述过

---

[1]　Thomas Paine, *Common sense and other political writings*, edited, with an introduction by Nelson F. Adkins, Indianapolis : Bobbs-Merrill, 1953, p. 4.

[2]　参见［德］恩格斯《家庭私、有制与国家的起源》《马克思恩格斯选集》第4卷，人民出版社2012年版，第187页。

的有关学者所说的一句话："国家政治权力的配置和运作，只有为了保障主体权利的实现，协调权利之间的冲突，制止权利之间的互相侵犯，维护权利平衡，才是合法的和正当的。"① 事实上，为了人民的整体利益，国家还得制止和惩罚权利对权力的侵犯，制裁或处罚权利危害权力和妨碍权力行使的行为。在我国刑法规定的十大类犯罪中，有危害国家安全罪、危害社会管理秩序罪、妨害国防利益罪、贪污贿赂罪、渎职罪和军人违反职责罪等六个大类是或主要是针对权利危害、妨害权力的，其具体罪名数以百计。除此外还有针对权利妨碍或侵犯权力的行政性处罚。可以说，古今中外没有任何国家不用刑罚等方法惩罚、制裁权利危害或妨害权力的行为，而且其合理性、正当性从来没有哪一个国家从原则上否定过（当然，不同国家、不同时代的惩罚、制裁方法和严厉程度往往是有很大差别的）。

还有一种权力的合法性、正当性也是不容否定的，那就是在权力体系内部形成的协调不同权力之间的矛盾、制止不同权力或同一种权力的不同部分之间相互侵犯的权力，维护、维持权力的正常配置状态或内部彼此平衡的权力。这类权力的现实表现也是多种多样的，其中较典型的有违宪审查权，权限争议裁决权和其他种类的一个国家机关监督其他国家机关之权。我国全国人民代表大会及其常委会监督宪法实施之权，地方各级人民代表大会在本行政区域内保证宪法、法律、行政法规的遵守和执行之权，以及县级以上地方各级人大常委会对"一府一委两院"及下一级人民代表大会的监督权，也都属于这种性质的权力。很可惜，权利本位论者在理论上完全否定了这些权力的合法性、正当性。如果真像他们理论上主张的那样处置权力，实践上等待人们的决不可能是法治国家、法治社会，而只能是混乱和无政府状态。

3. 从有关学者并未明言而却实际赋予的社会内容看，权利本位是一种极端的、失之偏颇的提法，不可能付诸实行。在法治国家或法治社会，权利有权利应有的法律地位，权力有权力应有的法律地位，它们应当各得其所，各守分际。只要各得其所，各守分际，权利和权力就都是合理、正当的，都能增进社会和人群的福祉。人们反对权力本位，并不是权力的性质"恶"，而是因为权力被放到了一种远离常轨的极端的位置，从而造成

---

① 张文显：《"权利本位"之语义和意义分析》，《中国法学》1990 年第 4 期。

了对权利的过度压制或损害。

同理，权利的性质本来是"善"的，但若让它离开其本来应处的位置向极端处扩张，它也就难免形成对权力和正常法治秩序的危害，从而成为一种"恶"。所谓权利和权力各得其所，就是指它们应当以法权及其所体现的法定社会整体利益为中心维持大体上的平衡，就像一架天平及其两端一样。当然，平衡是相对的，社会经济生活的发展经常会打破权利与权力的平衡，而这时法律家、法学家的任务就是努力恢复平衡或重建平衡，实现了平衡之后还得维持平衡。我们反对权力本位，主要是因为在这种"本位"下权力过度膨胀，在法权总量中所占比重过大，打破了权利与权力间的平衡。我们也完全有理由根据同样的道理否定权利本位。

什么叫"本位"？不论根据20世纪三四十年代法学者的定义，还是根据当今权利本位论者的定义，都是重心、轴心、中心的意思。迄今为止，"本位"的主张似乎都是要打破权利与权力间的平衡，向其中的一边倒，走极端。权利本位是一个极端，权力本位是另一个极端。中国有权力本位的历史传统，人们深切地感受过它对人们的权利的危害及其带来的社会恶果。所以，反对权力本位很容易做到众口一词。但是，否定了权力本位之后，人们对于用什么东西来取代权力本位的问题实际上心里大都没有数，甚至误以为凡是同权力本位对立的东西都是他们所需要的。而这时的法学界，除了极少数学者从行政法学角度将权利—权力平衡作为他心目中的理想模式提供给人们选择外，[1] 其他法学者推出来的差不多都是权利本位或义务本位。而由于义务本位在实践中真实的内容往往是权力本位，故人们大都不接受义务本位而选择或默认了权利本位，准备用权利本位取代权力本位。其所以如此，恐怕与他们对权利本位法或法律制度的极端性及其必然会有的危害性认识不足有关。权利本位论者在他们的作品中从来未具体描述过权利本位的法或法律制度的特征，其中部分原因可能是认识不足，部分原因可能是有所顾忌，怕说清楚了人们接受不了。

比照前述权力本位的法或法律制度的特征，根据对称原理，我们很容易从逻辑上推导出作为与其对立的另一个极端的权利本位的法或法律制度的基本特征：（1）权利无边际，权利的使用、影响范围没有限制，可渗透

---

① 参见罗豪才主编《现代行政法的平衡理论》，北京大学出版社1997年版。

到任何权力主体的任何领域，权利很少甚至不受权力约束；（2）权利万能，权力主体不得不无条件服从权利主体；（3）权利无上，即认定权利、权利主体的地位无条件地高于权力和权力主体；（4）权利大于法，在观念上将权利的价值看得高于法律，在实践中权利主体可轻慢权力和权力主体；（5）权利被认为天然比权力合理；（6）权利无错，只要权利与权力发生冲突，有错者必是权力及其主体；（7）权利有彻底摆脱权力约束的倾向；（8）将私有财产放在比国有财产更优越的地位，给予特殊保障；（9）肯定个人所有权客体的无限广泛性和国家所有权客体的十分有限性；（10）国家与公民等个人之间因财产所有权发生争议无法确定归属时，推定为个人所有；（11）规定或强调国家利益无条件地服从个人利益；如此等等。这些虽不是权利本位论者所明言过的，但却是权利本位这一提法按其性质所应当包含的内容。将这些内容中的个别方面付诸实行也许可能，若要将其全部或大部付诸实行，恐怕任何一个法治国家的法治特征都会荡然无存。

当然，我承认，与权力相比，权利通常处在弱者的地位，对权利的保护力度应当超过对权力的保障力度，才能实现权利与权力事实上的平衡，但若完全没有权利—权力平衡观念，一般地在总体上肯定权利全面压倒权力，则肯定是不妥当的。

4. 权利本位说脱离法律生活现实，违背建立正常法律秩序的客观要求。要充分认识这一点，须严格区分作为政治概念的人民之权和作为法律概念的权利，并弄清人民之权、权利和权力三者之间的关系。权利本位说中所强调的权利是法的权利（这一点前文已证明过），而法的权利只是人民之权的一部分。与人民之权相比，法的权利处在相对次要的位置，其理论地位不可能凌驾于人民之权之上或与人民之权比肩，成为法的本位。在民主制度下或按照民主原则，人民之权是最重要的、本源性的"权"。其他一切"权"，不论是法的权利、权力还是处在法外的剩余权，都以人民之权为本源，只是人民之权的具体存在形态和不同组成部分。

从法律上看，权利和权力（均指法律上的，下同）的构成比例及其相互关系都应以充分实现人民之权的需要为转移。在这里，人民之权是重心，权利和权力两者在它面前的地位是平等的，共同服从和服务于人民之权的实现。人民之权整个地包容在一国的法律体系中，通过具体的法律条文、原则、规则和法典等体现出来。在权利与权力有冲突时，理论上的要求是以最有利于实现人民之权的方式解决，这在法治实践中则只能表现为依反映人民意志和整体利益的法律来解决。在这个过程中，权利不必然优先于权力，权力也不必然优先于权利，一切以法律的规定为转移。任何一个法治社会的实际情况都是如此。

退一步说，即使权利本位说中所强调的权利是人民之权，权利本位说也不能成立。如果权利本位说中的权利是人民之权，那就不存在与义务本位相对立的问题，与权力本位的对立更不必提了。因为，权力是人民之权的构成部分，人民之权本位岂不就包含着权力本位的内容。此外，如果权利本位说中的权利是指人民之权，那么首先应当说明人民之权同权利、权力和剩余权的关系，并相对于后者来证明人民之权本位的现实性和必然性。因为，只有权利、权力和剩余权能在内容上同人民之权相并列或在一定程度上构成竞争关系。当然，还有对应的义务，但在其现实性上，义务也只是相对于权利、权力和剩余权的义务，而且是附随性的。

任何一个实行或追求民主和法治的社会，包括当今中国，若说法以人民之权为本位，就内容而言无疑是正确的，并能够合理解释社会现实，但若说以法的权利为本位，那就完全脱离社会现实了，因而不可能是正确的。现代法治国家的法律实践表明，权利和权力在法律上都是平等的或都应当是平等的。权利与权力的平等则意味着个人利益与公共利益的平等和获得同等保障。权利与权力平等或应当平等的最强有力的证据是，面对每日每时都大量存在着的权利—权力冲突（具体表现为公民等个人行使权利与公共机关行使权力的互动过程中形成的矛盾、争议），没有任何一个现代法治国家的法律是无条件偏袒权利或偏袒权力的。一切法治国家，当权利与权力发生冲突纷争时，总是将其放在法律的天平上，依法律断曲直。这种情况当代世界的现实表现就是以公民等个人和有关国家机关为双方当事人的宪法诉讼制度、行政诉讼制度的存在。

在这里，若按权利本位之要求，权利与权力发生矛盾或争议时，自然应当以权利无条件优先于权力、权力主体无条件向权利主体让步的方式解决争议。但这些想法只能是反映人们权利渴求的一厢情愿的幻想，在还需要国家的政治社会是决不可能付诸实行的。因为，若付诸实行，其结果必然是否定权力、否定国家、否定法律，以及不可救药的无政府状态。我相信，这并不反映有关学者倡导权利本位说的初衷，但若真贯彻权利本位论，这种情况却很可能是其必然结果。

再看看权利本位说的学术性缺陷。这类缺陷主要表现在以下诸方面：

1. 受权利义务分析框架的限制，权利本位说中的"本位"在逻辑上不能做一国法律体系的本位，只能做其中一部分法（严格地说是二分之一的法关系领域）的本位。在法律关系范围内，全部权利—权利关系和部分权利—权力关系即以权利为主导的权利—权力关系，都可外化为权利义务关系，从逻辑上看的确都可以有一个以权利还是以义务为本位的问题；而在全部权力—权力关系中和以国家机关主动行使权力、社会个人被动履行义务为特征的权利—权力关系模式中，根本就没有一个能否以权利为本位的问题。因为，它们都已超出了我国法律体系和汉语中权利一词的指代范围。

读者阅读至此，可能会说：不是还有权力本位之类的提法吗？的确有，但这些提法已突破了权利本位论者自己设定的权利义务法理分析框架。这种脱离基础性分析框架的"突破"并不能从根本上摆脱法本位研究在逻辑上局限于私法领域的状况，相反，这种做法恰恰从反面有力地证明了将法本位研究放在"权利义务"法理学的理论背景下展开是行不通的。主要原因是，作为基础理论平台的权利义务分析框架中没有"权力"的地位，在这种情况下突然提出一个权力本位来同权利本位、义务本位相并列，与权利义务分析框架在逻辑上完全不能对接。说得不中听一点，这不过是面对巨大的理论漏洞胡乱搪塞、应付。

2. 如果真像权利本位论者所说的那样，在平等主体间权利与义务关系的框架内考虑问题，那么权利本位的主张以及权利本位、义务本位之争几乎没有什么真实的意义。权利本位是在哪种关系中体现其"本位"的呢？奉行权利本位说的最有代表性的学者对此作了回答，他说："权利本位是一个体现平向利益关系的概念"；在这种关系中，"主体的权利通常是通过权利相对人履行义务而实现的。而权利相对人之所以自觉地、忠实地履行义务则是因为他相信与之相对的权利主体已经或以后会履行同样的义务，而且确信从该法律关系的另一关系项看或在另一个法律关系中，他同样是权利主体。由此可见，'权利本位'代表的是一种平等的、横向的利益关系"。①

---

① 参见张文显《"权利本位"之语义和意义分析》，《中国法学》1990 年第 4 期。

显然，这里的权利本位是权利在民商事法律关系领域中的"本位"。但正如前文已有所证明过的，在民商事法律关系的框架内，以权利为本位还是以义务为本位，内容上毫无差别，因而讲权利本位实无必要。在民事契约关系中，以保障甲方实现权利为重心同以促使乙方履行义务为重心，内容和后果几乎完全一样。也可以说，甲方实现权利同乙方履行义务是一回事。同理，乙方实现权利同甲方履行义务在内容上也没有什么差别。如某甲欲出售 100 台电脑，某乙欲买进 100 台电脑，双方达成合意，单价 1 万元，签订合同，某月某日交货付款。届时，某甲有按约定交 100 台电脑的义务，同时有收取 100 万元货款的权利；某乙的权利和义务正好同某甲的相反。试想，这时以实现某甲的权利（收取 100 万元货款）为本位同以促使某乙履行义务（交付 100 万元货款）为本位难道不是一回事吗！同理，我也看不出提倡以某甲履行义务（交付 100 台电脑）为本位同提倡以某乙实现权利（收取 100 台电脑）为本位其实际内容和结果会有什么不同。

在这种关系中，以权利为本位同以义务为本位都是在保障权利，两者之间仅仅有方法上的差异。权利本位着眼于正面保障权利，义务本位着眼于从反面促进权利的实现。在一个具体的法律关系中是这样，在一国的全部民商事法律体系中也是如此。所以，在权利义务的分析框架内，权利本位和义务本位之争可以说是基于一种误解，权利本位说的真实意义仅从这一点看也难免大打折扣。

当然，我并没有忘记，有关学者曾说过，权利本位也是针对权力本位的，但毕竟这类补充性论述在逻辑上不能为他们自己设定的权利义务分析的大框架所容。

3. 权利本位说混淆了两种有根本区别的"义务本位"，有关学者重点针对义务本位展开其权利本位说有确定目标错误之嫌。权利本位针对的义务有两种，一种是平等主体之间权利与义务关系中的义务，另一种是不平等主体之间的权力与义务关系中的义务。因此，所谓义务本位，也涉及两种具体法律关系中的两种不同义务本位。在平等主体间权利与义务关系中，义务本位同权利本位并无内容的区别，强调权利本位没有必要和意义，这一点前文已论证过了。另一种义务本位是不平等主体之间权力与义务关系中的义务本位，其特征和内容是国家机关及其官员行使权力（如征税），社会的个人履行相应的义务（如缴纳税款）。在这种权力与义务的关系中，真正起主导作用，处于重心地位的是权力，提权力本位更贴切，因为这里所强调的义务是对于权力的义务，是个人对权力的服从。据此，可以说，所谓前资本主义的法以义务为本位、社会主义法在计划经济体制下以义务为本位，都是些不准确的提法，其真实内容皆为权力本位。之所以将权力本位说成义务本位，主要原因在于有关学者赖以展开其思路的权利义务分析框架容不下权力，如果他们承认权力本位，势必在逻辑上和内容上突破自己预设的框架，故只好不顾实际情况转而利用义务与权力的对应关系，将权力本位表述为义务本位。

这种做法源于 20 世纪 30 年代的法学家。当今我国的一些法学家虽然一方面继承了前人的权利义务分析框架，另一方面又采用非逻辑的强制的办法突破这种分析框架的限制，提出了权力本位来与权利本位相对立，但他们却始终不明白在权力与义务相互关系的范围内他们所说的义务本位与权力本位的内容是完全相同的，指的是同一种法律状况。当人们说权利本位既与义务本位相对立，又与权力本位相对立时，他们对义务本位与权力本位真实关系之缺乏认识，并以本应用来射权力本位之"的"的权利本位说之"矢"，竟误中了义务本位之"的"的情形，就显露得很清楚了。

五 小结

权利本位论者对法本位问题的论说，在继清末、民国时期的法学家之后，做出过自己的努力，但在社会主义法应以什么为本位的问题上，他们主张的权利本位滑向了与权力本位相对立的另一个极端。我个人认为，权利本位说理论上站不住脚，实践上利少弊多，不可取。不过，到底该如何评价权利本位说，是一个需通过平等讨论来解决的学术问题，不是哪一个人能作结论的。我赞成一位学者针对权利本位说讲过的话："这个学术观点能否存活，要看研究者的科学态度和实践检验。"[1] 本书所表达的观点的命运，当然也取决于同样的因素。但无论如何，法或社会主义法应当以什么为本位的问题，仍有继续探讨下去的必要，其关键是要找到一种有助于

---

[1] 郭道晖：《"权利本位"的曲折经历》，载《中国当代法学争鸣实录》，湖南人民出版社 1998 年版，第 372 页。

实现权利和权力平衡的一般理论。由于涉及最基本法现象、法学的基本对象（范围）、法学的基本范畴和法学基本分析框架等广泛的基础性研究领域及对它们的重新认识，所以，深入探讨这个问题有可能带动整个法学基础理论的发展，至少有助于打破相当一段时间以来法学基础性研究过于沉寂的局面。

第二节　法权中心主张之核心内容①

为了解决好法理学领域的一些基础性认识问题，我曾针对社会主义法应以什么为重心的问题提出并努力证明过如下论点：义务本位、权力本位、权利本位以及诸如此类的提法理论上都站不住脚，实践上不可行或利少弊多。法本位问题仍有继续讨论下去的必要，关键是要找到一种有助于权利和权力平衡的一般理论。② 在那之后，《中国法学》杂志又发表了两篇申述权利本位说的长文，其中一篇从正面系统重申了此前十来年间已表达过的相应观点，另一篇在进一步展示权利本位说的理论逻辑的同时，对我阐发的有关论点提出了富含启发性的商榷意见。③ 这后一篇文章是刘旺洪教授写的，我本应专文回应刘教授的意见，但考虑到把自己关于法以什么为重心的想法从正面提出和证明了之后，再来回应刘教授的意见，更能把有关问题说清楚。所以，我还是按照原定计划，先正面提出和证明法权中心的猜想，再针对刘教授的商榷进行答辩。

积个人的全部知识、经验和生活体验，我以为：法治之法、社会主义之法以法权为重心或者应当以法权为重心，追求法权总量的最大化——这就是法权中心的猜想，也可以说是法权重心、法权中心的猜想。④ 我提出这种猜想，主要是为了让它在学理上能够具备置换各种显性或隐性的权利本位说、义务本位说或权力本位说的功能，给法学产品消费市场提供一种

---

① 本节原载《中国法学》2001 年第 6 期，标题是《法权中心的猜想与证明》，融入本书时按原理、术语统一和与其他部分整合为一体的标准做了修订。

② 参见童之伟《权利本位说再评议》，《中国法学》2000 年第 6 期。

③ 参见刘旺洪《权利本位的理论逻辑》，《中国法学》2001 年第 2 期。

④ 所谓猜想，相当于自然科学中的假说。提出假说然后加以验证是自然科学基础性研究惯常采用的揭示事物的根本属性或不同事物之间隐性联系的方法，本书有意遵循了这种方法的思路。法学没有实验室和实验材料，但法学有社会和社会生活事实，我想这就足够了。

新的选择。在本书中，中心与重心、本位是同等意义的词语，刻意采用"中心"一词，主要是为了从符号层面强化法权中心的猜想（或法权中心）与现有各种法本位说的区别。学术的价值在于创新而不在于守陈，我希望通过对法的重心何在问题的建设性探讨，来进一步打破"法以权利为本位"这一支持者众多但实际上并无足够根据、并不反映法治之法、社会主义法的基本要求和主要特征的法学信条对法学工作者观念的束缚，以形成新的、更符合中国基本情况和实际需要的理论来弥补因权利本位说被证伪①后可能出现的法重心方面的观念真空。

一　为什么要提出法权中心的猜想

基础研究也好，其他类型的研究也好，都是为了解决前人没解决或没有真正解决好的问题，这在法学领域也丝毫不例外。

我提出法权中心的猜想的目的决不是有意同现有的某种或某几种理论过不去，而是为了解决一些长期困扰中外法学界、尤其是中国法学界的一些理论的和实际的问题。这些问题无论是按现有的哪种法中心（或本位）观，迄今都还没能得到令人信服的解释或解决。

在政治哲学和法哲学层面，始终有一个个人与国家的关系问题。这个问题除非人们避而不谈（实际上许多法学者的理论对这个问题的确是采取模糊态度的），否则，他们往往不得不做非此即彼的极端性的选择，即要么选择个人中心，要么选择国家中心，似乎找不到明确地将个人与国家放在同等地位的第三种学说。我认为，这种情形在历史上和现实中对社会生活的影响大多是负面的。

在个人与国家关系方面，第一种极端的学说是国家主义。这种学说的基本特征是主张国家至上、国家神圣，个人应无条件地服从、服务于国家。国家主义有深远的历史渊源。一般地说，历史上以不同形式宣扬君国一体、君权神授，维护专制君主制的理论，是国家主义的较古老形式。黑格尔主义、新黑格尔主义、极权主义等是国家主义的较晚近形式。

---

① 从学界对童之伟《权利本位说再评议》一文所做的直接间接回应看，还未见有文字能够否定此文列举的权利本位说的种种致命缺陷。所以，此说最终被证伪是极有可能的。当然，一种法观念理论上被证伪和该观念在人群中有没有支持者是两码事，前者是科学问题，后者主要是个人选择问题，选择者须做很多世俗的考量，在现有法学资源分配体制下尤其是这样。

西方有学者倾向于将马克思的政治理论视为国家主义的表现形式之一，①社会主义国家也有学者对马克思社会历史观做近似于国家主义的理解，②这完全没有根据，可以说很大程度上是对马克思主义创始人的误解。马克思、恩格斯1848年在《共产党宣言》中说过一段很经典的话："代替那存在着阶级和阶级对立的资产阶级的社会的，将是这样一个联合体，在那里，每个人的自由发展是一切人的自由发展的条件。"③马克思去世后，恩格斯在1894年再次在有人请他从马克思的著作中找出一则有代表性题词时，他重申除这句话之外，"我再也找不出合适的了"。④而这正好表明，他们所企求的是个人和共同体（在国家消亡前主要表现为国家）的协调平衡的发展，既不是个人主义，也不是国家主义。

当然，我并不否认，在历史上和现实中不少社会主义国家的经济政治理论和社会生活、法律制度中或多或少地存在着某些国家主义倾向。但这归根到底主要与全民所有制采用国有制形式，国有经济成分的比重超越了社会经济发展所允许的限度，长期实行计划经济体制以及缺少民主、法治传统等因素有较密切关系。

在个人与国家关系方面的第二种极端的学说是个人主义。这是一种在个人与国家的关系方面以个人为中心的理论主张。有人认为，像国家主义一样，"个人主义学说起源很古老。它萌芽于罗马法学家们的著作，古罗马的所有法律无疑都是出色的个人主义建构。个人主义在十六世纪得到了复兴和发展，它是这一时期每一种伟大思想的灵感来源，特别是启发了那个时代关于君主的著作"。⑤个人主义的晚近形式有利己主义、利他主义、

---

① See Edward M. Burns, *Ideas in Conflict*：*The Political Theories of the Contemporary World*，New York：W. W. Norton & Company Inc. , 1960，especially Chapter Six.

② 关于个人与社会关系，《中国大百科全书·哲学卷》（中国大百科全书出版社1985年版第248页）写道："在社会主义社会里，社会利益是个人利益的基础。"考虑到这里所说的"社会利益"在法律上是由国家代表的公共利益，因而此言所强调的实际上是以国家为基础，故可将其归结为与个人主义相对称的国家主义的范畴。

③ ［德］马克思和恩格斯：《共产党宣言》，《马克思恩格斯选集》第1卷，人民出版社2012年版，第422页。

④ ［德］恩格斯：《致朱泽培·卡内帕》，《马克思恩格斯选集》第4卷，人民出版社2012年版，第646—647页。

⑤ Duguit, Léon, "The Law and the State", 31 *HARV. L. Rev.* 1, 8, trans. Frederick J. de Sloovere, 1917, p. 10.

自由主义和无政府主义，其中在法学中以无政府主义最为极端和纯粹，但以自由主义（可分为传统自由主义和现代自由主义）最为典型。历史上和现当代有很多著名的自由主义者，如果说洛克、孟德斯鸠、杰佛逊、密尔是传统自由主义的代表人物，那么哈耶克、诺齐克或许可算作新自由主义的代表人物。

国家主义与个人主义是处理个人与国家关系的两种对立的、极端的理论观点。按逻辑和常理，历史上和现实中都应该能够找到一种超越个人和国家并将两者协调统一起来、促进两者平衡发展的法学理论，但实际上从来没有出现。从通行于现代各国的法律制度看，个人主义或国家主义的典型类型都比较少见，大多都只是趋于中间形态但又明显保留了个人主义或国家主义的某些特征。在世界范围内个人主义和国家主义两极对立的基本格局今天仍然若隐可见，尽管两极的界线往往并不十分清晰。

个人主义与国家主义两种法观念的两极化对立反映到法律生活中，也带来了一些相应的后果。这些后果从内容上看表现在三个层面：

第一个层面是权力与权利的两极对立。这种对立使得不同的国家或同一个国家在不同的时代往往只能选择按自我认定的权利本位或权力本位①的倾向来确立其法律制度，造成一些非此即彼、重心倾于一端的偏颇。权力本位的实际政治法律内容就是国家主义，其法律制度的偏颇主要是：寻求权力的最大化；在整个法权结构（指法权内部权力与权利的比例）中，权力的比重显得特别大，权利（尤其是其中的自由）的比重很小；权力没有界限，或理论上有界限但法律上不明确，或法律上明确但权力主体越权行事事实上可不负应负的责任；片面强调权力的价值和作用，社会生活中不论出现什么问题，扩张权力和强化权力的运用成为最常见和最普遍的应对方式；权力（具体说来是国家政权或政权机构）成为法律，尤其是刑法的首要保护对象；按习惯或根据制度，当权力侵害权利的情况发生时、权力者可不承担或少承担责任，权利者所受的损害得不到救济或得不到充分有效的救济；刑事法制在面临要么放纵坏人，要么冤枉好人两难选择时，

---

①　权力本位在权利义务法理学的分析框架下往往被描述为义务本位或作为义务本位的内容之一加以处理。我是权利义务法理学的批评者，不采用那种分析框架，这里谨提请读者注意权力本位与传统上人们赋予义务本位一词的内容的关联。

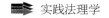

宁愿冤枉好人。①

与此相反，权利本位的实际政治法律内容就是个人主义，其法律制度则表现为或至少偏向于另一个极端。对这种法律制度必然会有的弊病，我已做过论证。② 再概括一下说，这方面的极端无外乎主要是指：权利没有边界，可任意挤占权力应掌控的空间；有牺牲正当的权力片面追求权利最大化的倾向；在法权结构中权利所占的比重过大，权力所占比重太小，权力无法平衡权利和限制权利的滥用；不同形式和不同程度的无政府状态；行使一种权利严重损害其他种类的权利；③ 过度放纵某些于人于己都有害的个人行为的情形，④ 以及一部分人的权利过度膨胀、严重挤压其他人权利空间的情形，⑤ 等等。若欲跳出个人主义与国家主义的两极对立，必须要法权中心这样包容和中道的观念。

第二个层面表现为公共利益和个人利益的两极对立。在这种格局中，人们在做制度安排时所选择的往往只是让其中一种利益无条件优越和优先于另一种利益。即要么选择公共利益本位，让公共利益无条件优越于和优先于个人利益，牺牲个人正当利益追求公共利益最大化；要么选择个人利益本位，让个人利益无条件优越于和优先于公共利益，压缩必不可少的公共利益追求个人利益最大化。在它们两者间似乎只能是要么西风压倒东风，要么东风压倒西风，没有平等协调地共存的余地。从权力、权利与利益的关系看，公共利益本位是权力本位的社会内容，个人利益本位则是权利本位的社会内容。若要跳出个人利益与公共利益的两极对立，这里需要一个新的统计单位：国民利益，其内容为法律上的个

---

① 中国过去二十余年间出现的一些著名冤案，如佘祥林故意杀人案、赵作海故意杀人案、聂树斌故意杀人案，被告人当初都是在疑罪从有、宁枉勿纵的办案指导思想下被定罪判刑的。这些案件得到纠正，要么因为被害人"复活"，要么因为真凶意外现身。这三个冤案分别于2005年、2010年和2016年获中国最高人民法院再审纠正。

② 参见童之伟《权利本位说再评议》，《中国法学》2000年第6期。有学者对我的这种论证方式提出了批评，但我推敲再三，确信我并没有错，后文还将进一步说明理由。

③ 例如，按美国《宪法》第2条修正案，"人民拥有和携带武器的权利不受侵犯"。从实际情况看，行使这项权利往往造成严重损害公民生命、健康权的后果。

④ 如2015年以来，中外媒体广泛报道，美国许多州居民为娱乐目的吸食大麻的法律文件，我认为，这是过度张扬个人权利的例证。

⑤ 在欧美不少国家中，竞选民意代表和公职的过程成了支出竞选经费的竞赛过程，政治职位实际上是按"投资"分配的。在这里，实质上是个别人用巨量的财产权利在不小程度上排挤掉并取代了普通人的选举权利和被选举的权利。

人利益加上公共利益之和。[1]

国家主义与个人主义两极对立第三个层面的表现是公共财产与个人财产的两极对立。[2] 在这种对立中，有关的制度安排往往倾向于让其中一种财产无条件优越和优先于另一种财产。其中如果公共财产处于无条件优越和优先的地位，追求公共财产最大化，就是公共财产本位；反之则是个人财产本位。由法权、利益、财产三者关系的性质所决定，公共财产本位是权力本位、公共利益本位的物质内容，个人财产本位则是权利本位、个人利益本位的物质内容。若要跳出私有财产与公共财产的两极对立，需要一个新的统计单位：归属已定全部财产或全部合法财产，即私有财产加上公共财产之和，可谓国民财产和国民财富。

无数的事实表明，在处理个人与国家的关系方面，按国家主义和个人主义二元对立、非此即彼的思路做理论选择，过于极端和偏颇。这样做通常会导致两种结果。一种结果是极端形式的社会实践：国家主义导致专制统治，个人主义导致权利滥用、过度的自由放任乃至各种形式的无政府状态。历史上出现过的专制君主制、法西斯极权体制以及其他种类的专制体制是国家主义的实践形式。而吸毒合法、半合法化，卖淫合法化，枪支泛滥，法律过分偏重保护犯罪嫌疑人权利等，则是个人主义必然的实践后果。另一种结果是有关理论在社会生活中行不通，致使实践不得不脱离有关主体想要让它遵循的理论，这种情况在公认是奉行个人主义或自由主义哲学的那些国家中表现得很明显。在那些国家里，按个人主义的精神，当权利与权力冲突、个人利益与公共利益冲突、个人财产与公共财产冲突时，原本应以满足权利最大化、个人利益最大化和个人财产最大化的需要的方式解决冲突。但实际情况并不是这样，也绝对不可能如此，不论对于哪种历史类型的国家。

真实的情况是，不论哪一个奉行个人主义或自由主义的法治国家，当上述冲突发生时，无非是依法律来处理，而法律在绝大多数情况下实际上不得不将权利与权力、个人利益与公共利益、个人财产与公共财产这三对

---

[1] 个人利益、公共利益、国民利益的分类标准和分类方法以及这几种利益的具体构成因素等内容，见本书第五章中的"法权分析模型"。

[2] 特指自然人、法人和其他处于非公共机关地位的社会经济组织，与国家机构等公共机关相对称。

矛盾的前后两个对立面放在形式平等的位置。法把它们放在形式平等的位置，意味着法的本位事实上离开了个人主义，即离开了权利本位、个人利益本位和个人财产本位。大体同样的情形也发生在奉行国家主义的社会中。

实际上，在国家主义与个人主义两极对立的分析框架下，不论以其中哪一种为中心往往都不能合理解释当今法制较健全国家中的一些最简单的法律生活现象，而无法合理解释就表明不能自圆其说。从法律层面看，人们不能不仔细思量的问题是：（1）对于权利与权力冲突，法治国家的法院为什么不按两者发生冲突判权利方胜的权利本位原则或两者发生冲突判权力方胜的权力本位原则判案，而是要依法做出中道的衡量，根据是非曲直有时判决权利方胜诉有时判决权力方胜诉？（2）法院裁判这类案件所依之法既然将权利和权力放在形式平等的地位，法院也的确依法断案、不偏袒其中任何一方，那么凭什么说这些法是权利本位的或权力本位的？（3）法既然将权利和权力分开并分别划定两者的范围，让它们各守分际不得相互侵犯，那么，法所体现和维护的东西就一定既高于权利，也高于权力，无论如何不会以其中的任何一方为"本位"。可是，那个既高于权利、又高于权力，被法视为本位、中心或作为根本加以维护的东西是什么呢？它只能是法权，即权利权力统一体和它后面的国民利益和国民财产或国民财富。

从国家主义与个人主义二元对立在利益层面的反映看，问题也与法律层面相似。这些内容相近的问题我们可按个人利益与权利相对应、公共利益与权力相对应的事实，比照前文推导出来。这里的关键仍然是社会主义法和其他类型的法治之法既然通过划分权利与权力的方式将公共利益和个人利益区分开来，让它们各守分际，不得相互侵犯，并对侵犯者规定了制裁措施，那么，这种法怎么可能以它们两者中的一方做本位呢？难道法律可以要求在两相冲突的时候用牺牲大量个人利益的方式来保存少量的公共利益，或以牺牲大量公共利益为代价来保存少量的个人利益？如果法律真这么安排，那岂不是在促使国民利益、国民财富的总量日益减少，致使社会的生存条件日益难以为继吗？

各种法的利益归根到底是物质利益，而物质利益的物化形式是财产（财富）。所以，在财产层面，我们或许更容易看清公共财产与个人财产二元对立的分析框架的偏颇：如果将法的中心或本位定位于公共财产或个人财产，那么人们就不可避免地要提出这样一个问题：难道这种所谓公共财产本位的法或个人财产本位的法有理由规定凡当这两种财产发生冲突时，均应牺牲处于非本位地位的财产以保全处于本位地位的财产而不考虑其量的大小？譬如，更具体地说，公共财产本位的法或个人财产本位的法难道可以要求以大量牺牲其中一种财产（如 10000 元）为代价去保全另一种价值量较低的财产（如 1000 元，100 元乃至 1 元）？如果答案是否定的，那么有关财产的本位地位怎么体现？①

如果答案是肯定的，那么这种法岂不成了危害和减损综合国力之法、成了损害生产力和社会进步之法、成了促使社会走向自我毁灭之法？法治之法、社会主义之法肯定不能是这样的。

总之，国家主义与个人主义两极对立、非此即彼的理论和分析框架既不能合理解释法治之法、社会主义之法，也不能正确引导法律生活，只会促成片面的法学理论和片面的法律制度，不可取。由国家主义和个人主义两极对立衍生出的各种具体法学理论和具体法学分析框架当然也不可取，它们包括：权利本位、权力本位（现有法学理论一般将其不恰当地表述为义务本位）的思路和方法；公共利益本位、个人利益本位的思路和方法；公共财产本位、个人财产本位的思路和方法，等等。

我希望法权概念和法权中心的提出有助于跳出并打破国家主义与个人主义两极对立、非此即彼的绝对化理论和分析框架，按实事求是的精神、形成一种平等看待国家与个人，并兼顾和平衡国家与个人的法学理论。这种法学理论主要由三个层次构成：（1）以有利于法权最大化为原则和基准处理各种法定之权之间的关系，其中首先是处理权利与权力的关系，其次是处理一种权利与另一种权利、一种权力与另一种权力的关系；（2）以国民利益（即个人利益和公共利益的有机统一体）最大化为原则和基准处理各种法定利益之间的关系，其中首先是个人利益与公共利益的关系，其次是个人利益的不同组成部分之间和公共利益的不同组成部分之间的关系；（3）以国民财产（个人财产和公共财产之和）最大化为原则和基准处理各

①　不少国家的法律的确在某些无关大体的问题上做出过或偏向于国家或偏向于个人的规定（如在关于无主财产的归属的问题上），但这类规定不代表有关国家的法的基本方面，故不能据此断定有关法是某某本位的法，要说也只能说在这个具体问题上有某某本位的倾向。

种主体财产之间的关系，其中首先是个人财产与公共财产之间的关系，其次是个人财产的不同构成部分之间和公共财产的不同构成部分之间的关系。

二　法权中心之要义

政治哲学、法哲学上国家主义与个人主义的两极对立，在法学上集中反映为权力与权利的两极对立。在以和化的"权利"为重心的权利义务法理学框架下，权力与权利的两极对立过去长期被不恰当地放在权利与义务对立的框架中予以解释，更确切地说是被忽视和被遮盖。本书按实事求是精神努力还它以权利与权力对立的本来面目。

对于权力与权利两极对立的分析框架在理论和实践上的片面性，我国法学者中最早有较深刻认识并提出了矫正性理论的是罗豪才教授。这里所说的矫正性理论，指的是罗教授从行政法角度表述的平衡论。在平衡论分析所及的范围内，体现国家主义的是管理论，体现个人主义的是控权论。罗教授认为，管理论之偏颇在价值导向上是重国家利益，在权力义务关系上以行政主体的权力为本位，在作用上看重保障行政机关有效管理，具有人治色彩；而控权论的价值导向是重个人利益，追求个人主义，权利义务取向是以权利为本位，作用上看重保障公民权利，认为法治最重要目标是控制政府守法，等等。针对这些偏颇，他提出了将以上两方面统一起来、实现权利与权力总体平衡的设想。[①] 在法的重心或本位问题上，虽然法理学、宪法学、行政法学已先后产生了为数可观的以"论"为标志的理论观点，但我认为，只有平衡论在法哲学上突破了国家主义和个人主义两极对立、非此即彼的分析框架，因而有重要的理论创新意义。

不过，我们也应该看到，平衡论的出现没有、也不可能全面打破国家主义与个人主义两极对立的法学思维定势，因为从法的一般理论的角度看，它有很大的局限性。首先，平衡论只是一种部门法学的理论，它不必、也没有超出本学科（即行政法学）的范围考虑事关整个法学的理论问题，它所涉及的主要只是行政权力与行政相对人的权利的关系，而这两者

[①] 这是笔者按本书所属学科的需要对罗豪才教授作品中的有关内容做的扼要概括，原文可参见罗豪才主编《现代行政法的平衡理论》一书"代序"，北京大学出版社 1997 年版，第 1—7 页。

及其相互关系仅仅是全部权力和权利及其相互关系的一小部分。其次，由于上述原因，平衡论的创始者没有致力于重估基本的法现象、法的基本内容和法律生活基本矛盾，也没有深入考察权利、权力和义务的利益内容和财产内容，显得法理基础有些薄弱。再次，平衡论迁就和沿用着已较为陈旧、难以实事求是地反映法律生活真实的以和化的"权利"为重心的权利义务分析框架，使得原本清楚明白、一目即可了然的行政相对人权利与行政权力平衡问题，在理论上被扭曲成了权利与义务平衡的问题。

平衡论自身还有一大缺点，即从法的一般理论的高度看，它在指明了权力本位（控权论）和义务本位（管理论）的偏颇的同时，没有找到一个足以取代它们、比它们两者中任一个都显得更合理的东西作为法（行政法）的重心、本位或中心。的确，认识到并且强调权力与权利（按传统说法是权利与义务）的平衡很重要，但更重要的是要真正找到一个能够衡量它们两者的实际状况是否平衡的基准点，或者更进一步说，是找到一个使行政权力与相对人权利能作为其准据以求得平衡的新的法"本位"。很可惜，平衡论在这方面没有做出明显的努力，因而留下了一个较大的理论缺陷。或许有学者会说，平衡论是主张权利和权力双重本位、双重中心。这样说难以令人信服，因为，如果对立双方都成了本位、中心，就等于没有本位、中心了。

为适应中国社会经济生活的发展，今天的法学既要为法治之法、社会主义之法找到新的中心（或重心、本位），也要为实现权利与权力平衡（传统说法是权利与义务的平衡）寻找一个基准点，使权力与权利能在一种新的法学理念引导下在实际生活中最大限度地协调统一起来。法权说、法权中心的猜想回答了这个中心或基准点是什么的问题。

由法权的构成及其根本属性所决定，法权中心的主张实际强调了以下四个方面的内容：

（一）法权中心就是人民（指全体国民，下同）之权①中的全部法定部分中心，是人民之权（传统上不甚恰当被译为"人民权利"）中心的法

---

① 人民之权（传统上不甚恰当被译为"人民权利"）指一个国家或政治共同体内，全体组成分子共有的本源性的权，其主体是一个集合体即人民或国民全体，人民之权是一个政治概念。权利严格地说在法学上仅指法的权利的简称，指的是在一个国家或政治共同体中依法律属于个人的那部分"权"，其主体为个人，以及与政治国家对称的、法律地位与个人相近的其他个人。

学表现。人民之权是一个政治概念，它与法的权利的性质和内容有根本的区别。汉语法学所说的权利指的是法的权利，它只是人民之权的组成部分之一。在民主制下，人民之权实即现实的全部权，从结构上看包括三个组成部分：第一部分是权力，即法的权力，在我国基本上表现为那些属于或应该属于各级各类国家机关的职权、权限等，它是人民之权中由人民委托给国家代为行使的部分，其委托方式是在直接或间接选举中进行投票；第二部分是权利，即法的权利，它是从人民之权中减去委托给国家的部分的余数中由法承认和保护的部分，在我国表现为公民、法人及其他处于个人地位的组织依法所享有的各种权利；第三部分是剩余权，指从人民之中减去权力和权利后的余数，在法治社会一般表现为法不保护或无法保护但个人却又实际享有的一些"权"。① 据此可以看到，由于法不记载剩余权，作为权利权力统一体的法权，就成了法律眼中的全部人民之权。所以，法权中心实为人民之权本位的法学表达形式。这在理论上表明：人民之权是根本，法应该是人民之权的体现，权利、权力在人民之权和体现它的法的面前，地位应该是平等的；权利与权力的划分比例，相互关系，以及权利、权力的配置方式，都应该服从、服务于人民之权的最大化的要求、服务于人民之权的充分实现。

（二）在现实生活中，法权中心就是权利权力统一体中心，或者权利权力统一体本位。法权中心追求法权总量的最大化，既排斥片面扩张权力、无限制压缩权利、与专制极权和国家主义有必然联系的权力本位，也排斥片面扩张权利、无限制压缩权力并妖魔化权力，与无政府状态和法哲学上的个人主义或自由主义的各种极端表现有逻辑联系的权利本位。② 法权中心首先要求特定国家或社会以谋求法权总量最大化为根本原则来形成法律体系，以是否有利于法权总量最大化为基本衡量准则来具体适用法律。显然，按这些原则或准则，不论创制法律还是实施法律，都是以法权

---

① 如有些国家不承认婚约、也不保护根据婚约产生的"权"，但按习惯和风俗，这种"权"是得到认可的，它是剩余权较典型的存在形态之一。

② 权利和权力分别构成法权即权利权力统一体的两端，按法权分析的逻辑，法要么以整个法权为本位，要么以两端中的一端为本位，其中，以权力为本位意味着国家主义的极端，以权利为本位意味着自由主义的极端，只有以法权为中心体现出平正、中庸和第三条道路或第三种选择。顺便强调一下，个人主义或自由主义是一个政治哲学和法哲学概念，与我国现实政治语汇中的自由化一词完全不是一回事。

为中心的。一般地说，适应实现法权总量最大化要求的最优法权结构在不同的时代、不同的国家是不一样的，各国可以而且应该根据自己的具体情况来确定最适合自身发展的法权结构。

正因为法要以法权为中心，而不以权力或权利为中心，法治国家、社会主义国家处理权利与权力冲突才既不能假定权利无错，无条件地要求权力服从权利，也不能假定权力无错，要求权利无条件服从权力，而是只能按法权最大化原则和有关准则，根据具体情况来处理法权内部的冲突，包括权利—权力冲突，权利—权利冲突和权力—权力冲突。为形成有利于法权总量最大化的法权结构，压缩部分权利相应扩张部分权力，压缩部分权力相应扩张部分权利，抑制一部分权利或权力扩张另一部分权利或权力，都无可厚非，都是法权中心的应有之义。以上原理和原则在修宪、立法、司法、执法和守法中都能具体贯彻和运用。

（三）从社会内容看，法权中心意味着国民利益（即个人利益和公共利益的有机统一体，以下比照经济学上的国民生产总值中"国民"的用法，一般简称国民利益）中心。一个国家或社会的全部利益可分为法的利益和法外利益两大类，其中法的利益是基本的和主要的，可进一步区分为个人利益和公共利益两部分。近年来，我多次证明过的权利、权力、法权与个人利益、公共利益和法的整体利益之间的对应关系原理表明，法权对应着国民利益，法权总量对应着国民利益总量。所以，国民利益中心是法权中心在法的社会内容层面的必然反映。据此可以看出，法权中心的逻辑要求是，法的个人利益、公共利益都应服从和服务于实现国民利益最大化的需要。国民利益是法的个人利益和公共利益之和，故后两者中任何一方的重要性都不可能与前者相比肩。为实现国民利益的最大化，可以牺牲部分个人利益，也可以牺牲部分公共利益，而在个人利益与公共利益两者间，没有也不应该有什么一方地位必然高于或低于另一方、必然做另一方的本位或从属物的问题。

（四）从物质内容层面看，法权中心强调的是国民财产中心，即强调各种主体的财产或各种所有制下的财产的平等保护。一个国家或社会的全部财产可分为归属已定的和归属未定的两大类，其中归属已定之财产通俗点说就是一个国家或社会的全部有主的财产或国民财产，这一大类财产又进一步分为个人财产和公共财产两大部分，归属未定之财产（无主财产）

的数量非常少，以至于实际生活中在多数情况下几乎可以忽略不计。因此，根据法权以归属已定之财产为物质承担者、两者之间存在着对应关系这一情况，完全可以说，从法律角度看，法权中心就是追求一国或一定社会全部财产或财富总量的最大化。法权中心表明，法尤其是当代中国的法律应当以致力于国民财产或国民财富总量的最大化为根本。① 在个人财产，公共财产与归属已定全部财产三者的关系中，前两者的法律地位、比例关系和存在形态，都应当服从于归属已定全部财产最大化的需要。当产生这种需要时，该限制、牺牲个人财产就限制、牺牲个人财产，该限制或牺牲公共财产时，就得牺牲公共财产。这是再通俗、再自然不过的道理。

这里需要特别加以说明的是，一国"应当以致力于国民财产或国民财富最大化为根本"仅仅是法权中心、实践法理学对法律的经济要求，它会受到同样属性的道德要求、政治要求和法律本身的要求的竞争和制约。各方面要求充分竞争的后果必然是各方所得处于相对平衡状态。法权中心的道德要求、政治要求和法律本身的要求至少包括这样一些要素：每个人都是法权的平等所有者，其活动目的都是获得现世的自由和幸福；法权配置尤其是其中的法权结构（权力/权利）必须维持平衡；应保障和尊重人权；需要法治而非人治。

在一国全部财产或国民财产最大化的需要面前，个人财产和公共财产应当完全平等，其中任何一方都不必然比另一方更重要，都没有必然的理由无条件取得优先于另一方的地位。一个国家或社会的法如果违背法权中心的这种必然要求，它就难免受蕴含于其中的规律的惩罚，从而付出使预期的财产总量受减损的代价。在这方面，我国历史上有数十年是付出过沉重代价的，只不过尚无人从法学角度予以具体证明和评估而已。不过，为了使这两种财产能够得到事实上的平等保护，法可以适度强化对易受损害的、较弱小的一方的保护。应当说明，既然法权中心强调的重心归根到底是一国或一定社会各种主体全部财产的最大化，那么，它实际上是要求法

---

① 实际生活中，一个社会或国家的财产可以不必严格区分为归属已定（有主）的和归属未定（无主）的。从理论上说，此处所说的财产或财富总量所指的是社会全部财产中归属已定的部分。由于归属已定的财产在社会全部财产中所占比例极大，故在很多情况下归属未定之财产可以忽略不计，这样，归属已定之财产也就可以视同全部国民财产了。

服从、服务于解放和发展生产力的需要，服从和服务于提高综合国力的需要。

法权中心的以上含义或内容，是一个多层次但又高度统一的集合体。

三　法权中心之证明

现在需要证明的是：法治之法、社会主义之法应当以法权为中心，通过权利和权力的优化配置追求法权的最大化，而不应该也不可能片面无条件地以权力或权利为中心，追求权力或权利的最大化。

从实际情况看，在国家与个人关系问题上，作为国家主义法学表现的权力本位观（社会本位说与它很相近，义务本位说包含着它的一部分内容）在我国法学界的影响日渐衰退，只有作为个人主义法学表现的权利本位说还保持着一定的影响力。在这种情况下，很显然，本书在证明法权中心合理性的过程中如果不得不有所比较的话，拿来做比较的相关提法将首先是权利本位说，其次才是其他对应的理论观点。

断定法治之法、社会主义之法以法权为中心或应当以法权为中心并追求法权最大化的主要依据和理由如下。

1. 以法权为中心是宪法的精神与要求。宪法是一国法律体系的缩影，宪法以法权为中心意味着整个法律体系以法权为中心。证明或理解宪法以法权为中心之关键，是真正深入了解人民之权、权利、权力和法权四者间的联系和区别，其中应该特别注意，不论从内容还是范围看，法权即人民之权的法律表现。① 宪法的第一要务就是以适当形式确认法所保护的"权"的范围（即确认法权中的宪权），② 将法权划分为权利和权力两部分，然后再设定权利分享的基本原则和基本规则，规定权力配置的基本原则、运用

---

① 在法权分析模型中，权利＋权力＋剩余权＝权；从实际内容看，权即各种政治宣言和宪法上所说的人民之权，从权中减去剩余权后的余数就是法权，即全部法定之权。法权是由全部权利和权力构成的有机统一体。

② 不少学者认为，不存在宪法确认法权范围的问题，对人民之权，宪法和法律都应该保护。这从原则上看是正确的，但是，"人民之权"在法律上有范围没有？如果你承认它在法律上有范围，那么你所说的"人民之权"实际上是"法权"，如果你所说的"人民之权"没有范围，那么，你得解释为什么每一个法治国家都有一些法律不保护的"权利"——如某些基于道德、习惯、宗教原则和民间社团自定规则产生的"权利"。这些"权利"的存在表明宪法保护的权利是有范围的，因而事实上存在着从人民之权中确认法权的问题，尽管其确认方式不明显。

机构和运用的基本规则，并通过权利与权力、权利与权利、权力与权力的良性互动来实现法权。在这个过程中，权力与权利在宪法面前是完全平等的：权力不必然服从和服务于权利，相反倒是要规范和约束权利的运用行为，惩罚权利主体滥用权利侵害权力和以一种权利去损害另一种权利的行为；权利主体要依法服从权力的管治，权力主体对不服从的权利主体要施行强制，尽管后者可以依法监督前者，但必须按照既定的程序办；如此等等。不少学者以为权力应无条件从属于权利，严格地说这种看法是错误的。

因为，权力可以而且应该从属的是法律眼中的人民之权，即作为整体的法权，决不能仅仅是其中的权利。否则，将不能解释何以权力要约束权利、权利主体要服从合法权力的管治和受权力强制等基本生活事实。在任何法治国家，如何划分、按什么比例划分法权，如何配置权利、权力和规范它们的运用行为，如何设定权利与权力相互协调、相互制约的关系，都应当取决于在整体上有效实现法权及促进其最大化的需要。在这一点上，从总体看，历史上和现实中没有任何一个法治国家的任何一部法能够例外。

当然，我也充分注意到，历史上和现实中有一些法，其中主要是作为一国法律体系基础和核心的宪法，特别强调公民基本权利及其保障，使人感到这些法实实在在就是权利本位的法，如包括《人和公民权利宣言》的1793年法国宪法和包括《被剥削劳动人民权利宣言》①在内的1918年《俄罗斯社会主义联邦苏维埃共和国宪法》。但真实的情况并不是那样。这些宪法之所以特别强调权利及其保障，主要是因为革命前普通百姓普遍处于无权利或权利无保障的地位，而另一方面国家的权力又无处不在、过于强大。此时作为革命成果之一的宪法特别强调权利及其保障，仅仅是为了在新的历史条件下改变革命前的状况，使权利能够平衡历来十分强大的权力，让权利与权力能够平衡、协调地共存和运作，一起促进法权即宪法上的人民之权的实现。

在这里，宪法特别强调权利及其保障，主要只能说明有关国家在制宪之前个人的权利极少、保障状况特差，以及宪法制定者想在新的历史条件

---

① 从法权说角度看，《被剥削劳动人民权利宣言》应译为《被剥削劳动人民之权宣言》。

下改变这种状况，与这些国家的宪法是不是以权利为本位没有关系。这正如对待一个得了胃病的人，医生在处方上开很多治胃病的药，强调要养胃、治胃，但如果人们由此得出一个一般结论，认为胃是人的生命之本，其他器官都是以胃为中心而存在的，那就失之片面和谬误了。须知，猫与老鼠对立，叽叽喳喳的是鼠，不声不响的是猫。历史上特别强调权利，所针对的正是权利保障很糟糕的状况。

还须注意，强调权利并不必然能促使权利充分到足以平衡权力的程度，退一步说，即使平衡了，权利也不可能以自己为中心，它能为法权的充分实现创造一个较好的条件就算不错了。1793 年法国宪法和 1918 年俄国宪法通过之时以及通过之后数十年的历史可以作为这一观点的佐证。此外，我们还应注意，上述《被剥削劳动人民权利宣言》中的"劳动人民权利"不是法的权利，而是政治意义上的本源性的权，与"人民之权"是同等意义的概念，其中包含着法的权利和权力在内。所以，"劳动人民权利"原本应译为"劳动人民之权"。

2. 在法治之法、社会主义法面前，权力和权利应当是完全平等的、也只能完全平等，这一点集中表明只有作为权利权力统一体的法权才能做法的中心。不少学者乐于比较权力和权利的优劣、高下，并得出权利应无条件高于和优于权力的结论。我认为这种结论是十分错误的，很不符合实际：之所以说错误，是因为这些学者误将以公民等个人为主体的法的权利当成了以一国的人民或国民这一整体为主体的人民之权；而之所以说不符合实际，则是指这类结论与包括中国在内的当代任何一个法制较健全的国家的实际情况都不相一致。

以当代中国为例，说权力和权利在法面前应完全平等不仅是理论推导的结论，也有法的规定和事实做依据。我国《宪法》在第五条中规定："一切国家机关和武装力量、各政党和各社会团体、各企事业组织都必须遵守宪法和法律。一切违反宪法和法律的行为，必须予以追究。任何组织或者个人都不得有超越宪法和法律的特权。"从内容看，这就是要求掌握权力者与享有权利者以及权力与权利本身在宪法和法律面前完全平等。其他相应法律，尤其是行政诉讼法、行政处罚法等法律，都具体规定了当权力与权利发生冲突时，依法而不是依"身份"解决冲突的机制，体现了在法律面前权力与权利平等的精神。在这些方面，世界上任一法治国家的宪法和法律，都没有实质的不同，即没有任何一个国家的法律规定权利与权力发生冲突，权力都得向权利让步，或者权利都得对权力做退让。除根据体现法权要求的法律办事之外，不存在什么权利本位或权力本位，也不能允许它们存在。因为，如果法真的片面地以权利为本位或以权力为本位，法治和正常的法律秩序都必然会被破坏。

在权力、权利与法三者的关系方面，各国无数的判例（或案例）支持着权力、权利平等，都服从法律的论点。例如，按权利本位论者的标准，美国法该算得上是权利本位的法吧。但不论看哪一本美国宪法的教材和评介宪法判例的读物，我们都很容易看到这样一些记述：在为数众多的"某人某团体诉美国""美国诉某人某团体"的宪法判例中，法院都是依据宪法和具体情况，时而判"美国"胜诉、某人某民间团体败诉，时而判某人某民间团体胜诉、"美国"败诉。① 无论如何，我从这些判例中除看到有关法院顺应时势变迁依宪法、法律裁判案件外，看不出法的权力与法的权利有什么高下之分。

中国在法制受到严重破坏的时期，曾经几乎无宪法、法律可言，权利与权力本身的定位及其相互关系一片混乱，但自从形成了较完整的法律体系后，至少在正式制度上，权利与权力在宪法和法律面前是平等的。我查阅了历史上我国最高人民法院公布的案例，其中属于权利—权力冲突性质的不少，从较典型的情形看也是权利与权力双方互有胜负：例如，《福建省水电勘测设计院不服省地矿厅行政处罚案》是权力方胜诉权利方败诉的案例；② 《田永诉北京科技大学拒绝发毕业证、学位证行政诉讼案》、③ 《溆浦县中医院诉溆浦县邮电局不履行法定职责案》和《宿海燕不服劳动教养决定案》则都是权利方胜诉权力方败诉的案例。还有一些分析起来很复杂的权力—权利冲突的案例，这里就不列举了。至此为止有一点很明显，那就是，诸如此类的案子不论哪一方胜、哪一方败，制度上都不牵涉权利、

---

① 此处主要参考的书目是：Erwin Chemerinsky, *Constitutional Law: Principles and Policies*, Sixth Edition, New Youk: Wolters Kluwer Law & Business, 2019; Erwin Chemerinsky, *Constitutional Law*, Sixth Edition: 2021 Case Supplement, New Youk: Wolters Kluwer Law & Business, 2021; Laurence H. Tribe, *American Constitutional Law*, Vol. 1, Table of Cases, New Youk: Foundation Press, 2000, pp. lix – cxxi.

② 参见《最高人民法院公报》1998 年第 1 期。

③ 参见《最高人民法院公报》1999 年第 4 期；2000 年第 1 期；2000 年第 3 期。

权力法律地位高下、优劣、本位或非本位的问题，法院裁判所依据的唯一准绳是法律。

但是，法体现的是什么呢？合理的解释是，从根本上说，法体现的是法权中心和法权最大化的要求，也就是法眼中的人民之权中心及其最大化的要求。在法权面前，权利与权力两者中都处于从属的、次要的位置。因此，依法办事本身意味着权利、权力的运作以实现法权为中心，并服从、服务于法权最大化的需要。服从法就是服从有助于实现法权最大化的具体要求或条件。

3. 以法权为中心调整全部法律关系，这是法治之法、社会主义法的常态。权利—权力关系、权利—权利关系和权力—权力关系构成法律关系的全部内容。法以法权为中心调整法律关系，落实到实际生活中就是依法具体调整这三种关系并在调整过程中努力实现法权的最大化或成本的最小化。

在以上三种关系中，从逻辑上看，法律首先是以法权为中心来调整权利—权力关系。在这里，法律的首要任务是根据发展变化的社会历史条件优化法权结构，即促成法权内部形成权利与权力的最适当比例：既要维护权力的存在及其对权利的有效性，又要尽可能降低它在法权结构中的比重。通常，权利的存在和运用能积极地增进法权总量，一般是生产性的，而权力是消费性的，其存在和运用只能消极地增进法权总量。因此，为了实现法权总量最大化，一方面需尽可能降低权力的比重，增加权利的比重，另一方面权利应当能够有效制约权力、权力则必须足以规范和约束权利。否则，增进法权总量的社会成本就会过高，甚至可能造成法权总量的减损。[①] 衡量法权结构是否实现最优化的唯一标准，是看该结构能否有利于实现法权的最大化。这个问题单纯在法律层面很难讲清楚，必须联系权利、权力和法权的财产内容来考察才比较具体、比较容易把握。

其次，在权利—权利关系中，法通常的使命是确认权利和运用权力调

---

① 综合以上两方面的情况看，增进法权总量的成本过高和造成法权总量减损的具体表现多种多样，常见的有：权力总量过大、过于集中，扼杀社会活力，否定民主、科学；财政规模庞大，公共开支成为社会的沉重负担；对社会经济生活乃至私人生活过度干预，决策专断；公共部门机构臃肿，人浮于事，成事不足，败事有余；社会失范；治安状况恶化；动乱或周期性振荡等等。

控权利—权利交易、限制和惩罚权利的滥用，通过促成权利的最大化来实现法权的最大化。在权利—权利关系中，不公平、无诚信会造成过高的交易成本自不待言，即使是较不为人们所关注的权利滥用，其方式、规模和对权利总量的损害，有时也是很可怕的。权利滥用最明显的表现是为了实现较小量的权利而毁灭大量的权利。我多次看到类似的报道：某些企业为了每年百十余万元的盈利，放肆污染周边环境，有的甚至污染整条河流，造成周边数千万元的直接间接经济损失、河流沿岸上百公里地段的生产、生活用水无以为继。

在诸如以上这些情况下，法律都要运用权力来干预权利—权利关系，干预的目的是阻止以牺牲较大数量的权利为代价去获得较少量的权利，归根结底是为了法权总量的最大化或成本的最小化。或许有人说，这里好像追求的是权利的最大化。的确，表面看是为了权利最大化，但如果全面分析权利、权力和法权的关系，情况就不一样了：法律划分权利与权力，让权力干预权利—权利关系，根本目的是为了法权的充分实现和最大化，权利当然也有最大化的问题，但只能是法权结构最优化限度内的最大化，否则它就必然妨碍法权最大化。相对于法权最大化而言，权利最大化至多只能算是法的第二位的目的，当两者冲突时，权利最大化应服从于法权最大化的要求。

再次，从权力—权力关系看，法一般不以推动权力自身增长的方式来促成法权总量最大化，而是通过优化法权结构、减少法权损耗、降低权利交易成本的方式来相对促成法权总量最大化的。其中，优化法权结构是前提，优化起作用的方式有三种：一是通过适当分散、分开权力并维护既定分配架构以降低权力的强度，减少乃至消除权力对权利的侵害，为权利进而法权的最大化创造制度条件；二是相对降低运用权力维持既定权利—权利关系架构（如民商法律秩序）的成本，而不是相反。在这方面，历史上我国有几个国家机关做了一件事与愿违、法律效果不好的事情：发了一个本意是维护民商事法律秩序的通知，该通知总共 494 个字，却盖了包括最高人民法院和最高人民检察院在内的 44 个国家部委、中央机关联署的印章，引起舆论哗然；[①] 三是通过优化权力—权力结构来降低权利—权利交

---

① 参见黄涛：《44 个国家部委联署盖公章惩戒"老赖"企业失信或破产》，https://www.chinanews.com.cn/cj/2016/05－04/7857980.shtml，2023 年 12 月 17 日访问。

易过程中必不可免会发生的成本，如作为经营者的自然人、法人在订立和履行契约的过程中依法对公共机关做的各种支出，包括各种费、税以及耗费在与公共机关打交道上的时间等各种有形无形的东西。对于劣质的权力—权力结构对权利—权利交易的影响，某媒体关于行政审批制度弊端的报道中有一段话提供了一个生动的例证："河南省周口地区召开招商大会时，一位外商当场失声痛哭。原来他按照当地招商的条件，早已投资到位，但一年多过去了，投资项目还在没完没了的审批过程中，看好的投资收益成了'黄花菜'。这位外商的境遇相信绝非个别现象，曾经有投资者为办成一个项目，'过五关斩六将'，盖了150多个图章才得到批准。外商在华投资最头疼的问题之一就是审批手续繁琐，政府官僚主义，办事效率低下"①。这不就是行政权力结构劣质化对权利—权利交易造成的高成本吗？当然，这只是权力—权力结构劣质化妨碍权利—权利交易的无数事例中小小的一个。

4. 从所确认和保护的利益看，法治之法、社会主义法应以社会的整体利益为根本，优先追求国民利益的最大化。权利、权力和法权分别对应着个人利益、公共利益和国民利益，前者与后者是同一事物的两种存在形态，所以，法权中心就意味着国民利益中心。而在法权理论中的国民利益，指的是一定国家或社会中法律承认和保护的全部利益。从政治上看，国民利益也就是反映到法律中的人民（国民）的全部利益。从社会分层的观点看，全部利益中一部分是一国中居主导地位的社会集团成员的利益，其余是普通个人的利益。

对国民利益、个人利益和公共利益，法都应该承认和保护，这点毫无疑问，在这方面，真正有争议的问题是，哪种利益在法的眼中是最根本的，是应该不惜牺牲其他利益予以优先保护的。在这方面，传统的理论要么是主张个人利益无条件优先，要么是主张公共利益无条件优先，思维趋于简单化、极端化。造成这种状况的主要原因，从认识角度看，一是缺乏数量观念，二是缺少国民利益概念。

缺乏数量观念使人产生具体利益的重要程度由有关利益的性质决定而不是由数量决定的幻像，以致最终产生诸如此类的偏颇观念：在公共利益

---

① 于东：《中国改革行政审批制困难重重》，转引自《参考消息》2001年9月6日第8版。

无条件优先论者看来，公共利益不论多么小，也比无论多么大的个人利益重要，大有不惜牺牲价值十万、百万元甚至更多的个人利益以保全价值一元钱的公共利益的气概。①

个人利益无条件优先说也是偏颇的，只不过它表现为另一个极端。从逻辑上看，它也只能得出个人利益无论多么小，也应优先于公共利益的结论。这类学说在中国没有太多市场，但欧美国家比较有影响，甚至也有相应的较极端的事例。相信很多人还记得曾经很"轰动"的一则新闻，20多年前美国首都华盛顿有十几个同性恋者要行使游行示威的权利，为防止冲突，保障游行示威顺利进行，美国出动了4000多警察封锁道路，为他（她）们开路，提供保护——也许这就是个人利益无条件优先说的典型表现之一。有必要说明，我也赞成保护少数人的权利和利益，但我不赞成以牺牲数额巨大的公共利益为代价去实现数量很小的个人利益，因为这样做违反国民利益最大化、经济效率最大化或成本最小化原则。

在相同的方面，我们不妨再看看2017年中国和美国华人社会高度关注的伊利诺伊大学厄巴纳香槟分校留中国留学生章莹颖被该校助教布伦特·克里斯滕森绑架的案子。沉默权是个好东西，但被强调到超越损害社会整体利益的程度之后就显现了极端性。章莹颖被绑架，布伦特·克里斯滕森犯罪的客观事实清楚，在这种情况下，章莹颖的生命权的权利含量远高于布伦特·克里斯滕森的沉默权，为了营救章莹颖，此时按照理性应该限制犯罪嫌疑人的沉默权，但可惜美国制度中还没有这种安排。在这种情况，我觉得哈佛大学艾伦·德肖维茨教授的观点值得重视："如果刑讯作为处理为挽救大量生命时的炸弹案那样万不得已的手段进行管理，应该是可以的，只是应该在美国总统或最高法院法官批准的情况下程序公开且负责任地进行"；② 他还说："一般来说我反对将刑讯制度化，我希望将刑讯的使用降至最低限度。我相信，如今美国及其一些盟国实际上至少仍在使用有节制的非致命刑讯。我认为，如果我们曾经遇到一个可以通过施加刑讯来

---

① 假如利益是可以用金钱度量的话，这么说应该是很恰当的。事实上，马克思主义创始人多次指出过，利益归根结底是经济利益，而经济利益又是与财产和货币相联系的。由此看来，以货币单位作为衡量利益数量的单位，从根本上看是合理的。

② Alan Dershowitz: *Torture could be justified*, http://edition.cnn.com/2003/LAW/03/03/cnna. Dershowitz.

预防的迫在眉睫的大规模恐怖主义的实际案例，我们会使用刑讯（甚至是致命的刑讯），而公众会赞成使用它。这是我基于经验的结论。它是真还是假，时间可能会证明一切。"① 当然，他这是用一种把事情推向极端的逻辑方法得出的可"合理刑讯"结论，伊莱恩·斯卡里教授批评此说有"五点错误"。② 章莹颖案中没有出现定时炸弹，只涉及一个人的生命，但原则和道理是一样的。反对限制沉默权范围的人士所持的理由无外乎是，禁止刑讯不能有任何例外，否则就会失去控制。我认为，这里一个是原则问题，一个是技术问题，不能用技术否定原则，而且，技术是可以改进的。相信这类极端化的"政治正确"观念和相应做法，将来在美国也会引起较普遍反思并发生制度化改变。

我们看到，以上两种极端的学说和做法有一个共同的后果，那就是往往为保护数量较少的利益而牺牲数量较大利益，从而给社会造成了不必要的利益亏损，使失大于得，减损了国民利益的总量。这种情况偶然发生一两次社会尚能承担，但若时常发生，则势必影响社会的正常发展、使社会濒临"破产"威胁，同时也势必造成利益分配的失衡和不公正。

应当说明，当今不论哪种类型的国家，严格地说都只有侧重个人利益或侧重公共利益的法，没有真正以个人利益或公共利益为中心的法，法在不同程度上都是以国民利益为中心的。前面说到的公共利益或个人利益无条件优先的较极端事例，都只是个别现象。在绝大多数情况下，法都不能不以国民利益为中心，这是社会经济发展和现实生活本身的要求，不以人的意志为转移。

法权中心要求处理个人利益与公共利益的关系以及其他更具体的利益关系时遵循国民利益最大化原则。按照该原则，法律应该安排或鼓励以损耗数量较小的利益为代价去保存和促进数量较大的利益，但不应该安排以牺牲较大数量的利益为代价去保存或促进数量较小的利益

当今中国的法虽然侧重于公共利益，但从根本上说，它还是以国民利益为中心或本位的。我国居主导地位的道德原则和法观念，历来是侧重公

---

① Alan M. Dershowitz, *The Torture Warrant: A Response to Professor Staussor, Criminal Defense in the Age of Terrorism*, 48 N. Y. L. SCH. L. REV. (2003 - 2004), January 2004, pp. 277.

② Sanford Levinson (edited), *Torture: A Collection*, Oxford: Oxford University Press, 2004, pp. 257 - 280; 281 - 290.

共利益的。现行宪法第十四条在涉及积累和消费的关系时，要求国家"兼顾国家、集体和个人的利益"，宪法对这三种利益的顺序安排，已透露出公共利益优先的精神，[①] 与我国半个世纪以来信奉的道德原则和法观念是吻合的。这种精神在我国宪法和法律中都有体现，如宪法对于自然资源所有权所做的分配，民法对于无主物的处理方式，刑法突出对国家安全、政权和社会制度的保护等等，都体现着这种精神。

但这是不是意味着公共利益无条件优先或公共利益中心呢？我认为不是这样，也不应该这样。这些方面的存在只表明我国法"侧重"于公共利益，"侧重"不是原则，只是手段、策略，是随时可调整变化的。具体地说，侧重公共利益只是保障和促进国民利益最大化的手段和策略，国民利益最大化才是原则，而原则就是根本、中心、基准点，非常稳定。

这方面的道理看看邓小平的有关论述就能得到印证。众所周知，一方面，邓小平许多次按国家利益在先的顺序讲到过处理好国家利益、集体利益和个人利益的关系，显然也是侧重国家利益的，但他在说到最根本的问题时却是十分明确地从国民着眼的。譬如，关于社会主义本质，他特别强调"解放生产力，发展生产力"；关于判断姓"资"，姓"社"的标准，他提出"应该主要看是否有利于发展社会主义社会的生产力，是否有利于增强社会主义国家的综合国力，是否有利于提高人民的生活水平"。[②] 这里的解放生产力、发展生产力、增强综合国力，同本书所说的国民利益最大化以及此前和此后还将论及的法权最大化、国民财产（财富）最大化在根本内容上是相同的。

我国的法，在总体上也体现着国民利益中心的精神。在宪法上，这种精神蕴含在兼顾国家、集体和个人利益，保护公共财产，保护公民、个体经济和私营经济合法财产和利益的规定中，蕴含在公民基本权利和基本义务平衡的权利义务分配格局（第二章）中，如此等等。民法、刑法等部门法具体落实着国民利益中心的精神。虽然公共利益无条件优先的传统观念

① 本书对全部合法利益采用二分法，其中公共利益相当于政治哲学上的国家的利益，由国家机关及其被授权人代表，而个人利益则是与市民社会相联系的利益，其主体是自然人和其他形式的"私"人。按二分法，我国宪法中的"集体利益"，就其特征而言，在改革开放前的"一大二公"的计划经济体制下，应归结到公共利益范畴，20世纪90年代以来则以归结到个人利益范畴为宜。

② 邓小平：《在武昌、深圳、珠海、上海等地的谈话要点》，《邓小平文选》第3卷，人民出版社1993年版，第372页。

在我国影响深远，但只要我国实行社会主义民主，实行法治，这种观念就不可能真正全面地体现在法律制度中，就得给国民利益中心让路。

正因为如此，所以，在我国的立法中，有大量的规范是用来解决个人利益与公共利益冲突的。一旦这种冲突发生，按制度通常都是依法律处理，而法律一般也是在双方之间做中道的衡量，基本上不存在当两种利益冲突时，一方无条件以另一方的需要为转移的问题。这种中道就是正义，正义标准与利益总量最大化原则在根本上是相通的，从总体上看，实现正义能够促进利益总量的最大化，正如公平能够促进效率一样。在法律实施的过程中，国民利益中心或国民利益最大化的客观需要也总是会为自己开辟道路的。

不妨以司法为例，我们找一个案例做一番剖析。许多学者也许还记得，2000 年黑龙江省大庆市法院判的一个案子曾引起法学界广泛的关注，《南方周末》等多家媒体曾报导和组织评论，这个案例很能说明问题。此案的大致情况如下：该市建设银行某储蓄所发生劫案，两歹徒杀气腾腾冲进工作室将尖刀对准三位女职工之一的姚女士，姚为了保全自己的生命，被迫将手边的 2 万多元钱交了出去，事后，她用自家存款抵补了那交出去的 2 万多元钱，但银行领导仍给她开除公职的处分，理由是她应该与歹徒做殊死搏斗却没有这么做；姚女士不服这个处分，依劳动法的有关规定起诉市建设银行，要求撤销建行开除其公职的的处分决定，结果一审和二审法院都支持了姚女士，市建设银行败诉。

我觉得撇开各种枝节不谈，这个案子的关键在于：一个普通职员（非保安人员）在生死关头迫不得已放弃由自己保管的价值 2 万多元的国有财产以保存自己的生命是不是有过错。按公共利益无条件优先说，姚女士有过错，因为公共利益再小（何况 2 万多元钱不能算是小数）也是大，个人利益再大（最大莫过于生命）也是小。但若按国民利益中心的精神，则姚女士不仅没有任何过错，还应该给予肯定和鼓励。因为，从国民利益中心的角度看，一个人的生命包含的利益总量，无疑远远大于 2 万多元钱包含的利益量。因此，在极可能丢掉性命且即使丢掉性命也不一定能保全那 2 万多元钱体现的公共财产的情况下，舍弃那 2 万多元钱保全生命是符合国民利益最大化要求的，按有关法律也应当被看作是为紧急避险而采取的适当措施。道德、法律，甚至党章，都应当认同这类行为，否则这些规范就既不符合社会进步的要求，也不人道，终究会被人群当作僵化的、不人道的东西而厌弃。

在这个案例中，区、市两级法院在具体适用法律时较准确地把握了国民利益中心的精神。这决不是偶然的，因为任何时代的国家的法律体系中都会有程度不等地被立法者把握住的国民利益，虽然把握这种国民利益一般不是立法者自觉的行为，而是因为"形势比人强"、无法抗拒各个方面的客观情势或压力。客观情势或压力之形成，正是法律必须反映社会整体利益这一客观要求自发起作用的表现。许多人以为当今西方的法是个人利益本位的法，其实不然，那里的法除在个别问题上明显侧重个人利益外，[①]从总体上看也是以国民利益为中心并追求国民利益最大化的。做这个判断的基本理由上文已做了陈述，在下文关于法的财产内容的讨论中，我将进一步论证上述观点。法律上的利益归根到底是经济利益，经济利益的具体存在形式是财产（或财富），所以，对利益问题和财产问题的讨论是紧密相关、互相印证的。

5. 从所确认和保护的财产（或财富，下同）看，法的制定和实施以一定国家或社会内归属已定之全部财产总量或国民财产的存在为物质条件，故法应服务于财产总量的最大化。[②] 法权以财产总量为物质承担者，故法权中心的经济含义就是法以现有财产总量为基础，并追求国民财产总量的最大化。法权中心就其物质内容而言就是国民财产总量中心，它所针对的观念是法以公共财产为本位和法以个人财产为本位的片面性。这两种被针对的观念虽无人明确地提出，但却是隐蔽地存在的，至少在逻辑上存在，因为，权力、权利既然分别以公共财产和个人财产为物质承担者，所以，就财产内容而言，权力本位观意味着主张公共财产本位，权利本位观意味着主张个人财产本位。

任何法治国家的法，都不可能片面地以公共财产或个人财产为基础，片面地谋求其中这种或那种财产的最大化，法应该也只能以国民财产即公

---

① 某些个人利益相对于公共利益而言特别脆弱，易受损害，客观上需要加强保护才能使之与权力平衡。这是那里的法侧重保护个人利益的一个重要原因。

② 国内财产总量指一国范围内现有的全部财产，它不是一个严格的经济学术语，笔者提出这个概念是为了表达本书特定观点的需要，但无疑它的增加或最大化会表现为人均的或总的 GNP 或 GDP 的增加，以及相应程度的经济增长。此外还须说明，法学之外的学科往往称财产、财产总量为财富、财富总量，这没什么关系，它们的内容没实质区别。

私全部财产总量为中心并谋求其最大化。财富的生产是社会存在和发展的基础，是人的最基本的实践活动。一个国家或社会要生存、要发展，就必须反复不断进行财富的生产。一个国家的法，既是主要适应财富生产之需要的结果，又是维护和促进生产持续有序地进行的工具。当然，这是从应然意义上说的，实际上，制定、执行得不好的法律会妨碍财富的生产。这里所说的财富，显然指的是国民财产或国民财富的总量而不仅仅是其中任何一个组成部分。按马克思关于生产力发展对于历史进步和社会制度变迁起决定作用的理论，我们也能顺理成章推导出同样的结论。我国宪法中强调的以现代化建设为中心（或称以经济建设为中心）、其他权威性文献所特别看重的提高综合国力以及解放和发展生产力，与这里所说的国民财产总量中心，实为从不同角度表达的同一种思想内容。

国民财产最大化的要求表明，各种财产不应因其主体的不同而在平等保护方面被区别对待，分出高下、优劣和保护级差。在法律上在保护方面肯定某种财产权优位，则必然意味着让法律刻意寻求这种财产数量的最大化，意味着法律对其他主体的财产及其数量的增减的相对漠视甚至歧视。而如果不同主体的财产按这类原则被区别对待，人为地抬高一种主体的财产而贬低另一类主体的财产，可能妨碍市场和竞争所本来具有的优化财产权结构，使经营者优者胜劣者汰的自然选择功能。许多社会主义国家的经济发展史证明，对不同主体的财产不平等保护的做法会极大地阻碍国民财产总量的最大化。

从我国宪法和权威性文献都强调以国家现代化建设为中心、解放生产力、发展生产力、增强综合国力的极端重要性来看，我国上上下下各阶层对于社会主义法应当服务于国民财产总量最大化问题实际上已达成了广泛共识。这一点可以说已是不证自明的。宪法、法律的某些条文还不能很好地反映国民财产总量最大化的要求、甚至个别条文还对实现国民财产总量最大化有妨碍的情形，但这不是主流。从我国40年来修宪、立法和实施法律的实际状况看，以上问题正在逐步改善。

从资本主义国家的情况看，它们的法也历来是以国民财产总量为中心制定和实施并寻求其总量最大化的，决不是仅仅寻求私有财产的最大化。不少人以为，对不同主体的财产权加以区别对待，是从资产阶级开始的，其实这是误解。资本主义国家的法律文件从来没有规定过这样的内容。

"私有财产神圣不可侵犯"这种说法是社会主义国家学者对资本主义法按自己的理解所做的原理概括，不是资本主义法律文件中的原话。法国1789年的《人和公民的权利宣言》第17条中的原话是"财产是神圣不可侵犯的权利"，这里"财产"是不分主体的，决没有公共财产不是神圣不可侵犯的意思。而且，后来资本主义各国的宪法和民法，连"财产是神圣不可侵犯的权利"这句话也都不再说了。

对于法应以国民财产总量增长为中心并寻求其最大化这一点，西方不少学者都直接或间接地论述过。早在18世纪，亚当·斯密就在其名著《国富论》中表达了经济活动以国民财富增长为中心，追求国民财富最大化的思想。到20世纪，更多的经济学家接受了类似的观念，并贯彻到了自己的研究活动中，熊彼特、罗斯托、库兹涅茨、哈罗德、多马、萨缪尔森等知名度颇高的经济学家在这方面的思想有很广泛影响，而所谓增长经济学和发展经济学作为当代有地位的经济学派的存在，也正好反映了这种现实。鉴于经济活动在人的生活和社会活动中的基础性质，我们有理由推定，以上观点和学派在逻辑上都暗含着法归根结底应以国民财产总量增长及其最大化为中心的结论。

事实上，不少法学家也的确是以这些经济思想为依托来展开自己的法学体系的，其中在法学界特别有影响的似乎要数美国的波斯纳。波斯纳这样看待经济学及其与法律制度的关系，是因为在他看来，经济学"是一种理性选择理论——即诉讼所要达成的理性选择，换句话说，也就是要以最小可能的资源花费来达到预期目标的理性选择，从而将省下的资源用于经济系统的其他领域。无论一种法律制度的目的是什么，如果它关注经济学中旨在追求手段和目的在经济上相适应的学说，那么它就会设法以最低的成本去实现这一目的"。[1]

实际上，波斯纳完全是循经济效率最大化或成本最小化（经济效率最大化的另一种表现形式）的原则来理解和解释美国法律制度的。对于宪法制度，在顾及效率与民主的关系的前提下，他认为，"效率最大化是通过宪法将政府限制在防止负外部性和鼓励采取正外部性的措施，并坚持（尽

---

① ［美］波斯纳：《法律的经济分析》，蒋兆康译，中国大百科全书出版社1997年版，"中文版作者序言"第1页。

可能）在其限定范围内，政府遵循成本最小化政策的方式实现的"。① 权力分立是美国宪法的一个基本原则，波斯纳这样说明该原则的经济含义："用经济学术语说，分权的主要目的在于防止国家强制力的垄断化，这种垄断的潜在成本比本书此前讨论过的任何垄断都要高得多"；② 通过将行政、立法、司法权力结合于一体而取得的效率不可靠，"美国宪法的创制者们的考虑是以降低效率来实现平衡，避免造成政治权力过度集中的危险"；③ 至于宪法保护的公民权利，则不过"是防止某些特别严厉而又成本特别高的财产再分配形式。毫无补偿地剥夺一个人的财产、强制某人为奴或禁止某人参加宗教活动，这些都是成本特别高的财富再分配的例证。"④ 在有关著作的其他部分，波斯纳分别从微观上考察了美国法律制度的各个组成部分，无一例外地证明了经济效率最大化或成本最小化是该国法律制度形成的最主要考量，许多文字非常精彩和令人信服。

6. 法权中心论作为学说、原则还是精神，均可在法的几乎所有方面和层次得到较充分而具体的体现。我做这个判断的主要依据可归结为以下三点。

第一，从法律关系角度看，法权中心在内容上可涵盖法律生活的所有领域。权利—权力关系、权利—权利关系和权力—权力关系构成法律关系的全部内容，权利—义务关系只是权利—权利关系和一部分权利—权力关系的外在表现形式。⑤ 所以，只要说明了法权中心贯穿在这三种关系中，也就证明它确实能涵盖法律生活的全部领域。

首先看权利—权力关系。以法权为中心对这种全局性法律关系有两方面的要求：一是寻求以法权总量最大化为目标的法权（比例）结构最优化；二是以法权总量最大化为目标建设冲突解决机制。其中第一方面的状

① Richard A. Posner, *Economic Analysis of Law*, 8th edition, New York: Aspen Publishers, 2011, p. 869.

② Richard A. Posner, *Economic Analysis of Law*, 8th edition, New York: Aspen Publishers, 2011, p. 870.

③ Richard A. Posner, *Economic Analysis of Law*, 8th edition, New York: Aspen Publishers, 2011, p. 871.

④ Richard A. Posner, *Economic Analysis of Law*, 8th edition, New York: Aspen Publishers, 2011, pp. 874—875.

⑤ 这一点我早已证明过。参见童之伟《法律关系的内容重估和概念重整》，《中国法学》1999 年第 6 期。

况人们较容易体会到，因为它直接反映在个人所能享有的权利多少或能感受得到的自由度大小中，表现为个人与国家之间的合理法权划分。不过，不同的社会、不同的国家，公民社会与政治国家之间分享法权的比例结构是不同的。在中国改革开放前的法权结构中，政治国家享有法权量处于绝对优势、个人享有的法权量处于绝对劣势，但最近40余年来这一结构变化的势头总的看来是趋于平衡。权力/权利的比例结构很难直观地量化表达，因为权力、权利都是人感受得到但没法量化表达的现实。但是，基于"权力/权利"、"公共利益/个人利益"同"公共财产/私有财产"三者的对应关系原理，我们可以通过公共财产/私有财产的数量和比例结构，来间接把握和表达权力/权利的数量和比例结构。这一点非常重要。

一项由经济学者主导、中外权威财政学者合作展开的研究估计，1978年中国国有财产占国民财产之比约为70%，个人财产占比约为30%，应该是同时代世界各国中广义政府资产占国民财产比重最大、个人财产占比重最小的国家之一。但到2015年，这个比例反转过来了，国有财产占30%，个人财产占到70%。[1] 从1978年较之此前两年"一大二公"程度已有明显缓和的情况反向推算，中国1978年前肯定出现过国有财产占国民财产比例远高于70%和个人财产占国民财产比例远低于30%的情况。另外，中国财政学者独立开发的国家资产负债表显示：2019年，在中国675.5万亿元的国民财产净值中，居民部门约为513万亿元，占比达76%；广义政府部门为163万亿元，占比约24%。[2] 我猜想，在"文化大革命"时期，按国有财产、个人资产占国民财产比例推定的中国法权结构可能是5%/95%左右。别的不说，那时城市居民，绝大多数住的都是公房，而房产是最近30—40年来城市居民的主要财产。但是，即使根据2019年的数据观察，中国国有财产占国民财产的比例仍然是世界上最高的之一，这同时也表明中国个人财产占国民财产的比例是世界上最低的国家之一。因为，包括除加拿大外的G7国家在内的当代世界绝大多数发达国家的广义政府净资产

---

[1] See Piketty, Thomas, Li Yang, and Gabriel Zucman, "Capital Accumulation, Private Property, and Rising Inequality in China, 1978 – 2015", *American Economic Review* 2019, 109（7）, pp. 2471，2481.

[2] 参见李扬、张晓晶等《中国国家资产负债表2020》，中国社会科学出版社2020年版，第14—17页。

是负值。"国有财产转化为权力"和"个人财产转化为权利"相关原理，所有净资产都只是财产存量，只形成储备状态的权力、权利，只有使用的、流量状态的资产才产生现实的权力、权利。所以，国有净资产与个人净资产的比例，只能说明一小部分问题。另外，权力和权利，除体量外还有强度问题，而在体量恒定的情况下，强度在一定范围内由拥有和运用的集中程度决定，集中程度越高，强度愈大，反之则愈小。

在权利—权力关系中，以上述第二方面的要求，即以法权总量最大化为目标形成解决冲突的机制的要求，也是很明显的：按法治原则，权利与权力发生冲突，双方"当事人"地位平等，哪一方也不必然服从另一方，只能依法解决，而服从法律也就是服从实现法权总量最大化的具体要求。这个问题也得联系权利、权力和法权的利益内容和财产内容来考虑才比较容易理解。

在权利—权利关系层面，法权中心也有两种不同的要求，即以实现法权总量最大化为目标的权利配置最优化和形成有利于法权总量最大化（或权利交易成本最小化）的权利—权利冲突解决机制。人们常常讨论的平等与效率的关系问题正好属于这个领域。所谓效率优先，就是处理权利—权利关系以法权增殖和最大化为首要目标，其他放在次位考虑。在过去、现在和可以准确预见的未来，平等在权利配置过程中的至多只能是法律上（即形式上）的平等，只能是权利能力的平等，不可能是分享实有权利时数量上的平等，否则就不会有效率，即不会有法权总量扩张和最大化。我国"一大二公"条件下的"大锅饭"、平均主义的后果为这个道理做了很好的注解。

在权力—权力关系层面，法权中心的要求和表现可以比照上述两个层面的关系类推。在这个问题上，法律史上的经验或教训主要有两点：一是在法权结构中，权力的总量和作用范围应当有严格限制。换句话说，法权中心、法权最大化要求相对而言比较小的政府、限权政府，容不得大政府、无限权力的政府。二是权力既不能过于分散，也不能过度集中，且任何一种权力都应当受权利和其他权力的有效的制约。这是实现法权最大化或法权增长成本最小化的普遍要求。

第二，以是否符合法权中心的要求为衡量尺度，能够从根本上合理解释历史上和现实中法律制定、法律实施等活动的得失成败。以我国为例，改革开放前我国法律生活中的问题或弊端，说到底都可归结为背离法权中心的具体要求："一大二公"，计划经济，社会经济资源高度集中在国家机构尤其是行政机关手中，造成法权结构中权力对权利的绝对的、压倒性的优势，几乎倾覆了原本应有的平衡；权利总量相对而言很少，权利资源极度稀缺，而总量原本就很小的权利又平均化配置等情形严重妨碍权利总量进而法权总量的增长；权力总量相对而言很大而又没有依法划分，权力与它的合法主体较大程度分离而且过度集中，等等。

历史上这种种状况造成的结果之一是形成劣质的法权结构、劣质的权利配置格局和权力配置格局，以及由此决定的法权运作中的效力趋于最小化或成本趋于最大化。效力最小化或成本最大化的社会经济内容就是利益总量和财产总量趋于最小化。改革开放二十余年来，国民财富总量、国民利益总量和法权总量的快速增长，主要也应归因于法权结构在以上两个层次三个方面的优化，这种优化给法权总量的扩张和趋于最大化创造了条件。

21 世纪我国的法律生活仍然面临着不少需要逐步解决的问题，其中相当大一部分是改革开放前就存在、至今未根本解决的。如大政府、无限权力倾向的政府、地方行政机关越权干预社会经济生活之类妨碍法权结构优化、增加权利交易成本和损害效率最大化的现象，就是"一大二公"和计划经济时代权力占绝对优势的法权结构仍有待改善的表现。当然，也有不少是新问题，如民事、刑事和行政诉讼中许多制度还不合理、不健全、无效率等现象，就带有不少新的历史时期的特点。诸如此类现象的存在表明我国尚需继续探求使法权最大化或运作成本最小化的具体途径和方法。

第三，法权中心的假说、原则或精神不仅体现或能够体现在宏观层面，更主要的是它能够深入到法的细胞中、运用到具体案件的审理中——这恰恰是权利本位说等法本位观做不到的，而做不到这一点就足以表明有关论者所认定的本位，不管它是权力、权利还是义务，根本就成不了法的本位。经济效率最大化或成本最小化是法权中心主张的一部分内容。就以这部分内容为例，我们从经济分析法学提供的资料中就能找到足以证明以上论点的材料。就法权中心与经济效率最大化（或成本最小化）两者在财产内容层面存在包容与被包容关系这一点而言，可以说，经济效率最大化正好反映了法权中心深层的内容。单从这个意义上可以说，波斯纳对美国宪法和联邦制度的经济分析，就能够表明法权中心原则可贯彻到一国整个的法律体系中，而他结合实例对法律的经济学方法所做的一些分析①和另一个习惯于对法做经济分析的学者就石油运输、污染排放和刑法修改的三个例子②进行的评析则间接证明了法权中心原则能贯彻到立法乃至具体的法规范创制过程中去。此外，波斯纳在另外场合讨论过的一些事例则可看作法权中心原则可运用到司法过程中的例证，因为作者是以经济效率最大化、财产最大化或成本最小化为衡量准则评析这些事例（如诉辩交易）的，而这些准则正是法权中心原则的应有内容。③

当然，在我国的修宪、立法、司法过程中也能找到大量的证据说明法以或应当以法权为中心的道理。就说《宪法修正案》吧，从 1988 年通过的关于允许私营经济存在和发展的第一条和允许土地使用权依法转让的第二条，到 1999 年通过的关于依法治国，建设社会主义法治国家的第十三条，关于允许多种所有制经济共同发展、多种分配方式并存的第十四条，关于农村实行家庭承包经营为基础、统分结合的双重经营体制的第十五条，关于肯定个人、私营经济是社会主义市场经济的重要组成部分的第十六条，都直接或间接地体现着寻求法权最大化尤其财富最大化的根本价值指向，也可以说是体现了最大限度解放和发展生产力的要求。我国宪法的修改、法律的制定和实施从总体上看归根结底也都可以按同样的精神来理解。

四　对若干商榷意见之回应

在正面阐述了自己的法重心观后，我想该是对刘旺洪教授发表的《商榷》④一文作出力所能及的回应的时候了。在具体答复《商榷》的批评意

---

①　See Richard A. Posner, *The Problems of Jurisprudence*, Cambridge, Mass.：Harvard University Press, 1993, Chapter 6.

②　See Robert Cooter & Thomas Ulen, *Law and Economics*, 3rd ed., New York：Addison Wesley, 2000, pp. 4－7.

③　See Richard A. Posner, *Economic Analysis of Law*, 8th edition, New York：Aspen Publishers, 2011, Chapter 21, "Civil and Criminal Procedure," for relevant cases and examples.

④　参见刘旺洪《权利本位的理论逻辑——与童之伟教授商榷》，《中国法学》2001 年第 2 期。感谢刘教授对我《权利本位说再评议》（《中国法学》2000 年第 6 期）一文的关注和就此文提出的建设性批评意见。这在今天是十分难得的，因为，现在学界真诚关注一种观点并愿把自己的批判性见解写成文字呈放在读者面前以示负责任的已越来越少。

见前，我想指出该文总体上存在的一个问题。这个问题使得我们后面的讨论比较难于深入、比较难于向一个主题集中：很显然，《商榷》本意是在法的一般理论层面进一步阐释权利本位说的内容，但它在行文的过程中却变成了申述法的不同部分的本位，而且基本概念不够周延，有些内容自相矛盾。

读者可以看到，该文第一至第四部分的标题分别是："权利本位说理论要义"；"权利本位：私法的基本价值取向"；"职责本位：国家法的基本价值选择"；"权利本位：权利与权力关系中的价值侧重"。分析这些标题，可见该文第一部分基本上是重申已有的观点并做必要解说，这部分我们暂且不论。该文后三部分的标题向读者透露了三个方面的信息：（1）将私法的本位定位于权利，将国家法的本位定位于职责，但这里的"国家法"只不过指的是宪法以及规范国家机构组织和权力的法律，并不是人们常说的公法。特别是，分别讨论它们的本位只不过是在讨论法的有关部分的本位，而不是在讨论作为一个整体的法律体系的本位。（2）将职责定位为国家法的本位，已经明确否认了这一部分法应该以权利为本位。联系上述情况，《商榷》实际上等于说私法以权利为本位，国家法以职责为本位，其余的法以什么为本位没有提到。这样一来，既自相矛盾，又没有形成一个周延的法的概念。为什么说自相矛盾？因为此处所谓职责，实为与国家机关自身的权力相对应的那部分义务（义务分为与公民等个人的权利相对应的和与其他国家机关相应权力相对应的两部分），所以，主张职责本位就是主张义务本位。这样，《商榷》岂不就成了自己主张和维护权利本位，自己又否定权利本位？（3）将权利与权力放在私法、国家法同一个平面上讨论，看不出基于何种分类标准。但可以肯定，在未承认权利、权力是最重要法现象、权利和权力及其相互关系构成法的全部内容的情况下，主张在权力与权利关系中以权利为本位，内容上并不必然等于主张法以权利为本位。同理，即使证明了权利与权力关系以权利为本位，也还不能证明法应以权利为本位，因为，还有权利—义务关系和权力—义务关系两个领域的情况不明。

在做了这一番总的评说之后，现在分别就《商榷》向我提出的问题作出以下数点回应：

1. 说权利本位说形成于以误解权力、忽视权力为特征的权利义务分析框架内并受其限制是有根据的、实事求是的看法。《商榷》批评我"指责权利本位说'是以权利义务为中心解释全部法现象的观点体系',是没有依据的,是对权利本位说的价值内涵的片面理解,也有失公允"。我觉得并非如此。为说明这一点,我在原有论证的基础上另外提请注意三个事实:

其一,权利本位论者所赖以展开思想的专业基础理论,自80年代中期至今,从总体看,始终是权利义务法理学,始终将权利义务看作法的全部内容,忽视权力,不区分权力与权利。这一情况近数十年来没发生什么特别值得一提的变化。这种状况集中反映在有关学者历来主持编写的法理学教科书中。

其二,我充分注意到权利本位论者讲述诸如"权利相对于权力也是本位"这样的话,但问题的关键在于,这层意思实为权利本位论者们自设的权利义务分析框架所不容,因为所有的基础性论述原来都是围绕权利和义务进行的,没给后来安置突然提到的"权力"预留平台,前后逻辑上不能衔接。"权利义务分析框架"中的"权利"是包括各种公共权力的和化的"权利",这种和制"权利"用的是汉字,其实是日语;"权利相对于权力也是本位"这个短句中的"权利"是不包括任何公共权力的汉语的权利一词。它们是两个同形异义、处在不同语种中的名词。权利本位论者在这里利用两个名词的同形外观,在讨论过程中突然偷换了概念。

其三,权利本位论者对权利义务做过基础性论述,却至今没有对权力做过同样的论述,所以,即使感到权力的存在不容忽视,不能不讲到权力,但权力对原有的理论框架来说却仍然是外在的东西。问题不在于是否提到过权力,而在于权力在基础性分析架构中地位之有无或是否与它的现实地位相称。感到权力不可不提而又不好摆放时说几句关于权力的话,不可能弥补基础性分析框架缺少权力论述的局限。实际上,对权力的追加论述越多,越显得权力不能被权利义务分析框架所容,从而两者的冲突就越大。

2. 对于以权利为本位的法的特征,按对称原理进行推导,是不得已而为之,其结论的正确性的确不易验证,但从逻辑上、方法上看应该说是站得住脚的。老实说,关于权利本位的法有哪些特征,原本不应该轮到我来关心。因为正如已有学者提出过的，随着权利本位说的出现和逐步成熟，在我国已促成了一个法哲学新流派的诞生，这个流派叫做权利学派。按常理，既称权利学派，又奉权利本位说为核心理论，就应当说清楚权利本位的法有哪些具体特征。但不知何种原因，承载相关提法的论著的确没有这方面的内容，实际上"权利"一词的指称范围都没有交代清楚。我因为要研究权利本位说，不得不根据学术常识来自行概括权利本位的法的具体特征。这个任务确定后马上就有了一个怎么概括的问题。中国现行法律体系并非所谓权利本位的法，欧美的法虽有一些强调权利及其保障的特征，但从总体上看也不是权利本位的法。所以，上述我们一般读者比较熟悉的国家的法，都不能成为概括的原型。由于权力本位的法与权利本位的法在内容上正好是国家主义与个人主义两极对立政治哲学的法律反映，所以，我就按对称原理比照权力本位的法来对权利本位的法的具体特征做了推导。

这里可以肯定的是，权利本位的法是权力本位的法的另一个极端，决不是一种平正、中庸的东西，而且在法权概念形成之前的权利与权力（在和化的"权利"一词主导下被表述为权利与义务）两极化思维定势下，法理学范围内也的确没有出现以平正、中庸为价值指向的提法。既然权利本位的法也是一种极端的东西，它就必然有与这种极端性相联系的对称特征。指出这种特征，不能认为是"强加"。如果我把只有平正、中庸的法才具有的优点都列出来，记在权利本位的法的账上，那才真正是不公允的、不公正的和"强加"的。

《商榷》对我列举的权利本位的法的特征难以认同，甚至将我列举这些弊端看做一种强加于人的行为，这种认识或许是以下巨大反差造成的：一方面，权利本位说及权利本位的法早已在《商榷》作者心目中被理想化、神圣化；另一方面，他人又对权利本位说及权利本位的法做了总体上否定的评价。心目中神圣、美好的东西失去后有幻灭感，这可以理解。

但我得说，根据对称原理确认权利本位的法的特征的逻辑和方法大体上是可靠的，其他学科在研究工作中也常常利用对称原理解决问题，例如犯罪侦查学利用头骨复原人像，考古学根据远古动物头部左侧化石推断该动物右侧乃至身体其他部分的形态，都是应用对称原理的实例。即使在法学中，也早已有运用对称原理说明不同类型的法制模式之特征的先例。如罗豪才教授就曾按对称原理列举了管理论、控权论和平衡论三种不同的行政法制模式九个方面的特征，其中管理论是一个极端，控权论是另一个极端，平衡论是平正、中庸。① 当然，运用对称原理认定的权利本位的法的特征可能不是很准确，但我相信基本方向或总的倾向没问题。

3.《商榷》对法哲学的一般原理（或精神）与具体法现象的关系的理解还不十分到位，因而看不到权利本位说面临的严重危机。我曾批评有关法学作品离开具体法律、法律条文、法律规范和法律实践谈论法的本位，实际上使得权利本位说成了一个空洞的法学口号，人们在法律生活中几乎完全不可能把握和贯彻。对此《商榷》认为我"不是在法哲学层面讨论问题"，并提出"法律以权利为本位或以义务为重心归根到底是由时代的法律精神和法的价值取向决定的。"② 这些话里隐含着一些认识上的偏差。法哲学虽是法学的最高层次，但不等于空洞、不切实际，决不意味着它可以脱离现实生活和各种具体的法现象。

真实的情形是，任何一种科学的理论不论多么抽象，作为一般原理，它都是从个别、具体中提取的，并且还得再回过头去解释由个别、具体构成的现象世界并在这个过程中检验自己的真理性、不断修正自己。离开具体法律、法律条文、法律规范、法律关系、法律部门和生动的社会生活来谈论法的本位、法律精神和法的价值取向，只能不自觉地把包括权利本位说在内的法哲学研究领上绝路。试想，如果权利本位说既不是提取自上述种种"个别"、"具体"，又不能贯彻到解释"个别"、"具体"中去，且不说无法用它来指导制定一个法条、指导裁判一个案件，甚至在教学上运用它来评析一个案例都做不到。我希望刘教授和其他采信权利本位说的学者不要把这些话仅仅看作一番坦率得过了头的批评，而是将其看作一种挑战，争取在研究实践中解决诸如此类脱离个别、具体和生动的法律实践的问题。

如果解决不了这些问题，权利本位说势必只能作为一句动听但起不了任何实际作用的话而被冻结在法学者的记忆中（过去几年中它就是以这种

① 参见罗豪才主编《现代行政法的平衡理论》，北京大学出版社 1977 年版，第3—4 页。

② 在讨论这个问题的过程中，《商榷》提到了按是否坚持"法不禁止即自由"的价值取向为标准来判断法以什么为本位，主张以符合这个标准的法为权利本位的法，实际上是要重新定义一直作为我们讨论对象的权利本位。这应该是权利学派内部的事情，我无意参与讨论。

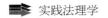

状态存在的），实际上等于虚无。

4.《商榷》和权利本位说所能提供的学理要素还不足以就权利与权力等法现象之间的平衡、不平衡问题进行有成效的讨论，如果一定要讨论，所得出的结论一定不可靠，甚至很可能是错误的。不幸的是，由于不了解讨论平衡、不平衡问题需要确定平衡基准点或衡量基准这个道理，《商榷》所提出或支持的有关论点大都很难站得住脚。《商榷》数次提到"要实现权利与义务、权利与权力的理性平衡"，并认为"权利本位论与权利义务、权利权力平衡论是不矛盾的，相反，它们在法律的根本价值目标上是一致的。它们都承认法律调整的根本价值目标是实现权利与义务、权利与权力之间的动态、理性、综合平衡"；"平衡并不意味着没有价值侧重，在法哲学层面，必须确定法律调整的总体价值选择和偏重的问题"。

我们看到，在《商榷》和其他宣示、支持权利本位说的作品中，学者们花费大量笔墨讨论权利义务、权利权力平衡或不平衡的问题，并且似乎还将平衡做了理性的与非理性的、静态的与动态的、综合的与单项的、价值性的与非价值性的区分。但是，他们有一个最为致命的疏忽，那就是忘记了确定衡量权利与权力或权利与义务是平衡还是不平衡的基准点（或水平线），而如果没有衡量的基准点，权利与权力之间或权利与义务之间形成的任何一种状态都既可以被说成平衡又可以被说成不平衡，毫无确定性可言。这正如关于权利与义务总量是相等还是不相等的谈论，在没能确定一个第三者做衡量尺度的情况下说明不了任何问题，是同样的道理。从这一点看，《商榷》及其所支持的权利本位说关于平衡不平衡的论述所能包含的合理性有多少，就不言而喻了。

第三节　法权中心的补充论证[①]

为正面提出和证明法权中心，我曾发表专文回应有关学者的质疑，[②]其主要内容已载入了本章的上一节。本节以上一节为基础，再深入做些讨

---

① 本节原载《法商研究》2002 年第 1 期，标题是《法权中心说补论——对刘旺洪、范忠信两教授商榷意见的进一步回应》，融入本书时按原理、术语统一和与其他部分整合为一体的标准做了修订。

② 参见《法权中心的猜想与证明——兼答刘旺洪教授》，《中国法学》2001 年第 6 期。

论，务求将法权中心做尽可能全面的展示。此外，当年在中南财经政法大学部分青年教师和研究生举办的一次介绍法权中心的讲座上，我讲毕后，范忠信教授对法权中心也提出了一些富有启发性的问题，其中有几个颇具代表性和挑战性，本人当时虽做了回应，但不够准确、充分，这里也用书面形式一并作答，以释读者心中之疑。

一 有利于法权总量最大化是法律平衡的基准点

在《法权中心的猜想与证明》一文中，我曾批评刘旺洪教授的《商榷》[1] 一文在论及权利与义务、权利与权力平衡时没有设定衡量各对立因素之间是否平衡的基准点，因而实际上无法真正判断它们之间是平衡还是不平衡。本书之所以接着讨论这个问题，所欲强调的关键意思是：退一步说，即使《商榷》没有未确定、未预设平衡基准点这个根本性问题，《商榷》及其所支持的提法也是很难站住脚的。

什么叫平衡，法律上平衡的原意就是天平的杠杆处于水平位置，或天平杠杆两头小盘中分别放的砝码和物体一样重，指针停在刻度中央。在考虑权利与权力或权利与义务的平衡时，《商榷》将权利分别固定地作为这两组对称现象中的"总体价值选择和偏重"，也就是说，总是让权利的重量超过权力或义务，让杠杆永远向权利一端倾斜，指针永远指向权利。既然如此，怎么能说"权利本位论与权利义务、权利权力平衡论是不矛盾的"呢？这不就是直接将不平衡说成平衡吗？当然，《商榷》作者极可能会说，之所以将不平衡看作平衡，是因为"它们在法律上根本价值目标是一致的"。而"根本价值目标"是什么呢？在《商榷》中答案也是明显的："根本价值目标是实现权利与义务、权利与权力之间的动态、理性、综合平衡"。这是循环论证。我注意到，除非这样做循环论证，否则《商榷》及其所维护的权利本位说恐怕很难回答读者向他们请教的诸如此类的问题：既然偏重一端叫做平衡，那什么叫做不平衡呢？能不能结合法律生活的实际举个例子说明平衡与不平衡的区别？或许，在《商榷》作者看来，这样提问又不是在法哲学层次谈问题了，已坠落到了形而下层次。然

---

[1] 指刘旺洪教授的论文：《权利本位的理论逻辑——与童之伟教授商榷》，《中国法学》2001年第 2 期。

后须知，若一个法学命题不能合理解释活生生的法现象，在现实的法律生活世界找不到根基，那它的形而上程度就超过了理论和科学所允许的极限了。

在权利与权力、权利与权利、权力与权力是否平衡的问题上，法权中心能够较好地解决《商权》及其维护的权利本位说遗忘或无法解决的上述种种问题。它的基本方法是，将是否有利于法权总量、从而相应利益总量和财产总量的最大化作为衡量权利与权力、权利与权利、权力与权力是否平衡的基准点，并以这个基准点作为衡量这几种法关系的两端是否平衡的统一标准。按这个标准进行衡量，许多问题可迎刃而解。例如，按这个标准，只要法权结构即权利与权力的分配比例符合整体利益最大化进而财富总量最大化的要求，就可以断定权利与权力是平衡或基本平衡的，否则就是不平衡。

所以，符合平衡要求的法权结构在不同时代或同一时代的不同国家是不一样的：在有些时代或国家，权力的比重和强度超过权利才能实现平衡；另一些时代或国家，实现平衡的条件是权利的比重和强度超过权力；还有些国家实现的平衡就正好是权利、权力两者的比重和强度相等，如此等等。这里涉及的是权利—权力平衡。但权力—权力平衡问题，也应按同样的套路理解。至于权利—权利平衡（私法领域可表述为权利—义务平衡），理解的套路虽没有很特别之处，但有些情况下似乎显得更为直观和典型。还是以典型而又相对简单的购销合同为例：假定有这么一个标的为10万元的合同，那么，它实际上体现的是以10万元钱体现的财产权利与以价值10万元货物为体现的财产权利之间的权利交易，其中法权最大化原则的具体要求是严格履行合同，因为在市场经济条件下，地位平等、意志自由的主体之间在市场上按等价交换原则交换商品符合对社会经济资源进行优化配置、实现经济效率最大化或财产总量最大化的要求，严格履行合同正好符合这一要求。

那么，什么是平衡或不平衡呢？在上述实例中，10万元钱买市场价格为10万元钱的货物，合同既如此规定，又如此实际履行，就是权利义务平衡；否则就是不平衡。在这里，具体衡量是否平衡的尺度转化成了一定的货币单位（元），10万元钱对市场价格为10万元的特定货物，其中任何一方数量单方面的增加或减少（哪怕是1元钱或价格为1元钱的货物）都会破坏权利与义务的平衡了，除非双方等量增减。所以，法权中心所讲的平衡或不平衡在典型情况下是非常具体、非常实证的。当然，与这个从权利—权利关系转化而来的典型但却过于简单的权利义务平衡的例子相比，其他法权关系（权利—权力、权利—权利、权力—权力三种关系之统称）的平衡或不平衡问题理解或判断起来通常要复杂得多，但基本原理是一样的。

需说明的是，法律平衡的基准点是有利于法权总量及对应的利益总量、财产总量最大化或成本最小化，不一定要求两端的法权的量及与其相对应的利益量、财产量绝对相等，因为，受多方面因素的影响，有时两端数量或分量相等却不能平衡，只有加大对其中还不够重的那一端的投放，才能使杠杆处于平衡位置。对此，《商榷》有一些朦胧的意识，但由于没有掌握平衡基准点，结果还是导致了对平衡和不平衡问题认识的混乱。

二　法权说与平衡论有根本的区别

《商榷》批评法权说"把法的本位问题局限在权利与权力的关系，从而也就将法的本位问题与行政法基础理论的问题等同了起来了，并试图用行政法的平衡论来代替法理学的法本位问题，从而使人产生了法本位'题域'的疑问"。这应该是批评者没有认真读作为其批评对象的那些作品造成的误解。

我对法中心（本位）问题的讨论是在法权关系即权利—权力、权利—权利和权力—权力三种关系中展开的，权利与义务的关系被大部分放到了权利—权利关系领域、少部分放到了权利—权力关系领域讨论，并且早就是站在法权中心的立场平等看待权利与权力（包括权利与义务）的。所以，法权理论讨论法权中心（或本位）问题的"题域"不仅包括了权利本位说的全部范围，还扩张了原有的范围。具体地说就是法权中心不仅包容了权利本位说所倚重的权利义务理论，还着重研究了权力本身及其与权利、义务的关系，引进了法权概念，讨论了法权与以上诸因素的关系。这表明，并不存在将法本位问题的讨论有意局限在一个什么范围的问题，至于说认定法本位只在权利与权力关系中存在，那只是确认一个客观事实。在这个问题上，《商榷》以义务具有相对独立性为依据的论述，并不足以否定上文相关部分关于义务本位的说法没什么实质意义（我并未否认有一些形式上的意义）、其真实含义只能要么是权利本位、要么是权力本位的论点。

因为，被无限放大的义务虽然可以"反过来成为限制权利，压迫权利的工具，成为社会主体的负担"，但这压迫权利的东西实际上并不是义务，而是与这种义务相对应的另外的权利或权力。譬如，某些企业主利用财产权及其附属的权利剥夺打工者的休息权、人身自由权或人格尊严，这些不就是用一种权利"限制""压迫"另一种权利的实例么？①

在这里，财产权对打工者权利的限制、压迫，表现为老板课给打工者以超常的义务。而人们常说的乱收费、滥罚款则是有关地方国家机关及其官员非法地或不正当地运用权力非法剥夺、侵犯公民等个人财产权利的实例，但其表现形式却是该地方国家机关及其官员课给公民等个人以交费、交罚款的义务。所以，义务本位只是表面的，真实的内容还是权利（只不过不是此方的权利，而是彼方的权利而已）本位或权力本位。

至于说到法权中心与平衡论的区别，那是再明显不过了。首先，法权中心是适用于全部法学的一般理论，平衡论基本上只是一种行政法学理论。固然，法权中心也讲究平衡，但适用范围与平衡论大不一样：法权中心中的权利，是公民等个人的各种法律权利、范围十分广泛，平衡论中的权利主要指行政相对人的权利，范围比较狭小；法权中心中的权力，包括依宪法、法律应由国家机构掌握和运用的全部权力，而平衡论中的权力，充其量只是国家行政机关的权力。其次，法权中心将研究的重点集中于权利与权力的关系，并主张以法权最大化原则为基准点或衡量标准来寻求权利与权力的平衡；而平衡论还没有摆脱权利义务法理学的传统分析框架，更没有设定判断行政机关权力与相对人权利是否平衡（在平衡论中仍被看作是权利义务平衡）的基准点或衡量标准。

三　商榷学者尚未恰当理解法的本位

《商榷》作者在一些虽不起眼但很重要的问题上的疏忽妨碍了他对法

---

① 2001 年 8 月 15 日的《武汉晚报》，其中这样一长篇报导的标题非常引人注目：《工人被迫在一推就倒的厂房里加班加点——黑心老板"酿造"惊天大案》，该文报导了 8 月 7 日在浙江温州嘉县典田镇外窖村电镀二厂发生厂房坍塌事故，死亡 12 人，失踪 1 人的事情。这是老板以其财产权和经营权挤占、侵犯工人生命权、健康权的例证之一。

之本位或中心的正确理解。这类问题中较明显的主要有如下三个：

第一，对权利等概念发展和分化的成果没有吸纳，以致所使用的关键概念仍然是粗放型的。《商榷》中以下这段话在这方面有一定代表性："在权利与权力关系领域，权力是权利的次生形态或幻化形式，权利是权力的基础和源泉，权力来自于社会的权利冲突和社会管理的需要，权利规定和界定了国家权力运作的合理性基础、范围和限度，是国家权力的界标。"从"权利"看，作者首先是混淆了法律上的权利与人民之权的区别。人民之权是主权性、本源性、政治性的权，法律上的权利是由立法机关具体确认的，人民之权先于法的权利且高于法的权利。①

须知，人民之权才是法律上的权利和权力的共同源泉和基础，而法的上的权利并不构成法律上的权力的源泉和基础。在这方面，人们不能只看到公民依法行使选举权选举出各种国家机关，还要看到确认选举权之法和选举所依之法原本都是国家机关行使权力制定或认可的，选举过后有关国家机关也还可以行使权力改变选举权利及其行使条件；同时，权力主体是要统治权利主体的，权利主体必须服从权力主体的统治。

此外，作者也混淆了原始的、本源性的权与法律上的权利的区别。"权力来自于社会的权利冲突"这个短语中的"权利"决不可能是法律上的权利，而是先于法律、高于法律的"权利"（实为原始的权）。同理，"权利规定和界定了国家权力运作的合理性基础"之类说法中的"权利"，一般也不可能是法律上的权利，除属于直接民主范畴的创制权、复决权外，世界上还没有任何其他法律上的权利有这种功能。此外，对义务概念的理解也有这类问题，如文中就看不出作者认识到了义务与"职责本位"一说中的'责任"有何联系、有何区别。以上概念，尤其是人民之权、本源性的权、法的权利三者之间的区别和联系，在被《商榷》批评的文章中原本已表述得比较清楚了，可惜《商榷》作者未给予应有的重视。

第二，《商榷》往往简单化地重申或引证一些被批评过的观点，使得

① 美国《独立宣言》在声称人人生而平等，造物者赋予人们生命、自由和追求幸福等若干"不可剥夺"的权利后，用下面这句话确认了"人民之权"："每当任何形式的国家机构破坏这些目标时，人民都有权利改变或废除它，并建立新的国家机构。"这种"权利"是典型的人民之权，具有主权性、本源性、政治性，属于"人民"这个集合体，它不是公民基本权利，任何国家都没有将其作为个人基本权利写进宪法、法律。

一些本来有希望弄明白的学术问题没能取得可预期的进展。《商榷》所引证作为论证之一的某些观点原本被《再评议》一文作为不正确看法批评过。按理，《商榷》应当针对《再评议》的批评以充分说理的方式证明被批评的观点的合理性或正确性，以示批驳。但《商榷》没有这样做，反而又将其引来作为论据使用。这样无助于将研究向前推进。如《商榷》第一部分所引用的"国家权力的配置和运作，只有为了保障主体权利的实现，协调权利之间的冲突，制止权利的相互侵犯，维护和促进权利平衡，才是合法和正当的"等语，就是被《再评议》作为片面认识批评过的；又如，关于权力，《再评议》已注意到权利本位说将其作为权利的对立面提出过，而《再评议》正是在承认这一点的前提下批评权利本位说的基础性分析框架（权利义务理论）中没有权力的应有位置，在没对权力进行最起码的基础性研究的情况下，突然地提出权力本位与权利本位对立，不合逻辑。《商榷》对这种实质性批评原本应做回应但却没有做回应，只是又引证了一段话证明权利本位论者提到过权力本位，而对于这一点，《再评议》原本就是明确承认的，根本不必言说。此外，《商榷》似乎还否认权利本位说迄今为止所依托的是"以权利义务为中心解释全部法现象的观点体系"。对此，我怀疑《商榷》的这种理解是否符合权利本位论者和权利本位说的本意。

第三，《商榷》的一些重要论点理应给予必要的证明但却没有证明。《商榷》批评《再评议》的"一些理论观点有独断色彩"，我不知这是批评《再评议》作者提出有关理论观点前没有与其他学者商量、独自做决断，还是批评他对这些观点没有做证明。如果批评的是前者，我觉得被批评者应该十分乐意接受，如果批评的是后者，则要看是否合乎实际。应当说，《再评议》对所提出的论点论证不充分、不够实证、方法单调甚至落后等种种情况都可能会有，但完全没做论证的情况不会有。话说回来，我倒真正是感到《商榷》的一些重要看法应给予论证的没进行论证。这并不只是指此文给《再评议》的"一些理论观点"做出了"具有独断论的色彩"的断语而没有说明其根据，而是说《商榷》对于诸如下面这样一些问题应当充分说理，不能只下一断语就算了事：在两极对立的情况下，基于对称原理推导出的权利本位的法律的特征为什么"是错误的"；《再评议》对于"权利本位只是一个空洞的法学口号，几乎完全不可能把握和贯彻"

这个观点是做过充分论证的，《商榷》应针对有关论据进行批驳，不能简单地说一句"也是武断的"或"又不是在法哲学层面来谈论法本位问题"就离开原有论题谈别的；在讨论"私法的基本价值"这一部分，《商榷》认为，"在权利与义务的法律关系中，同样存在着权利本位或权力本位的问题"，其中为什么存在权力本位的问题，后文没再说，使我至今不知其所以然。

四　法权中心不同于"社会本位"

与"社会本位"有关的问题是范忠信教授提出来的。2001 年 11 月，我曾以法权中心为主题在中南财经政法大学开过一场讲座，由范教授给听众做讲评。范教授曾评论说：法权中心的内容好像与上世纪初法学界所提的社会本位是一回事，社会本位所主张优先维护的也是整个社会的利益。

社会本位的提法我是早已注意到了的，但我从来没有觉得法权中心与社会本位在形式和内容上有多少值得重视的联系。为回答范教授的问题，也为慎重起见，我再次在自己力所能及的范围内查找到了有关社会本位这一提法的必要资料。

要说清这个问题，首先得查考当年法学界所说的"社会本位"中"社会"二字之含义。在 1904 年，梁启超即已提出了法以权利为本位还是以义务为本位的问题，[①] 但那时尚未见有社会本位之一说。到了 20 世纪 30 年代，法学家们往往于权利本位、义务本位之外，提到了社会本位这个词语。其中，欧阳溪谷的论说能较直接说明问题，因为他在讲到社会本位之前先讨论了一番"社会"一词的含义。按他书中表达的看法，社会一词有四重含义："最广义"的社会包括人类与人类之外的所有生物；"广义"的社会仅指人类之全体，是为人类社会；狭义的社会指"多数人类，以其特有之共通性结为一体者，谓之社会"；最狭义者指"人类以其自由意思，因达各种目的，而成立之团体，谓之社会"。他接着说："社会之意义，业已说明，兹所研究者，即其范围与国家同一之社会也。社会与国家既系同一划界，则社会之分子，可视为国家之分子，不过因观察点之异，或为国

---

　　① 参见梁启超《论中国成文法编制之沿革得失》，载《饮冰室合集·文集第 6 册》，中华书局 2015 年版，第 1416—1417 页。

家或为社会而已。"在确定社会二字含义的基础上，作者主张：法律"终局之目的，在于促进社会生活之共同利益，以谋人类之安全。是法律之重心将移于社会，而必以社会为本位，可断言也……今渐入社会自觉时代，法律之观念，遂不能不注重社会之公益而以社会为本位云"。① 从这些话看，社会本位，其重心在公共利益，而国家利益也正是公共利益的典型形式，故而二者的性质是相似的。

当时的另一法学家张映南所写的一段文字清楚地印证了这一点。他说："所谓社会者，即人类有此通性而为之组织者也"；"社会者，各孤立人类无意味而集合者也，盖各组合会员自觉为共同团体之组成分子，其共同团体之社会，斯即社会矣"；"所谓国家者，盖社会之一形态，戴有一个主权，据有一定之领土，以此为其特征者也"；"国家不过以主权人民领土为要素之一社会耳"，"故本书以前所述社会之观念，即可准用于国家本质之说明。"在这个前提下，他又说："18世纪以来，法之本位，始由义务而进于权利，最近又转而为义务本位之趋向，以其进而为社会本位也。"② 直到20世纪80年代，我国台湾地区再版的过去写成的法学读物还保留着相似的观点。按这种观点，法律"之终局目的，在于促进社会生活之共同利益，以谋人类之安全，是法律之重心，将移于社会，而必以社会为本位"③。

另外，可以作为佐证的是，当年法学者所理解的"社会"，全是处于与个人相对立的位置的，其重心在于公共的和团体的利益。以下看法在当时很有代表性："现在谈立法者，动辄以欧美为规范。殊不知欧美法律精神，根本上已是如此错误！欧洲自中世纪封建制度瓦解以后，个人主义，遂占有社会的权威。……因此国家——他们说是以个人为中心的集合体，除了保护个人的权利之外，是不能有别的任务的！法律的条文，是为了个人主观权利而制定的。他们只准国家有保护个人主观权利之职务而不得有干涉个人主观权利之行为。换句话说，他们的法律，完全是以主观到了极点的个人主义为中心的而没有把客观的社会事实与需要作基础。所以，到了社会利益和个人利益，社会需要与个人需要有冲突的时候，总是以个人

---

① 参见欧阳谿谷《法学通论》，上海法学编译社1933年版，第209—210页、第242页。
② 参见张映南《法学通论》，上海大东书局1933年版，第15—25页、第211页。
③ 郑玉波：《法学绪论》，三民书局1981年版，第188页。

利益、个人需要为主。个人利益、个人需要，在他们传统的以主观权利为中心的法律精神上，只要是他们法律所认可，即使有妨社会利益、有碍社会需要，仍得听其维持和发展。这种法律思想完全是玄学的，不是科学的；完全是主观的，不是客观的；完全是为个人打算的，不是为社会全体着想的。"①

　　当时官方色彩很浓的法学家陶希圣也是从个人主义的对立面来理解社会二字的。他说："近代欧美法输入中国以后，中国的法律也个人主义化了。学校的法学只讲个人主义的法律，旧来的法制很少有人了解。然而可惜，个人主义的法律在欧美也渐渐衰落了。最近的法学，走向社会法学及社会主义的路，而最近欧美法典也走上了同样的路。中国的法学却还停留在个人主义法学的境界里面。"② 其中，陶希圣所说的社会法学，不外乎指的是 20 世纪 20—30 年代兴起的社会学法学，这种法学相对于 19 世纪的法学而言较多地强调社会利益、公共利益。但他所说的社会利益和公共利益中并不包括个人利益，而是与个人利益并列的分类。这一点在社会学法学的代表人物庞德那里讲得非常清楚。③ 至于他所说的"社会主义"，很大程度上指的是"国家社会主义"，它在法学上的反映是属于社会学法学流派的新黑格尔主义法学，这种法学的国家主义性质是众所周知的。

　　法权中心与社会本位相比，两者有根本的区别，其差别集中体现在"法权"与"社会"的不同上。法权是一个指称全部法定之权的概念，其内涵是一定社会或国家法定的全部利益，即国民利益，其物质承担者归根结底是该社会或国家归属已定之全部财产。其中的法定的全部利益亦称国民利益，其具体构成部分既包含个人利益，又包含着公共利益（在法权分析理论中，全部法定利益采用的是二分法，只区分为个人的和公共的两种），是两种利益的有机统一体；而社会本位中"社会"本身的范围就是不十分确定的，即使要确定一个大致范围，也是与个人对立的团体、集合体，其所体现的利益则要么不明确，要么指与个人利益处于两极化对立位置的社会共同的、公共的利益，并非国民利益。而公共利益是由权力体现的。所以，"社会本位"即权力本位。

---

① 章渊若：《章力生政法论文集》，商务印书馆 1936 年版，第 279—280 页。
② 陶希圣为李景禧、齐子崧所编写之《法学通论》（商务印书馆 1934 年版）所做的序言。
③ 参见沈宗灵《现代西方法律哲学》，法律出版社 1983 年版，第 76—80 页。

当然，要将公共利益与个人利益说得没有一点关系也是不必要的，因为，公共利益不过是一般化了的、间接的个人利益。

五　法权有主体也有代表者

在上述讲座上，范忠信教授还评论道：很难说法权是一种权，因为它既没有主体，又没有代表者，无法在现实生活中体现出来。我的看法是，实际情况恰恰相反，法权是有主体、有代表者的，并且体现在现实的法律生活的几乎一切方面或过程之中。

先看法权的主体。如果将法权分解开来，它无外乎各种具体的各种权利和权力，主体分别表现为一国的公民、法人等个人和由公民直接或间接选举产生的各级各类国家机关。

法权的体现者或代表者在专制制度下通常是君主；在民主制度下则是国民通过由其选举产生的代表制定的法律，其中首先是宪法。换句话说，法律就是法权的化身，立法是确认和分配法权、规范法权的运用程序的活动，实施法律则是具体实现法权、落实法权最大化的要求的活动，如此等等。其中，包括制宪、修宪在内的立法过程应该是一个在不同领域、不同层面和不同情况下发现并记录最有利于形成国民利益最大化、国民财产总量最大化的行为规范的过程。

所以，立法同时也应是立法者对社会生活及其实际需要加以认识或把握的过程。一国的法律体系与法权最大化之间的关系，首先会受到立法者认识能力的影响。这种影响使得法律体系有可能循三个方面发挥作用：促进法权最大化；妨碍乃至损害法权最大化；对法权最大化的促进作用和妨碍作用相互抵销，实际效果为零。一般地说，第三种情况出现的可能性很小。人是有理性的，在正常社会状况下，人们能够根据法律实施的社会后果来判断认识的正误并不断修正错误、改进立法，使法律日益适应法权最大化的要求，乃至最终使法律成为法权及其最大化在现实社会中的化身或体现者。在现代法治国家，从理论上和实际上看，作为完整体系的一国的法律就是法权及其最大化的化身或体现者。

根据以上道理可知，在现代法治国家维护法律的权威、严格依法办事，就是维护法权、维护实现法权最大化的一般社会条件，也应该是贯彻法权最大化的具体要求，归根到底是为了最大限度保存、增殖国民利益的总量和国民财产的总量。

这里有两点需要强调。第一，在现代社会，许多团体、组织、个人表达的意愿和制定的规则都能在一定程度、一定范围内反映出法权最大化的需要，但只有法律能最全面、最稳定地体现法权最大化的要求。正因为这个原因，我们才要法治不要人治，要法律至上不要掌权者的讲话至上、红头文件至上、道德信条至上。这不是关于它们孰高孰低的无聊争论，而是国民利益总量、国民财富总量即综合国力要不要提高、迅速提高还是缓慢提高乃至是不是会倒退的原则问题。第二，实现法权中心、法权最大化，没什么神秘性可言，掌握和运用也并非特别困难。民主地立法，然后大家严格守法，公民等个人依法充分主张和维护自己的权利，各级各类公共机关严格依法行使权力，就是成功实现法权中心和法权最大化的全部秘诀。

六 法权中心与制约权力、保障权利的现实需求不矛盾

在前述讲座上，范忠信教授表示，他非常担心法权中心被居心不良的人作为提倡和推行专制政治的借口，成为用权力压制权利的借口。这种担心可以理解，但我认为完全没有必要。

任何一种学说，其社会功能与其自身的内容虽有一定关系，但主要地、根本地看是由它所处的社会条件决定的。历史经验证明，同一种理论，人们既可以从善的方面加以运用，也可以从恶的方面加以运用。最著名的例子也许是卢梭的人民主权说。众所周知，罗伯斯庇尔利用它将许多原本属于第三等级的人们判定为"人民的敌人"，对社会实施血腥的恐怖统治。这种统治最初虽有其一定的必要性，但毕竟是过头了，因而后来演化成了一种恶。而大体在同一个时期，在被马克思称为"第一个人权宣言"的北美 13 州《独立宣言》中，杰佛逊运用人民主权说证明了殖民地人民革命的合理性，此举符合历史的潮流，具有巨大的进步意义，因而成为了人民主权说做善的运用的实例。回到现实生活中来，我们可以看到，对马克思、恩格斯的理论，也未尝不是这样。在这方面，一些后来在特别法庭受审判的官员在"文化大革命"中的作为就是对这种理论做恶的运用的典型。当然，人们将其做善的运用的情形是事情的主流，这是不言而喻的。可见，理论的社会功能，从根本上看是由社会的物质生活条件决定的。任何国家，一旦形成了推行专制主义的社会经济条件，就会有人利用

一切可以利用的学说提倡专制主义，没有借口也会创造出借口。同理，一旦有这样的社会经济条件，任何理论都不可能完全避免被人们利用来做坏事。既然如此，对于法权中心主张在这方面存在的可能性，也就用不着特别担心了。

其实，适应法权最大化的需求，配置权利、权力，与当今中国制约权力、保障权利的现实需求之间，是相辅相成的关系。法权中心的要求是以有利于实现法权最大化为基准配置法权资源本身，所以，其中的权利与权力的配置状况是否平衡，需要通过评估法律实施的社会后果来确定。在社会发展过程中，只有平衡的基点是相对稳定的，实际的权利与权力平衡状态却往往此国不同于彼国，此时不同于彼时，而且，为实现平衡，往往此时需要扩张权利，彼时又需要强化权力，此正所谓"水无常形，兵无常势"，一切以时间、地点和具体情况为转移。在当今世界，倾覆法权内部平衡的力量主要有两种，一为专制政治，一为无政府状态。一般的规律是：消除专制因素，恢复权利与权力平衡，往往采用削减权力比重以限制权力的行使范围、适当分散权力以降低权力的强度、扩张权利、加强权利保障以对抗权力的专横等办法；而消除无政府状态，恢复权利—权力平衡则要加强权力，"乱世用重典"的格言就从一个侧面反映了这样一种需求。

在当今中国，法权中心与权利保障的关系与上述事例相比较，可以说是情况相反，道理相同。当今我们面临的现实是，封建专制的遗毒比较深，民主法制的传统比较少，计划经济体制遗留下来的"无限政府"的无限权力还没有真正受到法律的严格限制，公共机关及其工作人员滥用权力，侵害公民、法人和其他社会经济组织的权利的情况还很常见。当今中国危害法权中心、破坏权利与权力平衡的主要因素从总体上看仍然是权力分量过重、强度过高。所以，严格依法限制公共机关及其官员的权力，有效保障个人的各种权利，正是当今中国实现和维护法权中心、促进法权最大化的必要条件，两者相辅相成、互为表里。

七 法权中心与法权结构平衡

在法权结构中，权力与权利各自的体量是需要纳入考量的基础性因素。权力与权利的体量之比构成法权的体量结构。按照法权中心关于权力与财产关系的原理，从根本上看权力的总量同国家机构等公权力组织对该国或该社会全部物质财富的控制总量有对应关系。因此，权力的集中程度从根本上说也同有关的权力主体对公共财产（财政预算是其最直接表现）的控制份额有对应关系。同理，在特定国家或社会内，个人权利的总量从根本上说取决于私有财产的总量，个人权利在法权结构中的占比归根结底取决于私有财产在相应国家或社会的财产总量中所占的比重。

与法权的体量结构相对应的，是法权的强度结构。权力作为一个整体，其强度表现为控制权利主体，将后者的行为约束在秩序范围内的能力。而权利作为一个整体的强度，则是指其对抗权力侵害，将权力限制在宪法、法律范围内运作的能力。权力强度过大，会侵害权利，造成社会经济政治生活中的专制倾向；而权利强度过大，会侵害权力，使其无法正常发挥功能，结果将是造成相应程度的无政府状态。

不论权力还是权利，在体量一定的情况下，各自的集中程度在一定范围内决定其强度的大小，集中程度愈高，强度愈大，反之则愈小。权力的集中方式通常会从纵向和横向两个方向推进，纵向易于向上、向中央国家机构集中，横向易于向法律的执行机关（如行政机关）集中。不过，在有些国家的有些时期，也存在过与此不同甚至相反的趋势。权力纵向上从中央向地方转移的情况，在 20 世纪下半叶法国、英国和前南斯拉夫联邦以权力下放为标志的改革过程可以看到，至于权力重心在立法机关手中而不是行政机关手中，在 19 世纪 80 年代之前的美国，也是不难找到的情况，如南北战争后国会主导的重建时期。

我主张实现实际上的法权结构综合平衡，即权力与权利体量、强度的综合平衡。这种法权结构综合平衡，在理论上说是可以量化的，可能是权力 50%／权利 50%，或权力 60%／权利 40%，或权力 40%／权利 60%，等等。人们也可以用更通俗的说法来描绘上述综合法权结构：权力与权利五五开，权力与权利六四开，权力与权利四六开，等等。法权结构平衡在理论上可以说有绝对平衡，权力 50%／权利 50%（或权力与权利五五开）这就是绝对平衡。但实际上法权结构一般不会有绝对平衡，即使偶然出现了，人们也不太可能测量到或体会到。所以，法权结构平衡或法权结构综合平衡都只是相对的，相对平衡就包含着不平衡，只要不平衡没有被打破，法权结构就处于相对平衡状态，尽管权力与权利可能已经严重失衡。所以，相对平衡或许既可以是权力 51%／权利 49%，也可能是权力 30%／

权利 70%（权力与权利三七开），或者权力 49%／权利 51%，权力 70%／权利 30%（权力与权利七三开）。只要国家或社会还没有严重失序、没有陷入动乱，就可以认为法权结构相对平衡或法权结构综合平衡得到了维护，没有被打破。

我猜想，历史上一定存在过法权结构等于或大于权力 90%／权利 10%（权力与权利九一开）而法权结构综合平衡并没有被打破的情况，如陈胜、吴广起义前的秦王朝。我更相信，将来会有法权结构等于或小于"权力 10%／权利 90%"（权力、权利一九开）而法权结构也能维持综合平衡的情况——如果我们联系到马克思主义创始人关于国家消亡的学说，我们对这一猜测就应该能够理解。因为，国家消亡意味着法权结构中权力小于 1% 以至等于零，权利大于 99% 以至占 100%。当然，这种状态只能是逐步形成的。

经济关系对法财产增殖、从而法权总量增长有直接的、决定性影响。"我们视之为社会历史的决定性基础的经济关系，是指一定社会的人们生产生活资料和彼此交换产品（在有分工的条件下）的方式。因此，这里包括生产和运输的全部技术。这种技术，照我们的观点看来，同时决定着产品的交换方式以及分配方式，从而在氏族社会解体后也决定着阶级的划分，决定着统治关系和奴役关系，决定着国家、政治、法等等。此外，在经济关系中还包括这些关系赖以发展的地理基础和事实上由过去沿袭下来的先前各经济发展阶段的残余（这些残余往往只是由于传统或惰性才继续保存着），当然还包括围绕着这一社会形式的外部环境。"① 显然，经济关系的内容侧重一定社会或国家拥有的全部物质条件和基于这些条件的物质资料生产、交换和分配的方式。其中，"生产和运输的全部技术装备"居于特别重要的地位，是体现生产力发展水平的客观尺度。在马克思看来，它们决定性地影响社会形态，"手推磨产生的是封建主的社会，蒸汽磨产生的是工业资本家的社会"。②

对于法权结构，经济关系或经济条件虽归根结底制约着它的发展，但历史事实和社会发展进程表明，它们之间并没有直接的对应关系。这显然

---

① ［德］恩格斯：《致瓦尔特·博尔吉乌斯》，《马克思恩格斯选集》第 4 卷，人民出版社 2012 年版，第 648 页。

② ［德］马克思：《哲学的贫困》，《马克思恩格斯文集》第 1 卷，人民出版社 2009 年版，第 222 页。

是因为，"政治、法、哲学、宗教、文学、艺术等等的发展是以经济发展为基础的。但是，它们又都互相作用并对经济基础发生作用。这并不是说，只有经济状况才是原因，才是积极的，其余一切都不过是消极的结果，而是说，这是在归根到底不断为自己开辟道路的经济必然性的基础上的相互作用。"①

为了能更确切地解说法律生活现象和从学理上引领人们的法律生活，有必要先将法权结构划分为权力主导型法权结构和权利主导型法权结构。然后是第二步，把以上两种法权结构基本类型进一步划分为权力绝对主导型、权力相对主导型、权利绝对主导型、权利相对主导型，总共四种法权结构。第三步，将权力绝对主导型、权力相对主导型、权利绝对主导型、权利相对主导型四种法权结构，按相应要素的主导程度做进一步划分，如将权力相对主导型法权结构划分为权力略占优势的法权结构和权力占很大优势的法权结构，将权利相对主导型法权结构划分为权利略占优势的法权结构和权利占很大优势的法权结构，等等。历史上和当代世界各个国家的实际情况是，几乎找不到任何一个国家的法权结构是完全平衡的。现实的较好的情况也不过是权力略占优势的法权结构平衡或权利略占优势的法权结构平衡，不好的情况则是权力或权利居绝对优势地位的法权结构平衡，因为它们的对应情形是专制状态和较大程度的无政府状态。

有没有法权平衡被打破的情形呢？平衡被打破大体有两种情况，其中之一是原有的平衡状态终结，进入了另一种平衡状态，如权力略占优势的平衡转变成了权利略占优势平衡，这就意味着权力略占优势的法权结构平衡被打破了。另一种是平衡完全被倾覆，如南斯拉夫联邦成员单位权力越来越大，联邦政府权力日益减少，最后导致联邦国家解体；又如权力体量、强度过大，权利过于稀微，或权利体量、强度过大，权力弱小，从不同的方向导致国家法律秩序崩溃。

当代中国需要什么样的法权结构？这是我们应该回答的问题。范忠信教授在前述讲座中曾提出，法权既然是权利与权力的统一体，那么，这个统一体完全可能是权力对权利占压倒优势的一种社会构造，以法权为中心

---

① ［德］恩格斯：《致瓦尔特·博尔吉乌斯》，《马克思恩格斯选集》第 4 卷，人民出版社 2012 年版，第 649 页。

弄不好会造成以这种违背历史潮流的社会构造为中心。从原则上看、抽象地看，范教授的担心是有相当根据的，因为中国在奴隶主专制和封建君主专制时代，以权力为中心的法权结构曾经长期存在过，并且也曾符合或基本符合法权中心或法权最大化的要求。但这种情形是与自然、半自然经济和低下的社会经济文化发展水平相联系的。越过了这个阶段，到了机器大工业和商品货币关系成为占统治地位的经济形式的地方，法权中心与权力绝对主导型法权结构就必然很难相容。如果人们一定要将它们两者相提并论或同时并举，那么它们之间一定会相互对立和相互排斥。也就是说，权力绝对主导型法权结构存，则法权中心必被损坏；法权中心存，则权力绝对主导型法权结构必不存在。应该说，在正常的代议制民主下，一般不会出现以上情形。

从当代世界的实际情况看，范教授当初的上述担忧不无道理。但是，从长远的观点看，应该是可以避免的。这也是由当今世界和中国居支配地位的经济生活条件决定的，这种条件的具体内容包括：以科学技术为代表的生产力高度发达，社会日益信息化、数字化，实行市场经济体制，包括劳动力在内的全部经济资源主要由市场配置，人们享有较充分权利和自由已成为推动法权（归根结底是财产总量）趋于最大化的基础性条件。在这样的社会条件下，权力绝对主导型法权结构不仅难以满足法权最大化的需要，还会从根本上减损法权总量，严重妨碍它的最大化，故它很自然会受到相应的社会经济规律的限制。

关于适合当代中国的法权结构，我经历了一个认识的转变过程。我过去很长一段时期一直看好权利对权力略占优势的权利主导型法权结构。但近数十年来，我逐渐感到权利主导型法权结构与中国政治传统、民族主流政治心理和当代实有法权结构的差距太大。所以，我 2018 年在芝加哥大学法学院做演讲①和 2019 年在香港中文大学法学院做演讲②时，比较明确地表达了希望在体量和强度相综合的情况下，以权力权利五五开（50% 权力/50% 权利）为理想目标，但实践上可接受以此为中轴上下浮动一定幅

---

① 2018 年 10 月 4 日在芝加哥大学法学院演讲的题目是："An Economic Interpretation of Faqua-nism（法权中心的经济解释）"，https://www. law. uchicago. edu/events/right-power-and-faquanism-practical-legal-theory-comtemporary-china-professor-tong-zhiwei.

② 2019 年 4 月 30 日在香港中文大学亚太所中国法制研究计划公开讲座的题目是："法权结构平衡与基本人权保障"，http://www. hkiaps. cuhk. edu. hk/eng/events. asp？details = 1&ItemID = E20190430.

度的法权结构平衡建设目标设想。所谓浮动一定幅度，可以是上下浮动百分之五，即在权力 55%/权利 45% 至权力 45%/权利 55% 的区间内浮动，这算很理想了。从我国的具体情况看，实践上权力 55%/权利 45% 或权力 60%/权利 40%，似乎是更能为各方所习惯或接受的。但若权力与权利七三开、八二开，可能就比较难以接受了。难以接受不仅涉及多数人的感受问题，更涉及法权总量从而国民利益、国民财富能否可持续地维持和增殖，说到底，从根本上关乎全社会或整个国家经济活动的中长期效率和效益。人是生产力诸要素中最积极、最活跃的要素，要发挥主观能动性、创造力，对权利和自由这类政治的、法律的环境条件有相对应的客观要求。

若从比较的角度看问题，美国的相应体制似可归结为权利主导型法权结构，他们相应实践属权利主导型法权结构平衡的类型。这符合盎格鲁撒克逊人（Anglo-Saxon）的民族传统法律文化和他们的法律习惯，宁愿社会乱一点也不愿个人行为受太多束缚。中国的现有体制可归结为权力主导型法权结构，相应实践属权力居优型法权结构平衡的类型。按法权中心的原理，结合中国的政治文化传统，权力略占优势的法权结构和相应的法权结构平衡比较适合中国传统法律文化和法律生活习惯。

肯定权力略占优势的法权结构，意味着期待我国的民主法制建设实现权力略微居优的法权结构平衡。寻求权利主导型法权结构脱离中国的法文化传统，不大符合当今中国的基本情况和法文化心理。但权力绝对主导型法权结构和权力占很大优势的法权结构，也不符合我国宪法的规定和精神，不利于法权从而国民利益和国民财富最大限度的保存和增殖。形成权力略微居优的法权结构和实现相应的法权结构平衡，在法现象层面意味着需要在一些方面适度限制权力的体量和强度，进一步落实公民权利的保障，在财产层面则意味着相应调整个人财产在国民财产中所占的比重。

第四章
法权说的哲学基础

【导读】

　　这里所说的哲学基础是广义的，具体主要指形成法权说所依赖的认识论根据和把握基本的法现象的抽象思维方法。法权说是实践法理学的核心，法权说的哲学基础就是实践法理学的哲学基础。关于法学的基础性研究，作者主张以法权说作为引领实践法理学研究的学科层面的基本方法，可总体上替代但又能在看待具体问题上包容阶级分析方法。法学可区分为本质主义法学和非本质主义法学，两种法学套路不是截然分开的，不应互相否定，而应并存和竞争，在保持各自特色的前提下取彼方之长补己方之短。法权说主要以唯物史观、唯物辩证法为哲学基础，属于典型的本质主义法学类型。本章主要以 20 世纪—21 世纪之交的几篇文章为基础按全书基本概念、基本原理协调统一的原则编辑、修订而成。

第一节　法权说的方法论根据①

　　对于法权说，读者一定还有不少疑问，特别是对于它们的来源或形成方式。本节对于法权说形成相关基本范畴和基本命题的哲学基础，尤其是其中的方法论根据，试做必要申论。

---

　　① 本节原载《法学》1996 年第 7 期，原标题是《宪法学社会权利分析方法的认识论基础》，融入本书时按原理、术语统一和在法的一般理论层面与其他部分整合为一体的标准做了修订。

一　实践法理学研究的出发点

关于法学研究的出发点，近现代汉语法学直接受日语法学影响最大，自清末以来的一百多年的时间里，中国高等法学院校基础性法理教学主要看好的一直是指称范围包括各种公共权力的和化的"权利"和以其为重心的和化"权利义务"，但也有直接选择法或法律概念为分析起点的。对此，前面我已明确表达过不赞成的意思。法权说所看重的起点，先是集中于权利、权力，后来集中到权，尤其是进入法中之权，即法权。但法权不外乎权利和权力统一体或共同体，以权为起点同以权利、权力为起点，实际上差不多。"权"在法律体系里的基本的存在形态是权利和权力。

我选择法权及其具体存在形式权利、权力为研究起点或认定它们为基本的法现象，首先是基于我的生活经验，因为，显然我们面对的法律生活有两个事实是最基本最常见的：一个是个人、权利，一个是国家、公共机构和它们掌握的权力。后来我学习法学，从宪法和各种法律中读到的东西与我的观察、体验是一致的，所以我就认定法学要以这两者为最基本的对象。又过了若干年之后，我才发现原来权利、权力都不过是汉语名词权表述的对象中进入法中的那一部分，于是我顺理成章把这一部分叫做法权，视其为进入法中之各种权的简称。至于与此相联系的很多道理，也是在做了这种选择之后才梳理出来的。

将法权研究重点具体放在权利和权力及其相互关系上，我一直是竭力实践的，但这并不意味着我主张以权利或权力为法学的核心范畴。我所主张的，是从各种"权"或从权利、权力的各种表现形式（如法的权利、自由、正当个人特权、个人豁免和法的权力、职权、权限、正当公职特权、公职豁免）中抽象出它们共有的内容形成法权这个名词和法学概念，并将其作为法学的核心范畴，然后以法权为核心范畴形成新的法的一般理论。

这里值得注意的是，以权利、权力为核心的范畴同以法权为核心范畴是有实质性区别的。通过比较我们能较清楚地看到这些差别。法权说的思路是：社会生活中各种权现象的完整的表象→抽象规定（权的概念）→思维具体（法权、剩余权，等等）。在这里，处于法学研究起点的"权"和作为其基本存在形态的权利、权力、剩余权是被作为现象、抽象的对象看待的，因此它们只是反映现实具体的完整表象，只体现感性认识，有待于向认识的知性阶段上升，有待于形成抽象规定。各种权，或法的各种权利、权力、剩余权作为研究的起点，其理论地位正如马克思《资本论》中有待于从中抽象出本质一般（或共性）的商品；在这里，各种"权"或权利、权力、剩余权的学理定位符合抽象思维法则对于研究起点的一切要求。

本书把以法权说为核心形成的系统化论述称为实践法理学，主要是基于其作者的如下理解：古今中外的法律实践，特别是当代中国的法律体系及其施行的情况和相应现象，构成法学研究者面对的客观世界，而人们对这些法现象的认识成果，首先是其中的核心概念、基本概念和基本命题，构成主观的法学世界即法的一般理论的基础。法的一般理论包含的真理性的多少，取决于它描绘、重建、再现客观的法现象世界的准确和深入程度。法学理论体系的价值大小取决于它引导人们建设民主、法治的国家的成效大小。法学理论体系的核心范畴、基本范畴和基本命题，都应该来源于法律实践和本民族的规范的语言，并应随后者的发展变化而不断自我修正或更新。

二 实践法理学形成范畴体系的"绝对方法"

每个学科都有自己的范畴体系或概念、术语体系，学科的发展会反映在这个体系中来。在这个意义上完全可以说，没有新的概念、术语，正好表明没有新思想，法学当然也是如此。像法学这样的社会科学学科，概念体系主要表现为包括核心范畴在内的基本范畴，其他范畴都是外围的和被决定的东西。汉语法学民族的和现代的一般理论，不能都是翻译的、外来的概念，必须有自己不同于任何外语法学的基本范畴群或基本范畴组合，最好是有本民族特有的核心范畴。到21世纪，汉语法学仍然守持清末、民国时期引进的，以"和化权利"为核心的权利义务这对基本范畴的现状，非常直观地表明我国法的一般理论研究基本处于停滞不前状态，与民族化和现代化的距离还比较远。

为寻求法的一般理论的基本范畴群，须回答的第一个问题是：当代汉语法学应该以什么为基准确定基本范畴？在现代唯物主义的指引下，我选择基于汉语文化背景，基于基本的法现象与利益、财产的关系来确定法学基本范畴，具体步骤是：（1）依据可感知的事实和他们之间的联系，认定在客观的法现象世界中，有七种是基本的法现象。其中的前五种即（法的）权利、（法的）权力、剩余权、法权、权，它们在指称范围上能或共同或单独穷尽中外今古全部利益、财产及其社会表现形式。其中，法权或权利、权力能单独或组合在一起穷尽法定全部利益和归属已定全部财产的法的表现。（2）认定客观世界中与权利、权力、剩余权、法权、权相对称的全部五种义务在覆盖范围上可或共同或单独穷尽中外今古全部负利益（或不利益）、负值财产及其社会表现形式。其中，法义务是可穷尽与法权或法的权利、权力相对称的各种负利益（或不利益）、负值财产内容的全部法的表现形式。（3）法（或法律）现象，它是社会规范的主体部分，在中外今古的存在形式或表现形式千差万别，但无论如何它都是一国或社会用以承载法定全部利益、归属已定全部财产以及它们的负面存在形式的筐子。比较正式地说，法（或法律）就是从正负两个侧面配置这些利益、财产并规范其运用行为的、受公共强制力支撑的社会规范。

法权说赖以生根的认识论基础，主要是由黑格尔首创、马克思加以唯物化改造并用以形成其政治经济学范畴体系的"绝对方法"，中国哲学界通常称其为"从抽象上升到具体的方法"或抽象思维法则。此处还吸收了20世纪科学哲学确定的相应准则。"绝对方法"用在实践法理学上包括两个逻辑行程，它们实际上是一个统一思维过程中前后相继的两个阶段或两条道路。

在第一条道路上，思维要舍弃感性具体的一切个别的、特殊的属性，只抽取它们的本质一般（共性），给予这个一般一个名称，使其内涵相对稳定。以这个名称为载体，形成抽象概念，实现从感性认识向知性认识的转变。在马克思那里，从商品这种感性具体或完整的表象中逐层抽象，最后抽象出价值，是这条思维道路运行的典型范例。第二条道路是从抽象规定到思维具体。在这条道路上，思维让体现着感性具体本质一般的抽象规定回到个别中去，并将其在第一条道路上舍弃的个别性、特殊性还给它们，实现个别、特殊和普遍的统一，使感性具体获得精神的再现，实现从知性认识向理性认识的飞跃。在马克思那里，从价值这样抽象的范畴向货币、资本、剩余价值、利润、利息、地租等特殊范畴上升，从利润这类特殊的范畴向产业利润、商业利润、平均利润等个别范畴上升，最后综合为反映资本主义经济现实的完整理论范畴体系的做法，是这条思维道路运行的典型范例。

对于绝对方法这种认识相关社会现象、从中概括出最抽象概念并以此为基点形成学科完整范畴、概念体系的方法，马克思总结道："从表象中的具体达到越来越稀薄的抽象，直到我达到一些最简单的规定。于是行程又得从那里回过头来，直到我最后又回到人口，但是这回人口已不是关于整体的一个混沌的表象，而是一个具有许多规定和关系的丰富的总体了。"① 其中，"表象中的具体"指客观对象世界里作为整体的某种感性的具体现象，"越来越稀薄的抽象""一些最简单的规定"就是从一个个感性现象中抽象出了一般的规定性，形成抽象概念；"行程又得从那里回过头来"指在主观世界从最抽象概念"回头"走向较具体的概念、更具体的概念，直到其全面反映客观现象世界为止的全过程。

以上逻辑进程看起来很深奥，其实结合当代法律体系和法律生活实际理解和运用起来并非特别困难、复杂。其中，以法现象的完整表象走向最抽象概念的是第一条道路，这是一个对现象做抽象、做概括的过程，例如：从（法的）权利、自由、个人正当特权、个人豁免中抽象出"权利"；从（法的）权力、职权、权限、公权力、公职特权、公职豁免中抽象力出"权力"；从道义（或道德，下同）权利、道义权力、道德权威等中抽象出"剩余权"；从（法的）义务、公权义务、个人义务、剩余义务中抽象出"义务"；从制定法、判例法、习惯法、成文法、私法、公法、根本法、实体法、程序，等中抽象出"法"或"法律"。又如，从（法的）权利、（法的）权力中抽象出"法权"；从（法的）权利、（法的）权力、剩余权（或从法权和剩余权）中抽象出"权"。这里要做两点说明：（1）这只是举例，事实上，这里的被抽象对象，也是抽象的产物，而终极的被抽象对象，实际上是最具体的相关的法现象。（2）以上七种法现象的最"稀薄的抽象""最简单的规定"就是抽象到达的顶点，即权。不过，权是直接抽象自（法的）权利、（法的）权力、法权、剩余权，但在间接的意义上也包括抽象自义务和法（或法律）的成分。

从最抽象概念"权"向法权、剩余权乃至更具体概念上升的是相应逻

---

① ［德］马克思：《〈政治经济学批判〉导言》，《马克思恩格斯选集》第 2 卷，人民出版社2012 年版，第 700 页。

辑进程中的第二条道路，它实际上是以"权"这个最抽象的范畴为起点，走向较具体范畴（或概念）、更具体的范畴的过程。其实质是在主观世界观念地——再现作为被抽象的客观世界里的较具体现象、更具体现象、最具体的现象等，直到穷尽。易言之，也就是在主观世界从权上升到法权、剩余权，从法权上升到权利、权力，从剩余权上升到道义权利、道义权力等等。而且，权利、权力，较小程度上还有道义权利、道义权力，仍要继续上升，直到穷尽客观的法现象世界。以法权概念为逻辑起点，由这个抽象的范畴向具体范畴上升，先上升到较为具体的范畴，再上升到更为具体的范畴的历程，还可如此更具体地描述：从法权到权利和权力；从权利到人身权利、经济权利、政治权利、社会的权利；从权力到立法权力、行政权力、审判权力、检察权力，等等。这并非是准确、全面的描述，只是大致的思路。总之，具体做法是要循着法权分解、再分解，分解后又派生，分解和派生相结合的逻辑思路向更为具体的范畴上升，直到这个过程终结，最后将结果综合为完整的理论体系，从理论上较准确地反映现实的法现象世界的结构。

按照绝对方法从抽象上升到具体的思路，实践法理学范畴架构中的全部范畴，其中首先是基本范畴，应当都是从其中的权这个最抽象概念上升而来的。① 这种上升表现为作为起点的权的辩证的自我运动，其动力来源于相关概念自身内部包含的对立因素的矛盾运动。② 对于权来说，它内部包含着至少三个层次的三对矛盾：归属已定财产与归属未定财产的差异或矛盾；法的利益与法外利益之间的差异或矛盾；被纳入法中之权与处于法外的剩余权的差异或矛盾。如前述第二条道路所示，权上升到法权、剩余权后，后两者会分别继续上升，这个过程中产生的每一个新概念，都包含着内在的矛盾。以相对更为重要的法权为例，它包含利益内容、财产内容和它们的法的表现形式三个层次的矛盾，即个人财产与公产的矛盾；个人利益与公共利益的矛盾；各种权利与各种权力之间的矛盾。法权、剩余权是最抽象的概念权向思维具体做辩证法意义的上升运动过程中所产生的第

---

① 本书无意确定法学的全部范畴，只想确定其中主要的和有代表性的部分。这部分数量虽少，但却是整个范畴架构的缩影。

② 关于对绝对方法的理解和运用，进一步的内容可参见童之伟《从尊重传统到反映当代法律实践》，《法商研究》2023 年第 3 期。

一批较具体的概念，然后是权利、权力，道义权利、道义权力，同时还有它们的对立面义务，以及容纳这正反两方面内容的形式，即法（或法律）。

在这里，逻辑的推演和法现象的历史发展大体上是一致的。法现象的历史发展经历了这样一个过程：原始的"权"因公共权力的出现分解为纳入法中之权（由法的权力、权利构成）和留在法外之权，即法权和剩余权；作为原始社会的"权"分解的结果，权力、权利和剩余权在新的历史条件下仍然是一个因内容性质（利益、财产）相近而联系在一起的整体，即新的历史条件下的权。所有这些要素又都伴随着相对应的反面，即义务；而法（或法律）是承载所有正反两方面的利益内容、财产内容及它们的社会存在形式。在这一由七个范畴组成的范畴群中，作为核心范畴的法权最重要，它不仅是这个基本范畴群的核心，也是按这种思路构建的整个法现象解释体系的基础。

这个展开过程最显著的特点在于：它始终以那个反映从元素形式的法现象中抽象出来的本质一般的权，进而法权、剩余权范畴为基点；法学的一切范畴都直接或间接地通过权进而法权得到说明，几乎全部范畴都是权进而法权、剩余权这个一般向特殊和个别连续运动的产物；在从抽象向具体上升过程中产生的每一个范畴都重新获得了它的反映对象作为感性具体的一部分在思维的第一条道路上被抽象时失去了的特殊性和个别性，所以愈到后来愈是具体，其内涵愈丰富。

认识法学新的范畴体系展开方式之关键，在于将整个过程看作权进而法权、剩余权概念在"绝对方法"中的自我运动，看作认识从内容到内容向前流动的表现。也许有学者会说，从考察法律上的各种"权"或权利、权力、剩余权入手，抽象出法权后又回过头来定义权利、权力、剩余权，是搞循环论证。这是误解。作为考察对象的权或权利、权力、剩余权都是客观世界的现象或完整表象，由权进而法权、剩余权及由它们上升而来的更具体的单元，已变成了主观世界的具体概念，前后两者完全不是一回事了。

三 实践法理学形成基本范畴、核心范畴的依托和标准

当代汉语法学的基本概念，都沿用自前人，因而并不是在 20 世纪与 21 世纪之交的这几十年由汉语法学研究者自己抽象出来的。以各方都看好

的"权利"为例，情况就是如此。正因为是这样，所以，汉语法学从来的论著都没有交代"权利"这个词是从当代哪些法现象中抽象出来的，被抽象的现象中是否包括公共权力、国家机关职权、权限等现象。或许有人以为这是小事。非也！对于法的一般理论研究来说，此乃不可或缺的基础性工作，是决定成败的细节。

法学的范畴体系来自何处、以什么为依托，尤其是核心范畴、基本范畴来自何处、以什么为依托，是当代汉语法学必须从根本上回答的问题。汉语法学现有的讨论法学或法哲学基本范畴的著作，主要是根据已有的著述和相关现象的常见程度选定核心范畴和基本范畴的，因而显得主观性较强，三个或两个，七个或八个甚或十几个，似乎都可以。实践法理学不赞成这样做，它要改变确定范畴体系、尤其是确定核心范畴、基本范畴的方式。

我们所说的实践法理学，当然是汉语的实践法理学，它的概念、范畴必须以规范汉字名词或汉语普通话为依托。在法学领域，把依托规范汉字名词作为要求之一专门提出来，绝对是必要的。因为，法学的用语，不同语种之间相对应名词之间的差异往往很大，简单化的翻译手段无法传达原意，必须有规范汉字名词做基准，应该调整的要调整，应该做说明的要做说明。这方面最大的教训发生在法的一般理论出版物中。一百多年来，汉语法学出版物，其中尤其是名为法学基础理论、法理学的法学入门型教科书，一直把日语法学 20 世纪上半叶一度使用、进入 20 世纪下半叶即已放弃的包括各种公共权力的和化的"权利"一词，作为当代汉语法学的基本范畴使用，排斥规范的近现代汉语名词权利，造成很多表意混乱，法学效果非常不好。其实，包括各种公共权力的和化的"权利"一词，就其指称范围而言，它的含义最接近当代中国法律体系中的权这个名词或本书所使用的法权一词，与规范汉字名词权利有根本区别。

实践法理学主张依托的现代中国法律实践包括两层次内容，一是法律体系，二是法律体系正常的施行情况，后者也可以说是现实的法律生活。法学概念、范畴与法律名词、术语是有差别的，因此，依托现代法律实践形成法学范畴体系，意味着正视、尊重法律体系的对应用语但不照抄，要依据学理来甄别、梳理并确定所属内容。另一方面，既然是依托现代法律实践，那么，其法学范畴体系也绝对不可太大程度地脱离现代法律体系和法律生活用语，理论上特别不能形成或接受对照当代法律体系、法律生活用语，让人不知所云的情况。根据这些原则，实践法理学特别看重和最常使用的概念是权利、权力、剩余权、法权、权、义务、法（或法律）。这是因为：权利是个人（主要是公民）、个人利益、个人财产的法的存在形式；权力是公共机关、公共利益、公共财产的法的存在形式；法权体现官民共有利益、官民共有财产，即国民利益、国民财产；义务是它们的负面的或负值的存在形式；法（或法律）乃无分正负承载所有这些内容的筐子。实践法学并不最经常使用，但却最为看重的概念是指称进入法中之权的法权这个名词、概念。因为，法权是既体现权利、个人利益、个人财产，同时又体现权力、公共利益、公共财产，并超越其中任何一方，同时体现这两方面有机统一体的法学范畴。简言之，法权体现的是权利与权力相统一的写进法中之权、个人利益与公共利益相统一之国民利益、个人财产与公共财产相统一之国民财产，体现这样三个层次的对立面的同一、统一。

在汉语法学领域，人们谈论法学基本范畴，从来是基于历史惯性或感觉，没有确立过明确的标准。因此，列举基本范畴，数量往往从两三个（如权利、义务或权利、权力、义务）到十多个甚至二十多个不等。与以上做法不同，实践法理学循现代唯物主义的指引，立足本国基本情况，按照对中外今古一切法现象及与之密切相关现象做全面利益分析进而财产分析的需要为根本标准选择充任基本范畴的法学概念。而满足这种需要的一个基本条件是，作为一个整体，法学基本范畴必须体现民族语言优势，在指称对象上恰好穷尽中外今古全部利益、财产及其在法和社会的其他行为规则中的各种表现。

在众多法学范畴中，我们该如何确定基本范畴？实践法理学的具体做法，是依次但综合地参照以下四个标准选择充任基本范畴的法学概念：（1）整体上能穷尽财产、利益和它们在社会的行为规则体系中正负两方面的表现，以及记载这些内容的形式载体。这是为了适应法学对中外今古一切法现象及与之密切相关现象做全面利益分析进而财产分析的需要。（2）尊重法学学科特点，适应法学研究的需要，以记载认识基本的法现象的概念为重心，而且数量恰到好处、选定时有统一的依据。实践法理学选定法权而不是权作为核心范畴，主要就是基于这方面的考虑。（3）努力克服西方法学中心主义的潜意识，重视但恰如其分地运用本民族、本土或汉语的法学元素，绝不故意拔高。在这方面读者可以看到，法权、权、剩余权成为基本范畴，乃至其中的法权成为核心范畴，都是由它们的现实地位、逻辑地位和现代汉语表达方式本身决定的，没有任何被特意人为拔高的因素。

综合以上三项标准，汇总前文对权利、权力、义务、法律等基本的法现象的属性的认识成果，我选定总共七个概念作为实践法理学的基本范畴。这七个基本范畴的顺序排列分三个层次：（1）反映正值利益、正值财产内容及其在以法为主体的社会规则体系中的表现的五个概念。若按逻辑与历史相一致的原理排列，它们的顺序应是权力、权利、剩余权、法权、权，但若按中国 1982 年宪法结构确认的价值标准，权利的序位应该微调到权力之前，其他范畴序位不变。（2）综合反映负值利益内容、负值财产内容及其在以法为主体的社会规则体系中的表现的概念只一个，即义务。义务可进一步区分为与权力、权利、剩余权、法权、权相对应的较具体义务。义务相对于各种权而言，是第二位的。所以，法学基本概念中它只须占一个位置，与较具体的权相对应的义务概念放在非基本概念序列。（3）反映正负两方面利益、财产内容及其在社会规则体系中的表现的承载形式的概念，也只有一个，即法或法律。

看到作为基本范畴的权、法权、剩余权、权利、权力等七个概念，读者很可能提出疑问：以各种权利、权力等为研究起点，绕了一圈现在又回到了权利、权力等，这岂不是循环论证？这不是循环论证。因为，出现在研究过程起点的权利（法律上的权利、自由、个人特权、个人豁免等）、权力（法定的职权、权限、公务特权、公务豁免等）都是法现象，都只是由感性具体构成的权、法权、权利、权力两类现象的完整表象。从作为感性具体的权利、权力中抽象（或概括）出法权，从道义权利、道义权力中抽象出剩余权，最后再从法权和剩余权中抽象出权，是在前人的思维从感性具体中概括出更抽象的事物的一个逻辑行程。然后从抽象的法权概念到相对而言较具体的权利、权力、剩余权等概念的过程，属于一种概念的自我运动，即从抽象概念到较具体概念，进而随后到更具体的概念的自我运动。这里所谓"较具体""更具体"，是理性具体、思维的具体，不是最开始那种感性的、看得见摸得着的现象层面具体。

同理，法权、剩余权、义务、法，是从抽象的权上升而来的较具体范畴：剩余权反映人们从原始的、权利权力不分的混沌体"权"减去法权或法律上的权利、权力后的余额的认识；权反映人们对权利、权力和剩余权作为一个内在有联系的整体的认识；义务反映法学者对权利、权力和剩余权作为一个整体的背面或反面的认识；法反映人们对承载或直接间接规定所有这些"权"（权利、权力、法权、剩余权）和义务的官方文本载体的认识。我这样说，并没有忽视法对剩余权和对应的剩余义务的"承载""规定"是间接的，包括划分法权与剩余权的界线。这个自然段说到的所有认识，都包括对相关对象的范围和这些现象后面利益内容、财产内容的认识。

在七个基本范畴中，除法之外，权力、权利、法权、剩余权、权、义务本身都可分为实体性的和程序性的，其中，实体性部分含正负两方面直接的利益内容、财产内容，程序性的部分只含正负两方面间接的利益内容、财产内容。从这七个基本范畴继续上升，可获得法学的第三层次范畴、第四层次范畴，直到从主观上穷尽相应的客观的法现象世界。

第二节　阶级分析和法权分析的合理定位①

法学理论应该反映法律生活乃至政治、经济和社会生活的实际，从这个意义上说，现实的阶级状况决定着阶级分析方法在法学中的地位。我国正处于社会主义初级阶段，剥削阶级作为阶级已经消灭，虽然阶级斗争在一定范围内还会长期存在，但已经不是社会的主要矛盾。对此，官方的权威性文献，给予了无数次确认。在法学界，原本应当根据现实的社会政治、经济状况对阶级分析方法在新的历史条件下的地位给予实事求是的评估，但事实上却一直未对其在应处的地位作正面、明确的界定，甚至对这个重大理论问题讳莫如深。仅就现实性而言，这个问题解决不好，法学研究同宪法关于国家的根本任务是集中力量进行现代化建设的要求难以协调。因为在这种情况下，法学者研究问题时的认识倾向往往会因缺乏学科

---

① 本节原载《中国法学》1997年第4期，标题是《论阶级分析方法在宪法学中的合理定位》，融入本书时按原理、术语统一和与其他部分整合为一体的标准做了修订。

化的立足点而发生大幅度的左右摇摆。这是一方面。另一方面，我个人提出和试图运用的法权说，本意之一就是要用其克服阶级分析方法在当代表现出来的偏颇，但阶级分析与法权分析是什么关系，迄今并不十分清楚。本节下面这些文字，是为说明这些问题撰写的。

一 阶级分析方法的法学含义及其传统定位

正确认识阶级分析方法，是对这种方法在当今法学中的地位进行合理定位的必要前提。

准确、全面地理解阶级分析方法必须以阶级概念为考察起点。对于阶级概念，众所周知，列宁下过一个经典的定义："所谓阶级，就是这样一些大的集团，这些集团在历史上一定的社会生产体系中所处的地位不同，同生产资料的关系（这种关系大部分是在法律上明文规定了的）不同，在社会劳动组织中所起的作用不同，因而取得归自己支配的那份社会财富的方式和多寡也不同。所谓阶级，就是这样一些集团，由于它们在一定社会经济结构中所处的地位不同，其中一个集团能够占有另一个集团的劳动。"① 这个定义表明，阶级社会的最根本特征在于一个社会集团能够占有另一个集团的劳动。从这个意义上说，只有奴隶制、封建制和资本主义国家才有完整意义上的阶级；而在剥削阶级作为阶级已经消灭的社会主义条件下并没有列宁定义的那种阶级。这里还应指出，尽管我国宪法允许私营经济存在和发展，但它只能在社会主义法律规定的范围内存在和发展，只是公有制经济的一种补充，因此，这种经济成分也不会造成完整意义上的剥削和被剥削阶级。

至于阶级分析方法本身，列宁也十分明确地表述了它的要点（或内容）。为了准确理解列宁的原意，此处不妨完整地引用他表述阶级分析方法的那句话："你们应当时刻注意到社会从奴隶制的原始形式过渡到农奴制、最后又过渡到资本主义这一基本事实。因为只有记住这一基本事实，只有把一切政治学说纳入这个基本范围，才能正确评价这些学说，认清它们的实质，因为人类史上的每一个大的时期（奴隶占有制时期、农奴制时期和资本主义时期）都长达许多世纪，出现过各种各样政治形式，各种各

---

① ［俄］列宁：《伟大的创举》，《列宁选集》第4卷，人民出版社2012年版，第11页。

样的政治学说、政治见解和政治革命，要弄清这一切光怪陆离、异常繁杂的情况，特别是与资产阶级的学者和政治家的政治、哲学等等学说有关的情况，就必须牢牢把握住社会划分为阶级的事实，阶级统治形式改变的事实，把它作为基本的指导线索，并用这个观点去分析一切社会问题，即经济、政治、精神和宗教等等问题。"① 其中从"必须牢牢把握住社会划分为阶级的事实……"到全句结束，是这句话的后半句，所表述的是阶级分析方法的要点或内容。

我国学术界过去在表述阶级分析方法时，往往只摘录上述引文的后半句话，这种断章取义的做法，极易造成误解，也确实造成了误解。它使读者以为用阶级观点看待社会政治问题是绝对的、无条件的要求。这显然是不妥当的。真实的情况是，上述引文的前半句话限制着阶级分析方法适用的时间范围，即这个范围并不包括剥削阶级作为阶级已经消灭、阶级斗争已不是社会主要矛盾的社会主义阶段。从列宁这段完整的话中，我们只能得出对于阶级矛盾是社会主要矛盾的社会，应当用阶级观点去分析它的一切社会问题，即经济、政治、精神和宗教等等问题的结论；但绝对不能从中得出在社会主义社会包括其初级阶段仍然必须用阶级观点看待一切法现象的结论。

当然，上节所引证的列宁的那段话只是对阶级分析方法的一般表述，不完全等同于后来它作为法学传统基本分析方法的特殊含义。作为法学传统的基本分析方法，阶级分析方法的含义和典型特征是：以阶级性范畴为基点，从这一基点出发，推导出法学的其他范畴；再从这些范畴中延伸出必要的基本命题，并进一步扩展和串联为完整的学科体系；以社会划分为阶级为基本现实，以阶级矛盾为社会的主要矛盾，用这种认识做指导线索，用阶级观点看待一切法现象和法学问题。

笔者认为，不论从社会主义条件下阶级概念的内涵已发生变化、阶级已不是完整意义上的阶级这一层面看，还是从提出阶级分析方法本来的适用范围看，在法学研究和教学中无条件地将阶级分析方法作为最一般和最基本的观察问题的方法，都既不符合马列主义创始人的原意，也不适合社会主义社会的情况。

---

① ［俄］列宁：《论国家》，《列宁选集》第4卷，人民出版社2012年版，第30页。

确定阶级分析方法在法学研究方法中的位置，对阶级分析方法作出正确定位，还应当了解法学的研究方法体系。因为，任何研究总得有其参照点，而且只能在一定的体系中进行。

法学的研究方法体系主要由三个层次构成。第一层次是哲学意义的，直接表现为一定的世界观。社会科学不同学科的研究方法，如果不存在哲学观的差别，在这一层次上并无根本的不同。作为一种研究方法，不妨将其称为哲学观层次的方法论，以区别于其他层次的方法。第二层次是主要为一个学科所独有或为极少数相邻学科所共有的学科基本分析方法。它是第一层次的方法论在一个专门学科领域的具体化。其所以称为学科基本分析方法，理由首先在于它是本学科适应认识自己特有的研究对象的需要而提出来的，往往只能主要为本学科所用。此外，它作为一种分析方法，之所以冠以"基本"这个定语，是要强调它应当是将整个学科体系贯穿起来的明显的指导性线索。第三层次的研究方法通常只是工具性的。它在研究工作中主要是为贯彻落实第二层次的分析方法而创设的。如结构—功能方法、制度分析方法、历史方法以及比较分析方法等。

要科学评估阶级分析方法在法学中的传统定位，需要正确认定它在该学科研究方法体系中所处的层次。在这个问题上，有充分的理由作出两点判断：第一，阶级分析方法在法学中应属于哲学层次的方法论的一部分。因为，阶级观点是唯物史观的基本观点之一，阶级分析方法只不过是以阶级观点认识法现象在方法论上的具体表现。第二，在传统法理学、宪法学中，阶级分析方法实际上还同时处于学科基本分析方法的地位，而本来应当与哲学观层次方法论相对区分开来的学科基本分析方法却事实上付诸阙如。

应当承认，阶级分析方法成为传统法学的基本分析方法在我国有其历史必然性。一种基本分析方法对于一个学科是否适当，须结合该学科存在和发挥社会功能的具体历史条件等因素来评断。阶级分析方法在法学中的传统地位，首先是由它产生的社会历史条件决定的。中国的马克思主义法学，可以说产生在革命战争年代。例如，就拿宪法学来说吧，早在抗战时期，延安就成立了宪政促进会，毛泽东在其成立大会上还作过《论新民主主义的宪政》的著名演说。在解放区和国民党统治区，都有学者站在马克思主义的立场上发表文章评论、批判国民党制造的反动宪法，这都是马克思主义法学在中国出现的象征。至少，从我们宪法学工作者的角度是这样看问题的。较系统的马克思主义法学体系产生在 20 世纪 50 年代。

其次，从改革开放前的法学在马克思主义法学发展史上所处的阶段看，它也只能以阶级分析方法为学科基本分析方法。在哲学层次的方法论指导下找到全面反映这种方法论的精神而又能与其明显相对区分开来，有本学科特色的基本分析方法，是一个学科成熟的标志。要做到这一点，需要具备许多客观和主观条件，其中根本的客观条件就是社会历史发展阶段能够允许，没有这个条件，其他条件即使具备了也没有意义。而且，在一个学科找到作为自己成熟标志的基本分析方法前，通常也只能以某种哲学层次的方法论为其替代品发挥社会功能。传统法学的命运就是如此。从这个意义上说，至少在 1956 年之前，阶级分析方法注定是我国法学的基本分析方法。1956 年后的二三十年间，阶级分析方法作为我国法学的基本分析方法也具有一定的历史必然性。

所以，在我国新民主主义革命时期和完成社会主义改造前，以阶级分析方法作为法学基本分析方法，从学术上看虽然不是成熟的选择，但基本上是说得过去和可以理解的。在那之后，情况就不一样了。

二 阶级分析方法在当代汉语法学的合理定位

从法学理论应当反映社会经济发展阶段变化的要求看，阶级分析方法作为基本分析方法的地位在 20 世纪 50 年代中后期就应当让位于新的基本分析方法，但实际上没有发生这种转变，原因是必要的客观条件和主观条件在那时尚未全部成熟。客观条件中最重要的是根本消灭剥削阶级和剥削制度，使阶级矛盾不再是社会主要矛盾。这一点早在 1956 年就做到了。主观条件中最重要的是正确认识剥削阶级作为阶级被消灭后社会所处的新的发展阶段和主要矛盾，放弃以阶级斗争为纲的理论，并相应地确定国家在新的历史条件下的根本任务。应当说，这些主观条件大致上以中共十一届三中全会召开和"八二宪法"诞生为标志，就已经基本具备，而 1993 年《宪法修正案》第三条至第十一条的通过则表明有关主观条件的全面成熟。

但是，主观条件和客观条件毕竟都只是条件，具备了这些条件后，作为法学理论构成因素的阶级分析方法并不会立即自动放弃其法学基本分析方法的位置。在新的历史条件下它到底应当处于什么位置，如何到位，有待于法学者通过艰苦的理论研究拿出方案，实施调整。

在这个问题上，合理的做法是，仍应将阶级分析方法作为法学的一种有用的分析方法，只是无论如何不能将其置于我国法学基本分析方法的地位。因为，社会主义制度的确立、社会主要矛盾的变化及由其决定的国家根本任务转向现代化建设这些最重要的现实，注定了阶级分析方法不能再作为我国法学的基本分析方法。法学必须形成在学科位置上足以起到主导地位、在学理质量和实践功能上能克服阶级分析方法的局限性的新的基本分析方法。

但是，具体地说，到底应当将阶级分析方法置于当今法学的什么位置呢？

解决这个问题可以有多种方式。笔者认为，最合适的选择是让阶级分析方法还原为阶级观点回归于哲学层次的方法论。因为，既然它本质上属于法学研究方法体系中第一层次的方法论，那么回归只不过是还其本来面目，非常顺理成章。这样一来，用哲学层次方法论中任一基本观点观察法现象都能够而且必须通过学科基本分析方法的运用来实现，而运用学科基本分析方法也同时意味着在整体上反映了哲学层次方法论的要求，包括阶级分析的要求。

或许有的学者会问：有没有必要在研究法学问题时在哲学层次的方法论和具体法现象之间夹进一个所谓学科基本分析方法？这样做绝对有必要。任何学科，只有成功地做到这一点，它才有本学科特色，才足以在研究方法上与其他学科明显区分开，哲学的一般原理和本学科的具体情况才能够实现圆满结合，该学科才算成熟。法学也是如此。

也许还有学者会问，作为法学的哲学层次的方法论，辩证唯物主义和历史唯物主义是由许多基本观点组成的，在特定的时间和地点，能不能按照反映社会现实的需要必要时适当强调其中的一个基本观点（如阶级观点）、如何强调所要强调的基本观点？的确，在特定的时候，对于特定的法现象，到底适合于用哪种基本观点来加以分析，是必须有所选择、有所侧重的。关于这个问题，我作两点回答。

第一，到底要侧重运用哲学层次方法论中的哪种基本观点分析我们遇到的法现象，从根本上说是由社会的客观实际决定的。一种法律矛盾，如果首先和主要地是敌对阶级之间冲突的表现，那就要运用阶级观点看问题，如果不是，那就得运用其他相应的观点来分析这些现象。一事当前，到底应主要运用马克思主义的哪个观点来加以分析，很难说有一定之规，但在这种情况下，需要遵循的最基本的原则还是有的，那就是具体问题具体分析、实事求是。因为，"实事求是，是无产阶级世界观的基础，是马克思主义的思想基础。"① 不分地点和时间条件，习惯性地强调哲学层次的方法论中的任何一种基本观点的做法都是教条和僵化的表现，都将违反马克思主义最根本的原则。而且，之所以要革新传统法学的基本分析方法，根本目的之一就是要避免将这类做法固定化。

第二，根据时间、地点等条件的变化强调或突出哲学层次方法论中的任何基本观点，都只应通过法学的基本分析方法及其贯彻机制来落实。因为，在一个较合理的法学体系中，基本分析方法应当就是学科化了的哲学层次的方法论，前者是后者学科化的表现，后者的一切意图和变化，都通过前者向法学领域传导、输送。如果哲学层次方法论中的基本观点不是借助学科基本分析方法表现自己而是自己直接出面，它在学科上就应归类于哲学而不是法学。马克思主义法学要真正做到在世界范围内自立于社会科学之林，就必须按这种思路实现学科化。做不到这一点，中国法学从根本上说就还谈不上学科特色，在理论上始终只会是马克思主义一般原理的机械延伸。而这种情况正是法学不成熟的重要表现，给阶级分析方法重新定位的目的之一，就是要改变这种情况。

当然，从认识到对阶级分析方法应当如何定位到法学在体系构造等方面实现对阶级分析方法的重新定位，还有很长的路要走。能否把正确的认识贯穿到法学体系乃至法学研究过程中，取决于诸多因素，如科研气氛是否适宜、学者们主观上是否努力、成效如何等等。但从实际成效和综合指标看，关键问题在于是否能够，以及何时能够在马克思主义哲学的引导下形成法学新的基本分析方法。法学新的基本分析方法的到位与旧的基本分析方法（即阶级分析方法）向最高层次的方法论的还原和回归，是同一个过程的两个方面，它们将相互联系、相互促进，在时间和速度上是同步进行的。

---

① 邓小平：《解放思想，实事求是，团结一致向前看》，《邓小平文选》第 2 卷，人民出版社 1994 年版，第 143 页。

三　从阶级分析到法权分析

不过，我这里要特别慎重地提请读者注意，如果真正用阶级分析的观点看待中国的法律问题乃至经济政治和社会问题，其结果可能对中国社会造成很大的伤害。或许正因为这个原因，近 70 年来中国官方的做法，一直只基于中华人民共和国成立前的社会经济基础或欧美近代以来的社会经济基础谈论阶级斗争并做阶级分析，从来忌讳基于当下中国的社会经济状况谈论阶级、阶级斗争或做阶级分析。所以，中国基本上找不到对中华人民共和国成立后、尤其是对 1978 年改革开放以来的中国社会做阶级分析的论文、著作和调查报告，即使有少量的，也避开了阶级一词采用了阶层的说法。

应当说，这是十分明智的策略，它在一定程度上规避了阶级和阶级斗争学说对当代中国社会必然造成的撕裂性影响。但是，这之所以可能，是以社会封闭和以限制公开讨论为前提条件的。在改革开放和有一定自主思考空间的当代中国，要大讲特讲阶级、阶级斗争和阶级分析而又不让人将其用来对照中国社会现实，那肯定是做不到的。

好在近二三十年来，中国不少法学者已经意识到上述问题，适应已经变化的历史条件调整或部分调整了研究思路。法权说和法权分析方法的提出，是上述调整的一个值得关注的组成部分。

为了说清法学基本分析方法的走向，以及我个人提出法权分析思路的意图，我们得先探讨这样一个问题：当今我国法学中有没有学科基本分析方法？如果说有，那是什么方法呢？

这个问题是比较难以回答的。从主流看，可以把当今我国学者研究法学的方法按思想渊源的差别分为以欧洲大陆哲学尤其是德国哲学包括马克思的哲学为基础的和以英美哲学为基础的两大部分。以德国哲学为基础形成的基本分析方法通常应当以深刻性和思辩性见长，但缺点往往是实证性、实用性和可操作性较差；以英美功利主义、实用主义哲学为基础形成的基本研究方法往往有实证性、实用性和可操作性较好的优点，但又有系统性、思辩性和深刻性不足的短处。为繁荣我国法学，顺利推进法治进程，这两类基本分析方法都是必要的，应当并存、竞争和相互取长补短。但就今天我国法学界的实际状况而言，我试做两点估计：

1. 以审判为关注中心，以英美哲学和法文化为基础的基本分析方法的运用，在法学界虽然时间还不长，作品还不多，但已初步发挥了它本来就有的优势，并从德国哲学中吸纳了一些长处，前景比较好。① 但到底前景如何，要看在依法治国，建设社会主义法治国家的过程中发挥作用的实际作为。不过，我国是实行民主集中制的制定法制度国家，法权分配的中心在最高国家权力机关，这点决定了以审判为关注中心的法学可能难以在我国充分发挥法学功能。

2. 以德国哲学为思想基础，以立法为关注中心，以制定法为法的主要渊源的法学历来没解决好将有关哲学思想和逻辑体系用来研究法现象、形成学科化、系统化和相对独立的基本研究方法的问题，迄今为止，中国和外国几乎都是这样，至少从哲理法学派和他们的后继者的作品看没有例外。从渊源上看，马克思、恩格斯的哲学思想是本书所说的德国哲学的一部分，它在苏联、东欧国家和我国法学中的境遇同在其他国家并无两样。由此造成的主要问题是，要么基本研究方法与哲学方法论重合，要么基本研究方法隐隐约约、模糊不清，而不论其中哪种情况，都使得基本研究方法乃至整个理论实证性、实用性和可操作性相对较差。② 这种状况是由很多原因造成的，在有些社会主义国家，长期未确立法治目标、数十年没有正常的科研环境，以及法学者过于急功近利、浅尝辄止等因素，都应当对上述状况负一份责任。

实践法理学在当今中国的使命就是改变上述状况，要结合当代的科学文化发展、着眼于 21 世纪的时代精神和中国的基本情况，将唯物辩证法转化为一种能合理地、系统地解释全部法现象并能对具体法现象进行实证分析的、实用价值更为明显的法学基本分析方法。在这方面特别要强调"转化"和"学科化"两个方面的要求。这两方面要求的结合，意味着将任何一种哲学用于解释法现象，都不应是直接的，只应是间接的，从前者到后者之间应当有中介或桥梁。这种中介或桥梁即学科化的基本分析方法（或理论）。具体地说，就是将有关的哲学理论用于解释法现象应当遵循这样

---

① 这方面的作品，主要是曾留学英美或受英美法学方法论影响较深的中青年学者在 20 世纪 90 年代后期发表的一系列论文。

② 在这方面，很难确定一部或几部代表作，因为，俄语法学作品和近半个世纪以来我国以唯物辩证法为哲学方法论的法学作品，往往都在不同程度上表现出这些不足。

的途径：先将有关哲学理论和中国的法律生活实际相结合，发展出一种有法学特点的基本分析方法或理论，然后再用这种方法或理论解释法现象。对于马克思主义法学而言，马克思主义哲学尤其唯物辩证法是思想基础，法现象是研究对象，法学基本分析方法是两者之间的中介或桥梁。这三者虽有密切联系，但界限应当是清楚的。

无数事实证明，哲学方法论（或最一般原理）体系对于解决实践领域的问题的指引作用，必须有学科化的理论作为桥梁才能真正实现，否则有关哲学方法论对于实践领域的问题往往就只不过是不切实际的教条和摆设。没有基于马克思主义创始人的哲学又区别于这种哲学的独立而完整的法学基本分析方法或理论，就永远谈不上真正的马克思主义法学。能否认识到这一点以及能否正视这一点，直接关系到马克思主义法学的盛衰成败。

我们现在是否已形成了能够在马克思主义创始人的哲学和今天的法现象之间起中介和桥梁作用的法学基本分析方法或理论？我认为从总体上看还没有形成这种方法。过去，在法学中阶级分析方法实际上处于基本分析方法的地位，现在这种方法虽仍有必要，但肯定不应是法学的基本分析方法。之所以如此，社会历史条件的变化构成一个方面的原因，另一方面我们更应当注意的是，用从上文已论述过的形成真正的马克思主义法学的学术标准看，应当说阶级分析方法从来都没能胜任过法学学科基本分析方法的角色。

不能胜任的原因主要有两个：第一，阶级观点只是历史唯物主义的一个具体视角，而不是一般方法，用阶级观点看待一切法现象，实际上已陷入了用阶级观点这一"偏"概马克思主义哲学之"全"的片面性；第二，即使没有以阶级观点之偏概马克思主义哲学之全的问题，以阶级分析方法做法学基本分析方法也是不妥当的，因为它是直接用一种哲学观点（阶级观点）来说明法现象，而不是先在有关哲学方法论的指引下形成一种法学基本分析方法作为两者间的中介或桥梁，然后通过这个"桥梁"来说明法现象。在这里，通不通过"中介或桥梁"是有实质性区别的，有中介和桥梁并通过它就是法学，就有法学的学科特征，否则就不是真正的法学，就没有法学的学科特征。

近年来又有不少学者先后提出了在法学中引入利益或"法益"分析方法的主张，试图将其作为马克思主义法学的基本分析方法，以改变目前基本分析方法缺位的状况。这种主张看起来具有合理性、可行性，但实际上注定是行不通的。不错，利益观点比阶级观点全面得多，这是一方面；另一方面，我们还要看到，将阶级观点换成利益观点，从学术标准看并没有实质性的进步，因为，利益观点也只是历史唯物主义的一个具体视角，而不是一般方法，从总体上看仍然是外在于法学的东西。当然，最根本的问题还是在于这样做无助于改变用哲学直接说明法现象的思路，而发展马克思主义法学关键的、压倒一切的需要和唯一的出路就在于先在这种哲学的引导下形成以它为基础但又与它有学科性区别的法学基本分析方法，然后再用这个方法去分析法现象，而不是穿新鞋再走老路。

我可以大胆地作两点预测：第一，利益或"法益"分析方法要么根本不能贯穿法现象解释体系，要么根本没有法学的特点，因为，作为唯物主义的一种观点，利益观点与阶级观点一样，既可以用于政治学、经济学、法学等社会科学学科，也可以用于文史哲等人文学科，除人为地将其与法现象拉扯在一起使其沾上些法现象的色彩外，不可能有真正的法学特色；第二，随着利益或"法益"分析方法的运用，我们将看到法学作品中到处充斥着经济分析、利益分析和法现象分析三张"皮"融合不到一起去的现象。因为，这类分析方法是在根本没弄清各种不同利益的确切经济内容及其与相应法现象的确切关系的情况下提出来和运用的。迄今为止，现有的这方面的论著在讨论法与利益的关系时，法现象和利益或"法益"两张"皮"融合不到一起的现象已很明显。

那么，能不能在弄清了利益、财产和相应法现象的关系之后再谈利益或"法益"分析方法呢？这也很难想象。因为，当弄清了这些关系后，有关的分析方法就不应称为利益分析方法了。法学基本分析方法的正常状态应当是法学特征、利益内容和经济内容三者融为一体的，这种方法应根据其法学特征命名。此外，将利益分析方法作为法学基本分析方法的意向与既有的以权利和义务为核心的法理学的客观功能也是不相协调的，其最明显的表现是，权利义务法理学的基本范畴群远不能穷尽社会的利益内容（缺乏与 right 平行的、体现公共利益的权力概念），因而这种法理学实际上并没有对法现象进行全面的利益分析所需要的思维形式和逻辑前提。

那么，什么方法能够作为马克思主义法学的基本分析方法呢？经过多年的思考和探索，我选择了法权分析方法。

法权分析方法是能够将马克思主义创始人的哲学与法律现实连接起来的比较适当的中介和桥梁，它实际是从抽象上升到具体的逻辑方法的法学表现。这个方法的要点可以作如下简要概括：以从抽象上升到具体的方法为哲学方法论；确认以权利和权力为主的各种"权"为法现象世界中最基本的现象，对它们做尽可能深入的研究，搞清它们与非法定权利或权力以及与利益、财产的确切联系，它们之间的对立统一关系和它们各自内部的关系；在两个层次上从法的权利、法的权力等现象中抽象出它们共同的本质属性，用一个词来标志这个权利权力统一体并记录其两层次的内在属性，即法定社会整体利益和归属已定之全部财产，形成法权概念；以法权概念为起点，向具体概念上升，形成以法权概念为核心范畴，以权利、权力、剩余权、权、义务和法等总共七个概念为拱卫的基本范畴群；以这个基本范畴群为起点向更为具体的概念上升，形成法学的普通范畴群，从而构成实践法理学完整的范畴体系；运用新的范畴体系尤其是其中的核心范畴和基本范畴，从权、法权内部，特别是从权利和权力两者间对立统一、权利和权力各自内部对立统一，相互之间以及各自内部彼此作用、相互协调、相互转化的角度解释全部法现象，最终形成既能够对法律现实进行深入理论阐释，又具有实证性、实用性和可操作性的完整理论体系。

从总体上看，笔者讨论法理学更新的全部文字都可以作为贯彻这种思路的实例。因为，它们不论是评论他人的观点还是正面阐述思想，都是按照法权分析方法的思路展开的。

第三节　法权说的法本质观[①]

法的本质是指与现象相对应的法的根本属性，是法的构成要素之间相对稳定的内在联系和法现象后面起决定作用的东西。讨论法的本质问题，是要从根本上回答应当把法律看做什么、当做什么的问题，从而在理论上

---

① 本节的三个部分原为连载：《法的本质是一种实在还是一种虚无——法的本质研究之一》，《法学》1998 年第 10 期；《用什么方法确定法的本质——法的本质研究之二》，《法学》1998 年第 11 期；《当代中国应当确立什么样的法本质观——法的本质研究之三》，《法学》1998 年第 12 期。融入本书时均按全书原理、术语统一和与其他部分整合为一体的标准做了修订。

规定法律实践的方向和立法、执法、司法的价值取向。正因为如此，法是否有本质以及如何确认法的本质关系到法律实践和法学理论的全局。数十年来，围绕法的本质，学术界已有了相当多的论述，也进行过不同学术观点的多次交锋。针对这种状况并以此为基础，本书拟换一个角度对法的本质这一主题下相互关联的三个问题做些探讨。

一　法的本质是实在还是虚无

法是否有本质，是讨论法的本质的人首先需要面对的问题。对此，我国法学界现在有两种观点。第一种观点肯定法的本质的客观实在性。这种观点很普遍，半个世纪以来，我国围绕法的本质进行的解说或争论基本上都是以肯定法的本质的客观性为前提的。第二种观点在我国是近年来才提出的（或重新提出），这种观点认为，法律的本质是"一个虚构的神话"①，倾向于否定法的本质的客观性。

法的本质到底是实在的还是虚幻的呢？简单化地回答这个问题没有什么意义。从哲学史上看，肯定事物的本质的实在性或否定其实在性，其真实的意义都不在于有关命题本身是不是正确，而在于采用不同的解释世界，从而改变或影响世界的方式。

通过探讨事物（包括实在法）的本质②来认识事物的思想方法源远流长，它在很大程度上表现为人类认识世界共同的必经之门，是人的认识能力达到一定程度后自然会显现出来的一种方法论倾向。很难说这是某个民族、某个学派的首创。

在中国，孔子把"仁"作为有基本法意义的礼的根本，同时又对"仁"的要求和底蕴做出多种解释，并在最深刻的层面上将其归结为"爱人"。③ 这可不可以被看做是本质主义的法学倾向？我感到，孔子的这个思路不仅确认了他所想要维护的礼的初级的本质（仁），而且深入到了礼的二级本质（爱人）的层面。孟子也一样，他说："仁之实，事亲是也；义之实，从兄是也；智之实，知斯二者弗去是也；礼之实，节文斯二者是

①　法律文化研究中心：《法律的本质：一个虚构的神话》，《法学》1998 年第 1 期。
②　这里主要指实际上探究了事物的本质，不一定指形成和使用了"本质"这个概念。
③　参见《论语·颜渊篇》。

也；乐之实，乐斯二者，乐则生矣。"① 什么是"实"？"实"就是实质、根本、本质。从仁、义、礼等内容看，这里面也包含了探求法之"实"的含义。可见，孟子通过确认社会规范（从当时道德和法律不分的实际情况看，可以认为其中也包括了法规范）的本质来解释这些规范并影响社会现实的思路比孔子还明显，而且也有向现象的一级以上的本质探求的倾向。

另外，试图通过解释经典来完善自己的理论体系，这种做法本身就是采用本质主义思想方法的明证。"就中国而言，传统社会和传统法律文化常被形容为'儒家'。然而，正如儒家经典所反映的，反映在儒家经典中的儒家学说一直是中国哲学家和统治精英反复诠释和重新阐释的主题。"② 可以说，本质主义是中国人认识包括法现象在内的各种社会现象的根深蒂固的思想方法。

在西方，与孟子同时代的亚里士多德提出："科学就是对普遍者和那出于必然的事物的把握。"③ 由于"必然"、"规律"是和本质同等程度的概念，所以这句话的实际含义差不多等同于"科学就是对事物的本质的把握"。作为一门科学，法学当然也不能例外（尽管当时法学还未从政治学等学科中独立出来）。这不仅是推论，事实上亚里士多德也是从揭示本质入手界定法律概念的，他说："法律是以合乎德性、以及其他类似方法表现了全体的共同利益，或者只是统治者的利益。"④ 在这里，"全体的共同利益"或"统治者的利益"实际上就是他所认定的法律的本质。

本质作为一个与现象相对称的范畴的出现比人们探求本质的学术活动的产生晚一些。在哲学史上，"本质"一词也导源于亚里士多德。罗素指出过，"有一名词在亚里士多德和他的经院学派的后继者们中间非常重要，那就是'本质'这个名词"；"本质概念是从亚里士多德以后直到近代的各派哲学里的一个核心组成部分。"⑤ 以黑格尔为代表的德国古典哲学承继和

① 《孟子·离娄上》。

② Jianfu Chen, *Chinese Law: Context and Transformation* (Revised and Expanded dition), Koninklijke, Brill NV, Leiden, the Netherlands, 2016, p. 7.

③ 苗力田主编：《亚里士多德全集》第 8 卷，中国人民大学出版社 1994 年版，第 126 页。

④ 苗力田主编：《亚里士多德全集》第 8 卷，中国人民大学出版社 1994 年版，第 95—96 页。

⑤ Bertrand Russell, *History of Western Philosophy* (Routledge Classics), London: Routledge, 2004, pp. 164, 192.

丰富了亚里士多德的关于本质的思想，马克思对其加以改造并赋予了新内容，如此等等。作为一种生长变化着的思想方法，它在历史发展的每一个阶段都影响着同时代的法学，马克思主义法学只是受其影响的法学流派之一。

不从事物的本质入手把握事物，以及不承认或根本否认事物本质的客观性的思想方法也是源远流长的，这种思想方法也相应地给同时代的法学打上了深刻的烙印。探研有关事物而不考察其本质有两种原因：一种是认识能力尚未充分发展，另一种是充分理解本质主义的认识方法但认为其不值得重视或不可取。早期的思想家不讨论事物的本质，往往是不自觉的，属于前一种情况；当代的学者不考察事物的本质，通常都是自觉的，属于后一种情况。至于不承认或否认事物本质的客观性者，就我所知，在哲学领域当首推18世纪以提出"存在即被感知"命题而著称的乔治·贝克莱，在他看来，所谓本质只是一种"虚无"。现代西方哲学的不少流派也都以各不相同的方式否认事物本质的客观性，实用主义、新实在论和存在主义就是其中较著名的流派。此外，还有的哲学家虽承认事物本质的客观性，但认为它是人的认识所不能把握的，这方面有代表性的人物是康德，在他那里，本质是处于彼岸的、不可把的"自在之物"。

与哲学领域的这种情况相对应，法学领域的情况历史地看也分为两种：一种是不懂得对法和法现象进行本质分析，也不知道有这么一种方法，这种倾向主要表现在早期的一些法学作品中；另一种是熟悉本质主义的方法但根本否认法有什么本质，或虽未否认但不重视这个问题，有意回避这个问题。如社会连带主义法学的核心人物狄骥就将本质看做"臆想的和看不见的玄学本体"，反对用本质来解释法现象。[①] 从当代西方法学、特别是英美法学各主要流派的一些有代表性的作品看，它们中几乎都没有采用法律本质这个范畴，但在实际的讨论过程中，却包含着不少人们常说的属于法律本质范畴的内容，尤其是在论述法律概念的时候。因为，完全不涉及对法律的本质的判断，就不可能说清楚法律的概念。但严格地说，不

---

① Léon Duguit, *Traite de Droit constitutionnel*, 2 edition, Tome I, La règle de droit—Le prorlème de l'etat, Paris: E. de Boccard, 1921, p. 401.

论以是否形成了法律本质范畴为标准来衡量，还是以是否刻意探求法的最一般属性和法现象之间的内在联系为标准来衡量，现代西方法理学的主要流派，如新自然法学、分析实证主义法学和社会学法学，都不具有本质主义特征。

是否具备本质主义特征并不是判断法学流派优劣的标准。法学的一般价值在于合理解释全部法现象和以最大限度促进国民福祉为准则影响社会现实。具备这种功能、有利于实现这种价值的法学就是人们需要的，否则它的存在意义就要受到怀疑。不同的学派到底哪个更符合这个标准，要通过竞争来决定，而且其相对位置应当能够改变，各方可以相互借鉴他方的长处以完善自己或形成新的流派。

所以，本质主义的法学也好，非本质主义的法学也好，都只是按特定认识目标说明法现象和影响法律现实的工具，它们虽然与一定的哲学方法论有关系，但又决不应该是冷战思维意义上的披着法学外衣的政治意识形态。从社会的要求看，不论哪一种法学都应当具有深刻合理地解释法现象和按既定目标引导法治实践的功能。

按这种标准历史地衡量，两种法学各有优劣。本质主义法学通常与制定法传统相联系，其突出特点是思辨性、系统性强，高度抽象，剖析法现象比较深刻，但实证性、实用性较差，指导立法活动尚可，解决司法过程中的问题则往往显得无能为力。非本质主义法学通常与判例法传统相联系，以审判过程为关注的重心，其突出特征是实证性、实用性较强，系统性、思辨性较差，抽象程度低。

中国以马克思主义创始人的哲学为基本指导思想的法学显然是一种本质主义法学。但在很长一个时期，由于缺乏竞争，搞唯我独尊，以阶级斗争为纲，这种本质主义法学在中国一度被弄成了十分僵化的东西，与其说是法学，不如说是被冷战思维主导的政治意识形态。它不仅没能吸收非本质主义法学的优点，反而连它自身本来应当有的优势也丢了。近十多年来，幸亏有一批勇于解放思想、实事求是的法学工作者在这块园地里耕耘和奋争，本质主义法学才显得有了一些活力，获得了一定程度的发展。中华人民共和国成立后，非本质主义法学在我国销声匿迹了很长一个时期，直到近几年才得到一定程度的复兴。它复兴的时间虽不长，但势头好，有潜力，推广快，有助于推进建设社会主义法治国家的进程。

法学要发展，需要有不同流派的竞争。本质主义法学不能搞垄断，非本质主义法学也不能搞垄断，将其中任何一种法学看做万应灵药都是没有根据的。今天的中国的法学理论，真正属于我们自己首创的东西很少，大都是早年进口的和新近进口的，迄今为止，其中包含的中国学者自己的附加智慧含量还很低。要形成符合中国情况、成体系、既有思辨性又有实证性、实用性的法学理论，恐怕还要经过相当长时间的努力。

说这么多，还是不得不回答法的本质是一种实在还是一种虚无的问题。对此，我觉得从两个方面回答较好。第一，承认或不承认法的本质的实在性，真实的意义在于对两种不同的解释法现象和影响社会现实的方式做出一种选择。如果能够充分发挥法学本身应有的学理功能和社会实践功能，承认或不承认法的本质的实在性并不重要，无须有定论。第二，就我个人来说，基于中国基本国情和自己的受教育背景，我倾向于从方法论意义上承认法的本质的客观性，并相信在一定的条件下本质主义法学能够获得良好学术前景。那么，在什么条件下呢？看来至少得包括宽容、开放、自我批判和自我更新的态度等要求。如果自我封闭，把自己变成棍子，将自己当做唯一准绳，老子天下第一，那就避免不了日薄西山的命运。

二　用什么方法确定法的本质

承认法的本质的客观性，才谈得上确认法的本质的方法。因此，这是一个只有本质主义法学才有的问题。不仅如此，对于本质主义法学，这还是一个最基础、最根本的问题。从哲学基础看，我国居主流地位的法学是一种本质主义的法学，因为指导着它的马克思主义哲学是一种本质主义哲学。今天讨论确定法的本质的方法，当然也在它赖以形成的哲学基础上进行。

我国法学界据以确定法的本质的方法，是有很多值得检讨的地方的。首先有一个依据什么理论来确定法的本质的问题。对此，很多人会说，依据马克思主义呀。是的，这没有疑问。但依据马克思主义的什么呢？是依据马克思主义创始人在有关问题上的具体结论、具体原理，还是基本原理？

迄今为止，法学界关于法的本质的论争往往集中于讨论法的本质是什么，但没有下力气讨论用什么方法确定法的本质。而长期以来问题没有得到令人信服的解答的关键恰恰是在方法上。这里我想谈两点看法：

第一，在法的本质问题上持统治阶级意志论的学者所依据的《共产党宣言》中的有关论述，只是马克思、恩格斯对于具体问题下的一个具体结论，即使这个结论包含着有关原理，那它也只是具体原理，它的"效力等级"在理论上低于马克思主义的一些更基本的原理。《共产党宣言》中那段话的原文是："你们的观念本身是资产阶级的生产关系和所有制关系的产物，正像你们的法不过是被奉为法律的你们这个阶级的意志一样，而这种意志的内容是由你们这个阶级的物质生活条件来决定的。"[①] 这段话是在资本主义条件下说的，是针对资产阶级说的，所讲的是资本主义社会的法——难道这不是十分具体的吗？

的确，它包含着有关原理，但也只是受上述具体条件制约的具体原理。决不能抓住这句话不及其余，尤其是不能片面强调这一具体结论或具体原理而置实事求是这一唯物主义方法论的基本要求于不顾。"实事求是，是无产阶级世界观的基础，是马克思主义的思想基础"；[②] 它的理论地位优于马克思主义创始人的任何具体论述或所提出的任何具体原理。长期以来，在法的本质问题上，人们所坚持的统治阶级意志论实际上是机械地比照马克思主义创始人在资本主义条件下对资本主义法的本质的论述得出的结论，是按照错误的思想方法求得的，并不符合社会主义初级阶段的实际需要。

第二，与统治阶级意志论相左的关于法的本质的其他观点，其所建立的方法论基础也值得有关学者花时间再思考。近20年来，除统治阶级意志论外，还有几种关于法的本质的新观点，有学者将它们概括为三种，即传统观念不再适用论、市民社会论，以及法和法律相区别论。[③] 这样概括也未为不可，虽然并不全面。我觉得，这些理论观点有一些共同的长处，那

---

① ［德］马克思和恩格斯：《共产党宣言》，《马克思恩格斯选集》第1卷，人民出版社2012年版，第417页。

② 邓小平：《解放思想，实事求是，团结一致向前看》，《邓小平文选》第2卷，人民出版社1994年版，第143页。

③ 参见孙国华主编《马克思主义法理学研究》，群众出版社1996年版，第168—189页。

就是都希望立足于社会主义初级阶段的基本国情和实际需要，从重新确定法的本质入手，更新传统的法学理论，使之最大限度地符合当代中国人群的需要和跟上改革开放和发展的时代潮流。但从方法论上看，它们有一共同的问题，即没有明确提出和证明在新时期据以确定法的本质的方法论依据。

我以为，确认法的本质的最重要方法论原则是"从实际出发"，"实事求是"。这九个字是唯物主义方法论基本要求的最通俗表述。

在确认法的本质方面，如何具体落实从实际出发，实事求是的基本要求呢？这得从确认事物本质的一般方法论原则谈起。关于如何合理确定事物的本质属性问题，列宁晚年论述工会应有的地位和作用的过程给我们提供了绝好的范例，其分析方法和所遵循的原则值得我们在讨论这类问题时学习。

事情大致是这样的：对于工会在苏维埃政权下的地位和作用，即工会本质上是什么的问题，季诺维也夫和托洛茨基有两种截然不同的看法。托氏说工会是管理生产的行政技术机关，季氏认为工会是工人阶级的学校，布哈林则认为工会既是机关又是学校，并批评前两人犯了片面性的错误。布哈林还打了一个通俗的比喻，说讲台上放着一只玻璃杯，第一个人说它是玻璃圆筒，第二个人说它是饮具，布哈林暗示，这都是片面的，只有看到它既是圆筒，又是饮具才全面。对布哈林这种态度，列宁批评为要不得的折中主义，并以这个比喻为例阐述了正确看待事物本质属性的辩证法。可惜，有关学者过去似乎没有充分领悟其中包含的合理把握法的本质的方法论意义。

为了真正在马克思主义哲学的基础上解决确认法律和其他法现象的本质的方法论问题，我们很有必要将列宁确认工会的本质属性和根本作用时的思路同我国有些学者在坚持法本质统治阶级意志论时的思路做两个方面的简要对比。

先看列宁在确认工会的根本属性时所使用的方法论原则和当今的法本质统治阶级意志论者把握法的本质时所持的思想方法的根本差别。借用布哈林把对工会的本质属性和根本作用的不同看法比喻为对玻璃杯的本质属性和根本作用的不同看法这个例子，列宁说："玻璃杯既是一个玻璃圆筒，又是一个饮具，这是无可争辩的。可是一个玻璃杯不仅具有这两种属性、特质或方面，而且具有无限多的其他的属性、特质、方面以及同整个外界的相互关系和'中介'。玻璃杯是一个沉重的物体，它可以作为投掷的工具。玻璃杯可以用作镇纸，用作装捉到的蝴蝶的容器。玻璃杯还可以具有作为雕刻或绘画艺术品的价值。这些同杯子是不是适于喝东西，是不是用玻璃制成的，它的形状是不是圆筒形，或不完全是圆筒形等等，都是完全无关的。"①

　　相应地，对于今天在法的本质问题上仍然持统治阶级意志论的学者，不知是否已经认识到，法除了具有统治阶级意志性外，还有"无限多的属性、特质、方面以及同整个外界的相互关系的'中介'"，而且它们同法是否有阶级性"都是完全无关"的呢？而如果承认法有无限多的属性、特质、方面都同统治阶级意志性是"完全无关"的，为什么一论及法的属性、特质等问题，就不分时间、地点、国情，一味地强调它的统治阶级意志性，并且认为它永远是法的最本质的属性呢？

　　再比较一下列宁在确认工会的作用时遵循的方法论原则同当今的法本质统治阶级意志论者所持的思想方法的根本差别。对于工会在新时期的根本作用，列宁仍然借助玻璃杯的例子加以说明。他接着前面的思路说："如果现在我需要把玻璃杯作为饮具使用，那么，我完全没有必要知道它的形状是否完全是圆筒形，它是不是真正用玻璃制成的，对我来说，重要的是底上不要有裂缝，在使用这个玻璃杯时不要伤了嘴唇，等等。如果我需要一个玻璃杯不是为了喝东西，而是为了一种使用任何玻璃圆筒都可以的用途，那么就是杯子底上有裂缝，甚至根本没有底等等，我也是可以用的。"②

　　很显然，在列宁看来，对事物本质的把握应当随时间、地点等条件的变化而变化，也就是说，事物的本质不是一成不变的（这是辩证法的常识）。"现在"和过去、"需要把玻璃杯作为饮具使用"和需要把它作为其他东西使用，不同的条件下我们对同一个东西的本质及由其所决定的根本功能的定位应该是不同的。但是，法本质统治阶级意志论者却似乎不能理解辩证法对于确定事物本质及其功能的这类基本要求。他们不明白，在以经济建设为中心的新的历史条件下，当我们需要强调把法律当作为经济建

　　① ［俄］列宁：《再论工会、目前局势及托洛茨基同志和布哈林同志的错误》，《列宁选集》第 4 卷，人民出版社 2012 年版，第 418—419 页。

　　② ［俄］列宁：《再论工会、目前局势及托洛茨基同志和布哈林同志的错误》，《列宁选集》第 4 卷，人民出版社 2012 年版，第 419 页。

设服务的工具使用时，人们"完全不需要知道"法律是不是统治阶级意志的表现，至少不必将统治阶级意志看作是法的本质属性，重要的是借助法律的作用把经济建设搞上去，发挥好法律解放生产力和发展生产力的作用。

可以毫不含糊地说，在今日之中国，法本质统治阶级意志论是一种停留在十一届三中全会之前的时代的、已很不合时宜的法学思想的集中反映，它客观上妨碍着法律和法学发挥解放生产力、发展生产力的功能。因为，把法的本质定位于统治阶级的意志，逻辑上必然强调法的统治、镇压作用，如果不是这样，那么，法的本质论和法的功能论在逻辑上就一定是矛盾的——法的本质决定法的基本功能，这对于本质主义法学是不言而喻的道理。坚持维辛斯基时代的法本质论，坚持十一届三中全会之前的时代的法本质论，而又表示赞同新的历史时期的法功能论，这在理论上和逻辑上是不可思议的现象！

针对应将玻璃杯（实际上喻指工会）看做是什么的问题，列宁紧接前面的引文提出了确定事物根本属性的四条具体方法论原则。这些原则都是人们在谈论法和法现象的本质时应予遵循而事实上未予注意的。现在让我们对列宁提出的这四条原则做些分析并分别将其与现有的一些提法做些对照。相信这将有助于今天在法的本质问题上持各种观点的学者检讨和改进相关的方法，尤其对于法本质统治阶级意志论者是如此。

首先，"要真正地认识事物，就必须把握住、确定清楚它的一切方面、一切联系和'中介'。我们永远也不会完全做到这一点，但是，全面性这一要求可以使我们防止犯错误和防止僵化。这是第一"。① 持法本质主义倾向的法学者，不论其具体看法如何，都有必要想想，我们在谈论法的本质的时候，是不是尽我们所能去把握和研究了法的一切方面、联系和"中介"？在当今之中国，不顾历史条件的变化，抓住一点不及其余，在本本上考证来考证去，立论、反驳和猜想都围绕着统治阶级意志性展开，这是不是远离以现代化建设为中心的时代要求，是不是学术思想片面和僵化的表现？

"第二，辩证逻辑要求从事物的发展、'自己运动'（像黑格尔有时所

---

① ［俄］列宁：《再论工会、目前局势及托洛茨基同志和布哈林同志的错误》，《列宁选集》第 4 卷，人民出版社 2012 年版，第 419 页。

说的）、变化中来考察事物。就玻璃杯来说，这一点不能一下子就很清楚地看出来，但是玻璃杯也并不是一成不变的，特别是玻璃杯的用途，它的使用，它同周围世界的联系，都是在变化着的。"① 本质与现象可以相互转化，本质自身也是可以变化的，法的本质决不是一成不变的——按照辩证法，一切皆流、一切皆变，"本质"又岂能例外！玻璃杯的本质如此，法的本质也是如此。就玻璃杯来说，在人口渴的时候，它会被人看作和用作饮具，但当人突遭强盗袭击的时候，玻璃杯可能就会被看作和用作砸向强盗的武器。在前一种情况下，杯子的本质是饮具，在后一种情况下，杯子的本质是自卫武器，在其他的情况下，杯子的本质还会是其他东西。也许有人会说，玻璃杯在一般的本来的意义上是饮具，充当其他的什么只是权宜的选择。也许确实是这样，但我们应注意，具体地看，一般意义上的东西和权宜意义上的东西的地位在一定条件下也是可变的，如进行艺术化深加工之后，玻璃杯作为艺术品的价值就超过了它作为饮具的价值，因而就从一般意义上的饮具、权宜意义上的艺术品变成了一般意义上的艺术品、权宜意义上的其他东西。

这些道理对于我们理解法和法现象的本质完全适用。在阶级斗争尖锐激烈的历史条件下，法律首先和主要的是统治阶级意志的表现，是阶级压迫的工具，因而理应从统治阶级意志入手把握法的本质；在中国社会主义初级阶段，国家的根本任务是进行现代化建设，法律的首要任务是为经济建设服务，因而法的本质就应当从有利于实现这一目的的方面入手去把握；在我国成了中等发达国家之后，时代的要求和社会发展的重心很可能会转向别的方面，那时，对法的本质的把握方式又会与今天不同。从法本质统治阶段意志论近40年来的思想轨迹看，有关学者是不会同意这种观点的。但这种观点恰恰是根据列宁明示的上述方法论原则得出的结论。

"第三，必须把人的全部实践——作为真理的标准，也作为事物同人所需要它的那一点的联系的实际确定者——包括到事物的完整的'定义'中去。"② 这大意是说，人的全部实践既是检验真理的标准，也决定着人将

---

① ［俄］列宁：《再论工会、目前局势及托洛茨基同志和布哈林同志的错误》，《列宁选集》第4卷，人民出版社2012年版，第419页。

② ［俄］弗·列宁：《再论工会、目前局势及托洛茨基同志和布哈林同志的错误》，《列宁选集》第4卷，人民出版社2012年版，第419页。。

有关事物看作什么、需要它发挥什么功能，只能结合人的全部实践来确认有关事物的本质属性或它归根到底是什么。今天，我国人民的全部实践集中表现为进行现代化建设和实行改革开放，法学应当把这个最大的实践反映到我们对法的本质属性的认识中去。今天离开这个伟大的实践来谈论法的本质，那就要么是经院法学的陈词滥调，要么是一厢情愿的臆想，两者都没有正面价值。

"第四，辩证逻辑教导说，'没有抽象的真理，真理总是具体的'"①。按照这个道理，全面地把握、研究事物的一切属性、特质、方面、联系和"中介"，充分注意时空条件和结构系统关系对事物的本质的影响，实事求是、具体问题具体分析，是获得对事物的正确认识的绝对要求。这也是我们获得对法的本质的正确认识的绝对要求。一成不变的法本质观本身已表明，法本质统治阶级意志论者从未注意到这种绝对要求。

三　当代中国应当确立什么样的法本质观

法与所有其他事物一样，具有或能够具有无限多的属性（或特质、方面、同外界的相互关系，"中介"等），如强制性，规范性，预测性，指引性，阶级性，统治阶级意志性，国民意志性，社会性，普遍性，社会控制的手段，未来判决的预测，利益对立的产物，政治文化传统的结晶，权利保障和权利分配的工具，授予权力和约束权力的工具，利益分配的工具，理性，正义，断案的准绳，人民自由意志的体现，人民自由的圣经，统治工具，"刀把子"，一定经济关系的反映，社会进步的一般条件，社会效益，一定经济基础的上层建筑，执政党政策的定型化，主权者的命令，规则，人民的公意，国民的共同意志，保障和增殖财富的手段，权威组织制定的社会规则，由国家强制力支持的行为规范，社会经济文化发展的杠杆，民族精神的体现，习惯和经验的总结，如此等等，不胜枚举。

在法的无限多的属性中，我们根据什么将其中的一种或几种确定为它的本质属性呢？我主张，当代中国的法学应从三个方面来确立这种根据。第一是基本国情和时代精神。这应当主要是指社会主义初级阶段的社会经济发展

---

① 〔俄〕弗·列宁：《再论工会、目前局势及托洛茨基同志和布哈林同志的错误》，《列宁选集》第 4 卷，人民出版社 2012 年版，第 419 页。

水平，定位于集中力量进行现代化建设的国家根本任务，改革开放的实践，解放生产力、发展生产力的需要，保障人权和发展人权的需要，促进人的自由、全面和可持续发展的需要。第二是一定的理论体系和方法论原则。看待法的本质，不同的理论体系有不同的套路，往往是"道不同，不相谋"。本质主义哲学产生本质主义的法学，本质主义法学以本质主义哲学为思想基础。据以确定法的本质的理论体系的核心，应当是唯物辩证法和它在相关问题上的具体方法论原则。对于具体方法论原则，前文已按列宁的思路有详细的评述。第三个方面是法学作为社会科学的一个学科的要求。其中首先是要求所确认的属性涵盖面较宽、解释法现象有足够的周延性，其次是使用的概念应该学科化：有法学特色、有必要抽象程度、逻辑发育程度较高。

综上所述，我认为法的本质今天可以通过考察权利权力统一体后面的利益内容和财产属性的方式来加以把握。在这里，权利权力统一体由法律承认和保障的各种"权"构成，表现为法定之权，这种法定之权本书缩写为法权。法权从内容上看接近于"人民之权"或西方学者所说的"广义的权利"，但严格地说却与它们有重大区别。作为概念，法权是一个反映法律承认和保护的全部利益的法学范畴，以社会的归属已定之全部财产为本源，表现为法的权利和法的权力之总和或统一体。

从法权入手的这种确认方式能够向人们展示法的本质的多级性，法与权利和权力的关系，法与利益的关系，法与社会财富的关系，以及权利权力、法律承认和保护的利益、所有权归属已定之财富三者间的转化—还原关系。这种确认方式表明：法的一级本质是作为法权分配的工具。在这里，法被用以在社会个体与以国家为总代表的公共机关之间分配法权，划分权利与权力的界限，在不同社会个体之间分配权利、在不同公共机关之间配置权力，并规范社会个体与公共机关之间的权利—权力关系、社会个体相互之间的权利—权利关系和公共机关相互之间的权力—权力关系。

法的二级本质是作为分配社会整体利益的工具。在这里，法分配社会的整体利益、维护分配秩序并规范相关主体支配属于自己的那部分利益的方式，其方式包括在社会个体与国家机关之间将整体利益界分为个体利益和公共利益、在社会各个个体之间分配应属于个体的全部利益，以及规范各公共机关竞争和运用全部公共利益的行为等内容。

法的三级本质是作为分配社会财富并规范其支配或消费行为的工具，

其作用包括在社会个体与国家机关之间将全部财富界分为个体所有之财产和公共机关所有之财产两部分，以及规范各个社会个体分享全部可用于个体分配之财产，规范各个公共机关竞争和运用应属于公共机关所有之全部财产等内容。如果还要探究下去，直到找到法的最深刻的本质，那我愿意表达这样一种猜想：在终极意义上说，法应该是保证与促进一切人自由、全面和可持续发展的最便捷可靠的工具。

这种法本质观在承认法的属性、特质、联系、"中介"等的无限多样性和发展性的同时，试图从其中的法定之权、利益和财产三种属性入手，集中地、多层次地反映立足于现有基本情况中国法学界看待法和法现象的应有的眼光。这种选择主要有三个方面的理由：

1. 财产是维系个人和社会存在的物质基础，生产活动是社会最基本的活动，利益是财产在社会关系中的集中表现，而财产和利益在法律上又都只以权利或权力的形态存在。从这条线索入手确认法的本质，在三个不同层次上都抓住了法背后起决定作用的东西，掌握了法的根本。而且它揭示了权利权力之总和同社会财产总量之间的对应性和转化—还原关系，从而在理论上说明了解放生产力、发展生产力，集中力量进行经济建设对于基本人权、民主和法治的决定性意义。

2. 这样的法本质观对于法现象有较强的解释力和较普遍的适应性，对于不同的社会形态和同一种社会形态的不同发展阶段的法都能够合理解释。任何时候法的根本功能都是解决财产、利益及与其对应的权利、权力的分配和运用问题。例如在阶级斗争尖锐的社会历史条件下，尽管解决这些问题的过程突出地表现为阶级斗争的过程，统治阶级意志性成了法的最突出特征，但在这个意志后面起决定作用并作为其客观基础的东西归根结底还是相应的利益关系和财产关系。所以，即使在阶级矛盾尖锐激烈的社会，统治阶级意志性也只是法的浅层次的属性。退一步说，即使在阶级矛盾尖锐的社会历史条件下，在理论上突出法的利益、财产属性和经济功能也是正确的思路。

3. 使用法权范畴表述对于法的本质的认识，实现了语言的学科化。学科化是同生活化相对应的，能否使用高度概括性的、多层次反映研究对象基本属性的学科语言来表达内容，是衡量法学发展水平的一个重要标尺。学科化较强的法权概念比较准确、简明地同时表达了对于法的三级本质的认识，这样的效果是使用通常的平面概念所难以达到的。

第五章
实践法理学的现象解释框架

【导读】

　　一种法的一般理论，首先必须能够周延合理地解释中外今古各种基本的法现象本身及其相互关系，然后才谈得上在国家法治建设进程中起引领作用。对于实践法理学来说，包括核心范畴在内的基本范畴，是法现象解释框架的基础性构件。在我看来，改革开放以来，汉语法学著述奉行的核心范畴经历了从权利义务到权利权力，再转而走向法权的变迁。但是，汉语法理学教材没有跟上这个节奏，大体还停留在清末民初以指称范围包括各种公共权力的和化的"权利"为重心的"权利义务"基本范畴格局里。按照对全部法现象进行利益分析进而财产分析的需要，我主张以法权为核心形成实践法理学基本范畴体系。以该体系为依托，本章提出了对包括私法、公法和根本法在内的全部法现象做周延而合理解释的大致框架，其中的法权分析模型和义务分析模型集中反映了这个框架的内容。本章有些文字基于已经发表的文章修订编辑而成，另一些文字是基于全书内容结构和逻辑完整性的需要新增加的。

第一节　实践法理学解释法现象的主要工具[①]

　　什么是法的一般理论呢？按我的想法，法的一般理论就是可用于说明

---

　　① 本节是基于全书结构和逻辑完整性的需要在此书出版时新增加的，原位于英文版全书结论部分的有些内容放到了此节。

中外今古各种法现象、尤其是基本的法现象本身以及它们的内部和外部联系，从而可以系统地解释各种法现象的历史、现状并预测它们最终归属的法学学说。关于当代汉语的法的一般理论，在形式上是有的，其中有代表性的出版物，就是改革开放以来较全面涉及以上方面的著作，尤其是被称为《法学基础理论》或《法理学》的高等法学院校主流的法学入门型教科书。之所以看重教科书，是因为按常理，它们应该记载法律生活各个方面的基本知识、广泛共识和较成熟的研究结论。本书的使命，就是要推动汉语的法的一般理论更新。这项工作涉及许多方面的研究，但本章只列举几个不可或缺的方面。

一 立足当代中国法律体系和汉语的七个基本范畴

确认基本的法现象时实际上就意味着选定了法学的基本范畴，因为，法学的主要认识对象应该是基本的法现象，认识基本的法现象的成果，必然反映到相应的基本范畴中来。相关法现象在法律体系、法律生活中的"基本"的地位决定了相应范畴在法学中的"基本"地位。做这种选择遇到的直接考验，是由此形成的基本范畴体系能否在理论上全面准确地还原实际法律现象本身及其内部外部联系并合理解释中外今古各种法现象。

在现代唯物主义的指引下，本书基于利益、归根结底是基于财产来选定基本的法现象，认定在客观的法现象世界中存在三个基本事实：（1）权利、权力、剩余权、法权、权，在覆盖范围上能够或共同或单独穷尽中外今古全部利益、财产的法的表现；（2）与权利、权力、剩余权、法权、权五种现象对称的义务可穷尽中外今古全部负利益（不利益）、负值财产的法的表现；（3）法（或法律）现象是社会规范的一部分，在中外今古的存在形式或表现形式千差万别，但无论如何，它都是受公共强制力支撑从正负两个方面承载、配置这些利益、财产并规范其运用行为的制度化平台。所以，笔者基于当代法律制度首先着手把握权利、权力、剩余权、法权、权这五种法现象的范围和内容。

（一）权利

本书基于中外法制把权利现象的范围认定为四种具体形式，将其实质定位于个人利益、个人财产。权利现象，以个人（自然人、法人）为主体，不同时代不同国家的具体存在形式很不一样，在当代的具体存在形式主要表现为法确认、保障的，社会实际生活中的"权利""自由"、个人正当特权和个人豁免。就与权的关系看，权利指称由个人享有、获得法的保障的那部分权。就与法权的关系看，权利指称由个人享有的那部分法权。从实践法理学角度看，在后面对其起决定作用的个人利益内容、个人财产内容，它们是权利的实质（或本质、内容，下同）。

（二）权力

参考外国法制但主要基于中国法律体系合并同类项后，我们可将权力现象的范围认定为若干种具体存在形式，并将其实质定位于公共利益、公共财产（在对国民财产做二元分类的情况下等同于广义政府部门资产）。权力乃指称公共、准公共机关和以前者的名义执行公务的官员依法享有、行使的"国家权力""职权""权限""权力""公权力"、正当公职特权、公职豁免，并记录人们对它们共有的公共利益属性、公共财产属性认识的名词、概念。此处"共有"，指这些现象共同体现的、法保护的公共利益，归根结底是它们共同体现的公共财产。公共财产的范围在各国不一样，但本书所谓公共财产，指属于广义政府部门所有之财产和财产权利。从实践法理学角度看，权力后面的这些对其起决定作用的公共利益内容、公共财产内容，就是权力的实质或本质。就与权的关系看，权力指称由公共机关依法执掌的那部分权。就与法权的关系看，权力指称由公共机关掌握、运用的那部分法权。

（三）剩余权

参照中外法学界的提法，结合汉语的特点和优势，可将剩余权现象的范围从总体上认定为未纳入法直接分配的领域而由道德等其他社会规范分配、规范的那部分"权"（具体包括道义权利、道义权力两种），并将其实质定位于法外利益、归属未定财产。剩余权是指称各种法外之权（如道义权利、道义权力等），并记录人们对它们共有的法外利益属性、归属未定财产属性之认识的名词、概念。法外利益、归属未定之财产就是从实践法理学角度看到的剩余权的实质、本质。

（四）法权

将法权现象的范围视为一国或社会由各种法的权利和各种法的权力构成的统一体（或共同体），并将其实质定位于国民利益，归根结底是归属已定全部财产或国民财产。所以，法权是指称权利权力统一体并记录人们对其体现的国民利益、国民财产或归属已定全部财产内容之认识的名词、概念。本书第二章完全基于中国法律体系和法律生活，首次较全面列举了丰富多彩的法权现象，并参照经济学术语将其实质表述为国民利益（national interest）、国民财产（national property）或归属已定全部财产。其中，"国民利益""国民财产"或"归属已定全部财产"就是法权的实质。这里提请读者特别留意宏观经济学常用到的"国民"（national）一词，它从来都是包括个人和公共机构两方面内容的。显然，法权可谓进入法中、由法直接分配的全部"权"，范围包括各种法的权利、权力。传统的汉语法学从来忽视法中之权，这不奇怪。人"看"得见什么、看不见什么是受其所掌握的理论制约的，头脑没有装备相应的理论，相对应的现象就会"看"不到，在这里，相应的理论与显微镜、望远镜在本质上是一样的。不过，既然法权是进入法中之权，我们不妨详细观察我国宪法把权这个单字名词独立使用的情形，也就是权现象现身于中国法律体系中的种种情形。须注意的是，在中国法律体系中，"权"是以权利权力统一体的身份时而具体指称权力、时而具体指称权利的，这点本书第二章已交待过。

从汉语角度看，西方法律体系中的权利与权力从根本上看同样是一个统一体，但西语和西语法学本身因缺乏含义与汉语的"权"一词对称、对等的名词而无法通过法律文本和法律论著展示"权"这种法现象，除非某一天他们创造或引进与汉语的"权""法权"含义对等的名词。① 法权的内容为一定时期内一国或一社会受法律保护的各种个人利益、公共利益之和，以相应时空内归属已定之全部财产为其物质承担者。

（五）权

按"权 = 权利 + 权力 + 剩余权"的方式表述权现象的范围，并将其实质定位于一国或社会的法内法外全部利益、归属已定未定全部财产。权现象是唯有汉语才能用一个名词（即"权"）表述的，但汉语使用者可以推己及人，用权这个名词概括和表述当代各国的同类现象。在中国，权在古代仅能表述权势、权柄等，到 19 世纪中后期指称范围才逐步涵盖法的权

---

① 如果西语法学相关学者愿意参考我的意见，我郑重建议它们采用汉语拼音 quan（读作 chuan）翻译"权"这个名词，同时用汉语拼音 faquan（读作 fachuan）翻译"法权"，可参见：TONG Zhiwei, *Right*, *Power*, *and Faquanism*, *A Practical Legal Theory from Contemporary China*, trans. XU Ping, Leiden, Boston, Brill, 2018, pp. 311 – 353.

利、权力和未进入法中的剩余权。因为权的主要构成要素在近现代至少三分之二在法的范围内，故从法学角度看也应该被视为基本的法现象。权是一国或一社会的全部利益、进而全部财产在包括法、道德等在内的各种行为规范中的存在形式。也可以说，权是指称法内法外各种权利和权力并记录人们对它们体现的社会全部利益和全部财产之认识成果的名词、概念。这里的关键是要记住：权＝权利＋权力＋剩余权，而且，权利、权力、剩余权三者在各国都有丰富的呈现形式。

其中，法内法外各种权利和权力包括法的权利、权力和道义（或道德）的权利、权力，社会全部利益包括法保护的和法不保护的各种利益，社会全部财产包括归属已定财产和归属未定财产。作为表述一种法律实体的名词，权原本是一个单音节名词，但在通过研究明确了其外延和内涵后，它就不仅上升成了一个汉语实践法理学概念，还是汉语实践法理学的基础性概念或范畴之一。权是以相关联的法内和法外现象为对象，从中提取共同的利益属性和财产属性形成的法学基础性概念之一。所有这些被提取对象的共性，是特定社会或国家的全部利益，不分法内法外，而它们共同的财产内容则是相应社会或国家的全部各种财产，归属无分公私。

以上确定的是指称前五类法现象（即权利、权力、剩余权、法权、权）的概念及其范围和实质，它们从总体上穷尽了利益、财产的法内法外表现形式。下面转而看它们的负面利益内容和负值财产内容，即义务，其序号排在第六。

（六）义务

可从与权相反、相对应，也与权利、权力、剩余权相反、相对应的方式表述义务现象的范围，并将其实质定位于负利益（不利益）、负值财产。所以，义务概念的指称范围是法的义务（duty）、无资格（disability）、无权（no-quan）、无权利（no-right）、无权力（no-power）、责任（包括 responsibility 和 liability）、职责（obligation）等现象加上表现在法外规则中的道义的义务、无资格、无权、无权利、无权力、责任等现象。

考虑到义务相对于权处于第二性的位置，本书对义务的处置是相对降低它的逻辑位阶，即并不把与权及其具体构成部分——对称的义务放在与前者同样的学科地位。这样处置的典型表现，是仅将最抽象的义务概念确认为法学基本范畴，其次级范畴都不享有这样的学科地位。但在必要的时候，本书也会严格区分与权相对称的最抽象义务与权利、权力、剩余权、法权——对称的义务。

上述六类基本的法现象，以不同的组合穷尽了当代法律世界相关现象包含的正反两方面的利益内容、财产内容。作为一门研究法现象的学问，法学仅仅从内容方面关注现象是不够的，还得关注承载内容的形式，那就是作为社会规范体系的"法"（或"法律"）现象本身，下面顺原序号将它排出作为实践法理学的第七个基本范畴。

（七）法（或法律）

从受公共强制力支持从正负两个方面承载、配置权，其中主要是配置法权并规范其运用行为之制度化平台的角度认定法（或法律）现象的范围，并将其实质定位于分配国民利益和国民财产的手段、方式。从形式上看，法（或法律）是分配权，主要是分配其中的法权并规范其运用行为的、由公共强制力支持的有普遍约束力的普适性行为规范体系，在不同时代不同国家表现形式不同，常见的有制定法、判例法、习惯法等等。需要说明的是，法（或法律）作为一个"筐"，承载和配置剩余权的功能确实存在，但比较有限，主要表现在划分剩余权与法权的界线，确认和通常消极地维护剩余权在法律生活中的地位。

在当代中国，法主要表现为宪法、法律、行政法规，但按中国《立法法》，地方性法规、各种行政规章、司法解释等，也处在法的范围内。就实际规范作用而言，执政党有些党内法规的部分条款，也处于法的地位和法的范围内。法产生自原始的"权"即权利权力混沌体中内部对立和不可调和的斗争。根据对权利、权力和法权的认识，结合中国现阶段实际并充分考虑到法学的特点，法应该被视为合乎正义地分配法权并规制其运用行为的以国家强制力为后盾的社会规范。实然的法或多或少会偏离应然的法的要求，但终究不会跳脱应然的法的主导，就像价格或多或少会偏离价值，但总体看仍然会以价值为中轴波动。

法的根本属性与法的实质应该是一回事，所以，上面的论述已经表达了我对于法的实质的看法。但是我没有忘记，差不多一个世纪以来，社会主义国家的法学差不多都是从统治阶级或统治集团意志的角度解说法的实质的。这也确实能说明一些问题。如果一定要从意志角度看法的实质，那么我当然也可以说法的实质是多数人或占主导地位的社会集团分配法权并规范其运用行为的意志。

换句话说，法是一国或特定地域的有强行性约束力的普适性社会规范体系，也是指称这种规范体系并记录人们对其利益分配从而财产分配属性之认识的名词、概念。在逻辑上，法是抽象的法权概念在向具体、更具体概念上升过程中形成的容纳其自身及其分解和派生的全部内容的外在形式。

二　以指称权利权力统一体的法权做核心范畴

对于一种哲理性法学来说，核心范畴是承载整个范畴体系乃至整个理论体系的基点，维系其内在统一，对于该学科的一切重要方面，都有着决定性影响。一种哲理性法学如果没有核心范畴，无论塞进多少内容，它都是分散、孤立的。法权分析方法主要的、实质性的意义在于，它从作为感性具体完整表象的权及其具体存在形式权利和权力中抽象出了它们的本质一般，揭示了这种一般的内在根据（归属已定之财产或国民财产、国民财富），形成了抽象概念，从而走完了合理的抽象思维过程的第一阶段，即第一条道路；同时，在第一条道路终点形成的抽象概念（法权）已能够成为法学精神地再现各种具体法现象的新起点和将对法现实的认识从感性具体提升到理性具体的中介或桥梁。之所以选择法权概念做核心范畴，是因为它作为反映从各种法定之"权"或法的权利、权力等感性具体的完整表象中抽象出来的本质一般的概念，不论从研究还是从叙述的要求看，都完全能够适应抽象思维法则的要求，并且是其中最为重要、最为关键的环节。

在选定法学核心范畴方面，在为数不多的承认权及其具体存在形式权利、权力是最基本的法现象的人中，目前似乎没几个人赞成法权论者的观点，而是倾向于直接采用权利和权力概念，但我认为这种想法绝对行不通，原因是以这两个概念为核心范畴违反合理的抽象思维的一切法则。原因有三点：第一，权利和权力概念既不是在法学研究的逻辑过程中从感性具体中抽象出来的，也不是从抽象上升到理性具体的过程中产生的，而是单纯根据它们所标志的客观现象在现实生活中的重要性确定的。第二，一个学科面对的细胞形态的现实具体只能以完整表象的形式进入思维过程并作为对象被思维过程抽象，核心范畴只能是对这些感性具体的完整表象进行抽象的结果或从抽象向具体上升过程中某一阶段的产物。在一个哲理性学科中，任何标志现实具体的名词未经过正常的思维道路都不可能成为有关学科的合格基本范畴。第三，作为标志法的权利和权力现象的简单概念，权利与权力仍然是分散、分立的，以两个不同的概念做核心范畴，人们仍然找不到不同的基本的法现象的本质一般，法学仍无统一基点；而且，由于权利、权力不是从各种基本的法现象中抽象出来的，所以从纯学术的观点看，以它们做核心范畴比起传统法学以阶级性为核心范畴来说不是进步了而是退步了。因为，后者毕竟是从法现象中抽象出来的，而且从特定角度体现出了其中包含的一般。

在前述七个基本范畴中，前六个涵盖和穷尽了古今中外全部财产、全部利益，以及基于它们形成的全部法现象。所以，实践法理学是足以对古今中外各种法现象做全面的利益分析和财产分析的法的一般理论。

在实践法理学的上述七个基本范畴中，处于中心地位的是法权。法权之所以处在这个位置，既是因为它指代的对象重要，包含的利益内容和财产内容重要，也是因为它的学科功能重要。就学科功能而言，实践法理学可借助法权概念定义本学科的其他所有基本概念，例如：将法律定义为"由国民代表机关等公共机构通过或认可的，[①] 有普遍约束力的法权分配和运用规则"；将权利定义为由个人享有、体现个人利益、以私有财产为物质承担者的那部分法权；将权力定义为由公共机构运用、体现公共利益、以公共财产维持的那部分法权；将法的义务定义为与法权正相向对称，绝对值相等但利益和财产属性相反的法现象，如此等等。运用以法权为中心的七个基本范畴，可以推导出并合理解说法学所需的其他所有范畴，形成完整范畴体系。

有学者提出，"对于庞大、复杂且丰富而多样化的法律现象和法学体系而言，是否存在着一个所谓的'法学的核心范畴'？这是需要思考的。"确实，这是一件"带有很大的风险"的学术工作。[②] 今日世界上的法学，大体可以分为哲理法学和经验主义法学，哲理法学强调通过探求、把握法

---

① 法律由"国民代表机关等公共机构通过或认可"这个提法，顾及到在世界范围内法律以代议机关制定法（statutes）为主，但同时有判例法（case law）存在的情况。

② 参见刘作翔《回归常识：对法理学若干重要概念和命题的反思》，《比较法研究》2020 年第 2 期。

现象后面的实质、本质的方式来认识法现象本身，且要求对古今中外异彩纷呈的法现象能够做出统一而周延的解释。我以为，今日中国的法学，特别是从它同马克思主义的联系看，实际上大多属于哲理法学。因此，即使有较大风险，从事哲理法学研究的人们还是有必要按统一解释各种法现象的需要努力确定法学的核心范畴。所谓风险，无外乎出错的可能性较大。只要有充分的研究、讨论、争鸣，这种法学理论日渐接近于法律生活实际，日益深入地认识基本的法现象本身及其内部关系和外部联系，是完全可能的。选择和确认法权做法学的核心范畴，实际上是注重从利益分配角度、归根结底是从财产分配角度看待法律价值和效用的法学方法论选择。

法权概念的反映对象是从权利和权力这两种法现象或完整表象中抽象出来的，并且使权利和权力在其面前成为一种无差别的存在的东西——一定社会或国家中法承认和保护的全部利益（国民利益），归根到底是归属已定的全部财产（国民财产、国民财富）。这一点决定了法权这个抽象概念既处在从各种感性具体的权的完整表象开始的抽象过程的终点处，同时又站到了从抽象概念向具体概念上升的逻辑过程的起点处。相对而言，也就是法权概念已处在了马克思以《资本论》为代表的经济理论中剩余价值概念的逻辑位置。① 这个位置直观地表明，更新后的全部法学范畴乃至整个理论体系将以法权为核心范畴和逻辑同一性基础。因为，按从抽象上升到具体的思路，法学的范畴架构应该是处在这种逻辑位置的唯一抽象概念自我运动的产物，而理论体系则只不过是这个范畴架构的适当延伸。②

说到这里，读者难免提出两大问题：（1）能不能仅仅根据上述理由就让法权占据核心范畴这个对于法学来说是至高无上的位置？（2）法权概念是怎样通过自我运动来展开法学整个范畴架构的？这里只需集中回答第一个问

---

① 这里得作三点说明：（1）虽然价值概念不是马克思首先提出来的，但将其在有关学科中放在这样的逻辑位置在学术史上却是第一次；（2）《资本论》的核心范畴从逻辑上或形式上看应当是价值，列宁和其他马克思主义者将剩余价值看做《资本论》的最重要概念是着眼于从实质看问题的结果，其主要依据是：剩余价值概念才是马克思政治经济学区别于前人并超越了前人的地方，而且在资本主义条件下，价值归根结底是剩余价值；（3）本书作这样的对比，并非想以马克思的做法来证明作者自己的正确性，而是便于一般读者能够理解有关文字。

② 从形式上看，处于上述逻辑进程第一条道路终点和第二条道路起点的唯一最抽象概念是权，法权只是处在最接近终点也最接近起点的位置，排在第二，但从法学专业的角度看，处在第一条道路终点和第二条道路起点的那个最抽象概念是法权，排在第一的位置。在逻辑上，权与法权的关系，与马克思政治经济学理论中的价值与剩余价值的关系完全一样。

题，因为第二个问题已经在本书第四章讨论过了。权利权力统一体的客观属性表明，将标志它的法权概念认定为法学的核心范畴有非常充分的根据，其中除已叙述过的道理之外，还有一些更值得重视的理由，现略予申论。

首先，法权概念包含的利益内容和财产内容是社会全部法律生活的现实基础，也是以它为核心的法学范畴架构乃至相应理论体系获得逻辑同一性的客观根据。在政治社会，法承认和保护的全部利益及其背后的全部财产，即国民利益和国民财产，构成法律生活的全部物质基础。法权概念之所以能够成为法学范畴架构及相应理论体系的逻辑同一性基础，关键在于它后面有法定全部利益和相应的财产作为全部法现象的现实同一性基础。其中，法学范畴架构及相应的理论体系的逻辑同一性基础是由全部法现象的现实同一性基础决定的，前者是后者的理论反映，后者是前者的根据。

其次，法权概念内含的利益是社会全部利益中最为重要的部分，构成一个独立的分析单位，即国民利益或法定的社会整体利益。一定社会或国家的全部利益可分为法定利益和非法定利益（即剩余利益或法外利益）两大部分，其中法定利益又可进一步分为个人利益、公共利益两部分。在现代社会现存的全部利益中，法定利益是基本的、数量上占绝对优势的部分，相对而言，非法定利益在数量上微不足道。同时，国民利益作为个人利益和公共利益之总和与归属，其现实地位毫无疑问高于个人利益和公共利益中任何一方。在现实生活中，为了最大限度地保存、增殖国民利益的总量，在必要时既可以牺牲个人利益，也可以牺牲公共利益，但却没有理由以降低国民利益总量为代价来保存或增殖个人利益或公共利益两者中的任何一方。从利益分析角度看，法权概念在法学中之所以比其他一切概念都更为基础、更为重要，就因为在法律的眼中它所内含的利益是全部各种利益中最为重要的。在法律的眼中，国民利益就是社会的全部利益。法律不保护它所确认的范围之外的其他利益（非法定利益），而在这个范围内，个人利益和公共利益作为相互独立的部分，相对于国民利益来说，任何一方都不能不处于次要的、从属的位置。

再次，法权概念所内含的财产内容（归属已定之财产）是社会的全部财产中最为重要的部分。与利益分类相适应，一定社会或国家的全部财产也可分为归属已定之全部财产和归属未定之财产两大部分。归属已定之全部财产即国民财产，进一步分为个人财产和公共财产两部分。在社会或国家中的全部财产中，国民财产是基本的，数量上占绝对优势的部分，归属未定之财产数量微不足道。同时，国民财产作为个人财产和公共财产的总和或总体，其现实地位显然处在个人财产和公共财产两者中任何一方之上。就现实性而言（即如果对归属未定的那一小部分财产忽略不计），国民财产差不多就是一个社会或国家中的全部财产，其内容大致上相当于邓小平所说的"综合国力"，更准确地说应该是综合国力中的物质力量部分。

在社会实践中，为了最大限度地保存、增殖国民财产的总量，必要时可以牺牲个人所有之部分财产或公共机关所有之部分财产，但却不应以减损、牺牲国民财产总量或其增殖速度来片面保存、增殖个人所有之财产和公共机关所有之财产两者中的任何一方。所以，从财产分析或经济关系分析的观点看，法权概念之所以比法学中其他概念更为基础、更为重要，正是因为它所包含的财产内容比其他任何法学概念包含的财产内容在法律的眼中显得更为基础、更为重要。

或许有的读者会说，包括归属未定之财产在内的社会全部财产更为重要。我并不否认，从社会生活的一般意义上说，这种看法是合理的。但我们也应当看到，从法学的观点看，情况有所不同，法律不保护也谈不上保护未曾进入任何一种所有制关系中的财产，因此，法律眼中的社会全部财产在其现实性上就是国民财产。

三　新范畴架构的优势

以法权概念为核心，以权利、权力、剩余权、权、义务和法等总共七个概念为拱卫的基本范畴群，[①] 有用其他方法形成的法学范畴所没有的一系列优势：（1）它的产生和构成合乎辩证思维法则，在哲学上承接着从康德、黑格尔、马克思到20世纪科学哲学构造学科范畴架构的思想成果。在法学研究领域，运用这种方法来构建范畴架构历史上还是第一次，并且密切结合着当代社会的实际，富有时代气息。（2）组成该范畴群的每一个概念都是立体概念，都同时从法现象、利益和财产三个层次上反映着对象，揭示出了相应法现象多级的本质特征。（3）各个具体概念都表现为许多规

[①]　这个顺序是按照我国现行宪法的结构确认的顺序进行调整的结果，不完全是历史顺序或逻辑顺序。

定的综合和多样性的统一，如权利概念，它就反映出法律权利和自由等相应法现象的个人利益属性、个人财产属性，与权力、剩余权的相通性，乃至与公共利益和公共财产及归属未定之利益和财产的相关性。(4) 最重要的是在最宏观、最基础的层次上从理论上穷尽了一个社会或国家中的全部财产和全部利益，从而也穷尽了由它们直接、间接地转化而来的全部法现象，因而使法学的范畴体系具有了对法现象进行全面利益分析和经济分析所需要的周延性、融合性。

具有以上特征的这个基本范畴群的形成，使得法学有可能运用七个基本概念实现对法现象、利益和经济关系做同步分析，一举解决迄今为止分析上述三个因素往往会产生"三张皮"、三种内容融合不起来的问题。有了新的基本范畴群之后，运用它们来进行表达和分析就与此前完全不一样了。例如，现在说权利与权力的对立，就实际上表达了三个层面的对立的含义，即法现象层面各种权利和各种权力的对立，利益层面个人利益与公共利益的对立和经济关系中个人财产与公共财产的对立。

第二节　实践法理学对法权起源、变迁和终极归属的解说①

要真正认识法权，先必须从汉语的角度了解原始的各种"权"（以下简称"原始权"）。对于各种原始权的考察，各国学者历来都是十分重视的，因为，理解原始权是合理说明现实的各种"权"（包括各种法定之权和法外之权）的关键一步。

一　原始权及其多种存在形态

在西方，原始权解说模式中最著名的一度首推自然法学派提出的自然状态模式。这种模式实际上是有关学者从人性出发，依据理性对于前国家社会的状况的一种推想，谈不上有多少事实依据。后来，人类学、民族

---

① 此小标题下的内容，原载于《法权与宪政》（山东人民出版社 2001 年版）第 635—643 页。为维持法权说完整，经全面改写、充实后放置在此处。

学、历史学从科学的意义上对原始权多有考察。马克思、恩格斯的原始社会理论是原始权的另一著名解说模式，这一模式主要建立在摩尔根民族学研究成果的基础上。在那之后一百多年过去了，原始权研究的新成果又获得了许多次的丰收，原始权解说模式也越来越多样化了，其中特别引人注目的是美国民族学家塞尔维斯等人阐述的酋邦理论。

　　原始权有多种存在形态。原始权的类别在世界的不同地区往往因发展阶段不同而有所不同，通常是发展阶段愈高，权的种类愈丰富。不少民族学、人类学或历史学著作都提到了原始社会的那些权。L. H. 摩尔根《古代社会》一书以美国印第安人亲属制度、家庭生活为样本，研究了国家形成前人类早期的氏族制度与社会生活。对该书的数字版本做电脑统计并做必要调整后可知，该书作者使用"权利"（right）250 次左右，包括财产继承权、成员定名权、婚姻权、异族通婚权、赠与权、选举权、罢免权、收养权、所有权、保留部落特性权、世袭权、共夫共妻集体同居权、平等权等等，另有一些在英文中含义与"权利"十分接近的个人正当特权（privilege，出现 74 次）。① 全书还使用"权力"（power）出现 270 次左右，如免职的权力、确认的权力、司法权力、情报权力、民事权力、父权力、立规权力、执行权力、出让某物的权力、夫对妻的权力、处罚个权力、召集会议的权力、政治权力、自治权力等等。② 摩尔根书中论及的那些氏族社会中酋长的各种个人权力和性质与权力接近的那些特权（privilege），也应属于原始权力的一部分。对此，美国学者伦斯基等人所描述的酋邦社会中酋长权力和特权，也属这种性质。③《古代社会》使用"义务"84 次（duty18 次，obligation 66 次），包括氏族成员义务、氏族义务、酋长义务、不在氏族内通婚义务、互助义务、追缉犯罪者义务、起诉凶手义务、当选公职者个人义务、组织指控谋杀同族人的义务、支持尊长义务、节欲义务

---

① See Lewis H. Morgan, *Ancient Society*, K P Bagchi & Company, New Delhi, 1982（or digital version, for www. marxist. org by Ibne Hasan, 2004）, Chap. i, ii, iv, v, vi, ix, x, xi, xii, xiii, xiv, etc.

② See Lewis H. Morgan, *Ancient Society*, K P Bagchi & Company, New Delhi, 1982（or digital version, for www. marxist. org by Ibne Hasan, 2004）, Chap. ii, iii, vi, v, vi, vii, viii, ix, x, xi, xii, xiii, xv, etc.

③ 参见［美］格尔哈斯·伦斯基《权力与特权：社会分层的理论》，关信平、陈宗显、谢晋宇译，浙江人民出版社 1988 年版，第 149—166 页。

等等。①

尽管原始权如上所述，可区分为原始的权利和原始的权力，但从法律的角度看，它们实乃一个原始的统一体。首先，由于没有当今这样的与国家的存在相联系的法律，故无所谓法定之权与剩余权的区分问题。其次，由于没有形成国家和与其相联系的法律，也不存在当今这样以国家为主体的法的权力同与其相对应的、以公民等社会个体为主体的法的权利的差别，尽管当时各种原始权事实上有这样那样的不同。但是，从法律的角度看，它们都是原始的、与法律不相关的权，性质上并无不同。

二　从原始权到法权的历史性转变

在历史上，法权的形成是原始权分解的结果，而原始权的分解，其直接原因则是其中的原始权力转化为法的权力并从原始权中分离了出去。原始权力是处于演变中的，它最初的雏形也许是母权，后来是父权，它最后也是最发达的阶段表现为部落联盟中军事领袖的权力或酋邦下面酋长的权力。这些事实上的权力在什么情况下转化为与国家的存在相联系的法的权力？我觉得可参照现代学者关于早期国家与前国家社会相区分的一系列观点，相应地确定五个判断法的权力是否形成的标准。它们是：（1）是否形成了一个中央集权的政治中心或统治者、统治集团；（2）是否拥有与中央集权相适应的统治机构，包括官僚系统、军队、监狱等；（3）社会分层（类似阶级分化）是否高度发展；（4）统治权是否针对固定地域施行；（5）是否形成了支持统治权合法进行统治的居主导地位的意识形态。② 如果人们认为这五个标准基本合理，那我们就可以说，凡原始权的发展大体上同时达到了这五条标准的时候，前国家社会就转化成了国家社会，原始权力就转化成了法的权力。

当然，原始权力转化为法的权力，从原始权中分离出去是有条件的，其中主要是生产过程能够提供足够的剩余产品，以及由此造成的私人财产权的形成和阶级矛盾的尖锐化。法的权力的形成是人类制度文明发展的一个里程碑。理解法制文明同理解作为整体的人类文明一样，特别要理解产

---

① See Lewis H. Morgan, *Ancient Society*, K P Bagchi & Company, New Delhi, 1982（or digital version, for www. marxist. org by Ibne Hasan, 2004），Chap. ii, iii, v, viii, ix, x, xi, xii, xiii, etc.

② 参见谢维扬《中国早期国家》，浙江人民出版社 1995 年版，第 43—51 页。

生文明需要什么因素。哈佛大学教授张光直认为，"这不但是研究中国文明也是研究世界文明最要紧的关键。这可以有不同的说法，但我觉得可以用一个最为简单的词——财富——来代表"；"文明的基础是财富在绝对量上的积累"；"要掌握中国文明的本质，解释中国古代文明生存的因素，我建议看看中国古代史里何时有财富的积蓄，以及如何造成财富的积蓄，进一步再看看如何有财富的集中，以及如何造成集中。假如能够回答这些问题，我们对中国古代文明和社会的了解就可得出使我们自己和同事信服和满足的结论。"① 这些话同样适用于从一般意义上研究法制文明，特别是权力现象。"国家的本质特征，是和人民大众分离的公共权力。"②

事实上，法的权力即公共权力只不过是集中到一个执行公共职能的人或组织手中的财富的法律表现。美国学者哈斯基于类似的思路提出了通过考古材料分析权力强度和规模的方法。他说："一般说来，在首领与民众的权力关系中，权力程度可以由前者直接指挥及后者实施的公共劳动工程中反映出来。这种大规模的工程完全与维持生计无关，这就成为史前社会中行使权力程度的最清楚的实物证据。"③

这些证据通常是堡垒、城墙、水利设施、祭坛、神庙等大型建筑的遗址或超常规模的墓葬。它们的规模愈大、质量愈高，就说明原始权力愈接近或已转化为法的权力（国家权力）。这类工程到底要有一个什么样的规模才表明原始权力转化成了国家权力呢？如果一定要确定一个标准，那就应当是：出现了符合前述作为法的权力的五个标准的"权"才能完成的公共工程的时间和地方，原始权力就实现了向法的权力的转化，否则就没能实现转化。按 2000 年 11 月 9 日公布的夏商周断代工程的结论，我国上古最先进地区原始权力转化为国家权力的时间可以说是公元前2070 年。

我们也完全可以根据此类标准，大体判断世界其他地区原始权力实现向国家权力转化的时间。例如，公元前 3000 年左右，在美索毕达米亚地区，"乌鲁克建起了它的城墙，围在城墙之内的居民区面积达五六平方公

① 张光直：《中国青铜时代》，生活·读书·新知三联书店 1999 年版，第 472—473 页。

② ［德］恩格斯：《家庭、私有制和国家的起源》，《马克思恩格斯选集》第 4 卷，人民出版社 2012 年版，第 132 页。

③ ［美］哈斯：《史前国家的演进》，罗林平等译，求实出版社 1988 年版，第 47—48 页。

里之多，这个数字等于泰米斯托克利扩建后的雅典的两倍多"；而"像乌鲁克城墙那一类规模相当大的工程……还要求一些组织措施，而唯有国家才能做到这一点，更不必说那些强制措施了，没有它们，修建工作也许就无法进行下去"。① 所以，这座建筑遗址直接表明原始权力已转化成了公共的或国家的权力。又如，根据同样的标准，如果说我们还不能断定美国人类学家瓦伦特书中一幅插图反映的图拉石柱庙修建时期原始权力是否转化成了国家权力，那么该书另外插图（包括 1519 年的建筑群）应该完全可以表明在建造它们时原始权力已转化成了国家权力，因它们展现的公共工程规模十分浩大。②

在原始权力成为公共权力（法的权力）从原始权中分离出来后，原始权还有一个剩余部分，但这一部分也很快发生了分解。这是因为，在原始权力分离出去形成国家权力（法的权力）后，原始权的剩余额中的绝大部分也不得不随之采取法的权利的形式，最后遗留下的一小部分则表现为剩余权。不过，这最初的法的权利是不平等的，平民享有的比贵族少，奴隶最少甚至完全没有。世界不同地域的奴隶制下奴隶的地位是有差别的。在有些地方，奴隶是享有少许权利的。但即使是奴隶享有的很少一点权利，也往往采取了法定的形式。资料表明，在古希腊，奴隶中"有的有部分法律权利。如果奴隶管理财产或经营主人的业务，他们便可以做法律上有拘束力的陈述，参与法庭审判和具有部分自由"；"在古代罗马，奴隶可以有责任、可以受教育、可以挣钱、可以被赐予或者自己出钱买回他们的自由。"③ 古代法律文献中也能看到这方面的证据。如十二铜表法第八表第 3 条规定："如用手或棒子打断自由人的骨头，则应缴纳罚金 300 阿斯，如为奴隶，则为 150 阿斯"。又如，《摩奴法典》第八卷第 62 条规定："家长，有儿子的人，同乡，不论属于武士种姓或商人种姓，或奴隶种姓，被原告请其出庭时，均得为证人"。④ 可以说前者保护了奴隶的部分人身权

---

① ［德］赫尔佐克：《古代的国家——起源和统治形式》，赵蓉恒译编，北京大学出版社 1998 年版，第 48 页。

② See George Vaillant, *La Civilización Azteca*, 4th edition, México：Doubleday & Co. , Spanish, 1965, lámina 33, 43, 45.

③ ［英］D·M·瓦尔克编：《牛津法律大辞典》，邓正来等译，光明日报出版社 1988 年版，第 830 页。

④ 《世界著名法典选编》民法卷，中国民主法制出版社 1998 年版，第 17 页，第 68 页。

利，后者肯定了奴隶的部分诉讼权利。

在法的权力和法的权利（以下一般分别简称"权力""权利"）产生后，它们的统一体法权客观上就成了一个有着相对独立地位的分析单位了，表现为法律承认和保障的各种权的总和，与法外之权相对称。在这方面，本书前面已有文字做过较充分的论述。

法权在其产生后，有一个在整体上属于谁的问题。具体地说，也就是权利和权力整体上属谁所有的问题。

从法权产生最初的情况看，其归属问题在很大程度上受从原始社会向国家社会过渡阶段的社会组织形式的影响。原始社会向国家社会过渡的社会组织有两种典型的形式，一是部落联盟，二是酋邦。部落联盟和酋邦最大的差别在于原始权力个人性质的强弱。部落联盟往往与军事民主制相联系，权力通常由原始统治组织行使，即使设立执政官，一般也都有两名以上，统治权很少有个人专制的色彩。酋邦虽也包含某些原始民主的因素，但与部落联盟相比，最突出的特征都是酋长之类的首领个人集权，采用专制的统治形式。①

有历史学家提出："由部落联盟转化而来的国家，至少在其最初的发展上，是具有民主的形式的。这当然同部落联盟本身不具有个人性质的权力有很大的关系。因此，历史上少数几个可以用部落联盟模式来解释的早期国家个案，事实上可用来解释人类进入有史时期后民主政治形式的起源。"② 这个看法基本符合实际，雅典、罗马乃至日尔曼人的国家的起源，用这种模式解释比较合理。这位历史学家还指出，"酋邦在这方面与部落联盟形成鲜明的对比。酋邦是具有明确的个人性质的政治权力色彩的社会，当它们向国家转化后，在政治上便继承了个人统治这份遗产，并从中发展出人类最早的专制主义政治形式。这是我们在研究不同类型的早期国家在政治上的发展特征时应当特别注意到的一个问题。它对合理解释有关国家和民族的历史具有重要意义"。③ 我认为，用酋邦模式解释中国国家的起源及后来的法律发展是有说服力的。它同样也可用于解释亚洲、非洲和

---

①　读者可参见施治生、郭力编《古代民主与共和制度》，中国社会科学出版社 1998 年版，第 43—63 页。

②　谢维扬：《中国早期国家》，浙江人民出版社 1995 年版，第 213 页。

③　谢维扬：《中国早期国家》，浙江人民出版社 1995 年版，第 213 页。

美洲大多数国家的形成及法律发展问题。

三 法权的阶段性归属和终极归属

法权作为一个整体，历来有一个归谁所有的问题。历史地看，政治社会解决法权归属问题通常采用两种基本体制，即君主制和民主制（民主共和制）。君主制的突出特征是，全部法权在事实上或至少名义上都属于君主，个人的权利在法律上或名义上源于君主的恩赐，恩赐的方式和数量由君主决定。与此相反，民主制的突出特征是，在理论上或事实上，全部法权都属于国民，国家的权力源于国民的委托，国家及其机构只享有国民通过宪法授予的权力，法权的其余部分都由国民保留。

若要更具体地分析，君主制和民主制还能进一步区分为一些次级类型。君主制主要有如下几种次级类型：

1. 等级君主制。其基本特征是，法权理论上属于君主，但通常不得不在法律上让其附庸（各级领主）分享，且附庸往往与君主分庭抗礼，君主实际掌控的法权比重不大。路易十三之前的法国，1640 年前的英国，分别有很长一段时间实行此制。

2. 专制君主制。其基本特征是君主在理论上、法律上和事实上都是法权无可争议的主人，君主拥有无限权力，可随心所欲地赐予臣民权利或剥夺臣民权利。1789 年前的法国，自秦始皇起至辛亥革命终这两千余年间的中国，所实行的差不多都是专制君主制。

3. 立宪君主制。此制的基本特征是有了成文或不成文的宪法，君主在理论或名义上享有全部法权，但在宪法上或事实上却不同程度地受到了限制，不得不与国民（往往通过其代表）分享法权。立宪君主制可进一步分为君主主导型的和国民代表主导型的两种。在君主主导型立宪君主制下，法权不仅在名义上属于君主，在法律上和事实上也主要由君主掌控。1919 年前的德国，1945 年前的日本，或许还有今日之约旦，所实行的都是此制。在国民代表主导型的立宪君主制下，法权在名义上全部属于君主，但在法律上和事实上已经基本全部由国民及其代表掌握和运用。此制名义上是一种法权分享体制，实际上已近乎民主制，故也有人称之为虚君共和制。当代英国、比利时、挪威、丹麦、瑞典和日本等国实行此制。

民主制也可进一步分为两种。一种是直接民主制，其基本特征是国民不仅享有法权中的全部权利，还直接行使全部或大部分权力。迄今为止实行此制的多是古代的城邦国家，如古希腊的雅典等。近、现代民族国家广土众民，一般主要实行间接民主，直接民主至多还只能做间接民主的一种补充形式。二是间接民主制，亦称代议民主制，其最重要特征是理论上、法律上全部法权归国民所有，但国民通常只直接享有其中的权利，至于权力则主要或全部委托给由其选举的代议士代其行使。当代包括中国在内的几乎所有民主（共和）制国家都采行此制。

综观历史，法权归属体制始终是变化的，其变化的一般规律或趋势似乎可从这几个方面来把握或预测：从等级君主制到专制君主制；从专制君主制到立宪君主制；从君主制到民主（共和）制；从朴素的直接民主制到代议民主制，再从代议民主制到未来全新的直接民主制。这些都体现着法权的历史性阶段性归属的变化。

法权的终极归属何在？这是实践法理学必须回答的问题。马克思主义创始人事实上论述和预告了相关答案。恩格斯写道："确切地说，国家是社会在一定发展阶段上的产物；""国家并不是从来就有的。""在经济发展到一定阶段而必然使社会分裂为阶级时，国家就由于这种分裂而成为必要了。"但是，随着社会、经济的发展，"阶级不可避免地要消失，正如它们从前不可避免地产生一样。随着阶级的消失，国家也不可避免地要消失。在生产者自由平等的联合体的基础上按新方式来组织生产的社会，将把全部国家机器放到它应该去的地方，即放到古物陈列馆去，同纺车和青铜斧陈列在一起。"① 国家与法律，实际上是一个事物的两个不同侧面，在人类历史上是共进退的，国家出现了意味着法律产生，国家消失或消亡意味着法律消失。法律消失后法权自然也会随之消失、成为历史遗迹，到那时，法权和剩余权的差别消失，融为一体，成为高度发达的理想社会里法权剩余权不分或权利权力剩余权不分的权。

---

① ［德］恩格斯：《家庭、私有制与国家的起源》，《马克思恩格斯选集》第 4 卷，人民出版社 2012 年版，第 186—187 页、第 190 页。

第三节　实践法理学解释基本的
法现象的两个模型①

本书作者研究法学问题的哲学指导思想是马克思主义哲学，因而遵循的思路和使用的话语属于哲理法学而非在英美居主流地位的经验主义法学。哲理法学和经验主义法学在研究方法上最大的差别在于，前者承认法现象有本质，强调透过现象在尽可能深入的层次上把握相关法现象的本质从而把握相关法现象本身，而经验主义法学根本不承认法现象后面有对法现象起决定作用的本质，因而也不考虑、不运用通过考察和把握法现象后面的本质的方法、路径来认识法现象本身。这是必须说清楚的，因为，下面展示的法权分析模型、义务分析模型也好，整个实践法理学也好，都属于哲理法学的产品。

一　法权分析模型②

实践法理学的基础性分析模型分正反两面，正面是法权分析模型，反面是义务分析模型。法权分析模型呈四个纵列五个横行的格局，在宏观上展示了现实的全部各种财产、对应的各种利益和由它们转化而来的法现象构成的客观世界与记载对此客观世界范围和实质之认识成果的法学主观世界之间的关系，其中的法学主观世界是由权、法权、权利、权力、剩余权、义务、法（或法律）共七个基本概念构成的。法权分析模型同时也在微观的意义上展示了相应客观世界内部各要素的关系和主观世界内部各要素之间的关系。

从右边数起，第一个纵列由权、法权、权利、权力、剩余权五个基本范畴（或基本概念）排列而成，它们是人感知、研究相对应法现象过程中形成的认识成果，属于法权分析模型中的主观世界。这些基本概念应该是

---

① 本节的基本依托，是我此前发表的《社会权利分析模型的思想蕴含》（《法律科学》1996年第4期）一文。

② 关于对一国归属已定之全部财产做个人财产与公共财产（或国产）二元划分以及它们与权力、权利的对应关系，参见童之伟《当代我国财产与权利、权力之关系》，《政治与法律》2023年第9期。

用本民族语言即汉语记录的对相应现象的最新认识成果，至少包括指称范围和内容（或本质、实质）两个方面。像对任何社会现象的认识一样，对法现象的认识是没有止境的。因此，这些基本概念的指称范围和内容，应该与时俱进地反映相应现象的变化和人们对这些现象逐步加深的认识。

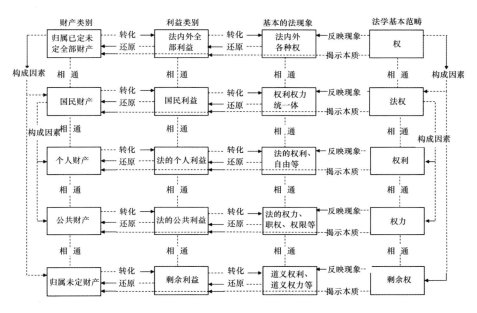

图 5 - 1　适用于法的一般理论的法权分析模型①

　　相对而言，法权分析模型中从右起第二、第三和第四共三个纵列以及由它们串联起来的要素形成的五个横行构成的经纬网络，属法权分析模型中的客观世界，即法学者感知、研究和继续感知、继续认识的对象，虽然它们本身也反映了人们已经取得的认识成果。对这个客观的对象世界，这里有必要做三点说明：

　　1. 图表中右起第二纵列"基本的法现象"展示的五个序列现象，是主观世界里的权、法权、权利、权力、剩余权五个概念分别指称的、通常能够直接为人所感知的现象，如我国法律体系直接记载的法现象，如权这个

　　①　法权分析模型有适用于法的一般理论的和适用于宪法学的两种，适用于宪法学的法权分析模型详见童之伟《法权说之应用》，中国社会科学出版社 2022 年版，第 41 页。

单汉字名词和概念记录的"法内外各种权",其包括的范围就包括:权利及其各种具体存在形式,如法的权利、自由、正当个人特权、个人豁免;权力及其各种具体存在形式,如法的权力(包括国家的权力)、职权、权限、公权力、正当公职特权、公职豁免;剩余权,如各种道义(或道德)权利、道义权力等。其他如对应法权范畴的"权利权力统一体",对应权利范畴的"法的权利、自由等"也是一样,显然无须继续一一罗列。

2. 图表中右起第三纵列"利益类别"标示的是权、法权、权利、权力、剩余权概念分别记录的五类对应法现象后面的利益内容,从唯物主义哲学的角度定位,就是相应法现象的第一级本质。能不能抓住相应法现象的第一级本质,所抓住的内容的准确度如何,取决于研究者的学术能力高低。其中与权对应的"法内外全部利益",是指一个社会或一个国家现有的全部利益,包括由法分配、保护的利益和其他规则分配、保护的利益。权,特别是其中的权利、权力,与利益相联系、有利益内容,是各国学术界数百年来积累下来的认识,但把个人利益与权利、公共利益与权力精准对应起来,认为这两对关系各自内部后者是前者的法的表现,是法权分析模型首先揭示的客观联系。在这里,我首次仿照经济学中"国民"的表达方式,将个人的和公共(国家)的两方面利益之和统称国民利益,目的在于跳脱在国家利益与个人利益两个极端之间考虑问题、非此即彼的两极化思维。

3. 图表中右起第四纵列"财产类别"标示的是与权、法权、权利、权力、剩余权五个基本范畴分别记录的对应五类法现象后面起决定作用的财产内容,亦可谓相应法现象的第二级本质或更深层次的本质。相对于把握法现象的第一层次的本质,研究者准确把握这第二层次的本质更为困难,对于理解和运用实践法理学的基本原理也特别重要。这首先是因为,把对基本的法现象内容或实质的认识推进到了财产层次,而不是像过往那样停留在较抽象的利益层次。其次,揭示了一个社会或一个国家中全部财产与权、个产与权利、公产与权力、国民财产与法权、归属未定财产与剩余权之间一一直接对应的可转化、可还原的关系。这些应该可以作为法学首次系统地表达的财产与相应的基本的法现象之间存在的客观联系的猜想和证明。在这里,我也仿照经济学中"国民"的表达方式,将个人财产与公共财产(或广义政府部门财产)两方面财产之和统称国民财产(或国民财富）。就实际情况而言，国民财产与一国归属已定全部财产，实际上是同一码事。使用国民财产这个计量单元，目的也在于跳脱在国有财产与个人财产两个极端之间考虑问题、非此即彼的两极化思维。

考虑到本书作为法的一般理论的产品，这里对一国或一社会全部财富的划分，是比照经济学界所做的广义政府部门与居民（个人）部门二元化划分框架做的分类。其特点是把包括我国国有和集体经济组织在内的各种广义的公司的财产或资产按最相近原则分别计算到了广义政府部门和居民（或家庭、住户）部门。[①] 其中的个人财产，包括全球性国际经济组织所称的广义公营公司的"经济所有权"或我国《民法典》所称的法人财产权。[②] 经济学上的居民部门财产从法学角度看就是个人财产。在这种划分框架下，公共财产对外国而言一般可谓广义政府部门财产，对我国而言就是国有资产。

"法权分析模型"还分别展示了由五个基本概念构成的主观法学世界和作为其反映对象的三层次客观现象各自内部的关系或联系。读者可以看到，在相应客观现象内部，同主观世界的权、法权、权利、权力、剩余权五个基本概念分别对应的任何实体，都在潜在或现实的意义上表现为左边三个纵列分别标示而又在横行上体现出来的三种存在形态：如张三的一部汽车，它在主观世界即法学范畴栏体现为权利，同时在客观世界从左到右依次同时体现为：在财产或物的层面，它是张三的可以用一定货币量标示的私人财产；在利益层面，它体现为张三个人的特定相关利益，不是他人或国家的相关利益；在法现象层面是张三个人的财产所有权而不是他人或国家的财产所有权。另外，它们各自在纵向上与其他同类表现之间有相通关系，在一定条件下可以发生换位或改变、转变。

"法权分析模型"展示的客观世界（图表中从右边数起第二、第三和第四共三个纵列和其中由虚线连接的 15 个矩形框），在范围上穷尽了古今中外的全部财产、利益和由它们转化成的全部法现象之间的纵向和横向关

---

① 参见李扬、张晓晶等《中国国家资产负债表 2020》，中国社会科学出版社 2020 年版，第1—15 页。

② See *The System of National Accounts 2008*（SNA 2008），EC，IMF，OECD，United Nations and World Bank，New York，2009，p. 20. 另参见国务院《关于中国国民经济核算体系（2016）的批复》中的附件《中国国民经济核算体系 2016》，第 8—9 页。

系。因此，作为对这些由法现象及其背后利益内容、财产内容构成的客观世界的认识成果的记载，由图表右边第一纵列的五个基本概念构成的主观世界也从逻辑上穷尽了古今中外全部财产、利益和由它们转化成的全部法现象。图表还表明，在构成相应主观世界的五个基本概念内部，它们相互间还有这样一些组合关系应该注意：权利＋权力＋剩余权＝权；权利＋权力＝法权；法权＋剩余权＝权。模型中主观世界的这种组合关系，实际上也是客观世界对应要素之间的组合关系的反映。

再看法权分析模型展示的法的客观世界和法学主观世界之间的关系。这两者的关系非常复杂，需要专文阐释，但本书可以说明的是，法学主观世界第一位的、基础性的使命，是重建和再现法的客观世界，因此，主观世界的优劣或包含的真理性的大小，不是由主观世界本身决定的，而是取决于主观世界反映客观世界的准确度和深入程度。人们常常说，实践是检验真理的唯一标准，非常正确。在法权分析模型展示的空间里，由右起第二、第三、第四这三个纵列以及由它们串联起来的要素组成的五个横行，共同构成的经纬网络，是体系中的客观世界，第一纵列是同一个体系中的主观世界。

不过，对于法现象或法学实体来说，张三的汽车只是可用以说明问题的最简单实例。在真实客观世界或现实法律生活中，同一实体表现在横向的上述三种存在形态之间的关系要复杂得多，其中尤其应注意的是三者之间"转化"的时间差或可能的外来阻碍、削弱因素对"转化"的消极影响。例如，在一国财产总量基本恒定的情况下，公共机关突然大量、大比例增加财产，在应然和潜在的意义上必然意味着法权结构（权力：权利）中权力的量和占比大幅度提高，同时权利的量和占比必然相应地减少。但在实际上，实现从公共财产到权力的转化有一个过程，需要时间，例如最基本的公职人员的招聘和培训、办公设备的装备的采购和安装等。只有新增的公务人员、办公设备和装备安装到位，相关公共机构开始行使职权、权限，新增加的公共财产才算实现了向权力状态的转化。另外，公共机构内部的贪腐、浪费等消极现象会不同程度地减少经费向权力有效转化的数量和比例。因为，公共财产和私人财产之间的相通性，"权钱交易"等腐败现象可以实际上在不同的比例上非法消耗公共财产，减少其向权力转化的量，甚至将已经有效转化为权力的公共财产又间接、曲折地"还原"为私有财产，而被"还原"的权力实际上就退出了权力行使状态，相应削弱了权力，如此等等。

二　义务分析模型

义务分析模型同法权分析模型在结构上是对称的，同样分为主观世界和客观世界，其中各构成要素之间的关系的性质与其在法权分析模型中的各对称部分之间关系的性质也是相同的：在客观世界内部，各行列的要素之间纵向都是相通关系，横向都是转化或还原关系；在主观世界，各要素间也是相通关系，相互之间的包容、被包容关系与它们在客观世界的对称部分之间的关系一致。义务分析模型同法权分析模型之间最大且几乎唯一值得重视的不同是正反两个模型中所有对称要素的内容都完全相反。例如，在两个模型的主观世界，这种正反两面表现为：权—义务；法权—法义务；权利—个人义务；权力—公职义务；剩余权—法外义务（或剩余义务）。在两个模型的客观世界，这种正反两面在财产层次相应地表现为：归属已定未定全部财产——国法内外全部财产负值；国民财产—国民财产负值；个人财产—个人财产负值；公共财产—公共财产负值；归属未定财产—归属未定财产负值"，等等。其余可类推或对照观看两表。

由于义务、法义务相对于权、法权来说是第二性的，所以，实践法理学将义务的学科地位做降级处理，仅将"义务"一个概念作为基本范畴，将包括"法义务"在内的其他义务都只做普通范畴。实践法理学的义务、法义务与以和化的"权利"为重心的"权利义务"中的"义务"有根本的不同。实践法理学的义务分为法的义务（通常简称义务）和法外义务，法的义务分为个人义务和公职义务。公的职责、公的责任都是义务、法义务的具体存在形式。

由于这些规律性联系和对称性，借助上文对法权分析模型两个世界之间和两个世界内部的各要素及其相互关系的描述，有兴趣的人们可非常容易地读懂义务分析模型，故无须赘述。

三　法权分析模型的理论展开

除权利与权力对立统一关系等已在有关文章中得到较充分论述的内容外，法权分析模型至少还蕴含着以下几个方面的值得法学界重视的思想。

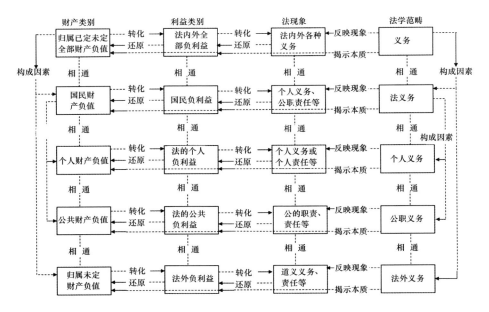

图 5 - 2　适用于法的一般理论的义务分析模型

我在有关文章中对这些思想的某些方面曾经提及，但未予展开，现较全面地归纳并展论如下：

1. 包括法本身在内的基本的法现象的本质既有级别之分，又有一般与特殊之分。所谓本质，就是隐藏在事物或现象中的比较扎实、稳固的东西，是它们的内部联系。法现象的本质不只一级，而是有两级乃至更多级。法权分析模型揭示了基本的法现象初级的和二级的本质，即利益和财产。马克思主义历来强调，人对事物或现象的认识是从现象到本质、从不甚深刻的本质到更深刻的本质的深化的无限过程。所以，基本的法现象还有更深层的本质。依我看，它应当表述为法律关系主体法权消费需要无止境增长的趋势与现存社会客观上可提供的法权或权的有限性之间的矛盾。

基本法现象的本质不仅应作两级乃至多级的区分，而且应当作一般（共同）和特殊的区分。一般本质是基本法现象共有的本质，特殊本质是这些法现象各自所特有的、使它们之所以成其为它们自身而不是其他东西的那种根本特征。就基本的法现象的一般本质与特殊本质的关系而言，特殊本质只不过是在一般本质为构成基础的前提下，一般本质自身不同部分之间显示出的局部差别。例如，权利和权力的共同本质在初级层次是国民利益，在二级层次是国民财产，而它们各自的特殊本质在初级层次分别是个体利益和公共利益，在二级层次则分别为个人财产和公共财产，等等。

　　基本的法现象的本质客观而相对稳定，其自身虽在发展过程中缓慢地起变化，但却不会因为人们对它的认识不同而发生丝毫的改变。值得注意的是，不同时代的人们基于不同的需要对法本质的把握方式往往大异其趣。这里边有很大的主观成分。我国法学界历来进行的法和法现象本质的讨论，严格地说并不是讨论法和法现象的本质本身，只是在讨论把握这些现象的本质所应采用的维度。而且很可惜，这种讨论往往是在对有关现象的本质本身只有朦胧的认识的条件下进行的。由于应先行解决的问题没有解决好，关系理不顺，这种讨论很难取得有价值的成果。

　　现在看来，在原来那种意义上确认基本的法现象的本质，其实只是要将某种实践作为事物同人所需要它的那一点的联系的实际确定者而概括到学科范畴中去。这是一种主观选择：从阶级性入手揭示法现象的本质无外乎是要将法现象作为阶级斗争实践而概括到相应的法学范畴中去；从法权入手揭示法现象的实质则是试图适应我国历史条件的变化，将法现象作为经济建设实践的一部分内容而概括到有关法学范畴中去。实际上，从法权角度把握法现象的本质同从阶级角度把握法现象的本质都体现着对法所包含的利益内容的确认，只是视角不同，体现的时代要求不同罢了。

　　2. 生产力的总体发展水平物化并体现为财产的总量，它与权及法权之间在量上存在着确定的、不以人的意志为转移的对应关系。这就是说，以财产为中介，生产力的规模和发展程度同权及法权的绝对量之间构成了客观的正比例关系。所以，在任何社会，生产力的总体发展水平上去了，财产总量增加了，权从而法权的绝对量才会增加。而只有权的绝对量增加了，在剩余权所占比重不变的情况下，法权结构中的权利与权力两者才有可能不以减损对方所占的比例为代价求得自身的量的增长或使两者的量同时增长。

　　生产力总体水平决定法权绝对量的大小。确认这一点对人们宏观把握法现象非常重要。如果将现代所占比例本来就很小的剩余权忽略不计或假定它所占比例不变，我们完全可以说生产力总体水平决定法权总量。因此，国民财富愈丰裕，有关国家的法权的总量就愈大，可供分配的也就愈多；反之，则难免捉襟见肘。也许有人会问，根据这种观点，有些发达资本主义大国（如美国）法权总量比处在社会主义初级阶段的我国大得多，人均拥有量也多得多，承认这一点是否意味着褒资本主义贬社会主义呢？绝对不是！

的确，根据法权分析模型，发达资本主义大国法权总量及其人均拥有量目前比我国的相应的量大很多，而且其结构也基本平衡；但是，我们批评资本主义社会不合理，不是因为它法权总量大，一般也不是因为它的法权结构失衡，而是因为那种国家庞大的法权总量在人人平等的名义下实际上绝大部分被极少数人所攫取、所支配，绝大多数人能够得到的远远低于他们有可能得到、也应该得到的份额；同理，我们肯定社会主义制度，不是因为有关国家法权总量和人均拥有量较大或较小，而是因为在这种制度下，按预期法权能够为绝大多数人乃至全体公民较为均衡地共有、共享，同时又能为法权总量的大规模增长开辟广阔的前景。单就法权中权利总量及其分配状况来看，道理也一样。

3. 生产关系无论怎样调整或变革，都不会直接使法权或权的绝对量有任何增减。生产关系的调整、变革只能影响法权和权的内部比例结构。在法权分析模型中，生产关系更加具体了，表现为利益和利益关系、财产和财产关系。利益的物质承担者是财产，利益实体与财产是体现着不同关系的同一种东西。世界上没有不以财产做本体的法定利益，也没有任何最终不以财产为物质承担者的法权或权的具体形式，差别只在于直接与间接之分和关系的远与近之分。

同理，任何革命或变革本身都不能直接增加法权或权的绝对量，它们对这两类"权"在绝对量上的增进作用只能是间接的，必须以解放生产力、发展生产力为中介来实现。革命、变革的积极意义从根本上说就在于彻底地或局部地调整经济关系和与其相对应的政治法律关系，从而在不同程度上改善权的内部结构，尤其是改善其中权利与权力的比例关系和改变原有配置状态，等等。认识这一点有助于人们实事求是地评估革命或变革本身的法学意义及它们同时具有的局限性。

4. 权的一切具体存在形式都是历史地产生的，但它们产生的阶段不同，产生的先后通常与生产力尤其与科学技术发展的一定水平相适应。对于作为权利的最一般形式的人权，马克思说它"不是天赋的，而是历史地产生的"。其实，权的其他存在形式也都一样，要理解这一点，关键在于认识各种形式的"权"产生的条件和过程。

探寻权中不论哪一部分的产生过程，都得首先从人本身来寻找它们的根源，这个根源就是人的需要，其中首先和基本的是对物质生存资料的需要。但需要本身不是任何形式的权，仅仅是它们产生的前提。只有当社会生产过程提供了满足人的需要的物质条件，并且使人的需要同有关物质条件结合在一起或提供了结合在一起的现实可能性时，权的某种具体形式才产生出来。

从经济过程看，需要促进生产，生产满足需要，同时又催生出新的需要，需要和生产之间的这个互动过程是无止境的。人在生产实践和科学实验过程中每创造或发现一种新财富，就满足了一项新需要或提供出一种满足新需要的现实可能性——从法学的观点看，这就是创造出了权的一个新类别：汽车的发明和生产创造出公民制造、驾驶或乘坐汽车等权利，创造出国家管制汽车生产、销售等活动的权力；飞机的发明创造出制造、乘坐飞机等权利，同时创造出管制飞机生产、销售和管制空中交通等权力。而且它们的生产规模和应用的广泛程度直接决定着有关权利及有关权力的量的大小，它们本身的有无决定着有关权利和有关权力的有无。现在又有了宇航产品，信息业产品，互联网，先进芯片，人工智能，但道理都一样。

当然，某些权利和权力与财产的对应关系是间接的，很难通过简单推理认识两者间的联系，如公民的选举、罢免、创制、复决、游行、示威、集合、结社等政治权利和姓名权、肖像权、名誉权、知识产权等其他权利，以及用来保护这些权利的权力，同财富的联系就比较间接和隐蔽。

实际上，它们和权中的其他类别一样，同财富的联系从根本上说是一致的，只不过这些权利或权力通常不是随某种具体财产的产生而产生的，而是社会财产总量积累到一定水平后其中有关部分的法律转化形式。社会财产总量没有积累到一定水平，其中任何部分都无法转化为这些形式的权利或权力。这就是为什么经济不发达的时代和经济不发达的国家的法律通常不提供这些权利或权力的根本原因。

但是，同一种财产和满足某种需要的同一类过程，在不同的生产关系下满足不同主体的需要，其结果从法学的观点看往往是大不一样的。人的一种需要，当其得到了满足或获得了得以满足的现实可能性时，这一过程在客观上就造成了权中的某种类型：在国家尚未出现的原始社会，它是原始的"权"；从那时个人权利与公共权力无区分或未作区分的观点看，也可将其认定为处于混沌状态的、未经分解的权的原始形态；如果国家已经产生而权的某一部分尚未处于法律承认和保护的范围内，它就是剩余权；如果它属于法治国家的社会成员，则表现为权利；倘若它由公共机关及其官员掌握和运用，就成了权力，如此等等。

基于上述认识，根据一定社会的财产总量由当时可进入生产或消费过程的自然资源和人的劳动产品两大部分构成这个事实，我们还可以得出两个重要结论，它们对于合理解释现实的各种权利和权力现象是十分必要的。第一，人的最基本的权利从根本上说（即不以是否法定为判断标准）是与人类的产生同时产生的，其物质基础在人类社会早期（原始状态下）主要是自然资源：天然洞穴、溪流、野生动植物是他们的居住、饮食之源，构成原始人类生命权的基础；原野、山岗、丛林等生存空间构成他们原始人身自由权的基础，如此等等。第二，当代法权的种类与绝对量是历史上随包括科学技术在内的生产力的发展在不同时期产生并逐渐积累的。每发现、生产或积累一定种类和数量的新财产，就会增殖出一定种类和数量的法权，需要在公民与国家之间按一定比例分配。

所以，权利也好，权力也好，现代这样较为丰富的形式都是在历史上的不同时期先后出现的。而且，法权的任何一种具体形式都不可能在不同的国家同时出现，而是必然首先出现在它赖以产生的物质依托最早形成的国家，不论这个国家属于哪种历史类型。当然，它产生后在法律上或实质上如何分配，事实上由谁享有，则另当别论。

5. 财产的归属主体可以转换，其转换过程在社会关系层面表现为相应的利益内容改变归属，在法律实践层面表面为相应法现象相互转化，从法学角度看则是权的相应部分改变存在形态。财富在法律上表现为财产，其所有权实际上是由若干种（有人主张分为占有、使用、收益、处分等4种，有人主张分为11种或更多种）相对独立的权能构成的集合体。

所以，财产所有权转换既可指存在于有关客体及法权之中的全部权能的转移，也可指其中部分权能的转换。这种转换实际上可视同有关客体本身全部或部分的易主。在法权分析模型中，国民财产中各种财产种类的差别显然只是因其归属主体的不同而造成的：有的无主体，有的有主体，有的以个人为主体，有的以公共机关为主体。在一定条件下，财产可以获得或失去主体，其归属也可以从一个、一种主体手中转换到另一个、另一种主体手中，这是再常见、再普通不过的社会经济生活现象了。在社会全部利益中，各种具体利益之间的相通性和相互转化的可能性十分明显。至于权利、权力和剩余权之间的相通性，我在本书上面相关部分作过论证。

理解上述现象并不困难，关键的问题在于认识总体利益中的各种具体类别的相通和转化，直接是相应财产在不同主体间转移的社会表现，而权利、权力等法现象的相通和转化则直接是各种具体利益、间接是各种财产在不同主体间转移的法律表现。把握住权利、权力和剩余权之间相通和转化现象后面隐藏着的利益转移和财产易主，对于法学有非常重要的认识论意义。它有助于人们了解各种权利和各种权力的经济属性，帮助人们洞悉权利冲突和权力竞争的实质。

6. 财产、利益同基本的法现象之间客观上存在着转化—还原关系。当上文肯定社会的财产总量与权和法权的绝对量之间存在着确定的对应关系时，我们实际上已在理论上承认了这一点。在现实生活中，财产的数量同权利、权力及剩余权这些基本的法现象之间的量的正比例关系，甚至凭直觉就能感觉到。当然，现实生活中财产、利益同基本的法现象之间，要实现转化或还原都得具备一定条件。不可否认，人们早就意识到了财产、利益同权利、权力等基本的法现象之间有客观联系。但可惜尚未见有学者将这种联系表述和论证为转化—还原关系，而往往只从前者"影响"后者的角度看问题。

实际上，"影响"的说法不准确、不具体，而转化——还原才是两者关系的实质。如果认定财产、利益同权利、权力等法现象之间只是相互"影响"，我们就无论如何不能从理论上解释人们常见的许多现象：为什么人们合法取得的财产立即直接表现为他们的财产权利——劳动挣来的工资、购买的电视机、继承的不动产等等，无一例外；为什么希望工程的捐款能够给贫困失学儿童带来受教育的权利；为什么当国家无钱维持公务员队伍、军队、警察、监狱、法庭的存在时，其权力就会等于零，等等，很好解释。

诸如此类的现象，不胜枚举，只有当我们将财产同权利、权力这两种最基本的法现象的关系看成转化—还原关系时，才能够给予合乎逻辑的解释。过去，人们由于对于这种关系缺乏正确的认识，就曾经导致过一些听起来似乎有道理，实际上很落后的法学观点。例如，曾几何时，对于有关国家在司法实践中用金钱补偿名誉权、荣誉权、肖像权等人格权利损害的做法，我国有一些学者从道义上加以责难，说是人格在那里都能换钱，可见其腐朽之至。可这些学者当时就没有想一想，在一个国家如果这类权利都不值钱，那又意味着什么呢！我国今天没人说这种话了，但恐怕主要不是因为人们认识到了人格权之类权利的经济属性，而仅仅是因为我国法律后来也采用了相似的做法。

实际上，权利损害在已无法以相同的权利补偿的情况下，最后只能以赔偿相应数量的金钱的办法来救济。因为只有金钱（财产的一般存在形式）能够成为权利最终的物质承担者。不仅对于荣誉权、名誉权等权利是这样，甚至生命权也不能例外，不少国家或地区对于司法机关错误执行公民死刑作了给予赔偿的规定，并确定了金额的计算方法就是显例。我国继其他许多国家和地区之后制定和实施了国家赔偿法，也从法制建设实践上承认了财产、利益与权利之间的转化—还原关系。

财产、利益同权力之间的转化—还原关系的客观性也是很明显的。财产、利益转化为权力的观点笔者已论证过，至于权力客观上可以还原为利益和财富的观点，论证起来也不用费太大的力气，人们深恶痛绝的腐败现象"权钱交易"就是很好的例子嘛！不论是否合法、正当，权力客观上能够变成金钱这个事实本身，就足以说明国家权力以财产为基础且能在一定条件下最终还原为财产这个道理。事实上，对权力的损害也是可以用金钱赔偿的，行政、司法罚款，刑事罚金，其性质就是如此。

也许有人认为，这样将权利、权力同财产、利益在理论上挂起钩来，会使我们社会"铜臭味"愈来愈浓，导致世风日下的局面。这种担心是多余的。各种权利、权力同财产、利益之间的转化—还原关系是客观的，不管我们是否把这种关系揭示出来，它都存在，决不会以人的意志为转移。对"铜臭味"要作具体分析，根据传统的义利观将其一概否定，只能说明论者的法制观念落后于现时代。实际情形是，认识各种权力与各种财产和利益之间真实联系有助于增强社会的权力制约观念，也有利于就采取强有力的制度化措施加强廉政建设取得广泛的共识；而深刻地理解各项权利的物质内容，进而通过行使权利去争取、维护自己的经济利益和其他利益，则直接是法律意识提高、法治进步和社会进步的表现。这些都应当提倡而不应反对。从这个意义上说："铜臭味"浓了是好得很而不是糟得很，是世风日上而不是世风日下的表现。当然，肯定这一点并不意味着否定超越个人利益、超越金钱考虑的道德风尚和人生追求。这就是法律现实主义和道德理想主义并存。它们两者看起来有矛盾，但实质上是统一的，相辅相成、相得益彰。正像我们在个人消费品分配方面实行宪法规定的"各尽所能，按劳分配"原则，但同时又提倡关心、帮助他人的道德风尚，主张对他人、对社会无私奉献一样不矛盾。

基于以上认识，我们可以得出一些有意义的结论，这些结论对于合理解释宪法和法律现象不无裨益。以下撮要列举几点：（1）法权关系，从根本上说是利益、财产的交换和协调实现关系，法权的取得、转让、放弃都应该从根本上视同一定量财产取得、转让和放弃的法律表现。（2）财产、利益效用的多样化促成权的构成因素和功能的多样化，财产、利益存在形式和控制主体的改变决定权的有关构成部分法律存在形态的变化。（3）权利、权力乃至剩余权的实际享有和运用，归根结底是财产的消费或耗用，差别只在于有些是直接的、有些是间接的。反过来看也一样，财产的正当消费或耗用也必然表现为某种权利或某种权力的行使。（4）许多司空见惯的现象，只有将它们看做各种权利和各种权力向利益、最终向财产还原的表现，才能给予较深刻的理论说明。这些现象包括：某些权利的有偿转让；权利受侵犯并造成损害时用金钱给予赔偿，包括国家赔偿；权力受侵犯时给予侵犯者以罚款的行政处罚或罚金、没收财产的刑罚。（5）作为法权的集中表现，权力具有十分强烈、直接的财产属性，非常容易非法还原为金钱或其他形式的财产，故对公共机关官员掌握的职权及其运用行为，应当给予特别严格的监督控制，切实从法制上加强廉政建设。

7. 保护权利同保护权力同等重要，甚至更为重要。权利和权力都是国民利益、国民财产的法律存在形式，权利和权力的协调实现，意味着国民利益、国民财富得到了维护和促进，反之则意味着受到了损害。这个道理本来不言而喻，但是，受历史上封建专制法律文化传统的影响，我国长期以来在立法、执法、司法的理论和实践中，实际上明显地体现出优先保护权力的倾向，而把对权利的保护放到了相对次要的位置。这种倾向是不合理的。就权利与权力在民主政体下的法律地位而言，权利的法律地位等同于权力。若从政治上看，作为公民权利整体的人民之权，其法律地位则高于权力，权力只是人民之权派生的东西。就本质而言，权利和权力同样是归属已定之财产和社会的整体利益的法律表现。

所以，权利至少应当受到同权力一样强有力的法律保护，尤其在法律实施过程中，保护权利时若欲取得同保护权力同样的实际效果，在实践中难度会大得多，因而需要更多地强调和注意。因为在日常生活中，分散的权利同集中的权力相比远为弱小，受非法侵害的可能性大得多。为了在法律实践中克服片面重视权力保护，相对忽视权利保护的问题，法学理论工作者有责任帮助人们确立对权利与权力之地位和相互关系之常态的正确观念。

当然，加强权利保护，不仅是一个认识问题，更是一个创造客观条件的问题。在这方面有必要强调两点：第一，保护权利最重要的内容之一是保护公民等个人的财产权利，而保障这种权利的基本前提是公民等个人有财产可保障。公民等个人若没有必要的财产，法律无论赋予他们多少权利也没有太大意义。在社会主义条件下，除政治权利外，公民等个人的基本权利直接和首要的物质保障仍然是属于个人或家庭的财产。即使是政治权利，如果最终不以公民维护和促进自身的财产权利为依归，也难免失去运作的动力而流于空洞。第二，公民等个人拥有的财产同国家掌握的财产应当大致平衡。此处所谓掌握，既包括拥有有关财产的完整的所有权，也包括分享有关财产所有权的一部分权能；而平衡则表示双方掌握的财产的比例应当与各自的法律地位相当，不致使一方可能强大得足以压倒另一方，以至于倾覆既定的宪法秩序。

8. 应当对各种主体的财产提供平等的法律保护。财产、利益同基本的法现象的关系表明，保护不同主体的财产实质上就是保护不同主体享有的那部分法权的基础。所以，若用法律上优先保护国有财产，相对降低对公民等个人的财产的保护等级，在政治层面就意味着优先保护权力，相对降低对权利的保护等级。这无异于以法的形式肯定权力重于权利，权力第一性、权利第二性。这是不适当的，两者应平等保护。

也许有人会以为，强调国有财产的神圣性并给予特殊保护是因为它们体现的利益比公民等个人的财产体现的利益更重要。这个论点能否成立，得看它所说的公民是一个或几个具体的自然人还是一国的全体公民。如果

"公民"是指的一个或几个具体的自然人，该论点在一定条件下可能是正确的；如果"公民"是作为一个指代"类"的名词出现的，包括了一国的每一个公民，该论点就是错误的。而我国宪法上有关条文关于保护的规定中提到的"公民"显然包括了每一个公民即全体公民，而他们恰恰是全体人民的法律存在形式。因此，同权利与权力的关系一样，从根本上说个人财产、个人利益与国有财产、国家利益（指由广义的政府代表的公共利益）相比，两者同等重要。而且，由于同权力相比，权利处在弱者的地位，较容易受到损害，所以，法律对权利的保护力度应当超过对权力的保护力度。强调对公共财产，尤其是对国家财产的特殊保护而相对轻视公民财产的保护，可以说是在法律上没有理顺两者间的正常关系的表现。对这种基本关系的认识错误，必然会导致对由它决定的上一层次及更上一层次相关事物间关系的认识错误，即误以为法律上权力重于权利，国家利益无条件重于公民等个人的利益。

我以为，在社会主义条件下，公民等个人的财产与国有财产（个人利益、权利与公共利益、权力的关系亦同）应当按以下三个层次处理才合理：

第一，当"个人财产"一词作普遍概念使用即它的内容涵盖了一国之内的每一个公民等个体的财产时，"个人财产"的理论地位等同于国有财产。个人财产与国有财产的平等理论地位应当表现为法律（其中首先是宪法）对两者的平等保护。在社会主义条件下个人财产与国家财产的关系可概括为如下内容：丰富、增殖个人财产，最终实现共同富裕是目的；国有财产只是实现这个目的的手段，它在社会财产总量中应占多大比重，发挥何种功能，采取什么存在形态和管理形式等考虑，都应当服从和服务于最大限度地保存和增殖国民财产之总量，实现共同富裕的需要。

第二，个人财产与国有财产一样，具有相同的法律属性。所谓相同的法律属性是指，两者都是归属已定之财产；作为国民利益的物质基础或物质承担者，两者是无差别的存在。对公民等个人的财产和国有财产的损害，其实质都是对国民利益的损害。

第三，当"公民财产"作为社会经济生活中的个别（即作为某个具体个人的具体财产）时，国家财产的地位完全可以高于它，与它们相对应的权利与权力的关系也是如此。所谓"可以"，意即国有财产的地位高于公民等个人的财产不是必然的、无条件的，而是要进行比较，具体地看双方中哪一方体现着国民利益的更大份额。例如，在一定条件下，道义和法律可以要求以损失一定价值的个人财产为代价去实现或保护价值量大于这种损失的国有财产，却不应当要求以损失大量的公民等个人的财产为代价去实现或保护其数量显然小于这种损失的国有财产。

也就是说，在现实地、具体地处理个人财产和国有财产的关系时，原则上要受经济学上诸如比较成本利益之类考虑的制约，具体问题具体分析。立法、执法和司法在处置相应的权利、权力的关系及相应的利益、财产关系时，原则上也应受上述原理的指导。

对于义务分析模型，读者不妨对照法权分析模型从反面加以理解。为尽可能减少篇幅，这里对义务分析模型不做详细论述。

第四节　实践法理学的现象解释体系及其要点[①]

作为立足于法律实践而又要回到法律实践的理论产品，实践法理学必须直接有助于人们较全面、较系统地合理解说中外古今的法现象。上文已认定并解说了实践法理学的基本范畴和法权分析模型及相应的义务分析模型，下面简要解说一下实践法理学系统解释法现象的基本构想。

一　形成系统化的理论的必要性

"哲学家们只是用不同的方式解释世界，问题在于改变世界。"[②] 这句话只是想要说明"改变世界"比"解释世界"更具有终极性、更为重要，决不是否认解释世界的意义。实际上，合理地解释世界是有效地改变世界的前提和基础。

合理、统一地解释本学科面对的全部现象，是任何学科的基础理论绝对不可以放弃的追求，法学也不例外。法现象是多种多样的，按存在的时间顺序分，有历史上的法现象和现在的法现象；按国度分，有外国的法现

---

① 此节原载《现代法学》2000 年第 2 期，标题是《以'法权'为中心系统解释法现象的构想》，融入本书时按原理、术语统一和与其他部分整合为一体的标准做了修订。

② ［德］马克思：《关于费尔巴哈的提纲》，《马克思恩格斯选集》第 1 卷，人民出版社 2012 年版，第 136 页。

象和中国的法现象；按部门分，有宪法现象、刑法现象和民法现象，如此等等。能够统一而不是前后矛盾地解释全部法现象，表明有关主体对种种法现象本身、对它们之间的联系与区别以及对它们之间相互关系的认识符合或比较适合客观实际，表明有关学说反映或基本反映了法律世界的真实面貌。反之，则只能说明有关认识或理论的零碎、片面、肤浅或解释者自己胸无定见，前后打架。当然，对于一个学者来说，在很多情况下，合理、统一地解释全部法现象通常只是深藏于内心深处的默默的追求，并且是通过自己的作品间断、零星地逐步表达出来的，他人往往比较难于理解。

我国法学界不少学者倾向于认为没有必要花时间和精力去构建系统解释法现象的理论，所持的最主要的理由是这种做法已经过时。我不这样看。一个社会或国家需不需要系统解释法现象的理论以及这种理论采取何种表现形式，主要取决于两个因素：一是哲学文化传统、思想与行为的结合方式和习惯，二是所属的法系、主要的法律渊源。

从哲学文化传统、思想与行为的结合方式及习惯看，我国的国民同欧洲大陆的人们比较接近，素有讲求系统的义、理，然后以它们为准则或参照系统来决定行止的传统或行为倾向。这种传统或倾向集中表现在我们的一代代先辈和我们这代人自己对待经典的态度和习惯中：经典覆盖的生活面往往是零碎、间断的，但那不打紧，人们可以通过"注"将他们弄得连成一体，无所不包，形成体系——这显露出我国国民对于系统化的理论的强烈心理需求。他们在历史上这样对待儒家经典，今天他们用同样的文化心理对待马克思主义经典。这种文化传承是无可非议的、再自然不过的事情。所以，人们看到的情况往往是，对于我国国民来说，要改变行止，也往往先在"注"上下工夫，通过重"注"经典改变观念体系中的相应内容，以获取正其名、使言顺，进而促事成的功效。在这方面我国国民的行为倾向接近欧洲大陆的人们而迥异于英美等国的国民。

此外，历来中国的法律，基本上是制定法，判例法即便存在，也只起到一些填补漏洞的辅助作用。而且，当代中国作为一个中央集权程度比较高的单一制大国，不能不特别强调对制定法的统一解释和实施。不仅过去如此，现在和今后相当长一个时期还是如此。这些也是我国法制比较接近欧洲大陆国家而与英美等国情形很不相同的地方。

中国及其国情不同于英美等国及其国情的地方当然不止以上这几点，但仅仅以上特点就足以表明，中国的法学家不应该离开中国的具体情况盲目追随英美的法学家。对于系统解释法现象的理论，我们只要感到有需要，就应花气力去构建，没必要使自己受制于英美学者的论述。当然，这样说并不意味着我认为英美法学家没有、也不追求系统解释法现象的理论。系统解释法现象是任何一个真正的法学家都不会放弃的追求，英美法学家也不会例外，所不同的只是理论的展开方式不同和存在形式不同而已。

二 "法权"一词的再生及其被赋予的新涵义

"法权"在中国是一个经历过多次生生死死的名词。就我所知，"法权"这个词最先在汉语中出现，是在矶谷幸次郎《法学通论》的汉译本（商务印书馆 1902 年版，王国维译）中，意指立法权的履盖范围，后来又一度被用作治外法权或法律权利的简称。1912 年我国出版的一种基础性法学论著的一个节标题用了"国际法权与国内法权"，其中写道："国际法权云者，国际法国对于他国所有之能力也。此属于国际公法所保护者……国内法权，即由国内法所制定保护之国家臣民之权利是，而权力之关系不与焉。"[①] 易言之，国内法权就是法律确认和保护的权利的简称。又例如，1926 年 1 月 12 日由段祺瑞政府在北京召开的所谓"调查法权会议"就简称"法权会议"。此次有若干欧美国家代表参加的会议所讨论的内容主要涉及列强在中国的领事裁判权问题。据此可以看出，所谓法权，曾经是用以指称治外法权或法律权利的。但总的看来，前一种用法当时就很少见，而且，其指称的对象已随时代的进步已消亡，故近半个世纪以来已未见有学者在这种意义上使用"法权"一词，实际上这是一个已死亡的名词。至于后一种用法，近数十年实际上罕见。再说，一个名词指称两种客观实体，须根据不同上下文确定其具体含义的情况在各国语言中很常见，故将权利权力统一体称为法权同偶尔把法律权利简称法权，相互并不造成妨碍。

中华人民共和国成立后，"法权"一词在另一种意义上又一次出现，

---

① 汪庚年编：《法学通论》（汪辑京师法律学堂冈田朝太郎讲课笔记），京师法律学堂编辑社 1912 年版，第 96 页。

这次它是因误译马克思主义经典文献而产生的，后来又随着有关误译被改正而再一次死亡。事情的原委是，在德语和俄语中，recht 和 право 都分别有"法"和"权利"两个意思（就像英语 country 有"国家"和"乡村"两个意思一样），它们在哪种情况下是法的意思，在哪种情况下是权利的意思，完全要根据上下文来确定。

　　20 世纪 50 年代初，马克思、恩格斯和列宁著作汉译工作的主事者（中共中央编译局）因在有些地方吃不准到底是该将其译为法还是权利，就生造了这样一个看起来兼顾两种含义、实际上含义不明的"法权"一词来加以应付（也就是蒙混过关）。① 由于"法权"的这种出生背景，所以它从来就没有确定的外延和内涵，不具备作为一个概念所需要的最基本条件。马、恩、列著作汉译工作的主事者后来认识到了这一译法的错误。"解铃还需系铃人"，该机构于 1977 年 12 月 12 日在《人民日报》上以《"资产阶级法权"应改译为"资产阶级权利"》的文告正式更正了这一误译。

　　从形式上看，上述文告只具体讲到"资产阶级法权"是误译，指出了正确的译法是"资产阶级权利"，但没有一般地否定"法权"这个词的存在价值。这个官方性质的文件实际上间接否定了此前它所一手造成的"法权"的译法。做这个判断的依据是，自那时以来，各种新版的马、恩、列著作中文版中，先前版本中的"法权"均被"权利"或"法"所替代，没有例外。如 20 世纪 70 年代在中国引起轩然大波的《哥达纲领批判》那句译文中的"资产阶级法权"已改正为"资产阶级权利"。当年通用的版本的那段译文，讲得是社会主义阶段消费资料在各个生产者中间的分配，通行的还是商品等价物的交换中也通行的同一原则，即一种形式的一定量的劳动可以和另一种形式的同量劳动相交换。"在这里平等的权利按照原则仍然是资产阶级的法权，虽然原则和实践在这里已不再互相矛盾，而在商品交换中，等价物的交换只存在于平均数中，并不是存在于每个个别场合。""虽然有这种进步，但这个平等的权利还仍然被限制在一个资产阶级的框框里。生产者的权利是和他们提供的劳动成比例的；平等就在于以同一的尺度——劳动——来计量。"② 《哥达纲领批判》在新版本中，原来唯

---

① 参见陈忠诚等《"法权"还是"权利"之争》，《法学》1997 年第 6 期。
② ［德］马克思：《哥达纲领批判》，《马克思恩格斯全集》第 19 卷，人民出版社 2006 年版，第 21 页。

一"法权"一词所在的那句话已改译为："在这里平等的权利按照原则仍然是资产阶级权利，虽然原则和实践在这里已不再互相矛盾，而在商品交换中，等价物的交换只是平均来说才存在，不是存在于每个个别场合。"① 马克思、恩格斯其他著作中的"法权"，只要1979年后有新译本的，也都得到了更正。以恩格斯包含丰富法学思想的《论住宅问题》一文为例，同一句话，原译文是"每当勇敢的蒲鲁东看不出各种现象之间的经济联系时……他就逃到法权领域中去求助于永恒的公平"。② 其中"他就逃到法权领域"的短语，在新版本里已改译为"他就逃到法的领域中去求助于永恒公平"，"法权"被还原到了"法"（法律）的本来面目。③

列宁著作的中文版也一样。例如，《国家与革命》中有一句话旧版本译为"如果没有一个能够迫使人们遵守法权规范的机构，法权也就等于零"。④ 其中"资产阶级权利"和"权利"原本都被译成了"法权"，但在新的中文版本，这句话中两次出现的"法权"均还原成了"权利"。新译文是："如果没有一个能够强制人们遵守权利准则的机构，权利也就等于零。"⑤ 可以说，原来意义上的法权在汉语中已是一个死词，"法权"二字只是一个学术史上的遗迹。⑥

在因误解而被生造出来的法权一词被其生造者自己正式废除了之后，曾有学者将"法律权利"称为"法权"，⑦ "法权"被看做是"法的权利"的缩写或简写。这似乎可以看作向"法权"这个已无指称对象的文字躯壳注入一定内容、从而复活它的一种尝试。一个名称指称两个或多个对象，让读者根据上下文判断它在具体场合的具体含义，是很常见的语言现象。

---

① ［德］马克思：《哥达纲领批判》，《马克思恩格斯选集》第3卷，人民出版社2012年版，第363—364页。

② ［德］恩格斯：《论住宅问题》，《马克思恩格斯全集》第18卷，人民出版社1964年版，第242页。

③ ［德］恩格斯：《论住宅问题》，《马克思恩格斯选集》第3卷，人民出版社2012年版，第196页。

④ ［俄］列宁：《国家与革命》，《列宁选集》第3卷，人民出版社1960年版，第256页。

⑤ ［俄］列宁：《国家与革命》，《列宁选集》第3卷，人民出版社2012年中文版，第200页。

⑥ 汉语辞书一般未收入"法权"这个词条，个别辞书收入其中了，但同时也说明这个词"难以区别法和权利，故现已废置不用，而分别代之以"法"或"权利"。参见邹瑜主编《法学大辞典》，中国政法大学出版社1991年版，第1021页。

⑦ 参见林喆《权利的法哲学——黑格尔法权哲学研究》，山东人民出版社1999年版，第16页，原文为"法律权利又称'法权'"。

如果不同的人愿意在约定的意义上使用同一个名词来指称不同的实体，即竞争性的使用同一个名词，那也属于正现象。至于哪一种使用方式能够在竞争中胜出，即为公众所接受，则必须假以时日。

在20世纪90年代初，我曾一度用"社会权利"一词指称权利权力统一体。在引起很多误解之后，几经犹豫，我于20世纪90年代末不得已改而采用"法权"一词来指称权利权力统一体或共同体，以摆脱因找不到恰当的文字符号来标志权利权力统一体或共同体而造成的困境。这可算是以旧瓶装新酒、复活已死亡的"法权"一词为今日之法学所用的另一种尝试。

可以说，"法权"就是法定之权或纳入法的配置范围之权，与留在法外的剩余权相对应。

这里请注意，本书所定义的法权，是法的权利和法的权力两者的统一体，而不仅仅是两者中之任何一种。这一点使我的法权同此前出现过的和仅仅作为"法的权利"简称的法权有十分明显的区别。主张新的法现象解释体系以标志权利权力统一体的"法权"为中心有多方面的意蕴：确认在法学的范畴体系中，法权处在核心地位，其他范畴，包括权利、权力和义务在内，都处在相对次要的地位；认为在各种利益分析单元中，国民利益即法定之全部利益是一国之最高利益，个人利益、公共利益都不能与之比肩；认为在一国的全部财产中，最重要、最优先的考虑，应当是归属已定之财产（即国民财产或国民财富）总量的保存和增殖，如此等等。

三 新解释体系之要点

本着以上考虑，下章简要提出一些设想，供对有关问题感兴趣的人们参考。形成这些设想的方法论基础是马克思主义哲学，它在本书中具体表现为对法现象进行利益分析进而财产分析的方法、循从抽象到具体的思路形成范畴体系的方法以及从社会生活实际出发并且诉诸社会生活本身的方法，等等。在基本命题的形成方面，最为看重自然科学基础性研究通常采用的方法，即以假说为先导，诉诸经验事实，以证实有关假说并将其提升为用以进一步阐释其他现象的理论依据和分析工具的方法。

1. 将权利和权力或者法中之权、法权看做最重要的法现象，以法权及其具体存在、形式权利和权力为核心确定法学的对象和范围。① 今天居于主流地位的法学理论基本上是视权利和义务为最重要法现象，是以权利和义务为核心确定法学的对象和范围的，尽管做得尚不够彻底、不十分成功。在我看来，权利与义务关系是而且仅仅只是权利与权利关系的一种表现形式，它在内容上涵盖不住社会生活中更为普遍、更具有全局意义的权利—权力关系，也涵盖不了与其同样重要、处在同一层面的权力—权力关系。提出以权利权力为最重要法现象的法权中心说，直接目的是要纠权利义务中心说之"偏"。虽然只是纠"偏"，但却是关系到长期居主流地位的法理学何去何从的大问题，不可等闲视之。

2. 以探寻权利和权力确切的社会经济内容为重点，从根本上说明权利和权力本身的属性。在这方面，最重要的结论是，权利是个人利益和个人所有之财产的法律存在形式，它们三者之间在一定条件下能够转化或还原；权力是公共利益和公共机关所有之财产的法律存在形式，这三者之间在一定条件下也能转化或还原。这里讲的权利和权力是法律上的，作为分析单位，还有法外之权即剩余权。与剩余权相对应的社会内容是剩余利益，与剩余权相对应的财产是归属未定之财产。剩余权是相对次要一些的因素。

3. 用统一的标准将权利和权力这样两种关系至为密切的法现象在理论上严格区分开来。法学长期没有足以将法权二分为权利与权力的统一标准。为解决这个问题，我主张采用利益属性和财产属性相一致的区分标准：法律上的任何一种"权"，当它所体现的是社会个人的利益、由个人所有之财产作为其物质承担者时，它就是权利；当它所体现的是社会的公共利益，由公共机关所有之财产作为其物质承担者时，它就是权力。用这个标准，一切法律上的"权"，都能被明确区分开来，非权利即权力。

按这种区分标准，通常难于在权利与权力之间确定归属的一些"权"，都能够顺理成章地确定其归属。这些"权"中较典型的有欧洲历史上的家父权、中国封建社会的夫权，现实生活中的国家所有权，公司法人等社会经济组织内部机构的职权，准公共机关的职权，民族区域自治地方的自治

---

① 最恰当提法是以法权（或法中之权）为最重要法现象，但考虑到法权尚未被法学界普遍认可，故仍以法权的具体构成要素权利、权力代之。

权，等等。运用新标准对以上各种权的划分结果是：家父权（patria potes-
tas）和夫权（authority of the husband）属于权利，尽管过去人们通常将它
们放在权力项下；由公共机关行使的国家财产所有权、公共机关职能和由
公共财政支撑的准公共机构的权能属于权力；民族区域自治地方的自治权
中，由普通居民个人行使的属权利，由其中的公共机关行使的属权力。其
它疑难情况可依此标准和逻辑类推。

4. 努力探寻并阐明权利、权力两种法现象之间的特殊关系和它们在根
本上的同一性、统一性。权利与权力在现实生活中如此容易混淆，以致不
仅公众无法对它们加以区分，专门法学工作者在严格区分它们的问题上也
往往束手无策。我相信这种情况的存在与两个词组在汉语中读音相同，以
及都包含一个"权"字这类表面的相似性并没有什么必然的关系。因为，
在西文中表述这两个的词的词形并无汉语中这种相似性，读音也都截然不
同，不是同样难以区分吗。所以，真正难以区分的原因要到其他方面寻
找。现在看来，权利与权力难以区分的真正原因在于它们有太近的"血
缘"关系和同根、同源性：它们都是法律承认和保护的利益，都以归属已
定之财产为其物质承担者，从根本上看，权利和权力是一个矛盾统一体，
就像家庭是包括夫妻双方乃至他们的子女在内的一个矛盾统一体一样。

5. 将权利权力统一体（即法权）作为法学的独立分析单元纳入法学思
维。对于一个久受困扰难以获得进展的学科来说，有时引进一个新的分析
单元会产生柳暗花明的效果。对于法学来说，权利权力统一体就是这样一
个对其发展前景至关重要的分析单元。原因在于，它的现实地位太重要：
从社会内容看，它是法承认和保护的国民利益的法学反映；从经济内容
看，它是归属已定之财产的法学反映。法学缺少一个反映它的范畴，是理
论严重脱离社会生活实际的表现。当然，权利权力统一体要进入法学思
维，必须采取概念、范畴的形式，得将其内涵和外延相对固定下来。这就
要求给它一个名称。由于汉语构词能力的局限（这种局限在其他语言中也
存在）和语言习惯的限制，给它一个适当的名称实在不易，已成了一个对
法学全局有影响的技术性问题。现在我用法权来描述权利权力统一体，希
望获得法学学术界广泛认同。

6. 以法权为核心，按对法现象进行全面利益分析和财产分析的要求形
成五个立体概念作为法理学范畴架构的支柱。这五个概念是权利、权力、

法权、剩余权、权，它们分别从法学的角度表征一定社会或国家内（1）与个人利益和属个人财产相对应的法现象，（2）与公共利益和公共财产相对应的法现象，（3）与国民利益（即法律承认、保护的全部利益）和归属已定之全部财产相对应的法现象，（4）与剩余利益和归属未定之财产相对应的法现象，以及（5）与社会全部利益（包括法定的和非法定的）和全部财产（包括归属已定的和归属未定的）相对应的全部法现象。

7. 以上述五个支柱概念为主，辅以义务和法（律）两个概念，形成法理学的基本范畴群。加进义务，是为了深入分析与利益进而财产正相反对的法现象。义务的分类首先是同利益和财产相对应的法现象即法权的各种具体存在形式对称的，表示相应利益和财产的支出、损耗或损失。按所包含的内容的广泛性大小来分类，首先是与权相对称的义务，它进一步分为非法定义务与法定义务。其中非法定义务与剩余权相对称，法定义务与法权相对称，法定义务又进一步区分为与权利相对称的义务和与权力相对称的义务。如果说各种"权"和义务分别体现正反两方面的利益内容和财产内容的话，那么，法学需要法（或法律）概念，则是为了把这些内容从总体上纳入其中，法（或法律）概念在这里是作为容纳以上正反两方面内容的不可或缺的形式存在的，尽管剩余权和法外义务不能全部直接纳入其中。

8. 探寻法的重心或本位也许不无现实的必要性，但权利、权力和义务三者中一个或两个因素都不能作为法的重心或本位。人们一般认为，所谓法的本位，就是法的重心所在。从这个意义上说，研究法的重心是有积极意义的。20 世纪上半叶的法学作品表明，法的重心问题的研究，如果从梁启超 1904 年提出"权利本位"时算起，在我国迄今已断断续续进行了 120 年。现在看来，对这个问题的研究还有继续推进的余地。

9. 如果一定要通过确认法的重心来阐释法，并借以引导法的制定和实施，那么，最为合理的提法是法权中心。如何合理地对历史上的和现实的法提供合理的阐释，用什么理论来引导法的制定和实施？人们对此有不同的回应方式。通过确认法的重心来作出回应，只是无数种可供人们选择的回应方式之一。在我国，中华人民共和国成立前法学界就已有过法是以权利为本位、以义务为本位还是以社会为本位的争论。最近十余年，法学界又以某种形式重现了历史上的争论，并且似乎在法以权利为本位的认识上重新取得了大致的共识。我以为，按法权的内容和性质看，将法的重心尤其是社会主义法的重心定位于法权是最为合理的。法权中心的含义有三层：权利权力统一体的地位高于权利与权力中之任何一方；国民利益高于个体利益与公共利益中之任何一方；国民财产比属个人财产和公共财产中任何一方都更为重要。

10. 区分国家权力与国家机构的权力。国家权力与国家机构的权力严格地说有联系也有区别。如中国宪法第二条规定："中华人民共和国的一切权力属于人民。"这个"一切权力"就是国家权力，如果我们简单化地把它理解为各级各类国家机关的权力的总和，那"人民"手里就什么都没有了，显示不出构成国家权力的哪一个原子属于"人民"。合理的解说应该是，在代议民主之下，国家权力由两部分或两种权能构成，一部分是国家权力的行使者权能，在宪法上表现为各级各类国家机关的职权或权限，另一部分是国家权力的所有者权能，主要表现为公民对代议士和其他公职人员等的选举权、全民复决的公投权，以及各种形式的批评监督权。国家权力的所有者权能与国家权力的行使者权能的关系，实际上就是孙中山在民权主义中所说的"权"与"能"的关系。在孙中山看来，国家好比汽车，国民是汽车的主人，政府即国家机构的负责人如大总统、国务总理和各部部长等是车夫。"国民是主人，是有权的人，政府是专门家，就是有能的人。"[1]

国家机构的权力由宪法在各级各类国家机关之间配置，这在中国表现为各级各类国家机关依宪法分享职权或权限等权力要素，从而构成一种相对稳定的数量上的比例关系。这种由宪法以列举职权或权限等方式给中央和地方各级各类国家机关配置权力的结果，若以 GJQ 表示国家机构的权力总量，由宪法在各级各类国家机关之间配置，参加分享这种权力的是各级各类国家机关，从而构成一种相对稳定的数量上的比例关系。这种由宪法以权力并行列举法配置给中央和地方各级各类国家机关的权力之间的关系，可以用这样一个等式来表达：$GJQ = A/GJQ + B/GJQ + C/GJQ + \cdots\cdots X/GJQ$ 等等，也就是说，假定国家机构全部权力 GJQ 为 100，那么参与分享

---

[1]　黄彦编：《孙中山选集》，广东人民出版社 2006 年版，第 559—569 页，其中直接引语见第 567 页。

的每一个国家机关都获一定的份额（A、B、C 等）。在法权结构 GJQ/GMQ（国家机构的权力/个人权利）和国家权力结构 GJQ/GZQ（国家机构的权力/公民政治权利）都不变的情况下，这个等式中参与分享 GJQ 的各级各类国家机关在分享国家机构的权力 GJQ 方面也构成实质性的零和关系，即一个国家机关之所失等于另一个或数个国家机关之所得，反之亦然。[①]

或许有人会认为，以上说法对于正常立宪国家是管用的，有些国家宪法配置给国家机关的权力并不真正都在那些国家机关手里，后者只是"手套"。这种情况确实有，但这不妨碍上述看问题的框架的合理性。为解决这方面的问题，我们只要区分宪定国家机关和实际参与行使权力的公共组织，并在必要时把实际行使国家机关权力的公共组织都纳入研究体系就可以了。

四 进一步扩展理论要点的路径

以上诸点，只是本书设想的以法权为中心系统解释法现象的构想的基础。但是，如何以此为基点展开解释体系呢？以下简要地谈一谈大致的思路。

1. 从利益进而从财产的角度把握各种法现象的实质（即内容），其中首先和主要的是从这个角度把握权利、权力、剩余权、法权、权和义务等法学基本对象的实质。其把握方式可以是直接的，也可以是间接的，可以从正面入手，也可以从负面入手（如对于义务）。不可否认，从其他角度也有可能把握各种基本的法现象，但我认为，还是从利益关系和财产关系入手把握法及基本的法现象，最为根本、最为深刻可靠。

2. 在把法的价值区分为终极价值与过程性价值或现实价值的基础上，将人的自由、全面和可持续的发展认定为法的最高追求和终极价值。以此为参照点有助于解决法学和法律发展中一些方向性问题。

3. 以尊重人和人的尊严为前提，以法权的平等交换为基础来确定法律正义的标准，将正义理解为一个人得到而且正好得到他应该得到的那部分法权。从法律的观点看，一个人未得到其应得到的法权是不正义，超过其所应得也是不正义，一般性地侵犯原本属于他人的法权是民事侵权，严重侵犯原本属于他人的法权是犯罪。这里不能忘记的是，法权的平等交换，

---

① 参见童之伟《宪法学研究须重温的常识和规范》，《法学评论》2018 年第 2 期。

就是各种"权"的平等交换、利益的平等交换和财产的平等交换，应得的法权就是应得的某种法的"权"及相应的利益和财产。

4. 将法（法律）理解为按一定的正义观确认权从而法权归属，分配权从而法权并解决法权冲突的规范体系。法权归属在法律上表现为权利或权力归属，社会内容是相应的利益归属，从根本上看是财产归属。法权冲突在法律上表现为权利—权力冲突、权利—权利冲突、或权力—权力冲突，社会内容是相应的利益冲突，归根结底是财产、财产关系冲突。

5. 从体现法的终极价值的要求、用符合正义的方式解决各种主体间的法权冲突，将冲突限制在预设范围内的角度阐释法的作用和功能。法权冲突从形式上看，具体表现为权利—权力冲突，权利—权利冲突和权力—权力冲突，从内容上看具体表现为权利、权力背后的利益冲突，归根到底是相应主体间的财产冲突。在这里，强调体现法的终极价值的要求，为的是保证法始终朝着有利于人的自由、全面和可持续发展的方向进化，而强调符合正义则主要是便于人们理解法的各种惩罚性规则。

6. 承认从多角度确认法的现实价值的合理性，但主张在根本上将法的现实价值定位于最大限度地保存和增殖法权总量，即最大限度地保存和增殖一定社会或国家里国民利益的总量和国民财产的总量。前文说到，法的终极价值是促进人的自由、全面和可持续的发展。联系起来看，可以这样说：法实现其现实价值和终极价值的过程应该是统一的，前者以后者为目标，后者因前者才有实践意义和真实的可能性。按这种法价值观，说明各个部门法领域的问题，都比较顺理成章，比将法价值主要定位于自由、秩序、正义因素等更合理一些。

7. 将法治理解为按多数人意志决定分配和运用法权的原则、规则并严格按其办事的政治形式。法治的实质是民主、平等地决定利益、财产的分配和享用。法制则可理解为分配和运用法权的法律制度的总称，实际上是分配、享用利益和财产的法律制度的总称。

8. 将法秩序理解为在现实性上最有利于法权总量、归根结底是最有利于国民利益的总量及国民财产的总量之保存和增殖，在终极性上最有利于人自由、全面和可持续发展的法律状况。有条不紊和稳定并不是它固有的特征，它完全可能是变化不居、激荡而火热的。

9. 将法律关系表述为法权关系，其具体构成从宏观上看有两个层次三种关系，即权利—权力关系、权利—权利关系和权力—权力关系，其内容为相应的利益关系和财产关系。同理，将法律事实理解为引起法权关系产生、变更和消灭的一切情况。

10. 从按照正义的要求返还法权、抵偿法权损失的角度理解法律责任，其实质内容是利益、财产返还和利益、财产抵偿。民事、刑事、行政责任等都可以这样理解。

11. 将法权衡量确定为立法、执法和司法的最基本原则。这涉及在权利与权力、一种权利与另一种权利、一种权力与另一种权力发生矛盾冲突的各种具体情况下应当优先保护什么、牺牲或放弃什么的选择问题。法权衡量在法律上表现为权利权力统一体内部不同构成部分之间的衡量，从社会生活的观点看是利益衡量，归根结底是财产衡量。法权衡量的目的或所要解决的问题是，在不背离法的终极价值的前提下，每一种具体情况如何规范和处置最有利于法权总量和国民利益总量、国民财产总量的保存和最大限度增殖。

12. 中国社会主流的终极性政治理想是国家消亡，而从法学角度看，国家是权力的载体和权力的政治表现，国家消亡即权力消亡，严格地说是权力逐步转化为权利，并在新的历史条件下回归权利权力混沌状态。所以，国家消亡说表明，在法权结构（power/right）中不断缩小权力的比例、逐步扩大权利的比例，是马克思主义创始人的国家学说确认的历史性趋势。所有理性的人都必然追求过程与目的的统一，因为，虽然过程不能离开目的，但人毕竟只能活在过程中，不可能活在目的中。这就决定了他们在现实的法律生活中必然要求将权力体量和强度严格限制在必要的范围内，必然要求充分尊重和保障基本人权。

13. 法权总量最大限度地保存或增殖与充分尊重和保障人权，是法权中心说包含的两个基本要求，它们相辅相成，不可偏废。处于同一历史进程中的所有正当目标之间都会有竞争，这很正常。它们应是修宪、立法的考量基准，也应是合宪性审查、执法和司法过程应遵循的法则。

上述全部要点和思路主要适用于解释国内法现象。它们作为一个整体，姑且称之为国内法解释模式。

但是，国内法解释模式按类比原则可以转换为国际法解释模式。类比原则主要由以下基本规则构成：将国家等国际法主体类比为个人等国内法主体；将联合国等普遍性国际组织或区域性超国家组织类比为国内法上的"政府"（government 而不是 administrative branch）；从一国范围内的或国内法上的法权，类推出世界范围内的或国际法上的法权；将国际法上由国家等处在个体地位的主体享有的那部分法权类比为国内法上由公民、法人等个体享有的权利；将国际法上由联合国等普遍性国际组织或区域性超国家组织相对于其成员国运用的那部分法权（即权力，如联合国安全理事会的职能和权力）类比为国内法上"政府"行使的权力；将国际法上的国家责任类比为国内法上公民、法人等个人的法律责任，等等。

阶段性结论①

　　学术原本也应该是社会主义市场的一部分，应该百花齐放百家争鸣。提出法权说，推动实践法理学的形成，就是于现有的法学分析框架之外，添加一种可供法学消费者选择的理论产品。这个以法权为核心范畴的学说，在不小程度上可以说是直接受马克思影响，间接受黑格尔和现代科学哲学影响的结果。不过，受影响的内容主要是思维方法，较少涉及社会政治学说。

　　本书提出和初步证明了以下系列性法学新见解：1. 权利是个人利益、个人财产的法的表现；2. 权力是公共利益、公共财产的法的表现；3. 剩余权是法外利益、归属未定财产在法之外的各种社会规范中的表现形式；4. 权利、权力是构成国民利益（或法保护的全部公私利益）、国民财产（或归属已定全部财产）之法的表现的两个组成部分，它们在法的层面虽有明显差别，但从根本上看，即从法保护的利益和归属已定财产层次看，实际上是一个统一体或共同体，可称之为法权；4. 权是权利、权力、剩余权三者构成的统一体或共同体，它事实上通常分为法权和剩余权两部分，其中法权由法的权利和权力构成；5. 法权是当代中国法律体系直接、间接记载或确认的权，由权利和权力两部分构成，是以规范的汉字名词呈现的最常见、最重要的法现象；6. 制定和实施法律之目的，不仅在于合理分配法权并规范其运用行为，亦应是促进法权最大限度的保存和增殖；7. 就法权分配的过程而言，法治社会的要求是公民直接或间接的广泛参与和维持法权平衡，尽管平衡只可能是相对的；8. 从可持续性和目的性看，法权分

---

　　① 在对应的英文版中，这一部分称为"结论"，但现在看来，此书只能算实践法学一般理论的第一本书，应该还会有后续著述，做结论或总结为时尚早，故改为"阶段性结论"。

配应有利于促成法权总量的最大限度地保存和增殖；9. 客观现象世界的所有财产、利益都分别表现为权利、权力、剩余权或它们的组合形式法权、权，相应的范畴是这些现象本身及其属性在主观的法观念世界的反映，法权分析模型揭示了它们之间的关系；10. 客观现象世界的所有财产负值、负利益（或不利益）都分别表现为个人义务、公职义务、法外义务或它们的组合形式法义务、义务，相应的范畴也都只是这些现象本身及其属性在主观的法观念世界的反映，义务分析模型揭示了它们之间的关系。

实践法理学将基本范畴数量有效稳定在权利、权力、剩余权、法权、权、义务、法（或法律）共七个，以法权为核心。一个世纪前英语法学领域 W. N. 霍菲尔德的语义分析法学将众多含义近似的概念减少到八个。对于减少的方法，他说："如果允许使用一个平凡的隐喻"，八个概念"似乎就是那个可以被称为'法律最小公分母的东西'"。① 实际上，他采用的方法似乎更像数学中的合并同类项。与霍菲尔德不同，实践法理学在解决这类问题时采用了经马克思加以唯物化改造的绝对方法。经历了绝对方法的两条逻辑道路后，实践法理学七个基本范畴与其对应的七类基本的法现象，从表述的名词看是相同的，但实际上分属两个世界，很不一样。因为，七类基本的法现象属于客观的现象世界，而七个基本范畴属于主观的法观念世界。

在实践法理学的上述七个基本范畴中，法权之所以处在核心位置，既是因为它指称的现象重要，包含的利益内容和财产内容重要，也是因为它的学科功能重要。权利和权力从根本上看是一个内部要素间存在对立的统一体，法权既是当代中国法律体系记载、确认的各种权的统称，也是指称权利权力统一体并记录对该统一体认识成果的法学范畴。就学科功能而言，实践法学可借助"法权"直接间接解说其他所有基本的法现象及其内部外部联系。例如：可将法解说（或定义）为由国民代表机关等公共机构通过或认可的，② 有普遍约束力的分配和运用法权的社会规范；将权利解说为由个人享有，体现个人利益、以个人财产为物质承担者的那部分法

---

① Wesley N. Hohfeld, "Some Fundamental Legal Conceptions as applied in Judicial Reasoning", 23 *Yale Law Journal*, 1913, p. 58.

② 法律由"国民代表机关等公共机构通过或认可"这个提法，顾及到了在世界范围内法律以代议机关制定法（statutes）为主，但同时有判例法（case law）存在的情况。

权；将权力解说为由公共机关运用、体现公共利益、以公共财产维持的那部分法权；将权解说为法权（权中由法记载、确认的部分）与剩余权之和，以及后两者体现的利益、财产之和；将剩余权解说为权减去法权后的余额，实质上是一国或社会的全部利益、全部财产减去国民利益、国民财产后的余数；将义务解说为与权或与法权和剩余权两者的利益属性、财产属性相反但绝对值相等的社会现象；将法义务解说为与法权正相反对、绝对值相等但利益和财产属性相反的法现象，如此等等。运用以法权为中心的七个基本范畴，可以推导出法学所需的其它所有范畴，形成完整范畴体系，并合理解说它们本身及其内部、外部联系。

选择和确认法权做法学的核心范畴，实际上是注重从合理分配利益角度、归根结底是从合理分配财产角度看待基本的法现象本身和法的价值、效用的法学方法论选择。这个结论中比较难以把握的是分配法权何谓"合理"的问题。就法权分配的过程而言，"合理"在立宪社会的要求是公民的普遍参与和保持法权平衡，尽管平衡只可能是相对的；从可持续性和目的性看，"合理"意味着法权分配须尽力促成法权总量的最大限度的保存和增殖。可以说，前者是公平、正义和均衡的要求，后者是发展和效率的要求，两者在特定时期内可以有所侧重，但总体说来需要兼顾。这是应该专门撰文讨论的另一个话题。

本书把以法权说为核心形成的系统化论述称为实践法理学，主要是基于我的如下理解：古今中外的法律实践，特别是当代中国的法律生活事实和法律制度等现象，构成法学研究者面对的客观世界，而人们对这些法现象的认识成果，首先是其中的基本范畴和基本命题，构成主观的法学世界即法学的理论体系；法学理论体系包含的真理性的多少，取决于它描绘、重建、再现客观世界的准确、深入程度；法学理论体系的价值大小取决于它引导人们建设民主、法治国家或社会的有效性大小；法学理论体系的基本范畴、基本命题，都应该依托规范的本国语言文字，依托现当代的法律实践，其中首先是本国的法律体系，并随时代的发展变化而不断自我修正、更新。作为"合理"的要素之一，保持法权相对平衡对于现代国家来说极为重要。这里之所以将平衡定位为相对的，是因为发展和效率的双重考虑。法权相对平衡包括四个方面的内容：

1. 法权结构（权力/权利）平衡，即一国全部法权中权力与权利的在体量、强度两方面综合的比例相对平衡。权力所占比重不能过大，否则权利不能平衡权力，严重时会造成权力突破法律制度的笼子或形成超越宪法、法律的特权；权利比重也不能过大，否则权力无力有效约束滥用权利的行为，以至在相应的程度上形成无政府状态。法权结构平衡应该是权力与权利的体量、强度综合平衡。权力、权利的体量通常由支撑它们的公共财产、个人财产的体量决定，而强度则取决于它们分别集中运用的程度。在体量一定的情况下，集中程度愈大，强度愈高。不仅权力有集中程度和强度问题，权利也有集中程度和强度问题，这与权利主体间的结社等行为方式的运用有关。

2. 权力内部的要素间相对平衡，即权力横向配置平衡和权力纵向配置平衡，以及纵横向相互平衡这几种情况下都只能接受权力适当集中，权力不适当地集中必妨碍对权力的监督、制约和损害法定的权力分配格局。权力横向配置平衡的要求是同一级国家机构内不同国家机关之间权力配置平衡，比较典型的表现之一，是资本主义模式立法、行政、司法三种权力之间的制约平衡。中国是社会主义国家，不搞权力分立制约平衡，而是施行民主集中制，但依法在纵向、横向两个方面，权力配置也还是有相对平衡的客观要求。忽视这方面的客观要求，往往难免造成法权、国民利益和国民财富的同步减损。

3. 权利配置相对平衡。权利配置相对平衡的基础性要求是个人或家庭收入相对平衡。权利是个人利益、归根揭底是个人财产的表现形式，虽然个人财产体量只直接决定私法权利的体量，对公法权利和宪定基本权利的影响是间接的。我国《宪法》第六条规定："中华人民共和国的社会主义经济制度的基础是生产资料的社会主义公有制，即全民所有制和劳动群众集体所有制。社会主义公有制消灭人剥削人的制度，实行各尽所能、按劳分配的原则。"但同时，宪法也规定"国家在社会主义初级阶段，坚持公有制为主体、多种所有制经济共同发展的基本经济制度，坚持按劳分配为主体、多种分配方式并存的分配制度。"这就是说，对中国而言，个人权利的宪法、公法保障较容易做到平衡，即平等保护，但在私权利的保证方面做到相对平衡比较难。这涉及设定和维持适当的收入基尼系数（Income Gini）和财富基尼系数（Wealth Gini），既避免收入、财富占有差别过大，又防止平均主义、"大锅饭"的弊害。这方面，我国现阶段的问题看来是收入和财富基尼系数都偏高，但好在国家采取的扶贫等措施已取得较好成效。

4. 法权与剩余权的相对平衡，这属于法与法外规则之间的平衡。法权与剩余权的关系，其内容实际上差不多相当于法学传统上讨论的法与广义道德的关系，具体说来就是处理社会广泛的生活领域中哪些利益、财产由法分配和规范运用行为，哪些由法之外的规则分配和规范运用行为的问题。通常，法分配、规范的范围如果太小，会造成相应程度的无政府主义，显得太乱，但如果范围太大，法又会显得过于苛严，社会没有活力。所以，在权内部，法权与剩余权应该形成结构平衡。法权与剩余权的比例结构不是一成不变的，而是因时代和国家而不同，取决于社会成员的自律水平，也在不小程度上取决于相应时期的立法指导思想。个人自律程度高、对公共权力的需求少，剩余权占比例会大或很大。社会如果可以完全靠自律维持其存在和发展，法权与剩余权结构会趋于零，那样，法和国家也就消亡了。

保持法权相对平衡的实践要求，是通过制宪、修宪、立法等方式均衡配置法权，并通过执法、司法等方式落实宪法、法律对法权的均衡配置，避免极端化或两级化。法权配置理论上有两个可能的极端，一个极端是平均，另一个极端是单一的个人或单一的群体独占无限权利或无限权力。绝对君主专制，无政府状态，奴隶制度，贫富两极分化等，都是法权在不同层次上做极端化配置的结果和表现。历史上法权配置极端化状况的出现或许真的有其必然性，但至少它们已不符合当今世界的主流民意。

当代各国的法权配置，在制宪、修宪、立法、执法、司法等层次和过程中，都有一个探寻最优平衡点的问题。相应的最佳平衡点客观上肯定存在，但实际上要靠社会的统治集团在制宪、修宪、立法和适用法律时根据当时当地具体情况主观地加以判断。最优法权平衡点之探求，实际上是一个法权衡量过程，至少须坚持三个标准：一是公正，也就是要让相关各方，都大致得到其应该得到的东西；二是功利，须有利于法权总量最大限度的保存和增殖，这与实现最大多数人的最大幸福的提法含义相通；三是社会成员广泛积极地有序参与。

如果超越解释世界的考虑，从改变世界的角度做评估，可以说实践法理学的法权说为介于个人主义与国家主义之间的中道选择提供了理论支点。守中庸之道，不偏不倚，是自孔子以降二千多年里中国人提倡的主流处世态度和为政之道，其中有代表性的论述是："中庸之为德也，其至矣乎"；①"中也者，天下之大本也"；"君子中庸，小人反中庸，君子之中庸也，君子而时中"；"中庸其至矣乎。"② 但实际上，中国也好，欧美国家也好，近代以来人们在法律生活和法学研究中往往都受到个人主义与国家主义（包括集体主义）两极对立的困扰：若站在国家主义立场，必无限抬高国家、权力、公共利益和公共财产的地位和价值，同时相对贬低个人、权利、私人利益、私有财产的地位和价值；若站在个人主义立场，必无限抬高个人、权利、私人利益、私有财产的地位和价值，同时相对贬低国家、权力、公共利益、公共财产的地位和价值。人们即使认识到两极对立的偏颇，试图摆脱它们，但也往往会因苦于找不到一个可以与两个极端保持等距离的理论中点。这种两极对立的现实困扰，都是以思想教条代替事实求是的分析比较，非理性地确信个人、权利、私人利益、私有财产的地位和价值无条件高于国家、权力、公共利益和公共财产，或同样非理性地确信这种顺序正好应该完全颠倒过来。而基于这两种逻辑都必然得出立法、执法和司法可以不考虑涉案法权之数量大小，只需按照它们的不同属性来确定保护顺序的有害结论。③

不过，个人主义的极端性和国家主义的极端性获得充分表现的社会条件截然不同，前者生长的土壤是法治水平低的民主社会，后者生长的土壤是人治专制社会。在这两种社会从专制人治向民主法治转型或从低法治水平民主向高法治水平民主转型的过程中，处于主导地位的社会集团会不自觉地趋向于追求法权最大化。因为，法权最大化即国民利益和国民财产总量最大限度的保存和增殖。在这方面，法权说的主要效用之一，是有助于人们摆脱两极化思维的固有局限，在个人主义和国家主义两极之外形成了法权这个可感知的中道的第三极。相信这个第三极在理论上的出现，能够

---

① 《论语·庸也》。

② 《礼记·中庸》。

③ 在中国改革开放前近30来年间，其中尤其在"文化大革命"时期，提倡为了保护哪怕很小量的国家或集体利益，不惜牺牲重大个人利益甚至自己生命，是当时官民双方都接受的思维模式，其性质无疑是极端的国家主义；至于极端的个人主义思维模式，我们可以从中国一部分网民不分时间地点和具体情况，"逢权力必反"的态度中找到。其实，美国制宪前后一部分政治家竭力维护州权和民权，贬低联邦权力价值的背后，也是思维模式倾向于个人主义之极端的表现。

有助于官民双方在追求法权最大化的同时，提升创建法权平衡社会的法理自觉。

当代中国的法权配置，对剩余权的处置处于突出的位置。从理论上看，剩余权好像不是很重要的法现象，其实不然。在中国这样法制建设相对后进的国家，因为缺乏足够的法制成果积累，以及用其他行为规范代法，剩余权的体量往往看起来比较大，实际上很小，分配剩余权或处理剩余权与法权的关系比法治发达国家要复杂和困难得多。同法权与剩余权关系相对应的，是现实生活中法律与其他社会规范的关系。所谓其他社会规范，在欧美国家一般指道德规范、宗教信条、各种社会团体和各种法人组织的章程等行为规范。不论在哪个国家，法权与剩余权的关系，实质上都是两者的边界划分问题，表现为就哪些领域的行为由法律调整，哪些领域的行为留给法律之外的规范调整这类事务做出安排。

从中国的实际情况看，剩余权与法权关系的处理涉及中国法制建设的一些重大的领域，其中首先涉及执政党各级领导机关同国家机关的权力或职能划分问题。在社会主义国家，党权不小程度上是公共权力的一种特殊类型，执政党各级党的领导机关与国家机关的关系，理论上属于权力—权力关系的范畴。在中国，法权与剩余权关系的处理还涉及法律与道德的关系，法律与社会团体、企事业组织行为规范的关系等广阔的范围。总体看来，中国的法权与剩余权关系领域涉及的内容，与欧美国家相比有重要差别，主要表现为处理以下几个领域的事务：

1. 法律与执政党政策关系领域。法律调整的社会关系即法权的范围，执政党政策调整的社会关系属于剩余权范围，党的政策调整的范围可谓剩余权的第一块内容。从中华人民共和国成立到1978年底近30年间，中国除临时宪法或宪法外，还曾制定和一度实施过《土地改革法》和《选举法》，但长期存在和基本可发挥作用的法律只有一部婚姻法，而且宪法和婚姻法的实施情况很差。那时，民法、刑法、民事诉讼法、刑事诉讼法、各种国家机关组织法等基本的法律都没有，整个社会关系主要靠党的政策调整。即使有前面提到的极少的法律，当其与执政党政策发生冲突时，也往往是法律服从政策。从1978年到2021年四十多年间，中国法律的数量猛增。截至2021年初止，我国有效法律共274件，其中，宪法1件，按法律部门分类，还有宪法相关法 46 件、民法商法 23 件、行政法 92 件、经济法 75 件、社会法 25 件、刑法 1 件、诉讼与非诉讼程序法 11 件。① 站在 2021 年这个时间点上，我们可以说，中国绝大多数的社会关系已经由法律调整了，但执政党的政策仍然起着重要作用。因为，数十年中国执政党的政策往往是法律的前驱：面对新出现的公共事务，一般做法是执政党先出政策，按政策办，政策成熟后再以其为基础制定法律。所以，中国法律界有个专业人士众所周知、从改革开放初年直到今天仍然遵循的规矩，即不论政府执行法律还是法院断案，有法律就依据法律，没有法律就依据执政党的政策。

2. 法律与党内法规关系领域。执政党党内法规体系，是以党章为根本，以民主集中制为核心，以准则、条例等中央党内法规为主干，以部委党内法规、地方党内法规为重要组成部分，由各领域各层级党内法规组成的比较完善的有机统一整体。党内法规调整的范围，可谓涉及剩余权的第二块内容。截至 2021 年 7 月，全党有有效党内法规 3615 部，其中党中央制定的中央党内法规 211 部，中央纪律检查委员会以及党中央工作机关制定的部委党内法规 163 部，省、自治区、直辖市党委制定的地方党内法规 3241 部，在党章之下分为组织法规、领导法规、自身建设法规、监督保障法规四大板块。② 中共党员违反法律肯定也违反党内法规，但违反党内法规不一定违反法律。在这里，党内法规调整的党内行为领域，亦属于剩余权的范围，它与法律调整的范围，也有需要妥善处理的边界问题。法律与执政党党内法规价值取向一致、功能可以互补，但属于性质不同的两套行为规范体系。2014 年《中共中央关于全面推进依法治国若干重大问题的决定》提出，要"注重党内法规同国家法律的衔接和协调"。党内法规同国家法律之间发生交集，是因为它们同时约束一部分人（公民中的党员）的行为。近些年来这方面的讨论不少，论及的话题包括：公民入党是否意味着放弃宪法保障的基本权利；哪些基本权利可以放弃，哪些基本权利不可以放弃；党的组织或机构能在多大程度上要求党员放

① 参见中国人大网，http://www.npc.gov.cn/npc/c2/c30834/202101/t20210119_309745.html，2023 年 12 月 20 日访问。

② 中共中央办公厅法规局：《中国共产党党内法规体系》，《人民日报》2021 年 8 月 6 日第 4 版。

弃基本权利；如果党员主张的公民权利同党的组织或机构发生争执怎么办，等等。①

3. 法律与道德关系领域。道德原本是人们在社会生活中形成的关于是与非、善与恶、正义与不正义等的思想观念，但同时也是一种靠内心信念、社会习俗、社会舆论等加以贯彻的行为规范。社会关系中由道德调整的范围，可谓剩余权中的第三块内容，公民个人分享的剩余权主要在这一块。中国提倡依法治国与以德治国相结合，在处理法律与道德关系领域，提出了一系列需要平衡地处理的议题。公民、法人和其他社会组织，哪些行为应该由法律调整，哪些行为应留给道德调整，这是两者关系涉及的基本问题。法律与道德是可以相互转化的，道德规范可通过立法程序成为法律规范，法律规范也可以通过废止有关的法律条款回归到道德的范畴。如果法律调整的范围过大，道德调整的范围太小，那么，个人自由的空间就小，法律会显得很苛严；如果道德调整的范围过大，法律调整的范围太小，则可能造成某种程度的无政府状态。因此，一个社会，法律调整的范围和由道德调整的范围，要分配适当、求得平衡。

任何国家，其政权组织依法治国是常态，因为，制定法律、执行法律和依法裁断社会纷争，正是国家机关本来的使命。中国执政党基于本国的传统法文化，在法治之外提出了德治主张，并决定在中国"坚持依法治国和以德治国相结合"。② 这是非常艰巨的任务。以德治国意味着要有机构和人员运用道德来治理国家，因此自然会引发一些疑问：以德治国是不是意味着由政权组织及其官员制定道德准则、执行道德准则和进行道德裁判？如果对这类问题的答案是肯定的，那么道德将失去其本身的特征和性质，会与法律无异于合为一体，重新回到历史上法律与道德不分的状况。这几乎必然导致国家机关及其官员超越法律的范围行使权力，同时相应地压缩个人的权利和自由，从而造成与法治的冲突。但如果对上述问题的答案是否定的，人们难免要问：以德治国的主体到底是谁？如果不是官员制定道德准则、执行道德准则和做道德裁判，如果坚持道德规范形成和发挥效用的民间常轨，那该如何恰当地理解以德治国？因为，"治"是行使公权力

---

① 参见童之伟《社会主要矛盾与法治中国建设的关联》，《法学》2017 年第 12 期。

② 《中共中央关于全面推进依法治国若干重大问题的决定》，《人民日报》2014 年 10 月 29 日。

的行为，个人可自觉遵守道德规则，但即使不遵守也不应按违法处理、由国家惩处。

可见，要实行法治与德治相结合而又不让德治破坏法治，不让德治压缩个人权利和自由的空间，实在是一件需要很高智慧和技巧才能做到的事情。这里的关键，是如何理解以德治国，如果把德治理解为公权力主体包办道德准则的制定和推行道德准则并做道德裁判，那实质上是法权越过边界侵入剩余权领域的表现。但是，如果只把以德治国理解为在立法上注重与道德教化的衔接，在行政执法和司法上将当事人行为体现的道德水准作为影响公共机关、官员自由裁量的情节之一加以对待，那应该是值得肯定和能够做到的。

4. 法律与社会团体、宗教组织和企业事业组织内部行为准则的关系领域。中国的社会团体数量较多，分类复杂，政治法律地位差别甚大，分享的剩余权也较多。这首先是因为，中国共产党、各民主党派及组成中国人民政治协商会议的各人民团体，其经费来源相当一部分上是公共预算，实际上应该算准公共机构，他们享有的"权"中，相当大一部分应该算作权力。按法治的要求，这里有一个尽可能将其纳入国家法律调整的范围的问题，也就是应将相应的一部分剩余权转化为法权。在个人手中的剩余权表现为事实上的权利或自由，但在国家机关和准公共机关手中的剩余权中却难免一些表现为法律这个"笼子"之外的特权。我国还是一个处于从人治向法治过渡的社会主义初级阶段的国家，剩余权在个人、公共机关或准公共机关之间的分布还不均衡。不均衡的主要表现是，个人能分享的剩余权相对较少，公共机关、准公共机关手中的剩余权过多。按法治的要求，公共机关、准公共机关手中的剩余权应该为零。因此，他们实有的剩余权，有些应通过立法转化为法权，如依靠公共财政支持而法律又没有授予的那些事实上的管理权，有些应该在条件成熟时转让给个人或非公共机构，如制定和执行某些公德规范的事实上的权力。

另外，我们社会若欲在法律生活中解决好本书论及的一些重要学理的和实际的问题，按宪法确定的国家指导理论，最紧要的是在发展过程中始终不忘我们追求的理想社会的终极性定位：在那里，权力会"失去政治性质"，而且，"代替那存在着阶级和阶级对立的资产阶级旧社会的，将是这样一个联合体，在那里，每个人的自由发展是一切人的自由发展的条件。"① 这一终极性定位对我国推进依法治国建设社会主义法治国家的漫长行程，设定了三个应当遵循的基准：

1. 社会主义社会乃国家和它的法律存在形式权力开始走向消亡的历史阶段，其消亡路径是权力的功能和它们本身逐步被各种权利所取代。这就是说，以权力与权利并存和对立为最显著特征的现存社会，终将在新的历史条件下"回归"法权与剩余权不分的权力权利混沌状态。因此，包括自由在内的权利的逐渐扩大和权力的相应收缩，应该是确定不移的历史趋势。理论上确认这个历史趋势与在实现性上寻求法权结构平衡，两者相辅相成。因为，法权结构平衡并不要求支点两端长度和总量绝对平均，就像跷跷板。恰恰相反，平衡的法权结构之一端可以而且通常确实是对另一端稍微居优的，只要优势不过大，平衡就不会被打破。

2. 没有"每个人的自由发展"就不会有"一切人的自由发展"，社会主义社会理应比此前的社会形态更注重实行民主、法治，理应更注重保障包括各种自由在内的基本人权。如果我们在这些方面还做得不够，就应该结合实际情况，努力设法改进，其中尤应切实全面保障宪法确认的公民的基本权利。

3. 社会主义应该坚持社会发展过程和发展终极目标的统一，让终极目标的美好在发展过程中逐步创造和展现。每一个人、每一代人都只能生活在发展过程中，不可能生活在发展的终极目标中。社会主义如果不能让全体社会成员由少到多在发展过程中获取更自由地发展的机会，那么，终极目标中的美好事物对于他们就是没有实际意义的言辞。因此，在社会主义条件下建设法治国家，只能意味着每个人都能获得比资本主义条件下更充分的自由，更多平等参与公共事务之决定的机会，能更公平地分享经济增长的成果，过更公正更高品质的生活，而不是相反。

改革开放接近五十年了，汉语的法的一般理论比较明显的进步，是整体上超越了指称范围包括各种公共权力的和化的"权利"和以其为重心的"权利义务"话语，形成了以汉语的权利、权力、义务、法（或法律）为基本范畴的当今主流法学话语。汉语的法的一般理论若欲再上一个新台

---

① ［德］马克思和恩格斯：《共产党宣言》，《马克思恩格斯选集》第 1 卷，人民出版社 2012 年版，第 422 页。

阶，只能立足于中国法律实践和汉语法文化传统，开发中华民族特有的本土法学资源。

从实践法理学角度看，权首先是社会现象，然后才是法现象，但进入法中之权和留在法外之权，即法权和剩余权，却都首先是法现象，然后才是社会现象。无论如何，权、法权、剩余权，都同时是法现象、法实体，人无论是否感知到和承认它们的存在，都不会直接影响它们作为法现象、法实体在客观世界的存在。权、法权、剩余权虽然是客观的法现象、法实体，但唯有以汉语、规范汉字名词思维才能直接感知到和直接描述它们。西语法学只能通过创造与汉字名词权、法权、剩余权对应的西语新词并通过恰当翻译才能感知、描述它们。所以，能感知和描述权、法权、剩余权，尤其是其中的法权，是汉语法学对西语法学的一个明显局部优势。同理，西语法学尽管相对于汉语法学有不少优势，但在这个局部，它们处于明显劣势。

经过了一百多年的引进、改善，我们此前已经拥有用规范汉字名词表述的权利、权力、义务、法（或法律）这四个法学基本范畴。如果汉语法学以此为基础，再吸纳本土优良法学资源，抽象出权、法权、剩余权三个汉语法学特有基本范畴并按实事求是精神将其中的法权置于核心范畴地位，汉语法学的思想容量、表意功能和学术地位，应该能够实现大幅度提升。因为，按常理和逻辑，形成权、法权、剩余权三个范畴会有三个方面的法学效用：（1）大为扩充法学的思想容量。思想容量扩充方面的显著例证之一，是只要承认和使用法权概念，就能跳脱权利与权力、个人利益与公共利益、个人财产与公共财产的两极对立的思想格局，形成超越两极化思维、兼顾两端、中庸平正的权利权力统一体、国民利益、国民财产观念和标准。另一个例证是，在有了权的概念之后，原来在西语法学的语境下分别孤立谈论的权利、权力、道义权利、道义权力等，相互之间具有的特别的关系内在联系就展现出来了。因为，人们可直观地看到它们都是权"家族"的成员。（2）明显扩充表意功能。权是从权利、权力、法权、剩余权中抽象出来的，因此它可概括地和分别地指称权利、权力、法权、剩余权和它们的各种具体存在形式。相对而言，西语法学没有一个表意功能可与权这个汉字名词媲美的名词。同样，法权概括自法的权利、权力，也既可以统一表述权利、权力，又可以分别指称权利、权力。西语法学也没有一个表意功能足以与法权媲美的名词。事实上，中外语法学在很多情况下都需要把权利权力作为一个统一体看待，但在没有指称权利权力统一体的名词（即法权）之前，往往只能名实不符地用"权利"指称权利权力统一体，和化的"权利"就是日语法学历史上出现过的类似情况。至少从法学角度看，法权一词的引入，解决了这个问题。（3）汉语法学如能正式接纳并合理外译权、法权、剩余权，应该能较快确立自己民族的、本土的形象，形成自立于世界法学之林的外观。到那时，西语法学研究者将不得不研究、捉摸对于他们来说显然不那么好懂的权、法权、剩余权。顺便说明，前引本书在荷兰莱顿和美国波士顿发行的英文版正式而大量地接受了如下译法：权英译为 quan，法权英译为 faquan，剩余权英译为 residual quan。按理，中国宪法和法律的西语译本，也应该按同样的原则处理这些汉语名词。如果是这样，那所有的外商、学者、官员为了他们自己的利益，将不能不正视和研究 quan、faquan、residual quan。当然，自立于世界法学之林不能仅靠独特外观，还要有实实在在的内容、学问。但无论如何，独特外观、形象是容纳独特内容的形式，它本身有自己相对独立的学术价值。

中国要寻求民族的、现代的汉语法学一般理论，权、法权、剩余权，尤其是其中的权和法权，是我们绕不过、必须征服的高大险要关隘。但从另一个角度看，它们也是我们建设民族的、现代的法学一般理论所能开发利用的最宝贵文化学术资源。在这方面，汉语法学研究者应提振民族自信心，独立思考，克服根深蒂固的西语法学中心主义迷思。西语法学博大精深，现在和将来都值得我们研究、学习，但在改革开放已近五十年的中国，学已经不是主要的了，我们应根据自己的需要，用学到的知识和本事做出我们民族自己的法的一般理论品牌。在这方面，本书只能算是一个尝试。

参考文献

一 马克思主义创始人著作、权威性文献、法律汇编

《马克思恩格斯选集》第 1 卷，人民出版社 2012 年版。

《马克思恩格斯选集》第 2 卷，人民出版社 2012 年版。

《马克思恩格斯选集》第 3 卷，人民出版社 2012 年版。

《马克思恩格斯选集》第 4 卷，人民出版社 2012 年版。

《马克思恩格斯文集》第 2 卷，人民出版社 2009 年版。

《马克思恩格斯文集》第 5 卷，人民出版社 2009 年版。

《马克思恩格斯全集》第 3 卷，人民出版社 2002 年版。

《马克思恩格斯全集》第 16 卷，人民出版社 2007 年版。

《马克思恩格斯全集》第 18 卷，人民出版社 1964 年版。

《马克思恩格斯全集》第 19 卷，人民出版社 2006 年版。

《列宁选集》第 3 卷，人民出版社 1960 年版。

《列宁选集》第 4 卷，人民出版社 2012 年版。

《列宁全集》第 55 卷，人民出版社 2017 年版。

《邓小平文选》第 2 卷，人民出版社 1994 年版。

《邓小平文选》第 3 卷，人民出版社 1993 年版。

《中国共产党第二十次全国代表大会文件汇编》，人民出版社 2022 年版。

《中华人民共和国法律全编》，法律出版社 2023 年版。

于友民、乔晓阳主编：《中华人民共和国现行法律及立法文件》（上下卷），
中国民主法制出版社 2002 年版。

二　中文学术著作、教科书、工具书

陈金钊：《法律解释学：立场、原则与方法》，湖南人民出版社 2009 年版。

陈新民：《宪法学释论》，（台北）三民书局 2015 年版。

付子堂主编：《法理学初阶》，法律出版社 2009 年版。

付子堂主编：《法理学高阶》，高等教育出版社 2008 年版。

付子堂主编：《法理学进阶》，法律出版社 2006 年版。

葛洪义：《法与实践理性》，中国政法大学出版社 2002 年版。

公丕祥：《权利现象的逻辑》，山东人民出版社 2002 年版。

公丕祥主编：《法理学》，复旦大学出版社 2002、2016 年版。

龚钺：《比较法学概要》，商务印书馆 1947 年版。

郭道晖：《法的时代精神》，湖南人民出版社 1997 年版。

郝铁川：《国家拐点：一个人和一个国家的命运》，人民出版社 2009 年版。

何华辉：《比较宪法学》，武汉大学出版社 2013 年版。

何勤华：《中国法学史》（第 1—2 卷），法律出版社 2000 年版。

何任清：《法学通论》，商务印书馆 1946 年版。

侯猛：《法学研究的格局流变》，法律出版社 2017 年版。

胡庆育编著：《法学通论》，上海太平洋书店 1933 年版。

胡玉鸿：《"个人"的法哲学叙述》，山东人民出版社 2008 年版。

黄荣坚、许宗力、詹森林、王文宇编：《月旦简明六法》，（台北）元照出版社 2022 年版。

戢翼翚、章宗祥、马岛渡、宫地贯道编译：《新编法学通论》，上海作新社 1903 年版。

季卫东：《法律程序的意义——对中国法制建设的另一种思考》，中国法制出版社 2004 年版。

雷磊：《规范、逻辑与法律论证》，中国政法大学出版社 2016 年版。

李步云：《法理探索》，湖南人民出版社 2003 年版。

李景禧、刘子松：《法学通论》，商务印书馆 1935 年版。

李林主编：《新中国法治建设与法学发展 60 年》，社会科学文献出版社 2010 年版。

李龙主编：《人本法律观研究》，中国社会科学出版社 2006 年版。

李双元、温世扬主编：《比较民法学》，武汉大学出版社 1998 年版。

李扬、张晓晶等：《中国国家资产负债表 2020》，中国社会科学出版社 2020 年版。

林纪东编著：《中国行政法总论》，正中书局 1943 年版。

林喆：《权利的法哲学——黑格尔法权哲学研究》，山东人民出版社 1999 年版。

刘日安：《法学绪论》，（台北）三民书局 1966 年版。

刘志强：《人权研究在当代中国的变迁》，社会科学文献出版社 2019 年版。

刘作翔：《权利冲突：案例、理论与解决机制》，社会科学文献出版社 2014 年版。

吕世伦主编：《西方法律思想史论》，商务印书馆 2006 年版。

吕世伦：《现代西方法学流派》（上、下卷），中国大百科全书出版社 2000 年版。

罗豪才主编：《现代行政法的平衡理论》，北京大学出版社 1997 年版。

马长山：《法治的社会维度与现代性视界》，中国社会科学出版社 2008 年版。

马作武：《中国法律思想史纲》，中山大学出版社 2007 年版。

孟森：《孟森政法著译辑刊（中）》，中华书局 2008 年版。

孟森：《新编法学通论》，商务印书馆 1910 年版。

苗力田主编：《亚里士多德全集》第 8 卷，中国人民大学出版社 1994 年版。

欧阳谿：《法学通论》，上海会文堂新记书局 1947 年版。

欧阳谿：《法学通论》，上海法学编译社 1935 年版。

秦前红：《走出书斋看法》，生活·读书·新知三联书店 2015 年版。

沈宗灵：《现代西方法理学》，北京大学出版社 1992 年版。

沈宗灵：《现代西方法律哲学》，法律出版社 1983 年版。

沈宗灵主编：《法理学》，北京大学出版社 2000、2014 年版。

施治生、郭力编：《古代民主与共和制度》，中国社会科学出版社 1998 年版。

舒国滢主编：《法理学阶梯》，清华大学出版社 2012 年版。

苏力：《法治及其本土资源》，中国政法大学出版社 2004 年版。

孙国华主编：《法学基础理论》，法律出版社 1982 年版。

孙国华主编：《马克思主义法理学研究》，群众出版社 1991 年版。

孙国华主编：《中华法学大辞典·法理学卷》，中国检察出版社 1997 年版。

孙笑侠：《法科知识人：现代中国早期 60 位典型人物重述》，商务印书馆 2023 年版。

孙笑侠主编：《法理学》，中国政法大学出版社 2008 年版。

汪庚年编：《法学通论》，京师法律学堂编辑社 1912 年版。

王浦劬等：《政治学基础》，北京大学出版社 1996 年版。

王志强：《法律多元视角下的清代国家法》，北京大学出版社 2003 年版。

魏敦友：《当代中国法哲学的反思与建构》，法律出版社 2011 年版。

文正邦主编：《法哲学研究》，中国人民大学出版社 2011 年版。

夏勤：《法学通论》，正中书局 1946 年版。

夏勤、郁嶷编纂：《法学通论——朝阳大学法律科讲义》，朝阳大学出版部 1919 年版。

夏勇：《人权概念起源》，中国政法大学出版社 2000 年版。

夏勇：《中国民权哲学》，生活·读书·新知三联书店 2004 年版。

萧榕主编：《世界著名法典选编》，中国民主法制出版社 1998 年版。

谢晖：《法的思辨与实证》，法律出版社 2001 年版。

谢维扬：《中国早期国家》，浙江人民出版社 1995 年版。

徐显明主编：《公民权利义务通论》，群众出版社 1991 年版。

严存生：《法的理念探索》，中国政法大学出版社 20002 年版。

杨廷栋：《法律学》，中国图书公司 1908 年版。

姚建宗等：《新兴权利研究》，中国人民大学出版社 2011 年版。

曾庆敏主编：《法学大辞典》，上海辞书出版社 1998 年版。

张光博：《法论》，吉林大学出版社 1986 年版。

张光博：《权利义务要论》，吉林大学出版社 1989 年版。

张光直：《中国青铜时代》，生活·读书·新知三联书店 1999 年版。

张恒山：《法理要论》，北京大学出版社 2009 年版。

张文显：《法学基本范畴研究》，中国政法大学出版社 1993 年版。

张文显：《法哲学范畴研究》，中国政法大学出版社 2001 年版。

张文显主编：《法理学》，高等教育出版社、北京大学出版社 2007 年版。

张映南编著：《法学通论》，上海大东书局 1933 年版。

张知本：《社会法律学》，上海法学编译社 1931 年版。

张志铭：《法理思考的印迹》，中国政法大学出版社出版 2003 年版。

张志铭：《法律解释学》，中国人民大学出版社 2015 年版。

章渊若：《章力生政法论文集》，商务印书馆 1936 年版。

赵世义：《经济宪法学的界面》，浙江大学出版社 2022 年版。

郑玉波：《法学绪论》，（台北）三民书局 1981 年版。

《中国大百科全书（法学）》，中国大百科全书出版社 1985 年版。

周邦式编：《法律学概要》，蓝田新中国书局 1932 年版。

周长龄：《法律的起源》，中国人民公安大学出版社 1997 年版。

周永坤：《法理学：全球视野》，法律出版社 2016 年版。

周永坤：《规范权力：权力的法理研究》，法律出版社 2006 年版。

朱采真：《法律学通论》，世界书局 1930 年版。

朱景文：《比较法总论》，中国人民大学出版社 2008 年版。

朱景文主编：《法理学》，中国人民大学出版社 2008 年版。

邹瑜主编：《法学大辞典》，中国政法大学出版社 1991 年版。

《高清海哲学文存》第 3 卷，吉林人民出版社 1997 年版。

三　外文著作

（一）外文原著

Aristotle, *The Nicomachean Ethics*, Trans. William David Ross, Oxford：Oxford University Press, 1980.

Austin, John, *Lectures on Jurisprudence*, *or*, *The Philosophy of Positive Law*, edited by Robert Campbell, London：John Murray, 1885.

Austin, John, *The Province of Jurisprudence Determined and the Uses of the Study of Jurisprudence*, London：Weidenfeld and Nicolson, 1954.

Austin, John, *The Province of Jurisprudence Determined*, Edited by Wilfrid E. Rumble, Cambridge：Cambridge University Press, 2001.

Beauchamp, Tom L., *Philosophical Ethics*：*An Introduction to Moral Philosophy*, New York, St. Louis [etc.]：McGraw-Hill, 1982.

Bodenheimer, Edgar, *Jurisprudence*：*The Philosophy and Method of the Law*, Belknap：Harvard University Press, 1981.

Burns, Edward M., *Ideas in Conflict: The Political Theories of the Contemporary World*, New York: W. W. Norton & Company Inc., 1960.

Chemerinsky, Erwin, *Constitutional Law*, Sixth Edition: 2021 Case Supplement, New York: Wolters Kluwer Law & Business, 2021.

Chemerinsky, Erwin, *Constitutional Law: Principles and Policies*, Second Edition, New York: Aspen Law & Business, 2002.

Chemerinsky, Erwin, *Constitutional Law: Principles and Policies*, Sixth Edition, New York: Wolters Kluwer Law & Business, 2019.

Chen, Jianfu, *Chinese Law: Context and Transformation*, Revised and Expanded Edition, Koninklijke, Brill NV, Leiden: the Netherlands, 2016.

Commons, John R., *Institutional Economics: Its Place in Political Economy*, Volume 2, New Brunswick: Transaction Publishers, 1990.

Cooter, Robert, and Ulen, Thomas, *Law and Economics*, New York: Addison Wesley, 2000.

Cotterrell, Roger, *The Sociology of Law: An Introduction*, London: London Butterworths, 1984.

Duguit, Léon, *Traite de Droit constitutionnel*, Second edition, Volume I, La règle de droit—Le prorleème de l'etat, Paris: E. de Boccard, 1921.

Dworkin, Ronald, *Justice and Rights*, see G. W. Smith (edited), Liberalism: Justice and reason, New York: Taylor & Francis, 2002.

Engels, Frederick, *Der Ursprung der Familie, des Privateigenthums und des Staats*, Im Anschluss an Lewis H. Morgans Forschungen, Stuttgart, 1892.

Engels, Frederick, *Der Ursprung der Familie, des Privateigentums und des Staats*, IX Barbarei und Zivilisation, Dietz Verlag, Band 21, 5. Auflage 1975, unveränderter Nachdruck der 1. Auflage 1962.

Engels, Frederick, *The Origin of the Family Private Property and the State*, Chicago: Charles H. Kerr Company, 1909.

Engels, Frederick, *The origin of the family, private property, and the state*, Australia: Resistance Books, 2004.

English-Chinese Dictionary of Anglo-American Law, by Xue Bo and Pan Handian, Beijing: Law Press, 2003.

Friedman, Lawrence M., *The Legal System: A Social Science Perspective*, New York: Russell Sage Foundation, 1975.

Garner, Bryan A., *Black's Law Dictionary*, St. Paul, Minnesota: West Publishing Co., 2004.

Grotius, Hugo, *The Rights of War and Peace*, trans, A. C. Campbell, Washington: M. Dunne, 1901.

Hart, Herbert L. A., *The Concept of Law*, Second Edition, Oxford: Clarendon Press, 1994.

Hart, Herbert L. A., *The Concept of Law*, Third Edition, Oxford University Press, 2012.

Hegel, Georg W. F., *Philosophy of Right*, trans, T. M. Knox, Oxford: Oxford University Press, 1953.

Hobbes, Thomas, *Leviathan*, Oxford: Oxford University Press, 1943.

Kant, Immanuel, *Groundwork for the Metaphysics of Morals*, Edited & Translated by Allen W. Wood, New Haven: Yale University Press, 2002.

Kant, Immanuel, *The Metaphysical Elements of Justice*, Part I of the Metaphysics of Morals, 1st ed. Trans, John Ladd. Indianapolis: Bobbs-Merrill, 1965.

Kelsen, Hans, *General Theory of Law and State*, trans. Anders Wedberg, Cambridge, Massachusetts: Harvard University Press, 1945.

Kelsen, Hans, *Pure Theory of Law*, trans, Max Knight, The Lawbook Exchange, Ltd., 2005.

Levinson, Sanford (ed.), *Torture: A Collection*, Oxford: Oxford University Press, 2004.

Locke, John, *Two Treatises of Government*, Thomas Tegg; W. Sharpe and Son; G. Offor, 1823.

Lukes, Steven, *Power: A Radical View*, Basingstoke & N. Y.: Palgrave Macmillan, 2005.

Maine, Henry S., *Ancient Law*, Cambridge: Cambridge University Press, 1901.

Miller, David (ed.), *The Blackwell Encyclopedia of Political Thought*, New

York, Oxford: Basil Blackwell, 1987.

Morgan, Lewis H, *Ancient Society*, New Delhi: K P Bagchi & Company, 1982 (or digital version for www. marxist. org by Ibne Hasan, 2004).

Paine, Thomas, *Common sense and other political writings*, edited, with an introduction by Nelson F. Adkins. Indianapolis: Bobbs-Merrill, 1953.

Posner, Richard A. , *Economic Analysis of Law*, 8th edition, New York: Aspen Publishers, 2011.

Posner, Richard A. , *The Problems of Jurisprudence*, Belknap: Harvard University Press, 1990.

Posner, Richard A. , *The Problems of Jurisprudence*, Cambridge, Mass: Harvard University Press, 1993.

Pound, Roscoe, *Introduction to the Study of Law*, Chicago: American School of Correspondence, 1912.

Pound, Roscoe, *Social Control through Law*, New Haven: Yale University Press, 1942.

Raz, Joseph, *The Concept of a Legal System*, An Introduction to the Theory of Legal System, Second edition, Oxford: Oxford University Press, 1980.

Raz, Joseph, *The Roots of Normativity*, Edited by Ulrike Heuer, Oxford: Oxford University Press, 2022.

Russell, Bertrand, *History of Western Philosophy* (Routledge Classics), London: Routledge, 2004.

Tribe, Laurence H. , *American Constitutional Law*, Vol. 1, Table of Cases, New York: Foundation Press, 2000.

Vinogradoff, Paul, *Common Sense in Law*, Oxford: Oxford University, first edition, 1913, Third edition (reprinted in 1987 by Greenwood Press, Inc.), 1959.

Vyshinsky, Andrei Y. (ed.), *The Law of the Soviet State*, Translated by Hugh W. Babb, New York: MacMillan, 1948.

Walker, David M. , *The Oxford Companion to Law*, Oxford: Clarendon Press, 1980.

Weber, Max, *Class, Status, Parties*, see Inequality in the 21st Century: A

Reader, edited by David B. Grusky, Jasmine Hill, New York：Routledge, 2018.

岸本辰雄『法學通論』，明治法律學校講法會，1890，国立国会図書館影印本。

奥田義人『法學通論』，東京法學院大學，1905，国立国会図書館影印本。

長穀部恭男『法律學の始発駅』，有斐閣 2021 年。

飯島喬平『法學通論』，早稲田大學出版部，1905，国立国会館図書影印本。

岡村司『法學通論』，和佛法律學校明法堂，1899，国立国会図書館影印本。

磯谷幸次郎『法學通論』，东京：日本法律學校編輯部，1896。

加藤弘藏『立憲政體略』，東京谷三樓，1868，眾議院図書館影印。

加藤弘之『國體新論』，稲田佐兵衛，1875，国立国会図書館影印本。

加藤弘之『人權新說』，山城屋左兵衛，1882，国立国会図書館影印本。

津田真一郎（又名津田真道）『泰西國法論』卷一，東京開成所，1868。

梅謙次郎『法学通論』，法政大学发行，1909，最高裁判所図書館影印本。

末川博『法學入門』，有斐閣雙書 2014 補訂版。

森泉章『法學』，有斐閣 1993 年。

山田三良『法学通論』，明治大学出版部 1919 年。

穂積陳重『法典論』，東京哲學書院，1890，国立国会図書馆影印本。

田中成明『法學入門』，有斐閣 2016 年。

伊藤正己、加藤一郎等『現代法學入門』，有斐閣雙書 2005 年。

織田萬『法學通論』，寶文館，1908，国立国会図書館影印本。

中村進午『法学通論』，巌松堂書店，1913，国立国会図書館影印本。

（二）外文译著

［德］赫尔佐克：《古代的国家——起源和统治形式》，赵蓉恒译编，北京大学出版社 1998 年版。

［德］黑格尔：《逻辑学》下卷，杨一之译，商务印书馆 1976 年版。

［德］卡尔·拉伦茨：《法学方法论》，陈爱娥译，商务印书馆 2004 年版。

［德］耶林：《为权利而斗争》，胡海宝译，载梁慧星主编《民商法论丛》第 2 卷，法律出版社 1994 年版。

〔法〕狄骥：《公法的变迁》，徐砥平译，商务印书馆 1933 年版。

〔古罗马〕查士丁尼：《法学总论——法学阶梯》，张企泰译，商务印书馆
1993 年版。

〔古罗马〕西塞罗：《论共和国论法律》，王焕生译，中国政法大学出版社
1997 年版。

〔古希腊〕亚里士多德：《政治学》，吴寿彭译，商务印书馆 1965 年版。

〔美〕波斯纳：《法律的经济分析》，蒋兆康译，中国大百科全书出版社
1997 年版。

〔美〕博登海默：《法理学——法哲学及其方法》，邓正来译，华夏出版社
1987 年版。

〔美〕格·伦斯基：《权力与特权：社会分层的理论》，关信平、陈宗显、
谢晋宇译，浙江人民出版社 1988 年版。

〔美〕哈斯：《史前国家的演进》，罗林平等译，求实出版社 1988 年版。

〔美〕惠顿：《万国公法》，〔美〕丁韪良译，何勤华点校，中国政法大学
出版社 2003 年版。

〔美〕罗斯科·庞德：《通过法律的社会控制/法律的任务》，沈宗灵、董世
忠译，商务印书馆 1984 年版。

〔美〕滂特：《社会法理学论略》，陆鼎揆译，商务印书馆 1926 年版。

〔美〕吴尔玺：《公法便览》，〔美〕丁韪良译，北京同文馆 1877 年刊印本
之影印本。

〔日〕《新法律学大辞典》，董璠舆等译，中国政法大学出版社 1991 年版。

〔日〕高柳贤三：《法律哲学原理》，汪翰章译，上海大东书局 1932 年版。

〔日〕梅谦次郎：《法学通论》，陈进第编辑，上海丙午社等 1912 年版。

〔日〕滋贺秀三：《清代中国的法与审判》，熊远报译，江苏人民出版社
2023 年版。

〔日〕美浓部达吉：《公法与私法》，黄冯明译，商务印书馆 1941 年版。

〔苏联〕B.B. 拉扎列夫主编：《法与国家的一般理论》，王哲译，法律出
版社 1999 年版。

〔苏联〕杰尼索夫：《国家与法律的理论》下册，方德厚译，中华书局
1951 年版。

〔苏联〕卡列娃等：《国家和法的理论》，李嘉恩译，中国人民大学出版社

1956 年版。

［苏联］列文等：《国家与法律概念》，杨旭译，人民出版社 1951 年版。

［苏联］帕舒卡尼斯：《法的一般理论与马克思主义》，杨昂等译，中国法制出版社 2008 年版。

［苏联］雅维茨：《法的一般理论——哲学和社会问题》，朱景文译，辽宁人民出版社 1986 年版。

［苏联］亚历山大洛夫：《苏维埃社会中的法制和法律关系》，宗生、孙国华译，中国人民大学出版社 1958 年版。

［英］戴维·M.沃克编：《牛津法律大辞典》，光明日报出版社 1988 年版。

［英］梅因：《古代法》，沈景一译，商务印书馆 1959 年版。

四 中文期刊

陈光中：《刑事诉讼立法的回顾与展望》，《法学家》2009 年第 5 期。

陈兴良：《刑罚目的新论》，《法学》2001 年第 3 期。

陈桢：《1995—1996 年中国法理学界的理论是非》，《法学》1997 年第 4 期。

陈忠诚等：《"法权"还是"权利"之争》，《法学》1997 年第 6 期。

东方玉树：《成文法的三属性：权利与权力的平衡度》，《法律科学》1993 年第 5 期。

法律文化研究中心：《法律的本质：一个虚构的神话》，《法学》1998 年第 1 期。

范忠信：《中西法律传统中的"亲亲相隐"》，《中国社会科学》1997 年第 3 期。

封曰贤：《"权利本位说"质疑》，《中国法学》1990 年第 6 期。

郭道晖：《论法与法律的区别》，《法学研究》1994 年第 6 期。

郭道晖：《论权利推定》，《中国社会科学》1991 年第 4 期。

郭道晖：《试论权利与权力的对立统一》，《法学研究》1990 年第 1 期。

郭晔：《追寻和感悟中国法学的历史逻辑》，《法制与社会发展》2018 年第 5 期。

韩筱雅：《"和制汉语"与中文扩容》，《读书》2023 年第 1 期。

梁治平：《"礼法"还是"法律"?》，《读书》1986 年第 9 期。

刘惊海：《公民权利与国家权力》，《吉林大学学报》1990 年第 6 期。

刘旺洪：《权利本位的理论逻辑——与童之伟教授商榷》，《中国法学》2001 年第 2 期

刘作翔：《回归常识：对法理学若干重要概念和命题的反思》，《比较法研究》2020 年第 2 期。

沈宗灵：《对霍菲尔德法律概念学说的比较研究》，《中国社会科学》1990 年第 1 期。

沈宗灵：《权利、义务、权力》，《法学研究》1998 年第 3 期。

王利明：《论民法典的民本性》，《中国人民大学学报》2020 年第 4 期。

王利明：《彰显时代性：中国民法典的鲜明特色》，《东方法学》2020 年第 4 期。

谢立中：《当代中国的阶级或阶层结构：两种不同话语系统的"真实性"辨析》，《山东社会科学》2016 年第 3 期。

徐显明：《中国法理学进步的阶梯》，《中国社会科学》2018 年第 11 期。

杨毅、金圣海：《对人大代表"权利"与"权力"的几点思考》，《人大研究》2009 年第 4 期。

张光博：《试论法定权利的界限》，《社会科学战线》1981 年第 4 期。

张光博、张文显：《以权利和义务为基本范畴重构法学理论》，《求是》1989 年第 10 期。

张文显：《"权利本位"之语义和意义分析——兼论社会主义法是新型的权利本位法》，《中国法学》1990 年第 4 期。

张文显：《从义务本位到权利本位是法的发展规律》，《社会科学战线》1990 年第 3 期。

张文显：《改革和发展呼唤着法学的更新》，《现代法学》1988 年第 5 期。

张文显：《论法学的范畴意识、范畴体系与基石范畴》，《法学研究》1991 年第 3 期。

郑成良：《权利本位论》，《中国法学》1991 年第 1 期。

中法评：《为了权利与权力的平衡——对话罗豪才》，《中国法律评论》2014 年第 1 期。

五　外文期刊

Dershowitz, Alan M. , "The Torture Warrant: A Response to Professor Strauss", *New York Law School Law Review*, Vol. 48, No. Issues 1 & 2, 2003 – 2004.

Duguit, Léon, "The Law and the State", 31 *HARV. L. Rev.* 1, 8, trans, Frederick J. de Sloovere, 1917.

Wesley N. Hohfeld, "Fundamental Legal Conceptions as Applied in Judicial Reasoning", *Yale Law Journal*, Vol. 26, No. 8, 1971.

Wesley N. Hohfeld, "Some Fundamental Legal Conceptions as applied in Judicial Reasoning", *Yale Law Journal*, Vol. 26, No. 1, 1913.

Piketty, Thomas, Li Yang, and Gabriel Zucman, "Capital Accumulation, Private Property, and Rising Inequality in China, 1978 – 2015", *American Economic Review*, Vol. 109, No. 7, 2019.

后　　记

　　《实践法理学》是我完成的第一本法的一般理论的书，就内容和功能而言，它与各种以和化的"权利"或"权利义务"为核心范畴的法学出版物处于竞争状态。现在回头看去，好像自己此前的整个学术生涯，不论处在哪个具体领域，都只是在为我形成和表达这种法的一般理论做铺垫。

　　什么是法的一般理论？回答这个问题得从法理学说起。中国的法理学有广义与狭义之分，广义的法理学的核心部分可谓狭义的法理学，即法的一般理论。除法的一般理论外，广义的法理学还包括大量不能纳入、实际上未纳入法学其他二级学科或未能独立形成法学二级学科的学问，如法哲学、科技法学、法社会学、经济分析法学、行为法学等等，甚至包括一些与其他二级学科靠得更近但又没有进入对应二级学科的学问。简单地说，广义法理学就是一个大饭碗，谁端这个饭碗谁做的就算法理学，它在很大程度上是对涉及法律的知识和教学研究活动做行政性划分、分工的产物，范围可大可小，且现有的构成部分中有些实际上也可有可无。法的一般理论既然是法理学的核心部分，它当然就是绝对必要的，至少对于有制定法传统、实行制定法制度的国家的法学是如此。

　　法的一般理论必须植根本国的基本情况、用本国的通用语言文字回答一些诸如此类的基本问题：什么是法（或法律，下同）；法的起源；法的终极归属；哪些是基本的法现象；如何认识基本的法现象本身（其中主要是其范围、内容）；如何理解基本的法现象之间的相互关系；基本的法现象与相应外部现象关系之间是什么关系；时间空间变化对基本的法现象的影响；法的作用、价值何在；正义、公平的标准及其实现路径，等等。或许可用一句话概括，法的一般理论就是解释基本的法现象本身及其内部外部联系并试图影响法律生活的学说体系。由此可见，法的一般理论研究是法学最基础的研究，属于特别难以获得新成果、难以取得新进展的法学学术领域。

一些法治发达国家的法学史表明，不需要也不可能有许多人在法的一般理论研究领域取得创新性成果。或许，法的一般理论研究正如基础数学研究，迫近和到达终点的每一步都只能靠个人突破。最近读科普文章，知道费马猜想、四色猜想、哥德巴赫猜想、庞加莱猜想、黎曼假设、朗道－西格尔零点猜想，都是由一个人顶多两个人最终证明的。当然，研究是有步骤的，一篇论文能向终点接近一步就不错了。基础研究的竞争是残酷的，在同一个课题上，许多人都在尝试向终点逼近一步。但是，当一个人成功证明完一步的时候，意味着同时做相同课题研究的其他人正在做的研究都是白做。法学一般理论研究具有与基础数学研究同样的性质。

此书的底本，原稿《权利、权力与法权说》的英文版，集中反映了我从 1991 年到 2018 年这 28 年间对法的一般理论领域一系列基本问题的看法，它们与流行的、"主流的"说法有根本性差异。但是，后来我很快感觉到，这些看法虽然站得住脚，但因存在两个方面的认识缺失而减损了不少学术价值。于是我又用了差不多 6 年的时间做进一步的研究，希望借此弥补英文版的不足。

上述第一方面的认识缺失，是对法权现象本身的认识不到位。固然，我一直把法权看做自在自为的客观实体（即法的权利、权力统一体或共同体），但却长期仅仅将法权视为只能通过理性、抽象思维才能把握到的客观实体，不认为它是"看得见摸得着"的感性法律现实。直到近年我系统地研究了汉语记载的权，认识到权分为进入法中之权和留在法外的剩余权之后，才猛然意识到近现代和当代所有汉语法律文本上作为单独名词使用的权字，都直接指向法权本身，是法权在法律文本中的反映，不论清末的、民国的还是当代的，也不论中国大陆的，还是中国台港澳地区的，都一样。我还体悟到，尽管权这个指代社会现象的汉语名词在近现代社会生活中时而被用以指某种法的权利、法的权力，时而被用以指某种道义权利、道义权力，只在很少的情况下指称以上几种现象全体，但是，权在实际运用中，始终是以它们全体的身份、名义在发挥指称功能的，尽管在绝大多数具体场合仅仅指称上述各种现象之一。同理，在进入法中取得法权

"身份"后，尽管权时而指称某种法的权利（如个人的人身权、私有财产权、人身自由）、时而指称某些法的权力（如公共机构的职权、权限、公职特权、公职豁免等）、只在很少具体场合指称权利权力共同体或统一体本身，但它也始终是以两类法现象的共同体或统一体的身份、名义在发挥指代功能。而且，权、法权还都以"权"的文字外观和身份参与到许许多多场合，与其他汉语词汇（主要是名词、其次是动词）一起组成复合名词指称极为广泛的社会现象和法现象，其中如一般社会生活中用到的人权、有权、无权和法律规定的立法权、行政权、人身权、财产权、著作权等等。认识到这一点，我们在汉语背景下就很自然地体会到权、法权在社会生活、法律生活中都是无处不在的，近乎可用汹涌澎湃来形容的感性实体。所以，我在本书第二章第四节，用了超过二万字的篇幅直观地展示我国法律体系直接呈现的感性的法权。它们实际上只是我国法律体系法权群体的冰山一角，当然也是更为庞大的社会生活的权群体的冰山一角。

以上情况都只有能以汉语思维的人群才能体会到，用其他语言（也许日语可例外）思维的人群会感到莫名奇妙。这一情况让我终于理解了很多原来不好解释的现象，其中包括：何以 quan（权），faquan（法权）被两批次介绍到英语世界后许多年竟没有什么反响;① 何以在汉语、汉语法文化、中国社会生活和中国法律生活中自在自为的权、法权无法以自己的本来身份、本来面目进入西语、西语法学。说到底，无外乎将权、法权加以矮化乃至忽视、扭曲其本身，并比照西语如 jus、ius、recht、droit、right 的译名（"权利"）包装后才能在西文学术市场露面。而问题是，如果权、法权确实是这些西语名词指称的同类现象，那很好。但遗憾的是，权、法权并不是这些西语名词指称的对象，西语名词中压根儿就没有能指称权、法权的对应名词。面对这种局面怎么办？我主张守持权、法权的自在自为的客观实体地位，坚持用汉语拼音将它们分别译为 quan，faquan。我相信，只要中国官民双方坚持这种安排，外语法学界在接受方面没有任何问题，因为，从求真角度看，这对于他们也是好事，且无损他们的任何利益。

_____

① 书中收纳的《法权中心的猜想与证明——兼答刘旺洪教授》（《中国法学》2001 年第 6 期）一文，其要点曾在 2002 年由《中国法学》译成英文先海外推出，其中的"法权"那时已采用"faquan"译法。

　　第二方面的认识缺失是，那时还不懂得民族国家的法的一般理论与本民族规范化、标准化的通用语言文字之间不可分割的血肉联系。近几年我在阅读中明显感觉到：民族国家的法的一般理论，特别是它们的核心范畴，与本民族规范化、标准化的通用语言文字之间，联系非常密切；历史上的西语法学之所以特别重视"权利"，是因为拉丁文的 jus，ius、德语的 recht、法语的 droit、俄语的 право 都是同形而异义，即权利和法律，都用同一个词指称。至于同一个词在不同场合到底指称权利还是法律，完全由上下文决定。通过查阅词典和做相应的阅读，我终于领悟到民族国家的法的一般理论与本民族语言的密切关系。英语法的一般理论中没有同类情况，但英美法系一般理论中法与权利相互关系的观念受欧陆制定法系的法的一般理论影响极深，前者对后者的认同度很高，到近代两者在这方面的差别已经很小。这些多少有助于还原事情真相的认识给我的启示是，中国的法的一般理论的形成和发展，翻译引进是必要的，但不能完全仰仗不同时期翻译引进的权利、权力、义务等基本概念，必须重视汉语文化和古今汉语，应该将本民族纯正的语言，即规范化、标准化的汉语与本国的法律体系、法律生活事实结合起来研究，并在这个过程中寻求汉语法学一般理论的核心范畴和基本范畴。近五年来，我是这样想的，也是切实地这样做的，其主要成果，不在于发表了几篇论文几本书，而在于终于形成了汉语的法的基本理论可用的七个基本范畴，即权利、权力、剩余权、法权、权、义务、法（或法律），其中法权是核心范畴。

　　在以上七个基本范畴中，权、法权、剩余权，特别是权和法权，是遵循马克思的"绝对方法"和现代科学哲学的相关原理，以今古汉语和中国法律体系、法律生活事实为原料加工"生产"出来的全新的法学基本范畴或基本概念。① 它们作为中国人首创、独有的法学基本范畴完全可以昂然自立于世界法学之林。七个基本范畴中的权利、权力、义务、法（或法律）的"生产"，在不同程度上表现为引进、加工的产物。但我这里要强调的是，这四个基本概念来到实践法理学中成为其基本范畴群的组成部

---

　　① 概念要由词语（名）承载，但概念的决定性因素是被指称的客观实体（实），故词语仅仅是概念的外壳和次要构成部分。因此，历史上在日语法学中、过往和现今在汉语中都曾有人使用过乃至仍然有人在权利权力统一体之外的意义上使用"法权"一词这类事情，丝毫不妨碍我这个论断的成立。

分，是在以"绝对方法"为主导的生产流程中经过适应性改造的产物。经过适应性改造后的这四个基本范畴，其外延、内涵都是独特的，它们在世界范围内虽仍然分别是权利、权力、义务、法（或法律）的组成部分，但它们都已明显区分于任何外语法学的同类概念。

相信以上文字已经表明，英文版《权利、权力与法权说》的两个认识缺失造成的不足，本书已经做了力所能及的弥补、改善。但是，由于学力和篇幅的限制，弥补、改善的程度还是比较有限的，我仍须继续努力。

我相信，博学和睿智的读者们会注意到，本书还有三个重大的缺憾，即：1. 论及了汉语权利与和化权利，但尚未讲清楚历史上汉语权利与和化权利的关系；2. 提出了权利是个人财产的社会性转化形式和法的表现的猜想，但没能从发生机理上证明这个猜想；3. 提出了权力是公共财产的社会性转化形式和法的表现的猜想，但也未能从发生机理上证明之。法学的发展是没有止境的，就像科学技术的发展没有止境一样。存在问题是好事，它表明有工作需要继续做下去，我会找时间接着做相关研究并弥补以上三大缺憾。

这是一本历经33年才终于推出来的法的一般理论产品。如果将其比拟为植物，它可谓播种、萌芽于武汉大学，成长于中南财经政法大学、上海交通大学、华东政法大学、湖北民族大学，开花结果在广东财经大学。在这本书即将付梓的时候，我怀着感恩的心想到不少人和事。

我首先想到中国社科院法学所荣休的张少瑜编审。我与少瑜兄非亲非故，但他在自己的工作岗位上始终支持我在实践法理学的核心部分法权说方面尝试做开拓性研究。博学热情的刘翠霄研究员，在法理学、宪法学研究领域见识卓越的李小明编审也是一样。他们始终坚信实践法理学、法权说有前途，一路给我开绿灯。这对我是很大的鼓舞，据说为此他们招致了不少非议，有时还承受了明显压力。当然，这后面是支持他们的主编，如王保树教授、郭道晖教授、周国均教授、陈桂明教授。有人会说，推荐和编发文章是他们分内的工作，不用感谢他们。我不赞成这样的说法。编辑、主编都有如何履行职责的学风、学品问题，像他们那样有见识、坚持学术标准、维护法治和法学的发展利益、不世俗不势利、有担当，非常不容易。

　　实践法学，特别是其核心部分法权说的发展，与我获得重要商榷意见，有极大的关系。有学者愿与我商榷、提出学术批评，那是正视、重视我的文章，是在激励、鼓励我继续研究下去、帮助我完善相关论点。在这方面，赵世义教授、邹平学教授、刘旺洪教授、秦前红教授当年先后与我的商榷很具实质性帮扶意义。刘茂林教授在法权概念和法权说的萌芽阶段给过我有力的支持。按学术标准，以符合学术规范的方式展开学术批评和做学术回应，都是一个学者有学术自信和学术实力的表现。一个爱好做学术探讨的人最幸运的是有机会与其他有见识的学者切磋学问，而最不幸的是无意间招惹到学痞。历史上有人用"勇于私斗，怯于公战"来描绘兵痞的秉性，其实，这也往往是学痞的秉性。

　　我要感谢江利红教授在日语阅读方面给予我的诸多帮助。我在日本中央大学做过访学，也以力所能及的方式学着做和语汉读，但面对日语原著，最多只能借助翻译工具知道大概的意思，遇到关键的部分或需要援引的段落，我通常都是找日本通江利红教授帮忙，他对我从来都是有求必应，努力帮我。还有我的同事，早稻田大学毕业的杨官鹏博士，也给过我不少支持。

　　夏勇教授、张恒山教授先后与我在微信上就法理问题的交流给过我不少有益的启示。

　　在我任教的不同阶段毕业的学生、如今的好朋友夏正林、童国栋、侯猛、孙平、郭培东、孙煜华诸君对实践法学、法权说的形成，也从不同角度做出了不容忽视的贡献。这里特别要感谢其中的孙平副教授，他搜寻和提供了本书援引的全部英文出版物的原文，并绘制了本书中的复杂图表。

　　上海交通大学凯原法学院郭延军教授当初读过在期刊发表的几乎每一篇原文，近来又通读了本书全部书稿，她先后提出过多方面的建设性意见并为本书所采纳。时下在美国迪金森学院（Dickinson College）担任助研和拉丁文历史文献翻译工作的童弘道，英译了经大幅度改写过的本书目录，[①]并规范化地整理了本书参考文献的英文部分。另外，上海交通大学凯原法学院博士生刘爱茹同学，硕士生童玉惠同学帮我校对了全部文稿。

---

　　① 改写前的目录是纽约城市大学徐平教授翻译的，童弘道在英译过程中沿用了原译文的三分之一左右语句。

实践法理学虽然是法的一般理论，但它却主要是在宪法学教学和研究过程中形成的，因而客观上是侧重宪法学、公法学的法的一般理论，表现为宪法学对法理学的支援。为此，应感谢中国法学会宪法学研究会一直以来对我的研究活动的关注和道义支持。

感谢全国人大代表，浩天律师事务所合伙人会议主席朱征夫博士对本书的顺利发行给予的支持。

最后，但绝对不是最不重要的，我要感谢我目前的聘用单位广东财经大学暨广财法学院给我提供了良好工作条件和研究氛围，这是本书顺利推出的重要保障。

童之伟

2024 年 1 月 6 日于广州